Saggi
Scienze sociali

Sally Hayden

E la quarta volta siamo annegati

Sul sentiero della morte che porta al Mediterraneo

Traduzione di Bianca Bertola

Bollati Boringhieri

Prima edizione settembre 2023

Titolo originale *My Fourth Time, We Drowned*

Il libro è stato pubblicato grazie al contributo di Literature Ireland

LITERATURE IRELAND
Promoting and Translating Irish Writing

Torino, corso Vittorio Emanuele II, 86
Gruppo editoriale Mauri Spagnol
ISBN 978-88-339-4136-3

www.bollatiboringhieri.it

Stampato in Italia dalla Rotolito S.p.A., Seggiano di Pioltello (Mi)

MISTO
Carta da fonti gestite in maniera responsabile
FSC® C005461

Anno: 2026 2025 2024 2023

Edizione: 2 3 4 5 6 7

Indice

«La Guardia costiera libica mi ha preso tre volte;
la prima volta ero partito da Qarabully, a est di Tripoli;
la seconda, da Zawiya; la terza, da Zuara.
E la quarta volta siamo annegati.
E la quinta ce l'ho fatta».

Rifugiato somalo attualmente in Europa

«Il vero danno è compiuto dai milioni di persone
che vogliono "sopravvivere". Gli uomini onesti che vogliono
essere lasciati in pace. Quelli che non vogliono che le loro piccole
vite siano disturbate da nulla di più grande di loro stessi».

Sophie Scholl, attivista politica antinazista

«Un giorno arriverò in Europa e ci incontreremo.
Se non succede voglio che tu scriva un libro
che racconti la mia storia, perché la gente del mondo
deve leggerla e apprezzarla».

Rifugiato eritreo in Libia

Cartine

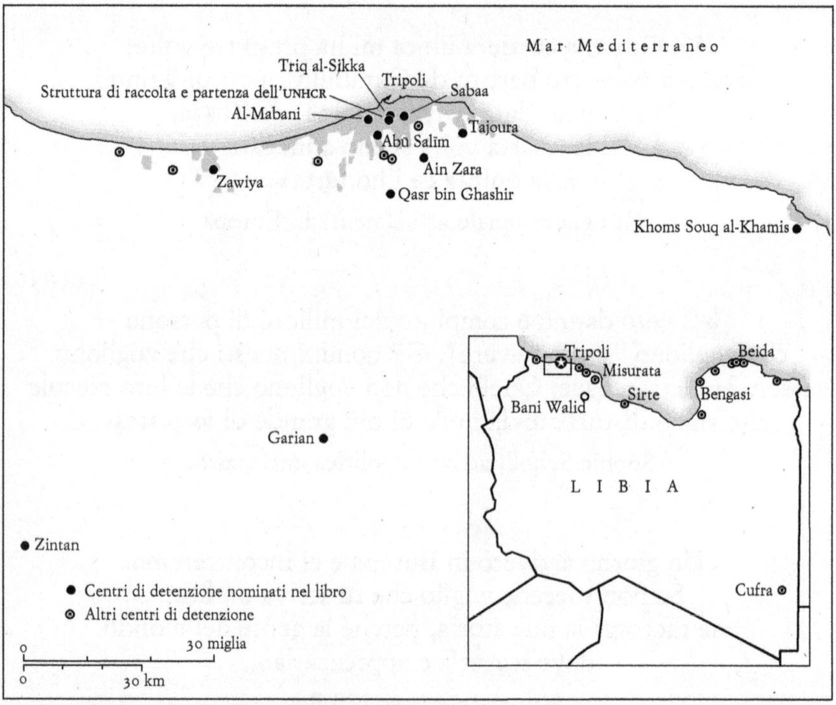

Una mappa dei principali centri di detenzione in Libia.

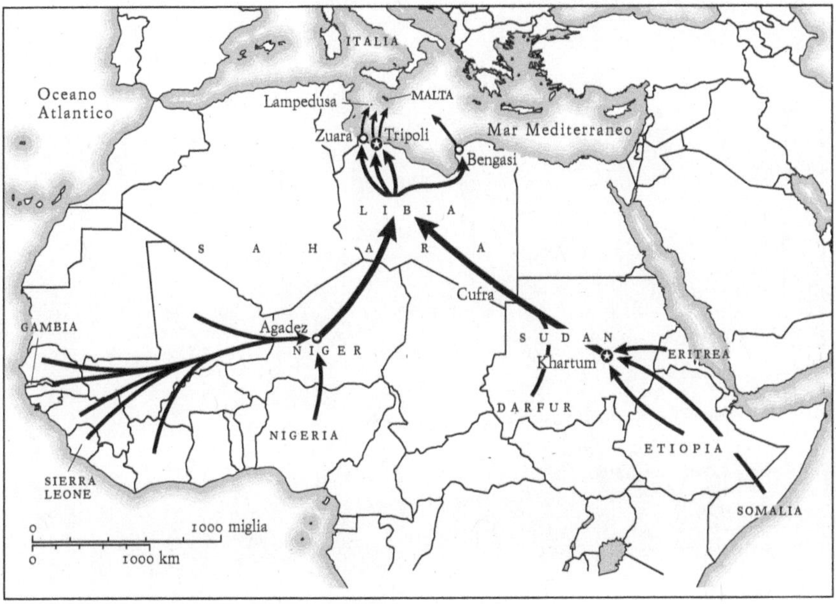

Tratte dall'Africa occidentale e da Somalia/Eritrea/Etiopia/Sudan.

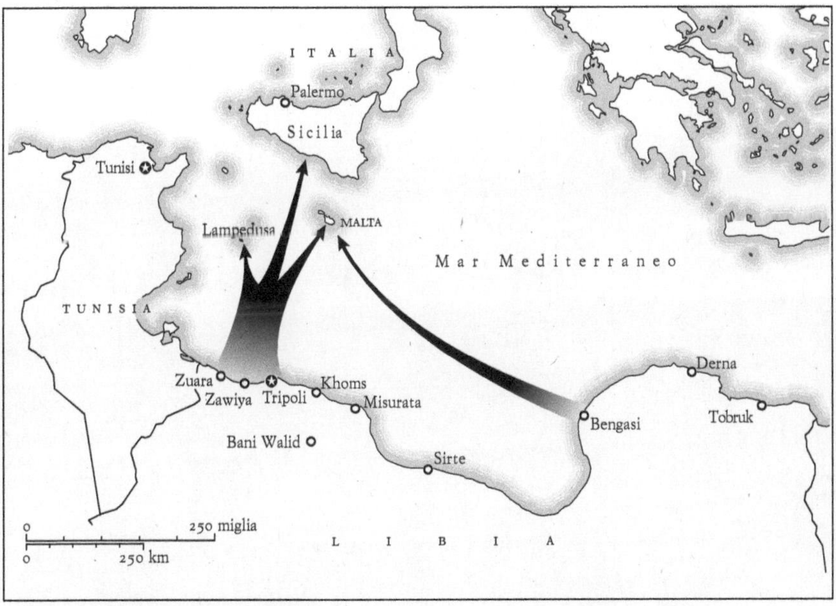

Rotta via mare Libia/Malta/Italia.

Cronologia degli eventi importanti e delle statistiche rilevanti

2011	scoppia la rivoluzione in Libia, il dittatore Mu'ammar Gheddafi viene ucciso.
Novembre 2015	la UE lancia il Fondo fiduciario per l'Africa, un capitale di diversi miliardi che dovrebbe fermare le migrazioni verso l'Europa.[1]
2 febbraio 2017	l'Italia e la Libia firmano un Memorandum di intesa, con il quale l'Italia accetta di collaborare con la Guardia costiera libica per «arginare i flussi di migranti illegali». La UE si impegna a destinare quasi cento milioni di euro all'addestramento e all'equipaggiamento della Guardia costiera negli anni successivi.[2]
Agosto-settembre 2018	scoppia una guerra fra le milizie di Tripoli.
28 agosto 2018	centinaia di rifugiati vengono trasferiti dal centro di detenzione di Ain Zara ad Abū Salīm.
24 ottobre 2018	un rifugiato somalo si dà fuoco nel centro di detenzione di Triq al-Sikka e muore per le ferite riportate.
Ottobre-novembre 2018	durante un'epidemia di tubercolosi a Triq al-Sikka viene sospesa l'assistenza sanitaria.
26 febbraio 2019	in seguito a una protesta esplosa a Triq al-Sikka, ventidue persone vengono portate in una cella sotterranea e torturate.
Marzo 2019	l'Unione europea dichiara «finita» la crisi dei migranti in vista delle elezioni del Parlamento europeo due mesi dopo. L'Europa sospende completamente i pattugliamenti di soccorso nel Mediterraneo centrale, ma continua a inviare aerei ed elicotteri che individuano le barche con i migranti e le indicano alla Guardia costiera libica.

4 aprile 2019	nella Libia orientale il generale Khalifa Haftar ordina al sedicente Esercito Nazionale Libico, sotto il suo comando, di avanzare verso Tripoli.
23 aprile 2019	il centro di detenzione di Qasr bin Ghashir è attaccato da combattenti schierati con l'Esercito Nazionale Libico e diversi detenuti vengono uccisi.
Giugno 2019	una rara visita interagenzie dell'ONU al centro di detenzione di Zintan conferma che, dal settembre precedente, sono morti ventidue detenuti.
2-3 luglio 2019	il centro di detenzione di Tajoura viene bombardato e muoiono decine di detenuti.
Marzo 2020	l'Organizzazione Internazionale per le Migrazioni dell'ONU riferisce che dal 2014 le morti nel Mar Mediterraneo hanno raggiunto il numero di 20 000.[3]
19 giugno 2020	Il Parlamento europeo approva una risoluzione con la quale dichiara che «le vite dei neri contano» (Black Lives Matter) in risposta all'omicidio di George Floyd, un quarantaseienne statunitense ucciso dalla polizia americana.
Luglio 2020	papa Francesco paragona i centri di detenzione libici ai campi di concentramento.[4]
Ottobre 2020	in Libia viene firmato un cessate il fuoco tra le parti in conflitto.
Marzo 2021	viene annunciato un nuovo governo di unità nazionale libico.
Ottobre 2021	in una serie di retate a Tripoli vengono rastrellati e di nuovo trattenuti a tempo indeterminato almeno 5000 rifugiati e migranti. Almeno sette rimangono uccisi nel corso delle retate, o tentando di scappare in seguito.
4 ottobre 2021	una missione conoscitiva richiesta dal Consiglio per i diritti umani dell'ONU rivela che vi sono «buone ragioni di credere che gli omicidi, l'asservimento, le torture, l'imprigionamento, le violenze sessuali, le persecuzioni e le altre azioni disumane commesse contro i migranti» in Libia «facciano parte di un attacco sistematico e diffuso condotto contro questo gruppo di persone per portare avanti una politica di stato», cosa che «potrebbe sfociare in crimini contro l'umanità».

Persone arrivate via mare in Italia (alcune delle quali partite dalla Tunisia)[5]

2014: 170 100
2015: 153 842
2016: 181 436
2017: 119 369
2018: 23 370
2019: 11 471
2020: 34 154
2021: 67 477
2022: 105 131
2023 (fino al 23 luglio 2023): 84 595

Persone intercettate/soccorse dalla Guardia costiera libica nel Mar Mediterraneo

2017 (fino al 12 dicembre 2017): 19 452[6]
2018: 14 949[7]
2019: 9035[8]
2020: 11 891[9]
2021: 32 425[10]
2022: 24 684
2023 (fino al 15 luglio 2023): 8849
Totale: 121 285

Percentuali di persone morte tentando di attraversare il Mediterraneo centrale[11]

2017: 1 su 51 (1,98%)
2018: 1 su 35 (2,86%)
2019: 1 su 21 (4,78%)

Numero di persone affogate nel Mediterraneo centrale[12] (da intendersi come stima in difetto)

2014: 3165
2015: 3149
2016: 4581
2017: 2853
2018: 1314
2019: 1262
2020: 983
2021: 1567
2022: 1417
2023 (fino al 18 luglio 2023): 1768

Nota sulle fonti e sulle donazioni

Anche se non sono state apportate modifiche ad altri dettagli fattuali, alcuni nomi sono stati cambiati per ragioni di sicurezza o di privacy, e alcuni messaggi sono stati leggermente rivisti per renderli più chiari o per rimuovere informazioni personali.

Parte dei profitti di questo libro sarà donata a iniziative di sostegno ai migranti.

Prologo
Questa SIM è la nostra vita

Domenica 26 agosto 2018 mi trovavo nella stanza che avevo preso in subaffitto nella zona nord di Londra. Stavo passando in rassegna le proposte di Netflix quando ricevetti un messaggio su Facebook. «Ciao sorella Sally, ci serve il tuo aiuto», diceva. «Siamo in prigione in Libia, messi male. Se hai tempo ti racconto tutta la storia».

Naturalmente, quel messaggio per me non aveva senso. Com'era possibile che qualcuno a migliaia di chilometri di distanza avesse trovato il mio nome? Come faceva ad avere un cellulare funzionante se era in prigione? Ero scettica, ma risposi subito per vedere che cosa sarebbe successo.

«Mi dispiace davvero», scrissi. «Sì, certo che ho tempo, ma purtroppo non posso fare molto per aiutarvi». Ci scambiammo il numero di WhatsApp.

Il mittente mi spiegò che suo fratello conosceva i miei reportage sul Sudan, paese nordafricano confinante con la Libia, e aveva recuperato i miei contatti online. Ne aveva bisogno perché era bloccato ad Ain Zara, un centro di detenzione per migranti a Tripoli, la capitale libica, insieme ad altre centinaia di rifugiati. Intorno a loro era scoppiata una guerra. Il fumo si levava oltre le mura, fuori dal centro. La città stava bruciando e andando a fuoco sotto ai loro occhi.

I libici che gestivano Ain Zara e che da mesi sottoponevano i rifugiati ad abusi di ogni tipo avevano abbandonato il posto quando i rumori degli scontri si erano fatti più vicini. Non si capì mai se le guardie – o i «poliziotti», come li chiamavano i rifugiati – se n'erano andate per scappare o per unirsi alla lotta: molti fra loro simpatizzavano con i combattenti, mentre altri erano semplicemente giovani uomini spaventati o prepotenti che si erano arruolati perché avevano bisogno di lavorare, perché si sentivano a loro agio con le armi e avevano intravisto la possibilità di fare qualche soldo in più approfittando della situazione. Nell'edificio c'erano ancora bambini e donne incinte. Gli uomini, che erano rimasti chiusi in uno stanzone per mesi, avevano abbattuto la porta che li divideva. Speravano che, se fossero rimasti tutti insieme, sarebbero stati più al sicuro.

«Vediamo proiettili che ci passano sopra e armi pesanti per strada», scrisse il mio nuovo contatto, prima di mandarmi le foto che diceva di aver scattato quel giorno. Una, presa da una finestra, mostrava un veicolo dotato di cannoni antiaerei fuori dai cancelli del centro di detenzione. Un'altra ritraeva lui: un ventottenne dall'aria emaciata seduto per terra, insieme a tre bambini piccoli.

Nell'edificio erano tutti disarmati e indifesi, magrissimi dopo i mesi trascorsi a mangiare forse un solo pasto al giorno, e a volte neanche quello. I loro corpi erano cosparsi di cicatrici, a causa delle torture e delle botte ricevute sia dalle guardie che se n'erano appena andate sia dai trafficanti che li avevano trattenuti per mesi o anni prima del

Una delle prime foto inviatemi dai rifugiati detenuti ad Ain Zara nell'agosto 2018.

loro arrivo ad Ain Zara. La guerra che infuriava fuori dalle mura era prevista da tempo, e quelle persone avevano bisogno di aiuto; qualsiasi aiuto, anche da parte di una giornalista in un paese lontano che poteva fare ben poco.

«Se vicino a te c'è qualche agenzia ONU per i rifugiati o qualche organizzazione per i diritti umani, contattala. Non mangiamo nulla da ieri», scriveva l'uomo. «Se hai un account, posta qualcosa su questa situazione». Disse che veniva dall'Eritrea, un paese del Corno d'Africa dove vigeva un regime dittatoriale e repressivo che costringeva i cittadini a prestare servizio militare a tempo indeterminato. Aveva oltrepassato illegalmente due confini, era scampato a rapimenti e a varie forme di sfruttamento e aveva percorso quasi tremila chilometri per arrivare in Libia.

Come tutti quelli che erano con lui, aveva cercato di attraversare il Mar Mediterraneo per raggiungere l'Europa, ma era stato preso e rinchiuso nel centro. Adesso erano tutti nei guai. Erano un centinaio e avevano un solo telefono, che avevano tenuto nascosto per mesi. L'uomo mi disse che glielo aveva dato un trafficante perché lo portasse con sé, così avrebbero potuto chiamare i soccorsi quando il gommone che doveva trasportarli avesse inevitabilmente cominciato ad affondare. L'Unione europea era responsabile di quella situazione; era l'Unione europea che li aveva costretti a tornare indietro.

Passai le successive ventiquattro ore a fare tutto il possibile per verificare la sua storia.

Chiesi che mi mandasse foto della zona, video, selfie, posizioni GPS e contatti dei suoi famigliari. Conoscevo delle persone in Libia e loro mi confermarono che nella periferia nominata dall'uomo erano in corso alcuni scontri.

Lo chiamai diverse volte.

Via via che gli chiedevo più dettagli, mi spiegò che, prima che i combattimenti degenerassero, i detenuti erano stati regolarmente portati via dal centro e costretti a lavorare come schiavi nelle case dei libici più benestanti. Le donne venivano violentate e i cristiani presi di mira e sottoposti ad attacchi brutali durante i quali venivano strappati loro di dosso i crocifissi. A volte, verso le 3 di notte, le guardie armate libiche radunavano centinaia di detenuti per la «conta», costringendoli sadicamente a rimanere in piedi al freddo per ore. Probabilmente non lo sapevano, ma quell'ordalia assomigliava molto all'Appellplatz, l'appello mattutino istituito dai nazisti nei campi di concentramento, un tremendo rituale che aveva lo scopo di impaurire e umiliare i prigionieri.

Benché l'ONU sostenesse che i suoi operatori avevano accesso ai centri, sembrava che le cose non stessero davvero così. Molti detenuti, fuggiti dalla guerra o dalla dittatura, non erano neanche mai stati registrati come rifugiati. Ciò significava che non esisteva nessuna lista con i loro nomi. Erano quindi terrorizzati all'idea di essere venduti ai trafficanti, che li avrebbero torturati finché le loro famiglie non avessero pagato un ingente riscatto. Chiedevano disperatamente di essere salvati.

Senza volerlo ero incappata in una vera e propria tragedia, una violazione dei diritti umani di proporzioni epiche.

Nel gruppo di Ain Zara c'erano otto donne incinte e circa venti bambini e neonati. Mentre io e l'uomo parlavamo al telefono, sentivo le bombe esplodere lì vicino e le donne e i bambini gridare.

Adesso sono tutti agitati, sta diventando sempre peggio...
Guarda le donne e i bambini, puoi postare questo video per farlo vedere alla gente in Europa.

Mi lanciai in una disperata ricerca per sollecitare qualche risposta. Contattai l'ONU e le organizzazioni di assistenza internazionale che lavoravano in Libia, ma mi dissero che la situazione era troppo pericolosa perché il loro personale potesse intervenire («Oggi in Libia chiunque è a rischio, la situazione non è facile», mi rispose un volontario, dando prova di un duro pragmatismo che avrei incontrato più e più volte). Mandai email ai direttori di varie testate, chiedendo di pubblicare un rapporto, ma ero una libera professionista e, come spesso accade, le risposte tardavano ad arrivare.

Non sapendo cos'altro fare e sentendomi del tutto inutile, cominciai a postare gli screenshot della mia conversazione con i rifugiati su Twitter, dove vennero subito visualizzati e condivisi da decine di migliaia di utenti, e poi centinaia di migliaia. Nel giro di qualche mese, quelle parole sarebbero state lette da milioni di persone.

Non c'è cibo, non c'è acqua. I bambini piangono. Stiamo soffrendo, soprattutto i bambini. Non dormiamo da due giorni. Aspettiamo qualche miracolo. Digli che qui le persone stanno morendo.

Da quel momento mi sembrò che il tempo si dilatasse, con notti insonni e giornate sfibranti scandite da infiniti momenti carichi di un senso di pericolo. Quasi non lasciavo la stanza semispoglia che avevo affittato, a parte quando arrivava un taxi per portarmi a fare interviste in televisione e in radio, dato che i produttori della BBC si erano accorti dei miei aggiornamenti su Twitter. Online era tutto un turbinio di condivisioni e like, ma ad Ain Zara nulla cambiava. I rifugiati spegnevano il cellulare per risparmiare batteria, un silenzio che veniva interrotto da una raffica di messaggi ogni volta che c'era una novità. Alla fine, cominciarono ad arrivare i pullman. Era forse la salvezza? All'inizio non sapevamo se gli autisti fossero autorità libiche o trafficanti (più tardi avrei imparato che non ci sono sempre grandi differenze tra le due figure). Alcuni uomini armati in uniforme dissero ai rifugiati che li avrebbero portati in un'altra zona, più lontana (almeno in quel momento) dal fronte dei combattimenti.

Poi, circa cinquanta ore dopo aver ricevuto il primo messaggio, grazie al localizzatore GPS di WhatsApp vidi che il telefono dell'uomo si stava spostando attraverso la città. Lo tenevo d'occhio per aggiornare i rifugiati sulla loro posizione. Ricordo di aver scritto: «Alla vostra sinistra vedrete l'università di Tripoli», e loro risposero entusiasti quando ne scorsero la facciata moderna. Per molte delle persone a bordo era la prima volta che vedevano la città alla luce del sole.

I pullman con sopra i passeggeri raggiunsero un altro complesso di edifici. Temendo che li avessero trasferiti in un covo di trafficanti, il mio contatto principale mi chiese se si trattava di un centro di detenzione legato al governo di Tripoli. Io a mia volta mandai un'email alle mie nuove fonti all'ONU, che mi risposero di sì. Dentro c'erano già altri settanta detenuti, portati lì da vari posti. Alcuni operatori dell'Organizzazione Internazionale per le Migrazioni dell'ONU, con giacche fluorescenti e vistosi cartellini, distribuivano acqua a tutti. Qualcuno di loro mi avrebbe scritto più avanti per comunicarmi che era tutto sotto controllo.

Verso mezzanotte, i detenuti ricevettero un pezzo di torta e dello yogurt: il primo pasto che mangiavano da giorni. «Dormi un po', anche tu sei stanca, sei stata con noi tutto il tempo», dicevano gli ultimi messaggi di quella sera. «I ragazzi ti ringraziano tanto. Dicono "falla riposare". Che Dio ti benedica».

Che cos'è per voi il vostro telefono? Vi serve per chiacchierare con gli amici, per esplorare le app di incontri? Ci fate i selfie, mandate note vocali o messaggi su Snapchat? È una fonte vitale di informazioni? Vi ha salvato la vita?

Che valore avrebbe, se foste imprigionati e quel piccolo schermo fosse la vostra unica finestra sul mondo esterno? Come sarebbe trascorrere mesi o anni nello stesso edificio senza averne uno? Sareste in grado di condividere un telefono con altre cinquecento persone? Rischiereste la tortura pur di tenerlo con voi? Fareste a meno di mangiare per poter acquistare dati, sapendo che senza cibo morirete, ma che potreste sparire per sempre se non avrete modo di fare una chiamata di emergenza?

Com'è vedere sui messaggi di Facebook persone innocenti che vengono uccise a colpi di pistola? Come vi sentireste ad ascoltarne le voci tremanti, mentre il corpo e la mente li abbandonano? È quel che avrei scoperto presto.

All'inizio credevo che quei primi contatti in Libia fossero un'anomalia, le vittime isolate di una negligenza accidentale. Una volta aiutate quelle persone, pensavo, avrei concluso il mio lavoro. Mi sbagliavo. Nel giro di qualche giorno cominciarono a scrivermi sempre più rifugiati detenuti. Avevano avuto il mio numero da amici o avevano trovato quello che avevo postato online. Mi mandavano messaggi su Twitter e WhatsApp. Le loro storie presentavano somiglianze inquietanti.

Avrei così appreso che in Libia, in quel momento, circa seimila persone erano bloccate a tempo indeterminato in oltre venti di questi centri «ufficiali». In teoria erano gestiti dal Dipartimento per il contrasto alla migrazione clandestina (Department for Contrasting Illegal Migration, DCIM), che collaborava con il Governo di accordo nazionale di Tripoli appoggiato dall'ONU, uno dei due governi che si contendevano il potere nel turbolento stato nordafricano. In realtà, il governo di Tripoli era debole, tenuto in piedi da un insieme di milizie che agivano in totale impunità.

La maggior parte dei detenuti aveva già cercato di raggiungere l'Europa, ma era stata fermata nel Mar Mediterraneo. Facendo qualche ricerca scoprii che, nel tentativo di fermare quelle traversate, l'Unione europea si era impegnata a finanziare la Guardia costiera libica con centinaia di milioni di euro.[1] I marinai libici – molti dei quali erano ex trafficanti – venivano incoraggiati a pattugliare il Mediterraneo e a intercettare le barche che trasportavano i rifugiati. Questo permetteva alla UE di eludere il diritto internazionale, che stabilisce che le persone non possono essere riportate nei paesi di provenienza se sono in pericolo di vita. Tra il 2017 e la metà del 2022 più di 100 000 uomini, donne e bambini sono stati catturati in mare e riportati in Libia con la forza. La maggioranza è stata messa in detenzione perché ovviamente non aveva il permesso di soggiorno, ma senza capi di accusa ufficiali, processi o altre procedure che permettessero di contestarne la reclusione.

I miei contatti avevano visto gli amici scappare da quei centri soltanto per essere uccisi dalle milizie che pattugliavano le strade. Altri venivano colpiti a morte mentre tentavano di fuggire. Mi raccontarono che la tubercolosi mieteva vittime e così la fame, che li lasciava languire immobili a terra. Descrissero altri detenuti che avevano smesso di parlare, fuori di sé per l'angoscia e la disperazione, ridotti a dondolarsi avanti e indietro con le braccia serrate intorno alle ginocchia. Mi mandarono video in cui i loro parenti, tenuti in ostaggio da spietati trafficanti in attesa di un riscatto, venivano torturati e tormentati. Si sentivano tutti abbandonati dall'ONU e maledicevano l'Unione europea per la sua incapacità di riconoscere che anche i rifugiati erano persone.

Qualunque cosa accadesse, i miei contatti facevano attenzione a tenere nascosto il cellulare, implorando gli amici altrove di mandare loro credito per potersi collegare a internet e caricando di nascosto la batteria nelle rare occasioni in cui c'era elettricità. «Questa SIM è la nostra vita», mi spiegò uno di loro. Gruppi di decine o anche centinaia di persone si affollavano intorno a un solo telefono per comporre insieme i messaggi, studiando con attenzione la maniera migliore di descrivere la situazione. Ogni parola che mandavano era un prezioso grido di aiuto. Far conoscere agli altri le loro difficoltà era forse l'unica cosa che dava loro speranza.

Nel corso della mia indagine ho trovato diversi modi per avere conferma di ciò che mi veniva detto, e sono grata a tutti quelli che mi hanno aiutata ma che non è stato possibile identificare per nome. Con il passare del tempo sono riuscita a contattare parecchie fonti in ogni centro di detenzione. Questo libro è basato sulle interviste a centinaia di rifugiati e migranti rimasti bloccati in Libia dopo che la UE ha cominciato a finanziare le intercettazioni in mare nel 2017. Mi sono anche creata un'estesa rete di contatti fra gli operatori umanitari internazionali e locali che volevano parlare ma che avevano bisogno di rimanere anonimi per poter continuare il loro lavoro. All'epoca, molto di quanto mi dicevano non poteva essere pubblicato senza mettere a rischio la loro incolumità. Così il mio lavoro consisteva nel far circolare le informazioni tra i detenuti e le organizzazioni di soccorso o le agenzie dell'ONU che avrebbero dovuto aiutarli. Sorprendentemente, la mia distanza geografica dalla Libia era proprio il motivo per cui i rifugiati confidavano in me.

La prima cosa che dico a chi mi scrive è che io non posso aiutare in maniera diretta. Sono una giornalista, non ho il potere di fare nulla, se non riportare quanto mi viene detto. Mi ha sorpreso ricevere tante risposte positive. I nuovi contatti dicono che capiscono, ma che vogliono comunque che le loro storie vengano raccontate. Sperano che così il resto del mondo si renderà conto che esistono, che per il momento sono vivi e meritano di essere salvati.

Per anni, dopo quel primo messaggio nell'agosto 2018, ho scritto ogni giorno a rifugiati e migranti in vari centri di detenzione libici.[2] Mi immaginavo la rete di telefoni nascosti, le connessioni tra me e loro, tra loro e le famiglie e gli amici, come linee vitali, come arterie che pompavano sangue. Non riuscivo neanche a concepire il coraggio delle persone con cui comunicavo. Parlavamo di quanto fosse pericoloso esporsi, ma se una delle mie fonti voleva correre quel rischio, rispettavo la sua scelta. Chi era sospettato di passare informazioni veniva picchiato o torturato. I cellulari venivano regolarmente confiscati.

Ancora oggi spesso ricevo video, foto o registrazioni che non posso condividere. Nei miei album sul cellulare, le foto di persone scomparse e di atrocità subite si alternano alle immagini delle foglie in autunno e dei figli di amici. Ho impostato WhatsApp in modo che tutti i media vengano salvati automaticamente, perché, per ragioni di sicurezza, i detenuti non possono tenere i video che mi inviano e io non voglio rischiare che non possano essere scaricati. A un certo punto ricevevo così tanti messaggi che mi era quasi impossibile leggerli tutti.

Queste foto mi ricordano brutalmente che le disparità del mondo continuano ad aumentare. Oggi le possibilità di comunicare sono più numerose che mai, ma le rotte che portano alla salvezza vengono chiuse. In Occidente possiamo distogliere lo sguardo, nonostante la costante presenza di finestre – schermi di cellulari, trasmissioni televisive, video postati online – che rivelano le nostre profonde disuguaglianze. E chiunque apra gli occhi potrebbe ritrovarsi ad assistere ad abusi perpetrati contro i diritti umani a migliaia di chilometri di distanza senza poter intervenire in alcun modo.

Questa storia non parla di me, ma è vero che quando ho ricevuto i primi messaggi non potevo immaginare quante e quali ramificazioni a livello personale avrebbe avuto la mia inchiesta su questa crisi. Negli anni seguenti avrei rischiato la vita in Nord Africa, mentre in Europa la mia libertà era appesa a un filo. Avrei attraversato tre continenti alla ricerca di varie piste e trascorso intere settimane su una nave nel Mediterraneo, e mi sarei trovata faccia a faccia con trafficanti di esseri umani accusati di torturare a morte le persone. Avrei scoperto corruzione, bugie e gravi negligenze e sarei stata denunciata dai canali di propaganda governativi. Il mio lavoro sarebbe stato citato nei rapporti sui diritti umani, nei documenti delle azioni legali e in un esposto presentato alla Corte penale internazionale che accusava i funzionari UE di crimini contro l'umanità.

Ho scritto questo libro perché volevo documentare le conseguenze delle politiche europee sulla migrazione, a partire dal momento in cui la UE diventa innegabilmente colpevole dal punto di vista etico: quando cioè i rifugiati vengono respinti con la forza. Finché non ho cominciato a scriverlo, non mi ero resa conto di quanto potesse essere piccolo un libro. Ho dovuto lasciare fuori molte cose, ma spero che ciò che ho inserito riuscirà a spiegare almeno in parte fino a che punto siamo responsabili. Ho ignorato il suggerimento iniziale di un agente letterario, secondo il quale era meglio evitare i nomi dei centri di detenzione perché avrebbero potuto confondere i lettori. Mi sembrava importante identificare i posti in cui così tante persone avevano sofferto. Per motivi di spazio non sono riuscita a includere tutti i centri in cui avevo contatti, ma ciascuno aveva una sua personale versione di inferno.

A settant'anni dalla nascita di un sistema di gestione globale delle migrazioni, arrestiamo coloro che vanno in cerca di salvezza. Li costringiamo a sparire dalla nostra vista e rafforziamo sistemi che ci permettono di dimenticarcene. Alcuni muoiono da detenuti, altri resteranno traumatizzati a vita.

Le persone con cui sono in contatto in Libia mi raccontano dei trattamenti bestiali che subiscono. Sono state frustate; vendute; picchiate;

ammassate e stipate in stanzoni o in piccole celle, e perfino in gabbie. Finiscono per detestare gli odori altrui. Le loro menti scivolano via, dopo essere state private per tanto tempo della possibilità di pensare con chiarezza. Tutti diventano malleabili, dimenticando i loro obiettivi e i loro valori. Temono di non riuscire più a fidarsi di qualcuno.

Un aspetto poco conosciuto di questo tipo di indagine è che può durare a lungo. La maggior parte del tempo mi limito a parlare con le persone di loro stesse, della loro vita passata, di avvenimenti quotidiani minori. Come le foto sul mio cellulare, i loro messaggi passano all'improvviso dal banale al terrificante.

In tutto il libro ho inserito in corsivo alcune delle migliaia di messaggi ricevuti dai rifugiati in Libia, molti dei quali sono rimasti anonimi. Volevo lasciare qui le loro voci, senza filtrarle.

Questo lavoro racconta storie di singoli individui e offre qualche informazione sui problemi sistemici che contribuiscono a distruggere vite umane: la negligenza; la corruzione; l'apatia; la disuguaglianza. Non è un resoconto esaustivo di tutto ciò che accade a chi cerca di raggiungere l'Europa e viene catturato dalla Guardia costiera libica – ogni giorno ci sono nuovi abusi e nuove umiliazioni – ma spero che in parte possa servire a far sì che i responsabili rispondano delle proprie azioni.

E la quarta volta siamo annegati

Questo libro è dedicato agli uomini, alle donne e ai bambini che hanno perso la vita in Libia e nel Mar Mediterraneo; alle loro famiglie, che hanno sofferto con loro; e ai sopravvissuti, che non dimenticheranno mai.

I.

Dove finisce e dove inizia

> «Invece, essendo povero, ho soltanto sogni;
> E i miei sogni ho steso sotto i tuoi piedi;
> Cammina leggera, perché cammini sui miei sogni»[1]
> W. B. Yeats

Dopo dieci ore in mare, Essey si rivolse a Dio per chiedergli un segno. Era accovacciato al centro di un gommone pieno di gente, sballottato qua e là dalle onde. Le braccia e le gambe erano diventate rigide per il freddo, a parte qualche occasionale spasmo muscolare, e le punte delle dita gli si erano raggrinzite. Sentiva in bocca il sapore del sale, forse non tanto per via degli spruzzi d'acqua, ma per il sudore dei corpi non lavati che lo circondavano.

Il mare era scuro, l'acqua fredda. Alcune delle centinaia di persone che affollavano la barca piangevano sommessamente, tra un conato e l'altro provocato dal mal di mare. Ogni tanto le donne gridavano, tenendo stretti i bambini mentre pregavano imploranti il Signore. Altre non emettevano più alcun suono. Una svenne, cadendo di peso contro Essey. Tutto intorno c'erano pozze d'acqua di mare mescolata a vomito. Ogni onda un po' più alta gli ricordava insistentemente che molti di loro non sapevano nuotare.

La maggior parte degli uomini era abbarbicata a cavalcioni sul bordo del gommone, con un piede in acqua. Si erano tolti le scarpe a riva o le avevano gettate in acqua, per non avere altri pesi e per non bucare la gomma. Le condizioni del motore rappresentavano un altro potenziale pericolo: qualunque perdita di carburante, mescolata all'acqua salata, avrebbe causato tremende bruciature. Stanco o impaurito, un uomo accese una sigaretta; altri cominciarono a discutere, incitandolo a spegnerla. Avevano un unico telefono satellitare a bordo, fornito dai trafficanti. Come da istruzioni, una volta arrivati in acque internazionali composero un numero e chiesero aiuto.

Mentre Essey pregava, sentì un brusio, seguito da un ronzio. Era un piccolo aereo, ed era sicuro che fosse stato mandato dall'Europa.

La sua comparsa era un segno di speranza per questo adolescente dell'Eritrea e per i suoi compagni. In alto, sopra di loro, il veicolo cominciò a muoversi in cerchio. Il suo equipaggio aveva avvistato il gommone, tanto piccolo da essere quasi invisibile. Il bianco dell'imbarcazione sballottata si confondeva con la schiuma del mare, le anime a bordo simili a granelli di polvere. Il Mediterraneo centrale era la rotta migratoria più pericolosa al mondo.[2] Tutte quelle vite, completamente alla deriva, avrebbero potuto scomparire con facilità senza lasciare traccia. L'equipaggio dell'aereo ci aveva pensato?

Poi arrivò un elicottero. Anche lui cominciò a tracciare cerchi nell'aria, prima di allontanarsi lentamente in un'altra direzione. «Stanno facendo strada», pensò Essey, immaginando che più avanti ci fossero una nave di soccorso e volontari europei con le braccia tese, pronti ad accoglierli. «Ci sta portando dove c'è una barca sicura».

Anche se era ancora molto giovane, Essey ci aveva messo anni ad arrivare a quel punto. Il traguardo era in vista, ma stava per diventare irraggiungibile. Era stato trasmesso un messaggio.

Le prime persone che vide erano membri della Guardia costiera libica finanziata dall'Unione europea: uomini rudi in uniforme che avanzavano rombando verso di loro su una nave a motore. Essey riconobbe la bandiera rossa, nera e verde, ma altri si chiesero ad alta voce se fosse turca o tunisina. I libici avevano armi ed erano pronti a usarle. Non ci fu alcuna resistenza al loro ordine di scendere dal gommone. Individui rimasti immobili per ore vennero costretti a muoversi di colpo e a suon di botte, mentre la violenza e il dolore risvegliavano bruscamente ogni parte del corpo bloccata e ghiacciata. I corpi magri vennero spinti giù sul ponte della nuova imbarcazione, e tutti si fecero piccoli, circondati da uomini rabbiosi con le armi in mano: una situazione in cui si erano già ritrovati molte volte.

Non si erano resi conto che avrebbero potuto essere riportati in Libia, il paese da cui stavano tentando di scappare. Questa consapevolezza, insieme a quella del ruolo svolto dall'aereo e dall'elicottero, che li avevano illuminati per facilitarne l'intercettazione, li raggiunse uno per volta. Era doloroso, ma ancora più devastante del tradimento europeo era la morte di un sogno. Quello avrebbe finalmente potuto essere il loro momento, la loro possibilità.

Era il 2018, e la Libia era una zona di guerra in cui rifugiati e richiedenti asilo venivano rinchiusi a tempo indeterminato senza capi di accusa né processo. L'intercettazione in mare di Essey segnò il tremendo punto culminante di tutto il tempo e degli oltre diecimila dollari che aveva speso per cercare di mettersi in salvo. Le sue speranze erano state spazzate via dalle politiche migratorie europee nella loro versione più brutale.

Durante il viaggio di ritorno verso il Nord Africa, i pensieri di Essey turbinavano. La sua famiglia era destinata a tentare e ritentare, ma non sarebbe mai entrata a far parte dei privilegiati: coloro che potevano scappare da una guerra in aereo; che avevano un passaporto o i documenti necessari a iscriversi all'università; che non dovevano temere colpi alla porta nel mezzo della notte, una pistola puntata sul viso e la certezza che di loro non si sarebbe parlato mai più. La storia si stava ripetendo. Il padre di Essey aveva intrapreso un viaggio simile nel 2012, dopo decenni di servizio militare obbligatorio e ininterrotto e una lunga separazione dalla famiglia. Già di mezza età, si era diretto verso Israele, su una vecchia rotta migratoria percorsa dagli eritrei in parecchie occasioni. Invece di raggiungere la sua terra promessa, era morto nel deserto del Sinai, in Egitto; se fu per colpa della fame, della mancanza d'acqua o semplicemente a causa della spossatezza, Essey non lo scoprì mai.

Il piccolo stato dell'Eritrea, abitato da circa 6 milioni di persone, viene spesso chiamato la «Corea del Nord dell'Africa» dai media occidentali.[3] È uno dei luoghi meno accessibili e più brutali sulla Terra, dove i cittadini avvertono la mancanza di libertà come qualcosa di fisico e soffocante. Nell'Indice della libertà di stampa del 2021 compilato da Reporter Senza Frontiere, l'Eritrea risultava lo stato meno libero al mondo, dietro alla stessa Corea del Nord e ad altri paesi tristemente noti per le persecuzioni e le incarcerazioni di giornalisti quali l'Iran, l'Egitto e la Siria.[4] Nonostante ciò, il popolo di Essey era un popolo di sopravvissuti e di combattenti. Aveva lottato per anni contro i coloni europei e contro il suo opprimente vicino più grande, l'Etiopia, che tentava costantemente di assicurarsi l'accesso alla costa del Mar Rosso violando l'indipendenza della piccola rivale.

Nel 1890, l'Eritrea divenne colonia italiana. Durante la seconda guerra mondiale, gli inglesi sconfissero gli italiani sul campo e per tutto il decennio successivo il Regno Unito assunse il controllo della zona. Gli Stati Uniti vi stabilirono una centrale di spionaggio dopo essersi resi conto che dai suoi altipiani era possibile rilevare quasi la metà delle onde radio del mondo.[5] La stazione venne usata per intercettare informazioni utili per gli sbarchi in Normandia, e poi ancora in occasione della guerra di Corea, nel corso della quale gli USA sostennero che non si doveva concedere all'Eritrea l'indipendenza che il popolo disperatamente desiderava a causa della sua posizione strategica. Nel 1952 il paese, che confinava anche con il Gibuti e il Sudan, venne inglobato dall'Etiopia.

Durante la trentennale guerra di indipendenza eritrea, i *tegadelti* – combattenti per la libertà di ambo i sessi – vissero nelle trincee, cantando canti rivoluzionari e prendendo lezioni di democrazia, oltre che di tattiche di guerra. Circa 65 000 combattenti rimasero uccisi prima che l'Eritrea diventasse uno stato autonomo all'inizio degli anni novanta. Dopo di che Isaias Afewerki, che aveva a sua volta lottato per la liberazione, assunse il controllo del paese.[6] Come molti altri leader del continente africano, inizialmente proclamò il potere del popolo, e continuò a farlo anche quando divenne un autocrate e si rifiutò di concedere elezioni. Sotto di lui c'era un esercito di giovani schiavi. Dopo che l'Eritrea ottenne la sovranità, il suo sistema scolastico passò nelle mani degli ex combattenti per l'indipendenza, la cui gestione autoritaria indirizzava gli studenti verso l'esercito e il servizio di leva obbligatorio a tempo indeterminato.[7]

L'indipendenza non portò alla libertà. Nel 2014 il Consiglio per i diritti umani delle Nazioni Unite annunciò che il 6% della popolazione eritrea era fuggito dal paese. L'anno seguente, 39 000 eritrei attraversarono il Mediterraneo centrale diretti in Italia: più di un quarto di tutti gli arrivi via mare nel paese.[8] Nel 2016, il Consiglio riferì che nell'intera Eritrea, nei campi di addestramento militare, nelle strutture di detenzione e altrove, erano stati commessi crimini contro l'umanità in «maniera diffusa e sistematica».[9] Chi era stato catturato mentre tentava di scappare disse in seguito di essere rimasto incarcerato per anni. Alcune strutture si trovavano sottoterra, altre erano state progettate appositamente per gli interrogatori; in una di queste, stando ai racconti dei sopravvissuti, c'era una camera di tortura rovente chiamata «il forno».[10]

«Sono stati commessi crimini quali schiavitù, prigionia, sparizioni forzate, torture, persecuzioni, violenze sessuali, omicidi e altri atti disumani come parte di una campagna volta a instillare paura, a scoraggiare l'opposizione e infine a controllare la popolazione civile eritrea», riferiva un rapporto ONU.[11]

«L'Eritrea è uno stato autoritario. Non esistono un sistema giudiziario indipendente né un'assemblea nazionale, e non vi sono altre istituzioni democratiche», aggiungeva Mike Smith, capo della Commissione d'inchiesta sull'Eritrea. «Questo ha creato un vuoto a livello di governance e nello stato di diritto, e ne è derivato un clima di impunità nel quale sono stati commessi crimini contro l'umanità per oltre un quarto di secolo. Questi crimini hanno luogo ancora oggi».[12]

I ricordi d'infanzia di Essey sono costellati da figure e spazi famigliari: i nonni affettuosi; la capitale Asmara, con la cadente architettura coloniale italiana; e gli onnipresenti ciclisti, perché importare auto nel paese è quasi impossibile.

È raro che i giornalisti siano autorizzati a entrare in Eritrea, e buona parte della popolazione non ha accesso a internet. Anche quando qualcuno riesce a collegarsi online, magari in uno dei pochi Internet cafè di Asmara, la connessione è incredibilmente lenta. Nel 2012 l'Unione internazionale delle comunicazioni ha definito l'Eritrea il paese con minori connessioni tecnologiche al mondo.[13] Chi è riuscito a scappare ha dovuto fare i conti non soltanto con tutte le cose che ora poteva vedere e sentire di persona – nuovi paesaggi, nuove lingue e nuovi stili di vita – ma anche con tutte le informazioni a cui riusciva ad accedere online. Internet ha aperto gli occhi di questi rifugiati sul resto del mondo, sull'intero spettro dell'esistenza umana e su prospettive che prima erano inconcepibili: una svolta ispiratrice e, al contempo, dolorosamente schiacciante.

L'Eritrea mi affascinava da anni. Nell'agosto 2015 fui inviata a Calais, nel nord della Francia, per scrivere un articolo per conto di VICE, un canale di informazioni rivolto principalmente ai millennial, dove lavoravo come cronista. Una delle prime sere che ero lì incontrai Petros, uno smunto ventisettenne con una giacca di pelle marrone che veniva da Keren, la seconda città più grande dell'Eritrea. Ci trovavamo su un prato al bordo di un'autostrada rialzata, dove rifugiati e migranti si riunivano al tramonto. Stavano tutti progettando di saltare sui camion o sui treni diretti verso il Regno Unito. Sotto gli alberi lì vicino era stato acceso un falò, dove persone di varie nazionalità si scaldavano le mani e discutevano della loro vita. Alcuni, probabilmente, erano trafficanti. Di fronte a noi, rivolta alle luci delle macchine che sfrecciavano via, una fila di eritrei si inginocchiò in preghiera, chiedendo a Dio se quella poteva essere la loro notte.

La sua storia mi rimase dentro. Petros aveva soltanto tre anni quando suo fratello e suo zio sparirono senza lasciare tracce. A diciannove anni, arrivato all'età adulta senza mai ricevere risposte, chiese che ne era stato del fratello in occasione di un incontro della comunità.

Le forze di sicurezza andarono a prenderlo in piena notte. Venne bendato, e trascorse i successivi nove mesi in prigione, dove lo picchiavano ogni giorno. Quando doveva urinare, gli davano una bottiglia di plastica.

Petros mi descrisse un paese in cui le persone avrebbero potuto essere felici se soltanto avessero avuto libertà di scelta e non avessero continuato a sparire. Sua moglie era arrivata nel Regno Unito dopo essere partita all'estero per lavorare come cameriera presso una famiglia saudita che abusava di lei; era scappata durante un loro viaggio in Europa. Petros aveva venduto tutto il possibile per raggiungerla. Mentre parlava la voce gli tremava, ma tradiva una determinazione che avrei poi riscontrato più volte negli eritrei. Sconfinava quasi nell'orgoglio. Voleva raccontarmi quanto erano belli gli aranci di suo padre, quanto fossero ricchi i paesaggi eritrei e meravigliosi il cibo e le musiche del paese, e quanto gli sarebbe mancato tutto quello che si stava lasciando alle spalle.

Sei settimane dopo, nel settembre 2015, mi trovavo sui monti Semien, in Etiopia, lungo il confine con l'Eritrea. Mi ero arrampicata diversi giorni per raggiungere un picco da cui spingere lo sguardo fin laggiù ed ero accompagnata da una gentile guida etiope e da una guardia del posto, essenziale per camminare in quel territorio impervio. La guardia calzava un paio di Crocs, portava un AK47 e parlava poco l'inglese. L'uomo doveva tenerci al sicuro dai «banditi» e di notte rimaneva seduto fuori sotto la pioggia, con il fucile dritto tra le mani e all'erta, mentre noi accendevamo un fuoco per riscaldarci. Al sorgere del sole ci incamminavamo, oltrepassando ciuffi di gigli delle torce, bambini pastori, babbuini e asini, tentando di scorgere stambecchi del Semien, rari ma di grande valore, e lupi etiopi color rame. Attraversavamo piccoli villaggi, assurdamente isolati. Gli abitanti del posto – che uscivano tutti a guardarci – dipendevano completamente dalla terra. Sembrava un luogo distantissimo dalla politica, anche se più tardi avrei scoperto che il governo etiope stava costringendo quella gente ad andarsene con la forza, allo scopo di favorire la conservazione ambientale nella regione e incrementare il turismo.[14]

Giunti in vetta a una cima, la guida mi disse che normalmente da lì saremmo riusciti a vedere l'Eritrea, ma che c'era troppa nebbia. Mi sembrò la conclusione emblematica di un viaggio in un luogo così inaccessibile. Rimasi lì ancora un poco, guardando verso il basso e meravigliandomi di quante cose ancora non mi fossero chiare.

Mentre scrutavo nella coltre di nebbia che avvolgeva l'Eritrea, Essey se n'era già andato dal paese. Quando aveva circa dieci anni, sua madre era scappata per salvare il figlio dal sistema nazionale di lavori forzati che aveva portato via suo padre. Allevò Essey e i figli più piccoli nella capitale dell'Etiopia, Addis Abeba, a 1200 chilometri di distanza dall'Eritrea. Le due nazioni erano invischiate in una guerra sanguinosa, ma questo non impediva alla popolazione eritrea di fuggire nel paese vicino. Nel 2017, 2500 eritrei attraversavano il confine ogni mese per unirsi ai loro 130 000 concittadini già stanziati in Etiopia.[15]

Quest'ultima, sotto molti punti di vista, era simile all'Eritrea. I due popoli rimanevano *habesha*: un termine comunemente usato per descrivere le persone nate in uno o nell'altro paese. Le loro culture erano simili, compresa la tradizionale cerimonia mattutina del caffè, che prevedeva diversi giri di *buna*, o *bun*,[16] da bere in piccole tazze senza manico, spesso accompagnati da popcorn. Anche la religione principale, il cristianesimo ortodosso, era la stessa.

Le strade di Addis Abeba pullulavano di negozi, banchetti e ristoranti che vendevano il tradizionale pane *injera* dal gusto amaro, vino *tej* al miele e altri prodotti. Le chiese sparavano musica e prediche a tutto volume a partire dalle cinque di mattina, mentre i fedeli, con la testa coperta da sciarpe bianche, percorrevano le stradine acciottolate per andare a pregare. Gli asini zigzagavano nelle strade piene di macchine e gruppi di bambini abbandonati sorridevano dolcemente, sniffando la colla per non sentire i morsi della fame o chiedendo la carità. L'altitudine in città era elevata, il che la rendeva adatta agli allenamenti di atletica. All'alba, nella centrale piazza Meskel, si vedevano *runner* fare i loro giri. Decisi a emulare il campione olimpico Haile Gebrselassie, si allenavano sulle piste da corsa che circondavano la piazza terrazzata a forma di mezzaluna.

Essey però non era etiope, era eritreo, e se lo sentiva ricordare in continuazione. Da bambino, la questione delle sue origini spuntava fuori di tanto in tanto sotto forma di insulto scherzoso, quando lui e i suoi amici facevano finta di picchiarsi. Ma una volta cresciuto, si rese conto che la cosa aveva ben altre conseguenze.

Fin da piccolo era stato intelligente, pronto a sorridere e capace di incantare chiunque incontrasse, giovane o anziano. Imparava in fretta e amava leggere. Nella sua scuola c'erano parecchi etiopi relativamente benestanti. Essey era senz'altro dotato, ma era difficile non accorgersi di quanto le sue possibilità fossero limitate rispetto a quelle dei compagni. Era intrappolato nella stessa gabbia invisibile di tutti gli altri rifugiati del mondo: una gabbia in cui le opportunità di lavoro, di studio e di viaggio sono precluse dalla mancanza di documenti o di un passaporto. «Volevo avere un'identità laggiù», avrebbe poi ricordato.

Tutto ciò divenne particolarmente evidente quando alle superiori Essey vinse una borsa di studio per andare in Cina, dopo aver ottenuto un buon punteggio in inglese e in matematica agli esami nazionali. Il labirintico sistema di concessione dei permessi di viaggio per rifugiati, corrotto com'era, gli avrebbe reso impossibile partire.

È bene sognare ogni tanto. Io sogno.

Essey aveva sentito parlare delle rotte migratorie verso l'Europa, che via terra passavano per il Sudan e la Libia. Cominciò quindi a raccogliere informazioni, improvvisamente interessato alle storie di chi aveva attraversato il Mar Mediterraneo. Quando qualcuno nominava un fratello, una zia o un cugino in un paese europeo, Essey chiedeva come ci erano arrivati, senza mai rivelare che stava pensando di intraprendere quel viaggio.

Nei paesi *habesha* c'è qualcosa di ultraterreno. L'Etiopia e l'Eritrea hanno una propria scrittura e un calendario indipendente da quello gregoriano usato in gran parte del mondo, rispetto al quale sono circa sette anni indietro. La notte di Capodanno viene celebrata a settembre, e tradizione vuole che in quest'occasione saltare oltre un falò porti fortuna. I cristiani etiopi sostengono da tempo che l'Arca dell'Alleanza sia custodita nei loro altipiani settentrionali, portata lassù tremila anni fa da Menelik, figlio della regina di Saba, anche se nessuno vi posa gli occhi da anni, eccezion fatta per l'unico guardiano incaricato. L'anno etiope ed eritreo è costellato di festività e ricorrenze comuni: *Meskel*, *Irreecha*, *Kiddus Yohannes* e *Genna*.

Ma a dispetto delle antiche credenze e di una cultura magnifica, al popolo non vengono risparmiati le difficoltà tipiche della vita in un'area in via di sviluppo e i problemi conseguenti: povertà, corruzione, nepotismo, mancanza di opportunità. Essey cercò un'ultima volta di partire per la Cina contattando una nuova agenzia di viaggi che organizzava anche borse di studio a scopo di istruzione. Un altro tentativo che si rivelò inutile. Nel frattempo, non voleva o non poteva dire alla madre del nuovo piano che stava prendendo forma nella sua mente. Gli faceva troppo male pensare a come avrebbe reagito lei; sapeva che le avrebbe spezzato il cuore.

Come per la maggioranza degli esseri umani, la vita degli eritrei è scandita da detti e proverbi. «*Nab laeli ente temitka hgus aykit kewn eka*» («Se guardi verso l'alto sarai infelice») e «*Chamaka mare egreka*» («La tua scarpa dovrebbe essere pari al tuo piede») erano due frasi che gli anziani ripetevano spesso, come tagliente avvertimento contro i pericoli dell'ambizione. Forse Essey stava compiendo l'errore peggiore osando sognare qualcosa di più, cioè un futuro che non si riducesse ad anni passati a racimolare cibo e denaro per sopravvivere. Se voleva un futuro migliore, sapeva di dover intraprendere il passo successivo da solo.

Alla fine, era sicuro della sua decisione. «Se non fossi partito in fretta, [sapevo che] la vita sarebbe stata dura», avrebbe poi ricordato. Un suo amico conosceva un uomo che lavorava nel Sudan, e andarono insieme a incontrarlo. Così ottennero il primo contatto con un trafficante e cominciarono il loro viaggio verso Ovest.

2.
Sudan: attraverso il deserto

> «Il Sudan è una zona di partenza, di transito e di arrivo per richiedenti asilo, rifugiati e migranti economici lungo la rotta migratoria che dall'Africa orientale porta al Nord Africa e all'Europa. Lo sfruttamento, il rapimento e il traffico di persone in quest'area sono motivo di grande preoccupazione».
>
> Conclusione di un'indagine dell'Agenzia dell'ONU per i rifugiati, 2018

Il Sudan era una sosta obbligata per gli abitanti dell'Africa orientale in viaggio verso il Mar Mediterraneo. Fra loro c'erano eritrei in fuga da un servizio militare che era quasi una forma di schiavitù, anche se loro avrebbero detto che stavano fuggendo dall'ignoranza e che cercavano la libertà. Poi c'erano somali che scappavano dalla guerra – o dal gruppo terrorista islamico al-Shabaab – ed etiopi; questi erano spesso di etnia Oromo, una tribù sottoposta a repressioni violente dal partito al governo, o Tigrini sfiancati dalla povertà incessante e desiderosi di passare per eritrei, dato che parlavano la stessa lingua, perché così sarebbe stato più semplice richiedere asilo. C'erano anche i sudanesi sopravvissuti alla pulizia etnica nel Darfur e i sudanesi del Sud, che volevano lasciarsi alle spalle il conflitto catastrofico che aveva dominato la breve vita del loro paese, lo stato più giovane al mondo. Molti avevano chiaramente diritto alla protezione internazionale, anche se la grande ironia del diritto di asilo è che i rifugiati sono costretti a raggiungere illegalmente un posto sicuro per poter essere autorizzati a stabilirvisi.

Nel 2018 l'ONU avrebbe comunicato che mezzo milione di eritrei era scappato dal proprio paese, cioè un decimo della popolazione.[1] Ma le statistiche, da sole, non bastano a restituire la realtà: l'esodo eritreo fu un esodo di bambini. Gli adolescenti, e perfino i preadolescenti, volevano andarsene prima di arrivare all'ultimo anno delle scuole superiori, quando poi avrebbero dovuto entrare nell'esercito e non avrebbero più avuto alcuna possibilità di scelta riguardo alla propria vita. Mentre la madre di Essey lo aveva portato in Etiopia per risparmiargli quel destino, molti altri individui, che si incamminavano lungo la rotta migratoria, erano stati sottoposti a un estenuante addestramento militare fin da giovanissimi.

> *Hanno cercato di metterci nell'esercito [in Eritrea] ma siamo scappati. Ma chi non è scappato è ancora a fare il militare. Sono scappati quasi tutti, anche i bambini scappano perché conoscono già il futuro dei loro fratelli, che capiterà anche a loro. Ecco perché cercano di scappare da bambini.*

A Sawa, il più famigerato campo di addestramento del paese, gli adolescenti eritrei si alzavano prima dell'alba. Se durante i corsi sull'uso delle armi o nelle simulazioni di guerra la loro performance era giudicata insoddisfacente, venivano picchiati.[2] Parte dell'addestramento prevedeva uscite di un'intera giornata senza cibo o acqua, un esercizio che doveva rafforzare la determinazione dei ragazzi e che, come mi dissero gli ex allievi di Sawa, li aveva preparati a sopravvivere alle rotte migratorie. La disciplina era la qualità più apprezzata. Donne e ragazze subivano spesso violenze sessuali da parte dei superiori.[3] Una volta, a Khartum, ho parlato con un giovane uomo che mi ha mostrato un tatuaggio fatto a Sawa con un ago e un copertone bruciato. Quando gli ho chiesto se gli aveva fatto male, mi ha detto che quel dolore non era stato nulla in confronto a tutte le altre cose che stava patendo all'epoca.

Anche se il servizio militare in teoria doveva durare diciotto mesi, poteva essere infinito. Dopo quella prima fase, gli eritrei venivano assegnati a un altro campo, e aveva inizio una vita di vera e propria schiavitù. I giovani sapevano che in tal modo venivano derubati del loro futuro. Per questo rompevano ogni legame con il passato, perdendo la propria innocenza insieme alla casa. Nel Sudan gli eritrei diventavano sospettosi e malfidati, perché vedevano potenziali spie o nemici ovunque. E facevano bene a stare sul chi va là. Intorno a loro era nato un intero giro di affari.

Il viaggio da Addis Abeba a Khartum costò a Essey 1200 dollari. Il giovane trascorse un'intera giornata su un pullman diretto a nord, a Gondar, una città etiope celebre per i suoi castelli del XVII secolo. Raggiunse altri rifugiati che avevano pagato lo stesso trafficante per guidare per altri 200 chilometri in direzione ovest fino a Metemma, una cittadina di confine. Arrivati lì, scesero dal mezzo su cui avevano viaggiato e camminarono per due ore lasciandosi l'Etiopia alle spalle.

La famiglia di Essey credeva che quest'ultimo fosse andato da un cugino; soltanto una volta entrato nel Sudan – nel gennaio 2017 – Essey chiamò la madre e le disse quel che aveva fatto.

All'epoca, il Sudan era costellato di posti di blocco e di controlli sui viaggiatori: un ambiente molto meno accogliente dell'Etiopia. Seguendo il trafficante, Essey si spostò verso ovest fino alla capitale Khartum. Il trafficante presentò i rifugiati a un collega, il quale ci mise poco a convincerli che sarebbe stato meglio proseguire il viaggio che rimanere ad aspettare nel paese. Dissero a Essey che per attraversare il Mediterraneo ci volevano 3800 dollari. Invece di farlo pagare in anticipo, gli assicurarono che avrebbe potuto chiedere i soldi alla famiglia una volta arrivato in Libia. Nel giro di due settimane sarebbe stato in Europa, al massimo un mese.

Senza essere al corrente di tutto ciò, io arrivai in Sudan qualche mese dopo. Stavo tentando di scoprire in che cosa venivano spese le centinaia di milioni di euro stanziate dalla UE per fermare le migrazioni che partivano e passavano dal Sudan.[4] Trovai uno stato rigidamente controllato in cui si respirava grande tensione e dove i civili pativano le devastanti conseguenze delle sanzioni statunitensi, imposte una ventina d'anni prima a causa delle accuse di terrorismo rivolte al regime.[5] Omar al-Bashir, che aveva conquistato il potere nel 1989 con un golpe militare, era ancora presidente, a dispetto di un mandato d'arresto internazionale predisposto dalla Corte penale internazionale che lo accusava di crimini di guerra e crimini contro l'umanità. Il Sudan era pieno di giovani progressisti e intelligenti che anelavano a un cambiamento, ma il governo continuava a imporre regole sempre più restrittive. Nel 2017 venne addirittura stabilito che le donne che indossavano i pantaloni potevano essere frustate dalla polizia addetta all'ordine pubblico.[6] Pareva che per loro fosse impossibile camminare all'aperto senza essere infastidite da uomini o ufficiali di pubblica sicurezza. «Negli altri paesi si dice "Prima le signore". In Sudan gli uomini sono sempre i primi», mi disse ridendo un intervistato, prima di passarmi davanti sulle scale per andare a un incontro. Ai turisti veniva perfino vietato scattare fotografie senza l'autorizzazione del Ministero dell'Informazione.

Volevo avvicinarmi al confine occidentale dell'Eritrea per scoprire che cosa si aspettavano di trovare i rifugiati non appena lo attraversavano. Avevo già scritto alla Commissione sudanese per i rifugiati per richiedere un permesso di viaggio. Dopo qualche giorno nella rovente Khartum e un'ora trascorsa a bere caffè con il Commissario per i rifugiati, ottenni una lettera di approvazione con tanto di timbro. Una visita al Ministero dell'Informazione mi valse anche un permesso di viaggio. Un breve volo a est mi portò a Cassala, una città di mercato a circa 20 km dall'Eritrea. Cassala era stata costruita all'ombra delle montagne Taka, che si ergevano a sud come grigi castelli di sabbia in rovina e attiravano coppie di novelli sposi sudanesi per via di una credenza secondo cui una visita alle Taka favoriva la fertilità. La polizia segreta era ovunque. Passai la prima giornata a fare colloqui obbligatori con i vari uffici di sicurezza per avvertirli che ero arrivata. Nonostante ciò, un ufficiale in borghese entrò nel mio hotel nel pomeriggio, sapendo che non ero in camera, e chiese alla reception una copia scannerizzata del mio passaporto e il mio indirizzo di residenza nel Regno Unito.

Un lungo viaggio in jeep su un terreno pieno di buche si concluse al campo profughi di Shagarab, dove 40 000 rifugiati trascorrevano intere esistenze in tende e capanne di fortuna in attesa che l'Eritrea tornasse a essere una terra sicura. I campi erano a malapena vivibili, anche per chi poteva contare sul denaro inviato dai parenti, denaro che i residenti di più lunga data usavano per avviare giri di affari quali la vendita di cibo e caffè, oppure l'affitto di tavolini da biliardo o della televisione, da guardare per un intero pomeriggio al chiuso. Insieme alla fatica quotidiana di doversi procurare cibo e acqua sufficienti, c'era la minaccia degli sporadici rapimenti da parte delle tribù locali o della detenzione imposta dalle forze di sicurezza.[7] I rifugiati mi dicevano sempre che il regime eritreo aveva informatori nei campi, cosa che li faceva sentire estremamente vulnerabili.

Accompagnata da rappresentanti dell'Agenzia dell'ONU per i rifugiati, del governo e dell'*intelligence* militare sudanese che ascoltavano le mie interviste e prendevano nota, visitai un dormitorio per minorenni eritrei non accompagnati. Avevano tutta l'insicurezza della gioventù: le ragazze sorridevano timide o apparivano preoccupate, mentre i ragazzi si mettevano in posa e ridevano; ma la loro mente sembrava essere da tutt'altra parte. Le loro storie mi tolsero il respiro. Quegli adolescenti descrissero come avevano pianificato la fuga insieme, incontrandosi al tramonto sotto un albero sul retro di un giardino per ripassare tutti i dettagli, sempre all'insaputa dei genitori. Chi non aveva soldi aveva camminato per intere settimane, mentre altri, più grandi e con contatti migliori, a volte si spostavano in auto. Non erano in grado di immaginare che cosa li aspettava al di là della repressione a cui assistevano ogni giorno, ma avevano osato sperare che potesse essere migliore della vita che avrebbero fatto a casa.

Com'era possibile che una storia del genere fosse così poco nota a livello internazionale? Quei bambini stavano rischiando tutto. Al confine tra Eritrea e Sudan la politica vigente imponeva di sparare per uccidere. E se anche fossero sopravvissuti, probabilmente non avrebbero mai più rivisto le loro famiglie, che avrebbero potuto essere punite, rinchiuse o interrogate quando la fuga fosse stata scoperta. I ragazzi dunque dovevano ignorare volontariamente quelle ripercussioni. Se fossero stati troppo a pensarci non se ne sarebbero mai andati.

Un ragazzino che era entrato nel paese qualche settimana prima mi disse orgoglioso che sapeva costruire letti tradizionali. Voleva lavorare, ripeteva di continuo, ma stava ancora venendo a patti con la sua nuova vita in un paese straniero senza poter contare su alcun legame famigliare. Una ragazza disse che era stata rapita da uomini della tribù araba Rashaida mentre seguiva le tracce dei suoi fratelli e sorelle, che avevano attraversato il confine prima di lei. La madre era già in Europa;

Ragazze eritree in un dormitorio per minorenni non accompagnati del campo profughi di Shagarab, nel Sudan orientale.

aveva lasciato i suoi sei figli nella speranza che potessero raggiungerla in aereo, evitando così l'insidioso viaggio attraverso il Nord Africa e il mare. Ma il procedimento legale aveva subito ritardi e i bambini si erano trovati in difficoltà. «È stata violentata», mi spiegò un funzionario sudanese quando la ragazza, ancora a portata d'orecchio, finì di parlare.

Una volta usciti dall'Eritrea, i rifugiati chiedevano agli altri di metterli in contatto con persone che potessero aiutarli a proseguire il viaggio, oppure chiedevano consiglio ad amici o parenti già arrivati in Europa. A Cassala visitai una prigione costruita dai britannici in epoca coloniale, dov'erano incarcerati 150 trafficanti e sfruttatori già condannati. Gli uomini sedevano curvi, disposti in più file, sul pavimento polveroso. Nel suo ufficio, il direttore della prigione Abdehkreem Hamid Muss descrisse con grande orgoglio le partite di calcio che venivano organizzate all'interno dell'edificio, mostrandomi anche i trofei. E convocò alcuni detenuti che accettarono di parlare con me, anche se un prigioniero, com'è ovvio, non parla mai liberamente. Molti dissero che avevano portato gli eritrei in macchina fino a Khartum, o che avevano accettato di accompagnarli sui mezzi pubblici. «Non ho fatto

Nel campo di Shagarab, Sudan orientale, vivono decine di migliaia di rifugiati eritrei.

nulla di criminale. Non facevo del male a nessuno», dichiarò un uomo di cinquantasette anni, padre di otto figli, che era stato condannato a cinque anni. «Non so perché il governo impone sentenze tanto dure. L'ho fatto solo per poter dare da mangiare ai miei figli».

«Non avevo bisogno di soldi», dichiarò un contadino di trentacinque anni con i capelli ingrigiti, condannato a dieci anni. «Prima del 2011 ospitavamo gli eritrei nelle nostre case, permettevamo loro di chiamare le famiglie, gli davamo abiti e cibo, ma ora nessuno lo fa perché il governo lo considera traffico di esseri umani. È per motivi politici, naturalmente, è soprattutto per via degli altri governi, soprattutto dell'ONU», disse. «I sudanesi aiutano gli eritrei da molto tempo. Loro vengono qui e poi partono. La gente dovrebbe andare alla radice del problema. Gli eritrei subiscono grandi pressioni, perfino i bambini».

La maggior parte dei prigionieri affermava di essere stata presa di mira dalla polizia perché era povera. Cominciai così a capire che l'obiettivo principale della legge non erano le figure che controllavano davvero le rotte migratorie del Nord Africa, a dispetto dell'incessante retorica europea sulla necessità di interrompere i loro affari. Le autorità sudanesi volevano far vedere che stavano imprimendo un giro di vite sul traffico di esseri umani, ma era raro che i trafficanti principali finissero in prigione: era facile che avessero legami precedenti con qualche personaggio di potere, o comunque possedevano abbastanza denaro da poter pagare una cauzione. Ad andarci di mezzo erano i pesci piccoli e i buoni samaritani. Gli abitanti di Cassala me lo confermarono. Dare l'impressione di aver preso provvedimenti era importante a livello politico, nonché necessario per attirare i fondi dei donatori. Ma non rifletteva per forza la realtà delle cose.

Una volta tornata a Khartum, incontrai altri eritrei. Dovevamo chinarci per entrare nelle loro case, dove la gente si ammassava per parlare di nascosto. Avevano paura di finire nei guai con la polizia, nel caso fossero stati visti con una giornalista. Parlammo del traffico di esseri umani. Gli etiopi e gli eritrei più anziani sussurravano storie sui loro figli rapiti o «rubati». In verità, i giovani rischiavano sì di essere rapiti e venduti agli sfruttatori, ma era più probabile che venissero convinti ad andarsene grazie a uno di quegli schemi «parti ora, paghi poi» in cui i soldi venivano consegnati soltanto dopo che la missione era andata a buon fine.

Una ventenne eritrea mi raccontò che sua sorella era già arrivata in Libia, e che lei era disposta a tutto pur di raggiungerla. A Khartum la polizia non le dava tregua, l'aggrediva sessualmente e la ricattava per denaro quasi ogni giorno mentre lei andava a lavorare in un ristorante dove guadagnava due spiccioli. Come tanti altri rifugiati, rimanere in un posto le costava tanta pena e tanto denaro che la sua unica vera opzione era continuare a muoversi. Aveva bisogno di una via d'uscita.

In una giornata molto calda incontrai Ismail Omer Teirab, il vicepresidente del Comitato nazionale per la lotta allo sfruttamento di esseri umani, un'organizzazione sudanese citata specificamente nei documenti dell'Unione europea come una delle ragioni per cui il paese meritava di essere aiutato. Nei due anni precedenti, la UE aveva stanziato oltre duecento milioni di euro in un fondo destinato alle questioni migratorie in Sudan.[8] L'intenzione era quella di consegnare il denaro a progetti «implementati da agenzie degli stati membri dell'Unione, da organizzazioni internazionali, da enti del settore privato e da organizzazioni non governative», più che direttamente al regime in carica. Tuttavia giravano voci che le attrezzature e altri aiuti stessero finendo nelle mani di un gruppo paramilitare accusato di crimini di guerra nel Darfur, noto in precedenza come Janjawid ma rinominato Rapid Support Forces (RSF). Il governo sudanese lo aveva incaricato di pattugliare il confine occidentale con la Libia. Benché la UE negasse di aver dato soldi direttamente all'RSF, il Fondo fiduciario dell'Unione – stando a un'indagine condotta dal quotidiano tedesco «Der Spiegel» – pagava diversi milioni di euro alle Nazioni Unite per l'addestramento del gruppo.[9] Due anni dopo la mia visita nel paese, l'RSF venne coinvolto in un altro massacro in risposta alle proteste del popolo contro il regime sudanese, nel quale 128 civili furono uccisi e molti dei loro corpi vennero gettati nel Nilo; il leader dell'RSF, Mohamed Hamdan Dagalo – soprannominato «Hemeti» – sarebbe poi diventato vicepresidente del governo sudanese di transizione dopo la deposizione di Bashir.[10]

Tornando al nostro incontro del 2017, Teirab sostenne di ricevere fondi estremamente ridotti per il suo lavoro e di non trarre alcun profitto dai soldi della UE. Non gli era neanche stato concesso il permesso di visitare di persona i campi profughi del Sudan. Non aveva una stampante e mi chiese di rimborsargli gli esigui costi del trasporto. Concluse infine che, se anche avesse avuto fondi, sarebbe stato quasi impossibile combattere il vero nemico: gli smartphone, che fungevano da mini-finestre sul mondo. Africani che non avrebbero mai concepito l'esistenza di nulla al di là della cittadina più vicina guardavano ora a bocca aperta gli agi e i lussi di cui i ricchi godevano in Occidente. Stavano cominciando a capire quanto fosse ingiusto il mondo e quanto fossero difficili le loro vite in confronto ad altre.

Teirab non lo disse, ma mi venne in mente che gli smartphone non avevano soltanto permesso agli africani di vedere com'era la vita nei paesi occidentali. Rendevano anche evidente la corruzione dei loro stessi politici. C'erano grosse macchine, matrimoni sfarzosi e parenti ben vestiti diventati ricchi per associazione, tutte cose strombazzate su internet. Quando si ha accesso alla rete diventa più facile anche rendersi conto delle ipocrisie.

3.
Libia: la tratta degli schiavi del XXI secolo

> «Ci sono dolori sul loro corpo, ma anche sul loro cuore, è come vedere tua moglie che viene violentata davanti ai tuoi occhi e la tua sorellina che viene violentata da un libico; come una moglie che vede il marito ucciso davanti a lei. Io ho visto ventinove persone morire davanti a me».
>
> Un eritreo portato illegalmente in Libia

La rotta che dal Sudan porta all'Italia era quella che Essey chiamava la «strada della morte». Il primo ostacolo era l'attraversamento di circa 1400 km di Sahara, che in auto si percorrevano in una settimana. Non c'erano strade o piste, soltanto una distesa di sabbia che pareva non finire mai, tanto da sembrare il set di un film o un inganno della mente. Cibo e acqua scarseggiavano, e i passeggeri sedevano stipati sul retro sotto il sole cocente. In ogni momento, le loro jeep Hilux potevano essere attaccate da altre milizie. A volte qualcuno moriva e il corpo veniva abbandonato sul posto. Se qualcuno cadeva gli autisti non si fermavano.

Dopo appena trenta minuti di viaggio, un uomo disse che voleva tornare indietro. Non glielo permisero. «Ancora non lo dimentico», avrebbe poi detto Essey. «Non so se è vivo o morto». L'essere privati di ogni possibilità di scelta rendeva ben chiara una cosa: da quel punto in avanti erano tutti una merce e nient'altro, oggetti da comprare o da vendere.

Lungo il confine libico non c'erano segnalazioni evidenti, ma Essey seppe che lo avevano attraversato quando i sudanesi armati con cui viaggiavano consegnarono lui e gli altri ad alcuni libici con la pelle più chiara. Dopo un altro pezzo di strada in macchina raggiunsero Cufra, un'oasi che era anche un importante snodo dei traffici di esseri umani. Il gruppo di Essey venne lasciato in un edificio in cui c'erano già centinaia di persone, tutte in attesa del passaggio successivo. Fu lì che Essey si mise a parlare con Meri, un ragazzino arrivato da Asmara, la capitale eritrea. Improvvisamente desideroso di ascoltare qualche storia sul luogo in cui vivevano ancora i suoi nonni e dal quale sua madre era scappata, Essey gli chiese com'era la città. Era sorpreso dalla gentilezza di quel ragazzo, che parlava volentieri e riusciva ancora a sorridere, nonostante l'ambiente in cui si trovavano. Rimasero nello stesso edificio per cinque giorni, dopodiché non si rividero più per molto tempo.

Poi Essey venne spostato verso l'interno. Mentre viaggiavano su una nuova serie di strade, le guardie informarono il gruppo che dovevano pagare mille dollari in più oltre alla cifra già pattuita. Non c'era modo di tirarsi indietro, e la sosta successiva sarebbe stata la peggiore fino a quel momento. Era Bani Walid, la cittadina libica ex roccaforte di Mu'ammar Gheddafi, che i rifugiati chiamavano «città fantasma» a causa dell'alto numero di persone che vi sparivano senza lasciare tracce e della totale mancanza di una qualche forma di amministrazione. I suoi sobborghi erano punteggiati di edifici che ospitavano magazzini, in ognuno dei quali potevano essere stipate fino a tremila persone.

Gli uomini armati che scortavano i rifugiati negli edifici e nei camion erano al comando di un eritreo soprannominato Wedi Babu, che in quel momento non si trovava in Libia. Si diceva che facesse la bella vita a Dubai e che dirigesse da lì i suoi soci. Il suo vero nome era Yasin, ma nessuno di quelli a cui l'ho chiesto conosceva il suo cognome.

Insieme a Essey, nel magazzino di Bani Walid erano detenute circa cinquecento persone, uomini e donne. Dormivano tutti su tappeti stesi sulla terra nuda. C'erano solo quattro bagni, e l'impianto idraulico era molto precario. L'acqua arrivava in cisterne trasportate su camion, quindi i rifugiati potevano farsi una doccia al massimo una volta ogni due settimane. Anche quando riusciva a lavarsi, Essey non aveva sempre il sapone. Presto il suo corpo si coprì di infezioni, e i suoi vestiti non erano mai puliti. Era anche esasperato dal rumore incessante. La gente parlottava tutto il giorno e tutta la notte. C'erano così tante persone stipate lì dentro e così tanti motivi per non dormire. Si litigava per tutto, anche per decidere chi controllava questo o quel minuscolo pezzetto di pavimento. Essey sentiva che la vita era diventata brutta. E rispetto a molti suoi compagni si sentiva anche fragile. Gli altri eritrei sembravano più resistenti: alcuni erano già sopravvissuti al servizio militare e a periodi di prigionia. Essey si ammalò e diventò debole.

Poco dopo il suo arrivo si ritrovò sospinto in fila indiana per la prima telefonata alla famiglia. «Ti ho comprato», gli disse prima del suo turno uno degli uomini armati che li tenevano d'occhio. «Per ora sei al sicuro». La minaccia aleggiava nell'aria. La telefonata sarebbe durata soltanto qualche minuto prezioso: non c'era tempo per i convenevoli. Dovette spiegare a sua madre dov'era e che aveva fatto un «patto», prima di comunicarle la cifra che doveva racimolare e i conti bancari su cui versarla. Ogni detenuto aveva un proprio codice, che le famiglie potevano indicare al momento del pagamento. Fu dopo le prime, poche, telefonate che cominciarono le percosse.

La famiglia di Essey pagò cinquemila dollari entro i due mesi successivi, ma lui rimase in quel magazzino per sette mesi. Anche una volta arrivato il pagamento, i trafficanti si misero a elencare scuse per spiegare perché non lo facevano imbarcare: il mare era agitato; c'erano tumulti nella città costiera di Sabratha; e così via. «*Inshallah bukra*», rispondevano gli uomini armati alle sue domande: «Domani, se Dio vorrà». Essey rimase ad aspettare, mentre a quattromila chilometri di distanza, a Dubai, Wedi Babu era impegnato a giocare d'azzardo. I detenuti vennero a sapere del suo passatempo preferito dalle guardie. Si diceva che a causa di quell'abitudine costosa Wedi Babu stesse finendo i soldi, e loro si chiedevano angosciati che cosa sarebbe successo se lui avesse toccato il fondo.

All'epoca la Libia era già considerata la terra della tratta degli schiavi del XXI secolo. Trattandosi del quarto stato più esteso del continente africano, occupato per oltre il 90% dal deserto, gli affari illeciti vi trovano parecchio spazio per prosperare, e la tratta e i traffici di esseri umani dilagano da tempo. Nel maggio 2017, mesi dopo l'arrivo di Essey, l'allora procuratore capo della Corte penale internazionale, Fatou Bensouda, definì la Libia «un mercato per lo sfruttamento di esseri umani». Bensouda riferì al Consiglio di sicurezza dell'ONU che il suo ufficio stava raccogliendo informazioni sui crimini compiuti a danno dei migranti e dei rifugiati che si trovavano lì, e che stava pensando di avviare un'indagine ufficiale per capire chi potesse essere il responsabile.[1] Più tardi, quello stesso anno, «CNN International» diffuse un rapporto che sconvolse il pubblico in tutto il mondo. I suoi giornalisti avevano filmato di nascosto i migranti in Libia che venivano messi all'asta come schiavi, per l'irrisoria cifra di 400 dollari a testa.[2] «Questo qui scava, è un uomo grande e forte», diceva uno dei trafficanti in un discorsetto promozionale filmato dalla CNN. Subito dopo, il Consiglio di sicurezza dell'ONU convocò una riunione speciale di emergenza e l'Unione Africana e l'Unione europea formarono una *task force* di pronto intervento, ma con scarsi risultati.[3]

Così i traffici continuarono. Quando la gente è disperata è anche pronta ad aggrapparsi a qualunque spiraglio di possibilità, perfino a consegnarsi a un sistema che compra e vende esseri umani. È risaputo che i libici dalla pelle più chiara chiamano i loro connazionali più scuri «*abid*», ossia «schiavi». I rifugiati con cui ho parlato e che sono passati per la Libia mi hanno detto che si erano abituati a rispondere a quell'appellativo.

I trafficanti facevano pagare cifre diverse a seconda della nazionalità. Somali ed eritrei pagavano migliaia di sterline, a volte perfino decine di migliaia. Dopo venivano gli etiopi e gli asiatici, in particolare i bengalesi,[4] mentre chi veniva dall'Africa occidentale e dal Sudan pagava meno, magari anche 300 dollari. «Molti sfruttatori guardano agli eritrei, agli etiopi e ai somali come se fossero marchiati con il simbolo del dollaro», ha dichiarato Mark Micallef, un ricercatore con base a Malta che ha trascorso anni a studiare le rotte dei traffici umani. Questo perché, fa notare, le comunità della diaspora di questi paesi sono numerose, molto legate e costituite da individui che, vivendo all'estero, possono reperire denaro più facilmente.

Il destino dei rifugiati può anche essere questione di fortuna. Un sudanese che ho incontrato in Libia mi ha raccontato che tutti quelli che avevano viaggiato con lui avevano pagato almeno 3000 dollari in più rate, ma una somala di sua conoscenza ne aveva pagati ben 60 000. In genere i prezzi salivano per le ragazze o le donne, a causa delle preoccupazioni delle famiglie per la loro sicurezza e il loro onore. Alcuni trafficanti offrivano la possibilità di pagare parte del riscatto in rapporti sessuali.

Una volta raccolto, il denaro veniva trasferito su un conto a Dubai, a Khartum o a Istanbul mediante il sistema dell'*hawala*, un canale di transazioni finanziarie alternativo ed esterno ai normali circuiti bancari che è difficile tracciare. Alcuni ex prigionieri mi hanno anche detto che, sui muri dell'area adibita alle telefonate ai parenti, erano appesi manifesti con stampati tutti i dettagli relativi ai diversi conti bancari.

In Svezia, la giornalista e attivista eritrea Meron Estefanos dovette adattarsi a una nuova, strana realtà: veniva regolarmente contattata da persone rinchiuse nei magazzini dei trafficanti, che non avevano nessun altro a cui rivolgersi. Estefanos ricevette le prime telefonate cariche di angoscia nel 2011, da parte di alcuni eritrei che si trovavano nel deserto del Sinai, in Egitto, lungo quella che un tempo era una popolare rotta migratoria diretta in Israele.[5] Quegli uomini e quelle donne le raccontavano delle torture a cui erano sottoposti e le chiedevano di pagare fino a 40 000 dollari per ciascuno di loro. Nel corso di più di cinque anni,

Estefanos ritiene di aver raccolto circa un miliardo di dollari di riscatto grazie ad amici, parenti e membri della diaspora eritrea solidali alla causa, riscatto che doveva garantire la liberazione di diversi detenuti. Via via che il passaggio per la Libia diventava più battuto, secondo i suoi calcoli, i trafficanti arrivarono a intascare una cifra simile. «[I prigionieri] subiscono estorsioni di continuo», afferma Estefanos.

L'attivista ha spesso pagato di tasca sua e lanciato iniziative di *crowdfunding* per raccogliere le cifre richieste. All'inizio aveva cercato di contattare le organizzazioni per i diritti umani, le agenzie ONU, varie celebrità e chiunque altro le venisse in mente, ma pian piano si

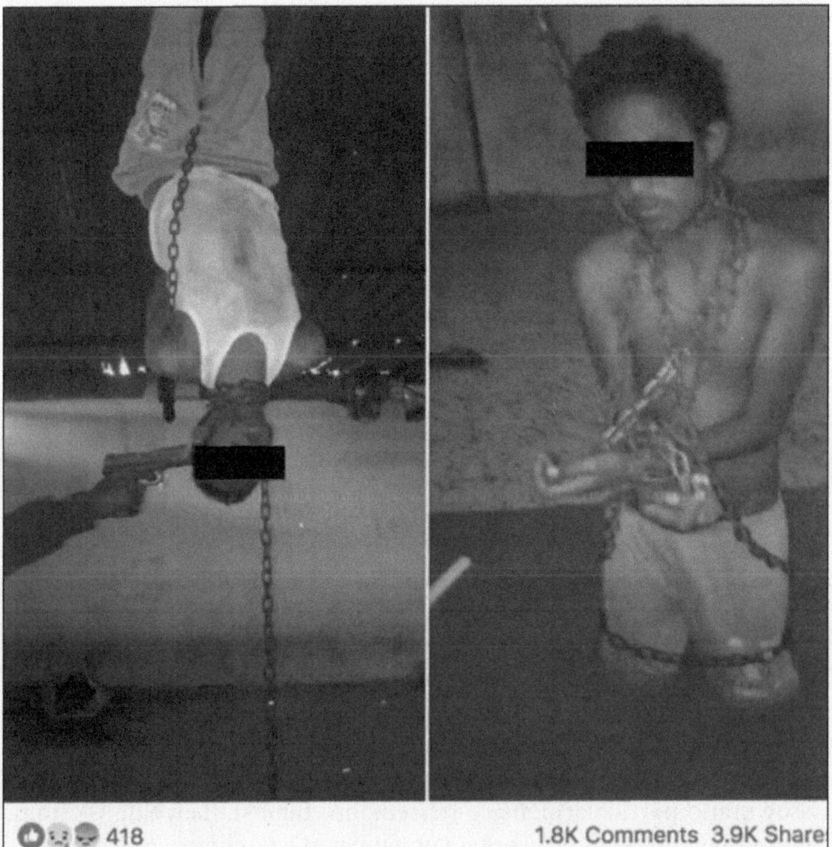

Le fotografie dei rifugiati torturati vengono postate su Facebook dalle famiglie disperate, nel tentativo di racimolare soldi per il riscatto.

rese conto che non ci sarebbe stato nessun eroico salvataggio come quelli che si vedono nei film, dove gli ostaggi sono tutti americani dalla pelle chiara, e che quella situazione non avrebbe attirato lo stesso livello di interesse internazionale. «Noi siamo neri», mi ha detto. «Al mondo non interessiamo. Si dice sempre che pagare i riscatti non va bene. Ma scusa, se tuo fratello o tua sorella fossero in quella situazione, se tuo figlio o tua figlia fossero in quella situazione, quale genitore direbbe "Non pago?"».

Nel caso degli eritrei in particolare, mi ha spiegato Estefanos, aiutare fa parte della loro cultura. Ma nessuno ha le tasche senza fondo. Meron ha quindi dovuto confrontarsi più e più volte con una questione impossibile: quale valore monetario si può assegnare a una vita? «Non stai a pensarci. Senti le loro voci», ha osservato una delle tante volte in cui le ho parlato. «E sai che queste persone stanno soffrendo, ti stanno chiedendo di aiutarle... Ti dà un certo senso di pace mentale sapere che con cento dollari hai contribuito a salvare una vita». Nonostante ciò, si preoccupava di tutti coloro che non sarebbero riusciti a raccogliere il denaro, e si chiedeva se ogni pagamento avrebbe fatto aumentare le richieste per la volta successiva.

Nei rarissimi casi in cui le autorità riuscivano a chiudere le rotte dei traffici umani in Libia, Estefanos era sicura che le stesse modalità sarebbero state sviluppate o potenziate in altri paesi, perché le tratte si limitano a spostarsi. «I trafficanti sono furbi, quindi ovunque ci siano tanti rifugiati, ci saranno anche tanti trafficanti», sostiene l'attivista. «Le migrazioni non si fermano mai, a dire il vero».

Soltanto quando la sua famiglia pagò il riscatto completo, Essey poté avventurarsi fuori dal magazzino. Più rimaneva lì, più imparava a conoscere il funzionamento di quel grosso complesso di fabbricati che li ospitava. Vi operavano almeno cinque noti trafficanti. Ognuno aveva i suoi edifici: un'abitazione e talvolta diversi magazzini in cui tenere i migranti. Essey scoprì di trovarsi a soli venti minuti di auto dalla cittadina di Bani Walid, ma gli sembrava di essere nel cuore del deserto. Le autorità non si vedevano mai, ma certo sapevano che quella cooperativa esisteva.

Due dei trafficanti che gestivano il complesso in cui si trovava Essey erano particolarmente e tristemente famosi. Tewelde Goitom, soprannominato «Welid», era un uomo basso e tarchiato, noto per aver violentato un enorme numero di donne e ragazze. L'altro, Kidane Zekarias Habtemariam, era alto e calvo e sembrava gustarsi il dolore che infliggeva ai rifugiati sotto la sua custodia, quando li picchiava «come animali». Quei due vivevano da re. «Si sentono potenti», avrebbe ricordato Essey. «Si trovano fra un gruppo di gente povera e sono tutti sotto il loro controllo. [I prigionieri] non possono andare da nessuna parte. Non hanno nulla – cibo, acqua, abiti – e [invece i trafficanti] hanno la loro auto, che guidano solo all'interno del complesso. Hanno una casa, hanno da bere, hanno tutto».

Nel magazzino di Kidane erano stipati circa 900 uomini, donne e bambini. C'erano tre bagni. «Si dorme uno sopra l'altro, non c'era posto per tutta quella gente», avrebbe raccontato Aaron, un eritreo detenuto lì tra giugno 2017 e maggio 2018. «La temperatura è molto alta; soffochi. Bevi l'acqua del gabinetto e ti lavi nei gabinetti. Qualcuno muore di fame».

Al suo arrivo, Aaron venne a sapere che aveva un debito di 10 000 dollari, molti più di quanto si aspettasse. «Personalmente non mi sarebbe importato se avessero solo trafficato esseri umani. È per questo che siamo andati in Libia», mi diceva lui, arrivato a Bani Walid a diciannove anni. «Ma violentavano donne vergini. Picchiavano a morte le persone. Chiedevano cifre altissime come riscatto a ognuno di noi e usavano un sacco di strumenti di tortura... Ci affamavano, e molti morivano per questo».

Chiamano i nostri genitori per dire di pagare o ci uccidono. Questo è riscatto. Dicono se non pagate lo uccidiamo o gli tagliamo il corpo in pezzi. Come un film dell'orrore.

Nel corso delle loro telefonate quotidiane di due minuti, i genitori e i fratelli e le sorelle di Aaron cercavano di carpire qualche informazione dall'altra parte del telefono. Alcuni detenuti venivano torturati mentre erano al telefono. «Non devono picchiarne tanti, ne picchiano pochi ma in maniera pesante», mi diceva Aaron, che raccontava come Kidane «esibisse» le persone ferite e sofferenti per mostrare agli altri cosa sarebbe potuto succedere anche a loro se non avessero pagato in fretta. «Uno era stato picchiato con i fili elettrici. [Kidane] lo aveva picchiato quasi fino a farlo morire. Lo aveva picchiato con le sue stesse mani. Per fortuna è sopravvissuto».

Ha detto «So come farti pagare» [...] C'era così tanto sangue sui miei vestiti. Sono rimasto lì con le punizioni ogni giorno per due anni.

Come Essey, anche Aaron rimase colpito nel constatare quanto poco ci mettesse l'essere umano ad andare in pezzi in quell'ambiente. Con il passare del tempo, arrivò a pensare che le persone del magazzino non erano più umane. Erano semmai simili a «un branco di animali dopo che li macelli e li vuoi vendere». Come gli altri detenuti, conobbe «le botte, la fame, la pazzia e molto altro». Vide anche persone che lì dentro morivano.

Kidane e Welid erano amici, uniti dalla loro sete di denaro, dal sadismo e dal piacere che provavano a baloccarsi con gli individui sotto il loro controllo. A volte organizzavano partite di calcio dove ognuno metteva insieme una propria squadra scegliendo fra i detenuti più deboli. Se uno dei loro mancava una palla, sparavano un colpo verso i suoi piedi, solo per terrorizzarlo. Poi, il vincitore poteva scegliere una ragazza dell'altro gruppo, portarla via e violentarla.

Lo fa per mostrare il suo potere. Dice anche «se si presentasse Dio in persona lo picchierei e gli prenderei i soldi». Diceva che Dio è responsabile solo del 2% delle sue capacità. L'altro 98% è merito suo.

Nei magazzini di Welid le molestie sessuali erano molto diffuse. Alcuni ex detenuti mi hanno raccontato che conoscevano personalmente parecchie donne che erano rimaste incinte dopo le molestie. Pare che Welid riprendesse i suoi incontri e che poi minacciasse le donne di mettere i video online se avessero parlato. Un eritreo ricordava che, una volta, le guardie di Welid avevano portato in giro un telefono che trasmetteva in tempo reale un video delle violenze del loro capo, e tutti avevano dovuto guardare. Un'altra volta, Welid aveva visto un detenuto che parlava con un'amica e gli aveva ordinato di avere un rapporto con lei all'istante o di prepararsi alle conseguenze (lui si era rifiutato ed era stato picchiato). Alcune donne non avevano altra scelta se non pagarsi il viaggio verso l'Europa con il sesso. In altri casi Welid vietava alle donne sposate di partire dopo che queste avevano pagato, se prima non le aveva violentate. Inoltre, sceglieva di volta in volta una donna o una ragazza che vivesse in casa sua e cucinasse per lui; quando se ne stancava, la cambiava con un'altra.

Welid era imprevedibile. Si diceva che avesse lavorato nel deserto del Sinai tra l'Egitto e Israele, dove vendeva i reni dei migranti che avevano tentato la traversata. In Libia ogni tanto stravolgeva le aspettative generali facendo qualcosa di gentile, il che metteva tutti sul chi va là. Una sera, da ubriaco, accese dei fuochi d'artificio sotto gli occhi dei rifugiati. Di tanto in tanto permetteva alle coppie di sposarsi all'interno del magazzino e provvedeva al rinfresco. Alcune coppie infatti erano innamoratissime e telefonavano ai genitori per chiedere il permesso di sposarsi e descrivere il futuro o la futura coniuge; in altri casi le donne acconsentivano dopo aver calcolato che, sposando un uomo, sarebbero state meno esposte alle violenze degli altri.

> *Il magazzino poteva contenere fino a 3000 persone. Non c'erano tappeti o materassi in terra per dormire. C'erano solo quattro bagni. Se non riuscivi ad aspettare dovevi fartela addosso e bagnarti [...]. Welid violenta tantissime donne. Separa le coppie e violenta le donne. È anche razzista. Una volta ha detto che i somali non sono persone. Ha mandato dei somali in Italia quando c'era una tempesta nel Mediterraneo. Voleva controllare se poteva mandare i suoi clienti eritrei senza metterli a rischio. Il colmo è che gli eritrei sono stati presi, mentre i somali sono arrivati in Europa. Ci dava da mangiare una volta alla settimana. Quasi non c'era acqua. Ci picchiava regolarmente. Sono stato picchiato per due anni di fila. La mia testa funziona a malapena.*

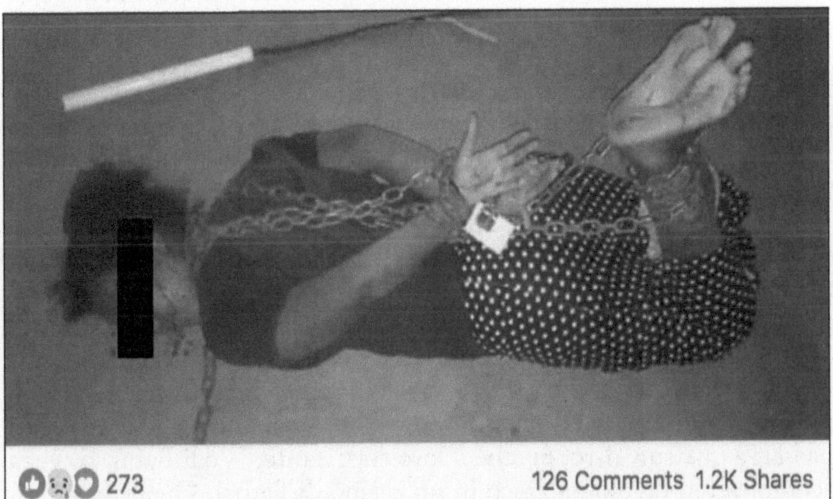

Le fotografie dei rifugiati torturati vengono postate su Facebook dalle loro famiglie disperate, nel tentativo di racimolare soldi per il riscatto.

Walid possedeva due magazzini, dove i rifugiati in genere rimanevano circa un anno. I più disperati alla fine tentavano di uccidersi, ma il complesso era così pieno di gente che di solito ci si accorgeva di quei tentativi, che venivano subito bloccati. Qualche coraggioso tentava di scappare, ma erano circondati dai cecchini e dal cemento ed era del tutto impossibile. Al di là del cemento si estendeva il deserto sconfinato, e i detenuti riuscivano a stento a immaginare quali altri pericoli potessero nascondersi là fuori, in quel grande paese di cui quasi non avevano visto nulla.

> *Quando una delle ragazze malate stava per morire, lui le ha detto che non poteva morire prima di dargli altri soldi, e lei piangeva. Lui insisteva che doveva telefonare alla famiglia per accelerare il pagamento. Poi lei è morta per la mancanza di cure e di medicine.*

La triste verità di quella situazione era che, anche per chi riusciva a pagare il riscatto e a sopravvivere alle tremende condizioni della prigionia, le possibilità di riuscire davvero ad attraversare il Mediterraneo diventavano sempre più esigue. I rifugiati continuavano a vedere il Continente come una roccaforte dei diritti umani, come un luogo nel quale avrebbero potuto condurre vite emancipate e felici. Ancora non sapevano che si stavano spendendo enormi somme di denaro per far sì che quelle speranze non si realizzassero.

Il sostegno dell'ONU alla Guardia costiera libica ebbe un impatto significativo sul giro di affari legato ai traffici di esseri umani in Libia. Dopo che la Guardia costiera cominciò a intercettare le barche cariche di rifugiati, la gente prese a dire che il «mare era chiuso». L'informazione viaggiava per bocca dei trafficanti e per qualche tempo le partenze per Bani Walid dal Sudan cessarono. Il fatto che i trafficanti fossero stati privati della loro fonte di denaro li spinse a sfruttare ulteriormente chi già era sotto il loro controllo. Iniziarono a scambiarsi gli ostaggi fra loro. A ogni scambio veniva preteso un nuovo riscatto di migliaia di dollari in più, a prescindere dalla cifra già versata.

Alla fine toccò anche a Essey. Alla vigilia di Capodanno, l'ultimo giorno del 2017, lui e il suo gruppo vennero informati che erano stati passati a qualcun altro, perché il loro trafficante, Wedi Babu, li aveva scommessi al tavolo da gioco in un casinò di Dubai. Quelle 400 persone rimasero nello stesso complesso, ma non avevano più il permesso di uscire dal magazzino; l'intero ciclo ricominciò da capo. Il prezzo richiesto per tentare la fortuna in Europa era aumentato di 5000 dollari, anche se ormai i migranti sapevano che stavano soltanto comprando la propria vita.

In Etiopia, Eritrea, Somalia e Sudan le famiglie lanciavano appelli pubblici, si rivolgevano a famigliari più benestanti o andavano nei mercati o in chiesa a implorare aiuto per potersi assicurare il rilascio dei detenuti e permettere loro di proseguire il viaggio in Libia. Vendevano i loro beni e le loro terre, rinunciavano ai ricordi di famiglia e ad altri oggetti cari. Le madri e le mogli vendevano i gioielli e prendevano in prestito i soldi dai parenti, soprattutto quelli della diaspora. «La nostra cultura è buona, ci si aiuta a vicenda», mi ha spiegato un padre di famiglia che era partito per la Libia, ma i debiti contratti potevano protrarsi ben oltre il momento in cui il viaggio andava a buon fine o falliva.

C'era anche un modo più moderno e sempre più diffuso per procurarsi i soldi: il *crowdfunding* sui social media.

Per le decine di migliaia di migranti e rifugiati africani che tentavano di scappare dalla guerra, dalla dittatura o dalla povertà dirigendosi verso l'Europa alla fine degli anni dieci del Duemila, i social media rappresentarono sia una via d'uscita sia un aumento dei costi. La tecnologia diventò una benedizione e al tempo stesso una maledizione: poteva essere un'ancora di salvataggio o un'esperienza terribilmente umiliante, perché amici e parenti ignari potevano assistere in tempo reale agli abusi, alle sofferenze e all'angoscia patiti dai migranti. I nuovi mezzi influirono sulle dinamiche della migrazione in modi mai visti prima facendo salire ulteriormente i prezzi dei riscatti.

Quando ho cominciato a setacciare internet ho trovato decine di post con foto strazianti dei detenuti in Libia, accompagnate dal numero di telefono di un parente al quale chiunque, in qualsiasi posto si trovasse, poteva donare i propri soldi. Facebook, WhatsApp e Twitter venivano tutti usati per raccogliere denaro per i riscatti: un'altra prova del fatto che la compravendita di esseri umani in Libia non era una pratica nascosta. Facebook era diffuso nel paese, come in buona parte del Nord Africa, dove fungeva da piattaforma per i dibattiti politici e per la disinformazione. Ci si vendevano anche armi, mentre i sostenitori delle opposte fazioni nei vari conflitti vi postavano informazioni utili ai propri alleati sul campo di battaglia e coordinate per i bombardamenti.[6] Ma a sconvolgermi di più era l'enorme contrasto tra l'aperto commercio di individui, da una parte, e dall'altra i selfie filtrati o gli update sugli stati personali a cui siamo abituati in Europa. La nuova tratta degli schiavi si svolgeva online, sotto gli occhi di tutti.

Nelle foto in cui mi imbattevo, i prigionieri avevano il viso tenuto schiacciato contro la terra nuda o fissavano la telecamera con aria implorante. In una si vedeva una donna con polsi e caviglie legati insieme dietro la schiena, vomito color ruggine o sangue accanto al volto e a fianco un pungolo elettrico; l'immagine era stata condivisa più di 1200 volte e aveva ottenuto 273 like, cuoricini ed emoji piangenti, simboli che parevano davvero poco adatti a quell'orrore. Un uomo incatenato pendeva dal soffitto, mentre qualcuno fuori dall'inquadratura gli puntava una pistola contro la tempia: aveva totalizzato 418 like, emoji piangenti o di rabbia e 1800 commenti, ed era stata condivisa 3900 volte. Un'altra foto postata su Facebook, meno esplicita ma in qualche modo più sinistra delle altre, raffigurava una coppia seduta insieme ai propri figli, con una scritta sopra le loro teste che comunicava il prezzo da pagare per salvare la loro vita: $ 4400.

Li stanno bruciando. Non ci sono finestre né aria. Li bruciano con borse di plastica [sciolte che colano bollenti] sui loro corpi. Lui mi ha detto che non può dirmi il nome del trafficante perché il trafficante era con lui quando doveva telefonare a me o a mia mamma.

Si usavano anche i messaggi vocali di WhatsApp. Uno, inviato da Bani Walid, chiedeva 17500 dollari per ciascun componente di un gruppo di 150 somali. Un video condiviso parecchie volte mostrava un uomo che si contorceva mentre veniva torturato con della plastica sciolta, poi la telecamera zoommava sul viso, affinché i suoi cari vedessero che era proprio lui e potessero avere un primo piano delle sue smorfie e delle sue grida. A volte erano gli stessi trafficanti a registrare i messaggi vocali.

Le madri dei prigionieri creavano gruppi su WhatsApp per scambiarsi informazioni. In un'occasione ogni partecipante versò 10 dollari per il rilascio di un orfano somalo che non aveva nessun altro che potesse pagare. «Lo si vede sempre, madri che ti implorano dicendo mio figlio è in Libia e io non ho soldi per pagare [per lui]», mi ha detto Meron Estefanos. «Una volta salvavo i messaggi o li fotografavo, ma ormai è la nostra nuova normalità; succede quasi ogni giorno».

Le vittime e i ricercatori mi hanno raccontato che in Libia, Sudan e Niger settentrionale hanno tutti usato Facebook per raccogliere soldi per i riscatti, e che gli eritrei, gli etiopi e i somali erano quelli che più rischiavano di trovarsi in quelle situazioni. «C'erano persone [detenute] insieme a me, e quando le loro famiglie non hanno potuto pagare hanno fatto un post su Facebook e sono state aiutate», mi ha detto una ex vittima dei trafficanti, detenuta per oltre un anno. «Se non paghi in fretta, [i trafficanti] ti obbligano a postare la tua foto su Facebook. Ti danno una scadenza per il pagamento, altrimenti ti dicono che ti ammazzano».

Quando ho mandato a Facebook le schermate di tutti i post sui prigionieri torturati, chiedendo se fossero consapevoli di quanto stava accadendo, un portavoce mi ha risposto dicendo che avevano bisogno di link prima di decidere sul da farsi. «È una questione molto triste e complessa di cui siamo consapevoli, ma che implica diverse conseguenze per tutti», diceva l'email del portavoce. «Senza gli specifici link di quei contenuti è difficile valutare appieno la situazione. Tuttavia, ci stiamo impegnando per cercare di comprendere questi problemi e di capire come affrontarli».[7]

Non ho inoltrato i link perché sospettavo che Facebook avrebbe poi rimosso i post. Avevo deciso che non era corretto da parte mia, in quanto giornalista, contribuire direttamente a eliminare le possibilità delle famiglie di racimolare i soldi necessari, per quanto la cosa fosse disturbante.

Il traffico di esseri umani ha sempre garantito un grosso giro di affari e i suoi tentacoli si allungano su tutta l'Africa del Nord, insinuandosi nelle istituzioni, nelle forze di sicurezza, nelle gang criminali e negli uffici governativi. Fuori da Bani Walid c'erano altri trafficanti, forse anche più temibili. Lavoravano su rotte diverse; alcuni per esempio erano specializzati negli africani dell'Africa occidentale. I trafficanti di solito usavano un solo nome – Abdusalem, Abdulaziz, Abdallah, John – e ognuno di loro era tristemente noto per la propria individuale forma di crudeltà. Ex detenuti mi mandavano foto delle loro ferite: bruciature o cicatrici, arti danneggiati, dita mancanti. Naturalmente c'era anche la sofferenza mentale, che però non poteva essere ritratta in fotografia.

Alcuni rifugiati mi hanno raccontato che loro stessi avevano rischiato di farsi assorbire dall'industria dei traffici umani. Se un trafficante prendeva qualcuno in simpatia, a volte lo invitava a lavorare con lui. Donne, denaro, armi, droghe, cibo extra, una casa, era tutto sul piatto. Potevano addirittura regalare una traversata del Mediterraneo verso l'Europa alle nuove reclute che compivano il proprio dovere. Queste persone venivano chiamate «capi», in italiano, la lingua degli ex colonizzatori dell'Eritrea. La parola richiamava anche i *Kapo* dei campi di concentramento della seconda guerra mondiale, cioè i prigionieri che collaboravano con i nazisti opprimendo chi stava sotto di loro (nei centri di detenzione libici legati al governo, più avanti, sarebbe stata usata la stessa parola per i detenuti che lavoravano direttamente con le guardie). Alcuni rifugiati cadevano nella trappola, esaltati all'idea di esercitare un controllo che non avevano mai sperimentato nelle situazioni disperate da cui stavano fuggendo, più che lieti di dimenticare che anche loro, fino a qualche giorno prima, erano stati nient'altro che merce umana. Prendevano a pugni altri detenuti, davano ordini o supervisionavano le loro telefonate in lacrime alle famiglie, interrompendole quando il tempo previsto terminava. Un somalo ricordava una situazione di grande confusione in cui aveva raccolto una pistola abbandonata e sparato all'impazzata contro un gruppo di uomini armati che avevano attaccato il complesso in cui era imprigionato, tentando di proteggere i bambini dietro di lui. Quell'azione gli era valsa l'apprezzamento del suo trafficante, che gli aveva offerto armi e sesso affinché restasse.

Circolano molte storie a proposito di quello che è sostanzialmente un gruppetto di trafficanti di primo piano. A sentire i sopravvissuti pare quasi un pettegolezzo, finché non si mette a fuoco tutto l'orrore. Un uomo aveva violentato così tante detenute che, a quanto pareva, un rivale aveva scovato e violentato sua figlia per dargli una lezione. Altri si vantavano dei loro contatti con i governi africani o con le milizie. Erano orgogliosi di quello che erano diventati.

Più avanti, Essey avrebbe ricordato che un trafficante di umore insolitamente riflessivo gli aveva detto: «In fondo sono soldi sporchi. Un giorno qualcuno verrà a cercarmi». Essey si era chiesto che cosa sarebbe capitato a quegli uomini in futuro. «I trafficanti che sono arrivati a questo punto, che hanno ucciso troppe persone, violentato troppe donne, dove possono andare?» si era domandato.

A Bani Walid i morti aumentavano. Nel 2018, Medici senza Frontiere disse che erano arrivati a consegnare cinquanta sacche di cadaveri al mese a un'organizzazione umanitaria che si occupava di raccogliere i corpi non identificati e gettati in strada e che dall'anno precedente aveva sepolto più di 730 persone.[8] Anche all'interno dei magazzini le tragedie erano all'ordine del giorno, cosa che costringeva individui apparentemente comuni a compiere atti di straordinario coraggio. Uno di loro era Abdi, che era rimasto per un anno nelle mani di un trafficante «peggiore del demonio». I primi mesi i prigionieri ricevevano un piatto di maccheroni due volte al giorno. Poi, una sola. La denutrizione aveva molto indebolito l'amico di Abdi. «Non riusciva a respirare bene. Non riusciva ad alzarsi dal letto e la faceva lì dov'era. Dopodiché è morto tra le mie mani», mi avrebbe poi raccontato Abdi.

Abdi aveva insistito per accompagnare i trafficanti a seppellire il suo amico. «Avevo sentito che li buttavano semplicemente via», diceva a proposito dei corpi dei morti. Un trafficante gli aveva detto con fare sbrigativo che il suo amico non era l'unico morto e che lui non aveva diritto ad andare con loro. «Se non mi portate con voi è meglio che mi uccidete», aveva replicato Abdi. Quella notte dormì con il corpo del suo amico, e il giorno dopo andò con i trafficanti e scavò lui stesso la tomba.

Sono ancora giovane, ma nelle tombe a Bani Walid ho anche
lasciato amici che avevano la mia età o erano più giovani.
Il momento della morte è con Dio.

Dopo più di un anno trascorso con i trafficanti, una notte Essey finì su un camion che correva a grande velocità verso la costa. C'erano in tutto circa 180 persone stipate in quei container che sfrecciavano lungo la strada, nelle mani di un autista ubriaco. A una sessantina di chilometri a sud-est da Bani Walid, il veicolo sovraccarico prese una buca, traballò, oscillò e si ribaltò. Si sentirono un frastuono assordante e una serie di colpi. Morirono diciannove persone, compresi alcuni bambini.[9] Più tardi, l'autista fece passare una fiaschetta di whisky fra i sopravvissuti, dando prova di qualcosa di simile al rimorso.

Due settimane dopo, quelli che erano ancora vivi si ritrovarono di nuovo, e la loro sventurata barca lasciò la costa.

4.
Ain Zara e Abū Salīm: nuova vita e nuova morte

> «Funziona così: rimani nel centro di detenzione per anni. Nessun reinsediamento, nessuna evacuazione. Tenti il mare. Vieni intercettato o muori. Solo una piccola percentuale raggiunge il proprio destino».
>
> Rifugiato in Libia

> «La maggior parte della gente che va in mare muore o torna in Libia, pochi arrivano nel paese dei sogni. Dopo che il gommone entra in mare, se la Guardia costiera lo becca riporta i rifugiati nei centri in Libia, e questi centri sono come l'inferno. O forse l'inferno è meglio».
>
> Rifugiato nel centro di detenzione di Abū Salīm

Centro di detenzione di Ain Zara

Immaginate questo. Un edificio nella parte sud di Tripoli, la capitale libica. Le mura sono beige e anonime dall'esterno, senza l'aspetto sinistro che ci si potrebbe aspettare da un luogo di sofferenza. C'è un complesso circondato da mura. Ci sono guardie, le cui uniformi ogni tanto cambiano senza che venga spiegato nulla. Nessuno sa con certezza a chi rispondano al di fuori della prigione. Non importa granché. Le guardie esercitano il potere definitivo: da loro dipende la vita o la morte di centinaia di uomini, donne e bambini.

Questo è il centro di detenzione di Ain Zara. Essey avrebbe tentato di attraversare il mare due volte prima di essere portato là; la prima volta era uscito da un altro centro pagando i sorveglianti, che avevano distolto lo sguardo mentre lui scappava sul veicolo di un trafficante. In entrambe le occasioni la barca su cui si trovava era stata intercettata dalla Guardia costiera libica finanziata dalla UE. Ma ormai i soldi della sua famiglia erano terminati, e lui non poteva più scappare.

Erano stati tutti rinchiusi senza capi d'accusa né processo, a tempo indeterminato e senza che si prospettasse una fine della prigionia. In tutta la Libia occidentale c'erano circa venti centri di detenzione legati al governo, dove venivano portati rifugiati e migranti dopo che erano stati presi in mare. Molti centri erano ex fabbriche o ex magazzini. Non sempre avevano bagni o docce, ed essendo gestiti dalla milizia non c'erano grandi distinzioni tra l'area militare e quella civile. Le armi e le bombe erano tenute vicino ai corpi dormienti dei prigionieri.

All'arrivo, gli uomini e i ragazzi venivano separati dalle donne, dalle ragazze e dai bambini piccoli. Ciò significava che nello stanzone degli uomini chiuso a chiave l'ansia era palpabile, perché mariti e fratelli vivevano in costante attesa delle urla delle donne, che potevano indicare un tentativo di violenza. Ad Ain Zara c'erano circa 200 donne e ragazze e 20 bambini sotto i cinque anni. I libici che gestivano il centro erano violenti anche con gli uomini e i ragazzi: tutti, dalle guardie ai loro autisti e perfino il cuoco, tendevano ad attaccarli fisicamente. Ma soprattutto, le guardie sottoponevano i prigionieri ad abusi psicologici e creavano di proposito divisioni. «Ci facevano litigare», mi diceva Essey. «I libici tentano di farci litigare perché sanno che se siamo uniti possiamo ottenere qualcosa. Se ci tengono impegnati con [la ricerca di] cibo e [i conflitti] tra noi finiamo a litigare per il cibo, per l'acqua, e non ci concentriamo per cercare di andare avanti e vivere una vita normale».

A volte il rubinetto dell'acqua rimaneva aperto soltanto per dieci minuti al giorno, cosa che scatenava zuffe fra chi sperava di bere o di lavarsi. I rifugiati rubavano taniche o secchi da altri, che andavano a riprenderseli quando tutti dormivano. Nelle rare occasioni in cui le organizzazioni umanitarie facevano visita al centro, le guardie libiche ordinavano ai prigionieri di disporsi su due file. Dopodiché sceglievano una delle due, mentre gli altri andavano nel panico. Le guardie insultavano i rifugiati, chiamandoli «figli di puttana». Chiunque reagisse veniva portato via e punito. Se qualcuno si lamentava, le provviste non venivano distribuite. «Dicevano: "State litigando, non possiamo lavorare"», raccontava Essey. Se c'erano proteste e qualcuno rifiutava il cibo, chiunque venisse accusato di aver fomentato la rivolta finiva rinchiuso in un'area di isolamento, incatenato, picchiato con sbarre di ferro e sfiancato per una settimana, prima di essere riportato dal resto del gruppo. Come i trafficanti, le guardie sembravano amare la violenza.

Era chiaro che le guardie più giovani prendevano droghe, secondo Essey, e le armi le rendevano ancora più folli. «Ogni ragazzino ha [una pistola]», notava. «Pensano che fumare marijuana è di moda. Prendono il Tramadolo. Qualcuno anche l'eroina. [Poi] vengono da noi e pensano di essere i padroni. Quando fumano e bevono è un problema, si sa. Lo vedi di giorno, quando se sono già un po' fatti vogliono giocare. E noi lì siamo il loro giocattolo. Siamo solo un giocattolo».

I prigionieri ricevevano maccheroni sconditi una o due volte al giorno. Quando Essey era particolarmente affamato, rubava il cibo alle guardie. Una volta che fece un tentativo maldestro venne colto in flagrante e dovette rimanere in piedi sotto il sole per tre ore, finché non svenne.

Si era già accorto che il suo comportamento stava cambiando. Era trascorso un anno e mezzo da quando era andato via di casa. Aveva smesso di fidarsi di chiunque, anche degli altri rifugiati nella sua stessa posizione, ed era diventato più aggressivo, pur sapendo che la cosa lo metteva ulteriormente in pericolo. Per divertirsi, alcune guardie provocavano i detenuti. Se qualcuno rispondeva, la guardia tornava accompagnata da uomini mascherati, muniti di anelli di metallo con cui tiravano pugni al malcapitato. «Correre era il modo migliore per difendersi, perché gli altri potevano proteggerti», raccontava Essey. Se chi veniva preso di mira era popolare, gli altri gli formavano intorno una barriera protettiva. A volte le guardie sparavano contro il soffitto, frustrate, lasciando tutti terrorizzati all'idea che il proiettile rimbalzasse giù.

In quella situazione c'era una sola speranza: l'Agenzia dell'ONU per i rifugiati (UNHCR), l'organizzazione incaricata di tutelare i rifugiati di tutto il mondo. I detenuti di Ain Zara la chiamavano semplicemente «l'organizzazione». Se pensavano che qualche suo rappresentante sarebbe potuto arrivare in visita il giorno dopo, rimanevano svegli tutta la notte, con i cuori che battevano per l'agitazione. Avevano sentito dire che c'era la possibilità di essere evacuati legalmente dalla Libia e reinsediati in un paese occidentale, dove sarebbero stati al sicuro. Prima di iniziare il loro viaggio, alcuni avevano visto sui social media le numerose dichiarazioni sul bel lavoro che l'organizzazione stava svolgendo e le tante fotografie in cui il logo dell'UNHCR campeggiava su tende, scatoloni di cibo e le giacche degli operatori.

I detenuti di Ain Zara volevano essere registrati come richiedenti asilo o rifugiati bisognosi di protezione internazionale, affinché la loro esistenza fosse documentata fra le carte dell'UNHCR. Altrimenti temevano che sarebbero stati rivenduti ai trafficanti, oppure spediti ai lavori forzati in qualche fattoria, cantiere o caserma militare, o ancora portati nella cella di isolamento del centro di detenzione e mai rilasciati. «Nessuno sa quanti [sono] esattamente [i detenuti] in questi centri. Non c'è nessun processo di registrazione», disse un volontario che visitò Ain Zara in quel periodo. Quando gli operatori dell'UNHCR si presentavano davvero ad Ain Zara, i detenuti rimanevano delusi nel constatare quanto poco interagissero con loro, senza comunque prendere nota dei loro nomi. «L'UNHCR ascolta i soldati, non noi», si lamentava Essey. Allo scoppio della guerra, nell'agosto 2018, meno di un quarto di loro era stato registrato.

In quei primi mesi ci furono anche altre visite ad Ain Zara. In un'occasione, un'organizzazione per i diritti umani riuscì perfino a entrare nel centro. Era la prima volta che Essey parlava con dei bianchi, e a torto credeva che potessero fare qualcosa per aiutarlo. Elencò tutto quel che avveniva nel centro, ben consapevole che le guardie libiche lo stavano ascoltando. Più tardi fu picchiato e tenuto a digiuno. «Eravamo nuovi, non sapevamo che non potevamo dire certe cose», avrebbe poi ricordato, ma imparò la lezione. «Dopo ho smesso di parlare ai visitatori, non mi offrivo volontario». Sperava comunque che quell'unico incontro avrebbe cambiato qualcosa, ma non ci furono miglioramenti.

> *Hanno paura dei libici [...] Ci danno shampoo, ci dicono «calmatevi, calmatevi». Ci dicono «siete sotto l'Agenzia* ONU *per i rifugiati», ma l'*UNHCR *non viene neanche qui a registrarci.*

Un giorno, nel centro arrivò un ufficiale italiano. Prima del suo arrivo le guardie avevano fatto venire alcuni operai che avevano potato gli alberi e pulito e spruzzato antisettici in tutto lo stanzone in cui dormivano i rifugiati. Il giorno previsto vennero anche dei musicisti, accompagnati da grossi amplificatori e ballerini in costume. Ai bambini venne permesso di uscire all'aperto. Si giocava a calcio e c'erano succhi di frutta e torte. Una troupe televisiva filmava tutto. «Sembrava un posto in cui era facile vivere», avrebbe commentato Essey. «Era finto». Dopo venne rimosso tutto, e i detenuti che avevano accettato di essere intervistati dai giornalisti a proposito delle cattive condizioni in cui versava il centro vennero chiusi a chiave in una stanza per diversi giorni, senza acqua. Quando vennero rilasciati stavano ancora urlando, invocando disperatamente aiuto e chiedendosi se erano stati del tutto dimenticati.

C'erano anche le visite dei medici. All'inizio si presentarono quelli dell'organizzazione internazionale di Medici Senza Frontiere, famosi per il loro pragmatismo e la gentilezza. Due volte alla settimana, quando arrivava una delegazione di MSF, cominciava una negoziazione. I medici volevano che ai detenuti fosse permesso di uscire regolarmente dagli stanzoni in cui erano rinchiusi per respirare aria fresca. Iniziarono a chiedere cibo migliore per i rifugiati, soprattutto per chi aveva la tubercolosi, che aveva bisogno di vitamine e di pasti nutrienti per poter prendere le medicine. Chiesero anche che chi era scalzo ricevesse delle scarpe, cosa a cui i responsabili del centro si opposero, perché le scarpe avrebbero facilitato le fughe. I rifugiati ricordano che, alla fine, il responsabile del centro perse le staffe e vietò l'ingresso a tutti i rappresentanti di MSF, anche se questi dicevano che sarebbe presto arrivato un altro gruppo di assistenza.

Arrivarono in effetti altre organizzazioni mediche, ma i loro operatori non si rivelarono altrettanto capaci. I rifugiati presero a fingere di svenire per poter essere ricoverati in ospedale e ricevere tre pasti al giorno. Nel giro di poco le guardie si insospettirono, e cominciarono a rifiutarsi di spostare chiunque.

Le estati libiche sono cocenti, e quando la temperatura raggiunse i 40 °C, i detenuti di Ain Zara iniziarono a svenire per davvero. Erano deboli per la mancanza di cibo. Di notte, negli stanzoni affollati, giacevano su un fianco per evitare di toccarsi gli uni con gli altri, tanto il caldo era intenso.

A causa dello stress, molti si chiudevano in se stessi ed evitavano ogni forma di dialogo. Ma i più curiosi parlavano eccome. La risorsa più preziosa nei centri di detenzione erano le informazioni, anche se per la maggior parte del tempo i prigionieri potevano solo fare congetture. Non sapevano se nei loro paesi d'origine fosse cambiato qualcosa, né perché fossero rinchiusi lì o come potevano uscire. Si era creato un mix di nazionalità che in condizioni naturali non si sarebbero mai ritrovate insieme: sudanesi, somali, eritrei, etiopi, ivoriani, nigeriani, nigerini, una dozzina di egiziani e tre ghanesi. Cominciarono a raccontarsi delle rispettive culture e a condividere ciò che più gli mancava delle loro case. Avevano lingue e abitudini diverse e diverse maniere di elaborare i pensieri e di comportarsi. A riunirli era soltanto il dolore condiviso di quei mesi e anni rubati, e la consapevolezza che la loro vita di prima non significava più nulla.

Ci sono dei razzisti, ci sono dei ladri, ci sono brave persone, ci sono persone più spirituali.

Atleti, artisti, musicisti, predicatori, contadini, insegnanti, panettieri e dentisti, tutti rinchiusi come un corpo unico, le loro vite ridotte all'attesa e alla necessità di implorare e di arrangiarsi per soddisfare i bisogni primari. Essey incontrò anche i suoi primi africani dell'ovest. «Pensavo che l'Africa occidentale fosse come su "National Geographic", che non si portassero abiti, che non ci fosse nessuno sviluppo e che avessero soltanto guerre», avrebbe rammentato Essey, sarcastico. Essendo cresciuto in Etiopia, non sapeva neppure che in quella parte del continente ci fossero città.

Forse non si capivano sempre, ma sapevano tutti perché erano in Libia. «Vivi per morire o muori per vivere?» chiese un uomo a Essey, una domanda che era diventata un mantra fra tutti loro. Il ragazzo aveva già visto la morte durante il suo viaggio, dunque conosceva la risposta giusta: «Moriamo per vivere».

Nei mesi iniziali, quei tremendi appelli delle prime ore del mattino – quando i rifugiati venivano costretti a stare all'aperto per essere contati – erano gli unici momenti in cui le coppie potevano vedersi. Si guardavano negli occhi e si sforzavano di sorridere, pur essendo separate in base al sesso. Con il passare del tempo, le guardie permisero a mogli e mariti di incontrarsi: le più comprensive addirittura consentivano loro di trascorrere una notte insieme.

[Gli appelli] dovevano sfiancare le persone e farle impazzire.
Se i rifugiati sono forti e ben nutriti creeranno problemi alla polizia.

Dato che era più facile procurarsi sigarette che cibo, Essey aveva fumato molto nei magazzini dei trafficanti, per placare il desiderio di mani, stomaco e cervello di fare qualcosa. Quando si era imbarcato sul gommone, aveva buttato in acqua il suo ultimo pacchetto, annunciando che avrebbe smesso e che in Europa avrebbe avuto una vita più sana, perché finalmente sarebbe stata degna di essere vissuta fino alla vecchiaia. Una volta rinchiuso di nuovo, ricominciò a fumare. Lo aiutava a rimanere in sé, e le guardie stesse erano più inclini a distribuire sigarette che cibo. Era semplicemente così che andavano le cose in Libia, pensava.

Andò avanti così per tutta l'estate del 2018, finché in agosto, a Tripoli, esplose un conflitto interno alla milizia, che spinse le guardie ad abbandonare il centro di detenzione e i rifugiati che vi erano rinchiusi a contattarmi per la prima volta. Quei cinquecento uomini, donne e bambini si ritrovarono bloccati nel mezzo di uno scontro furioso. Fra me e me iniziai a pensare a quel periodo come alla prima guerra, anche se non era certo la prima che la Libia vedeva e non sarebbe stata l'ultima. Più avanti, i rifugiati di Ain Zara sarebbero arrivati a dire che quel conflitto li aveva liberati. Trascorse alcune settimane, dopo che ci eravamo scambiati quei primi messaggi e che centinaia di loro erano stati trasferiti dalle autorità libiche nel centro di detenzione di Abū Salīm, il responsabile di Ain Zara tentò di riprenderseli, essendosi reso conto di aver perso merce di valore. Ma era troppo tardi.

Il centro di detenzione di Abū Salīm

Il nuovo quartiere in cui si ritrovarono i rifugiati era per tradizione una roccaforte dei sostenitori di Gheddafi. Era stata l'ultima zona di Tripoli a cadere durante la rivoluzione del 2011, sette anni prima, una conquista che ebbe un grande valore simbolico dato che lì sorgeva un famoso carcere.

Alla fine degli anni ottanta e novanta, i libici venivano portati nella prigione di Abū Salīm dopo essere stati torturati in celle sotterranee.[1] I sopravvissuti dicevano che ogni settimana uno dei loro compagni moriva per via della tubercolosi. Erano sempre affamati, non ricevevano alcuna cura e dovevano fare i turni per riposare a causa del poco spazio. Nel 1996 il carcere fu teatro di un brutale massacro, in cui 1200 detenuti furono crivellati di colpi dopo aver protestato per chiedere un miglioramento delle loro condizioni.

Nel suo libro *Il ritorno*, con cui ha vinto il premio Pulitzer, lo scrittore libico Hisham Matar cita una lettera scritta dal padre – che poi sarebbe sparito senza lasciare tracce – dalla prigione di Abū Salīm. «La crudeltà di questo posto supera di gran lunga tutto ciò che abbiamo letto della Bastiglia. C'è crudeltà in ogni cosa, ma io sono più forte delle loro tattiche di oppressione... La mia fronte non sa cosa voglia dire inchinarsi». In un'altra lettera, sempre risalente alla metà degli anni novanta, il padre scriveva: «A volte passa un intero anno senza che io veda il sole o possa lasciare questa cella».[2]

Il centro di detenzione si trovava in un'altra area di Abū Salīm rispetto alla prigione, ma i nuovi arrivati erano altrettanto terrorizzati all'idea di entrarci, e altrettanto abituati alla crudeltà. Erano sollevati di aver lasciato Ain Zara, dopo giorni trascorsi senza la minima sicurezza, senza cibo né acqua, ma quando i pullman si fermarono mi scrissero che il nuovo centro era più sporco e più buio, e non aveva letti. Fuori, i combattimenti infuriavano.

Ascolta le urla delle persone. Sentiamo la voce dei cannoni, e un jet ci è passato sopra.

Prima di quell'ultima battaglia, i libici della capitale avevano osato sperare nelle elezioni, che avrebbero dovuto tenersi nei mesi seguenti. Il conflitto tra le milizie che si contendevano il potere fece crollare le loro speranze, ma la stabilità era sempre stata soltanto un'illusione. A Tripoli, le milizie sostenevano il Governo di accordo nazionale, riconosciuto a livello mondiale. Osservando la situazione dall'esterno poteva sembrare che al comando ci fosse il primo ministro Fayez al-Sarraj, con il suo sguardo serio incorniciato da basette e baffi grigi. Ma le priorità e la lealtà dei soldati cambiavano a mano a mano che questi entravano in competizione per ottenere prestigio, controllo e risorse.

Le ragioni del conflitto risultavano abbastanza incomprensibili ad alcuni detenuti, che avevano pochi contatti con il mondo esterno, ma io leggevo il più possibile e condividevo con loro tutte le informazioni. I reportage dicevano che a scatenare la rivolta erano stati i combattenti della Settima Brigata, anche nota come Kaniyat, furiosi per il lussuoso stile di vita di alcuni comandanti della milizia tripolina. La Settima Brigata veniva dalla città di Tarhuna, situata 65 km a sud-est di Tripoli. E aveva lanciato un attacco contro due dei più numerosi gruppi armati della capitale, le Brigate Rivoluzionarie di Tripoli (TRB) e la brigata Nawasi.[3]

I bambini piangono per la fame [...]. L'unico modo per essere al sicuro è se ci portano in un paese vicino [...]. Siamo in un'altra stanza rispetto alle signore, se capita qualcosa non possiamo neanche aiutarle. Abbiamo paura che stiano male e perdano le speranze.

Subito dopo l'arrivo dei rifugiati ad Abū Salīm ebbe inizio il balletto di notizie. Il 30 agosto l'Agenzia dell'ONU per i rifugiati rilasciò una dichiarazione con la quale comunicava che circa trecento individui eritrei, etiopi e somali, in precedenza detenuti ad Ain Zara, erano stati «evacuati» e portati «al sicuro», cosa già chiaramente non vera.[4]

Il gruppo era ancora in pericolo, al pari di migliaia di altri rifugiati che si trovavano vicino alle prime linee di combattimento a Tripoli, linee che si spostavano con grande rapidità. Lo sottolineava anche la dichiarazione di Medici Senza Frontiere, pubblicata quando gli scontri cominciarono a fare clamore, con la quale MSF chiedeva che i rifugiati venissero portati fuori dal paese. «Il trasferimento dei detenuti da un centro di detenzione all'altro, all'interno della stessa zona di conflitto, non può essere considerato un'evacuazione né, senza dubbio, una soluzione», vi si leggeva. «[I detenuti] non dovrebbero essere imprigionati soltanto perché in cerca di salvezza o di una vita migliore. Dovrebbero essere rilasciati immediatamente ed evacuati in un paese in cui siano al sicuro».[5] Il trattamento dei rifugiati in Libia cominciò ad attirare l'attenzione internazionale. Presto uscirono diversi articoli sul «Washington Post», sull'Associated Press e su Voice of America.[6]

Se vogliono portarci via dalla guerra dovrebbero portarci via dalla Libia.

Nel giro di qualche giorno, temendo un attacco, anche le guardie libiche di Abū Salīm scapparono via.[7] A causa delle discussioni fra le varie agenzie ONU i rifugiati rimasero senza nulla da mangiare. Passarono più di quattro giorni prima che fosse distribuito un piatto di pollo e riso.[8] Poi ci fu un'altra interruzione di due giorni, durante i quali rimasero anche senza acqua.[9]

I portavoce dell'UNHCR asserivano ancora di poter accedere «regolarmente» ai centri di detenzione, ma non sembrava essere così[10] (più tardi mi avrebbero confessato: «Possiamo accedere regolarmente, ma non a tutti i centri e in ogni momento»[11]). Al di fuori del paese, questo diede la falsa impressione che tutto fosse sotto controllo, mentre i detenuti rimanevano in grave pericolo. Ciò significava che la presunta sorveglianza delle organizzazioni era un'illusione. Alcuni operatori dell'UNHCR rimasti anonimi, preoccupati per la piega che stava prendendo la situazione, mi confessarono di temere che l'agenzia si ritirasse del tutto dal paese. Il 2 settembre, l'Alto Commissario dell'UNHCR, Filippo Grandi, confermò in parte quei dubbi. «Sono estremamente preoccupato per l'escalation delle violenze in Libia, che mettono in pericolo migliaia di vite», twittò. «Se i combattimenti non cessano, potremmo dover sospendere il nostro lavoro per i rifugiati e i migranti bloccati in Libia e per i libici sfollati. Mesi di sforzi verrebbero gettati al vento».[12]

Le preghiere dei rifugiati, comunque, stavano arrivando alle alte sfere. Il 12 settembre, un gruppo di parlamentari europei scrisse a Grandi per chiedergli di registrare i detenuti di Abū Salīm.[13] Nel frattempo, anche gli stessi detenuti mi avevano stilato la loro lista personale di centinaia di voci, dov'erano riportati i loro nomi, le età e il numero assegnato dall'ONU alla minoranza dei casi già registrati altrove. Non riuscivo a credere quanto fossero tutti giovani: sedici, diciassette, ventitré, due o tre anni, dunque moltissimi ragazzi e bambini.[14] Anche se il cibo e l'acqua scarseggiavano, i miei contatti si sentivano carichi di energia, e cominciarono a riflettere su quali altre richieste potevano far pubblicare affinché la gente comprendesse le loro difficoltà.

Quando verremo registrati l'UNHCR saprà di noi, saprà dove siamo e quanti siamo. Per noi è importante. Forse penseranno a noi.

Sei la nostra speranza perché il mondo sappia di noi e delle nostre sofferenze nel paese dell'inferno, la Libia.

Una notte, una settimana dopo che i rifugiati erano stati spostati ad Abū Salīm, mentre il frastuono dell'odio rimbombava fuori dal centro, arrivò un'altra notizia. Grazie ad alcune telefonate furtive venne fuori che un uomo di nome Tesfu, che molti di loro conoscevano dal periodo di reclusione nei magazzini di Bani Walid, era stato ucciso in un altro centro di detenzione legato al governo. Tesfu aveva fatto parte di un gruppo che aveva organizzato una delle rare proteste contro la continua prigionia e le condizioni in cui vivevano i detenuti, richiedendo inoltre un'evacuazione legale.[15] Per punizione, tutti gli agitatori erano stati portati via e costretti a lavorare insieme, finché un giorno Tesfu si era rifiutato. Le guardie lo avevano trascinato via, per poi riportarlo indietro quando il suo corpo indebolito aveva cominciato a cedere. Tesfu era riuscito a dire agli amici di essere stato massacrato di scosse elettriche. Circa mezz'ora dopo, era morto fra le loro braccia.

Mentre i detenuti cominciavano a gemere di dolore per elaborare la notizia nell'unica maniera possibile, con un pianto collettivo, una delle donne incinte, Helen, entrò in travaglio. Non avendo altre opzioni, le donne si infilarono sulle mani delle buste di plastica e si misero ad aiutarla, mentre gli uomini pregavano e andavano nel panico, chiedendosi se sarebbe mai arrivato qualcuno a fornire assistenza.[16] La grande sala era percorsa da un mormorio di agitazione. I detenuti, sapendo che se qualcosa fosse andato storto non avrebbero potuto contare su nessun aiuto medico, iniziarono a pregare perché il parto andasse bene. «Era il metodo tradizionale. Ma Dio era con noi», avrebbe ricordato qualcuno più avanti.

I primi respiri della neonata furono quelli di una prigioniera, e la sua nascita venne celebrata da persone che stavano aspettando di rinascere a loro volta. Anche lei avrebbe vissuto senza luce e senza cibo; era un simbolo di disperazione, ma anche di speranza. Dopo essere venuta al mondo, rimase comunque rinchiusa: un'altra delle migliaia di rifugiati e migranti intrappolati a tempo indeterminato in un paese lacerato dalla guerra e privo di un governo stabile, una dei circa 640 bambini che in quel periodo erano bloccati nei centri di detenzione «ufficiali» gestiti dallo stato libico.

Sorpresa. La donna incinta di cui ti ho parlato ha partorito.

La storia dei giovani genitori di quella bambina è la dimostrazione di come l'amore possa sbocciare nei luoghi più impensabili, perfino lungo una rotta migratoria imprevedibile e caotica che, di tanto in tanto, separava chi la percorreva. Helen era scappata dall'Eritrea nel 2016 e si era diretta a Khartum. A sua insaputa, in città c'era anche un altro eritreo di nome Birhan, che lavorava in una panetteria. Entrambi volevano raggiungere l'Europa.

Nel gennaio 2017 si erano ritrovati nello stesso veicolo che attraverso il Sahara arrivò al magazzino di un trafficante. L'uomo che li aveva portati lì annunciò che salire su una barca costava 6000 dollari, così Helen telefonò ai suoi parenti, ben consapevole che se non fosse riuscita a raccogliere i soldi sarebbe stata torturata. Sarebbero rimasti in quel magazzino per un anno.

Birhan non aveva nessuno che potesse aiutarlo. I trafficanti lo picchiavano ogni giorno. «Mi ha rotto un braccio, mi ha spaccato la testa, ha fracassato ogni parte del mio corpo», avrebbe ricordato Birhan a proposito del suo trafficante. «Sapeva che non avevo nulla. Non era contento, era arrabbiato, furioso». A un certo punto Birhan si beccò anche un proiettile nella gamba.

La bimba di Helen e Birhan, nata durante la guerra fra le milizie tripoline.

Il fratello di Helen e altri parenti fecero una colletta e racimolarono il denaro richiesto, ma a quel punto lei si era innamorata di Birhan. E soprattutto era incinta di due mesi. Birhan disse a Helen di andare avanti da sola per mettere in salvo il bimbo o la bimba. La coppia si separò, ma Helen non arrivò al mare; il gruppo che l'aveva presa disse che avevano problemi a raggiungere la costa. Stranamente, il capo dei trafficanti sembrava essersi stufato di picchiare Birhan, così fu lui a essere messo su una barca. Rimase in acqua per sedici ore, prima di essere intercettato e riportato a Tripoli nel centro di detenzione di Tariq al Matar; poi fu trasferito ad Ain Zara.

Helen rimase con i trafficanti. Stava male ogni giorno a causa della gravidanza. Birhan riuscì a recuperare un telefono con cui contattare i suoi carcerieri, i quali pretesero 600 dinari per mandarla a Tripoli. La ragazza arrivò ad Ain Zara in auto, incinta di sei mesi, come si intuiva dal pancione. Giunta ai cancelli spiegò chi era, facendo infuriare il responsabile di Ain Zara, il quale minacciò di spedire Birhan alla stazione di polizia. Alla fine le fu permesso di entrare. Quando nacque la loro prima figlia, Birhan era presente.

Qualche settimana dopo approfittai di una conferenza stampa con Natalia Kanem, Direttore esecutivo del Fondo delle Nazioni Unite per la popolazione (UNFPA), per raccontarle del parto di Helen. L'UNFPA è un'agenzia dell'ONU che si occupa di salute riproduttiva e dei diritti delle madri e delle donne incinte, e opera in oltre 150 paesi. Descrissi le buste di plastica al posto dei guanti, le centinaia di rifugiati inginocchiati in preghiera e l'eco della guerra fuori dal centro. Si trattava di una donna a cui era stato negato l'accesso al mare per via delle politiche dell'Unione europea, dissi. Quella bambina sarebbe potuta nascere in Europa.

Kanem mi ascoltò attentamente. Disse che le donne non avrebbero dovuto essere costrette a partorire nei centri di detenzione, che avrebbero dovuto avere diritto a una certa privacy, ovunque si trovassero. «Qualunque donna incinta merita il pieno riconoscimento dei suoi diritti di essere umano e della sua dignità, e non importa se è una rifugiata», concluse Kanem. «Credo che la preoccupazione per la vita della madre e del neonato sia qualcosa di insito nella volontà comune, rappresentata dalla definizione di diritti umani».

Helen sapeva che la sua bambina era molto lontana da qualunque idea di diritti umani. «Voglio solo portare la mia bimba in un posto perfetto, un buon posto, e vivere come una persona normale», mi scrisse su WhatsApp da Abū Salīm. Birhan le fece eco. «Il mio piano era soltanto di scappare [dall'Eritrea], ma ora ho una moglie e una figlia di cui preoccuparmi», disse. «Voglio soltanto lavorare e avere una famiglia normale, come si deve».

L'ambiente in cui si trovavano Helen e Birhan appariva loro come la somma di tutti i pericoli in cui poteva incorrere la bambina. Una neonata era un peso, una complicazione che poteva impedire loro di scappare, ma rappresentava anche la loro motivazione principale per uscire di lì.

Nel frattempo, i messaggi che mi arrivavano erano sempre più numerosi. Stavo alzata fino a tardi a messaggiare con rifugiati tenuti prigionieri e mi svegliavo presto per mandare richieste e informazioni alle agenzie umanitarie. Stabilii contatti in quattro centri di detenzione, poi cinque, poi sei; alla fine sarebbero diventati nove. Parlavo anche con rifugiati che erano ancora nelle mani dei trafficanti e con gente che era riuscita a scappare e conduceva una vita precaria in vari punti della Libia: alcuni lavoravano per una miseria nelle fattorie o nelle fabbriche, altri si nascondevano nelle città, nel costante terrore di un nuovo arresto. Al Jazeera, BBC World Service e BBC TV mi chiesero di andare in onda e di spiegare che cosa stavano passando quelle persone. La guerra tra le milizie si sarebbe protratta fino al settembre 2018, e per quella data almeno 115 persone sarebbero state uccise e migliaia di altre costrette a sfollare dalle loro case.[17]

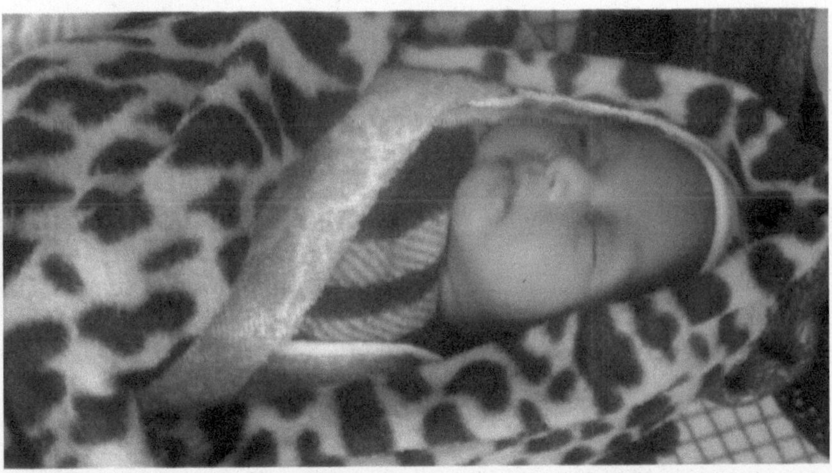

La bimba nata nel 2018 nel centro di detenzione di Abū Salīm, durante la guerra fra le milizie tripoline.

I detenuti vivevano ormai una routine devastante: emergenze mediche, intere giornate senza cibo e senza acqua e il timore di un attacco delle milizie o di un ritorno delle guardie pronte a malmenarli. In alcune zone della città altri rifugiati venivano «rilasciati»: una libertà pericolosa, perché una volta buttati fuori dai centri di detenzione non sapevano dove si trovavano né dove dirigersi. Alcuni andavano subito incontro ai proiettili. Altri cedevano agli sfruttatori. Ancora non sappiamo quante persone siano morte. E tentare di attraversare il mare era uno sforzo sempre più vano: di tutti i rifugiati e migranti che cercavano di lasciare la Libia nel settembre 2018, uno su cinque moriva o scompariva, e soltanto uno su dieci riusciva ad arrivare in Europa.[18]

In quei primi mesi di comunicazioni, viaggiai molto per altri lavori. Mi spostai da Londra all'Uganda alla Tunisia, dov'ero stata invitata ad accettare il primo premio agli European Union's Migration Media Awards per un rapporto che avevo scritto insieme a un collega siriano, Ziad Ghandour. Avevamo trascorso mesi a indagare su quello che era capitato ai rifugiati siriani che avevano lasciato l'Europa per tornare a casa, un progetto che si era concluso con un mio viaggio di dieci giorni in Siria. L'ultima notte lì riuscii a sfuggire alla guardia del corpo assegnatami dal regime e a incontrare Sami, un rifugiato che era tornato volontariamente a Damasco dalla Germania per assistere la madre, che doveva sottoporsi a un intervento salvavita. Era stato arrestato all'aeroporto, stipato in una cella con altri ex rifugiati e torturato. Poi era stato mandato in prima linea a combattere contro l'ISIS, dove buona parte del suo battaglione era stata uccisa da un attentatore suicida. La sua esperienza contraddiceva le affermazioni dei gruppi europei di estrema destra, stando ai quali i rifugiati sarebbero potuti rientrare in sicurezza nelle aree della Siria controllate da Bashar al-Assad.

Grazie al rapporto sulla Siria mi ritrovai in un hotel di lusso a Tunisi e poi a una cerimonia di premiazione in una chiesa cattolica costruita 130 anni prima, la Cattedrale di San Luigi a Cartagine, in compagnia di politici europei che ammiravano quell'«ambiente magnifico» tra un bicchiere di vino e un canapè. Sugli schermi alle spalle del pubblico, principalmente bianco, lampeggiavano immagini di rifugiati di colore. Io ero in ansia perché non avevo modo di connettermi a internet. Eravamo vicini alla Libia, a qualche centinaio di chilometri di distanza da Abū Salīm, e volevo accertarmi che tutti i detenuti stessero bene. Ormai mi ero abituata a tenermi sempre in contatto con loro.

Siamo stati mandati da te perché abbiamo bisogno che il mondo conosca la vera vita della Libia.

La cerimonia ebbe luogo la sera. I politici tennero lunghi discorsi, ma ai giornalisti non fu permesso di dire nulla al momento della premiazione. Sembrava che fossimo semplici oggetti di scena. Io mi ero segnata alcune frasi sugli appunti del mio iPhone, e finii per postarle su Twitter.

«Grazie mille per questo premio», scrissi. «Quando ho scoperto che avevamo vinto, qualche settimana fa, stavo messaggiando con alcuni rifugiati terrorizzati che si trovano soltanto a qualche chilometro di distanza da qui, a Tripoli. Ci sono decine di migliaia di persone bloccate a tempo indeterminato in una zona di guerra, dopo essere state costrette a rientrare in Libia a causa delle politiche dell'Unione europea. Uomini, donne, donne incinte e bambini vengono affamati, torturati, costretti a lavorare, violentati, rapiti dalle milizie o sottoposti ad abusi di altro tipo. Ho promesso ai rifugiati del centro di detenzione di Abū Salīm, a Tripoli, che stasera avrei parlato di loro».

L'unico aspetto positivo di quel viaggio in Tunisia fu una visita alla sede locale di Medici Senza Frontiere. Alcuni operatori, che avevano visto la catena di messaggi che postavo su Twitter e gli articoli che avevo scritto in proposito, mi invitarono fuori per un caffè. Nonostante tutto quello che avevo fatto per verificare le informazioni ricevute, dissi loro che mi rimaneva ancora qualche dubbio e che mi chiedevo se i messaggi potessero essere una truffa. Se la situazione era così tragica, perché non se ne parlava ovunque? Loro mi assicurarono che non stavo immaginando nulla, che i centri di detenzione esistevano e che i racconti sulle sofferenze dei detenuti erano veritieri. Mi chiesi allora fino a che punto i politici europei che avevo incontrato in Tunisia ne fossero al corrente. Perché non riflettevano sulle conseguenze delle loro decisioni, e che cosa potevo fare per spingerli ad ascoltare?

5. Libia: fuga nell'inferno

> «In generale, gli obiettivi internazionali relativi alla regione dell'Africa settentrionale tendono a essere incentrati più sulla gestione e sullo sviluppo delle migrazioni che sull'assistenza umanitaria e sulla creazione di condizioni di pace».[1]
>
> Valutazione del Fondo fiduciario dell'Unione europea per l'Africa, 2021

> «Le sofferenze dei migranti detenuti in Libia rappresentano un oltraggio alla coscienza dell'umanità».[2]
>
> Zeid Ra'ad Al Hussein, ex Alto Commissario delle Nazioni Unite per i diritti umani, 2017

Verso la metà del 2011, tutto il mondo assistette alle immagini dei ribelli libici che entravano nella Piazza Verde di Tripoli e tiravano giù o riempivano di proiettili le effigi di Mu'ammar Gheddafi, l'eccentrico e crudele dittatore amante del botox che governava il paese dagli anni sessanta del Novecento. Era il culmine di una rivolta popolare che avrebbe cambiato per sempre la storia della Libia, una rivolta che aveva ispirato i cittadini di qualunque ceto sociale a imbracciare le armi e a invocare la libertà. Da vari decenni le proteste erano vietate e le critiche non tollerate. Adesso il popolo affollava le strade inneggiando ai liberatori. La gioia era palpabile.

Mentre i ribelli festeggiavano, i depositi di armi di Gheddafi vennero saccheggiati e i suoi fucili distribuiti in giro. I giovani combattenti erano uomini e ragazzi, molti dei quali avevano terminato da poco gli studi. Per celebrare il momento si misero a sparare in aria, finendo però con l'uccidere alcuni civili, colpiti dai proiettili che ricadevano a terra.[3] Quelle prime morti – libici che uccidevano altri libici – erano forse un simbolo di ciò che sarebbe avvenuto in seguito?

La violenza era qualcosa che il paese conosceva bene. I cittadini più anziani erano cresciuti guardando in televisione le esecuzioni ordinate da Gheddafi e ascoltando storie sugli abusi perpetrati in passato dai coloni italiani.[4] I ragazzi imparavano a usare i kalashnikov a scuola, e indossavano perfino uniformi militari.[5] La crudeltà era una corrente invisibile, una minaccia quotidiana. Negli anni successivi alla rivoluzione, i libici avrebbero descritto il regime di Gheddafi come una presenza pervasiva che non risparmiava nulla e da cui non si era al sicuro in nessun luogo, neppure nella propria casa. Gli informatori erano ovunque, e i gusti del loro leader erano mutevoli: gli strumenti musicali venivano bruciati, i libri vietati.[6] E poi c'era il dittatore stesso: un ipocrita, un uomo che predicava la religione e beveva, prendeva droghe e violentava migliaia di sottoposte.[7] Ogni suo desiderio per il paese era un ordine.

Nel febbraio 2011, poco dopo l'inizio delle rivolte, Gheddafi minacciò di cacciare i rivoluzionari e di «purificare» la Libia «centimetro per centimetro, casa per casa, dimora per dimora, vicolo per vicolo, persona per persona».[8] Suo figlio, Saif al-Islam, avvertì che sarebbero stati versati «fiumi di sangue» se le proteste non si fossero fermate, perché il regime avrebbe «combattuto fino all'ultimo uomo, fino all'ultima donna, fino all'ultimo proiettile».[9] Alla fine, l'uccisione di Gheddafi, il 20 ottobre 2011, fu brutale come tutti gli eventi che l'avevano preceduta. Il dittatore sessantanovenne venne scovato in un canale di scolo sotterraneo e sodomizzato con una baionetta prima di essere ucciso a colpi di proiettile. In seguito il suo cadavere venne esposto nel freezer di un centro commerciale, per fugare ogni dubbio sulla fine del suo governo.[10]

Ciò che avvenne dopo fu forse la vendetta di Gheddafi. Durante il suo regno questi aveva favorito e rafforzato le milizie armate, nel timore che un esercito troppo forte potesse deporlo con un golpe militare. Dopo la sua morte, queste milizie si spartirono potere e territori. I loro obiettivi e le loro alleanze cambiavano di continuo: costruire uno stato su un'infrastruttura del genere era come costruire una città sulla sabbia.

Molti oggi condannano la NATO per il suo intervento in Libia e per i bombardamenti aerei condotti nel paese («*Veni*, *vidi*, morì», commentò a proposito di Gheddafi l'allora segretario di Stato Hillary Clinton, con una scrollata di spalle e un'allegra risata,[11] esprimendo una soddisfazione che contrastava con il sentimento poi espresso dal Presidente Barack Obama, che a quanto pare in privato descrisse l'operazione come «una porcheria»).[12] Altri commentatori sostengono che il paese era comunque destinato a una rivolta catastrofica anche prima dell'intervento della NATO, e che i bombardamenti aerei avevano salvato delle vite, anche se, negli anni successivi, i libici avrebbero dovuto ricevere maggiore assistenza da parte della comunità internazionale. Si trattava di un popolo che aveva vissuto nell'oppressione per anni, e la cui esperienza in fatto di democrazia era minima. Secondo i resoconti dei giornali dell'epoca, gli Stati Uniti credevano che l'Europa avrebbe preso in mano la ricostruzione della Libia, mentre l'Europa pensava che le Nazioni Unite avrebbero avuto un ruolo centrale in questo senso.[13] Ma l'ONU non inviò corpi di pace né osservatori militari, e fino alla metà del 2012 la Missione di sostegno dell'ONU in Libia (UNSMIL) – una missione politica predisposta l'anno precedente – non poté contare su nessun esperto per la riforma delle istituzioni preposte alla sicurezza.[14]

Nel tentativo di garantire la sicurezza del paese, il governo di transizione cominciò a pagare le milizie già nel dicembre 2011, cosa che incoraggiò ulteriormente molti giovani uomini a unirsi a loro.[15] C'erano gruppi armati di vari ordini, che si erano organizzati e costituiti durante la rivoluzione e facevano capo a diversi comandanti, diverse città, programmi religiosi o tribù. Le casse libiche erano ancora piene grazie al petrolio, e vantavano quelle che Ulf Laessing, corrispondente dell'agenzia Reuters, definì «ricchezze a perdita d'occhio»;[16] c'erano in gioco miliardi di dollari.[17] Anche le armi abbondavano. Durante il primo decennio di Gheddafi al potere, il sedicente «Fratello Leader» aveva speso 22 miliardi per l'acquisto di armi, che per ogni cittadino libico aveva comportato una spesa annuale di circa 890 dollari.[18] Dopo il crollo del regime, l'*intelligence* britannica paragonò la Libia a un supermercato di armi illegali.[19] Nel periodo post-rivoluzionario, possedere un'arma era come avere un'assicurazione, e unirsi alla milizia era un modo per proteggere se stessi, la propria famiglia e i propri risparmi. Quelli che possedevano un immobile o un po' di terra entravano nella milizia per salvaguardare le loro proprietà, mentre molti adolescenti maschi spesso facevano un ragionamento più che altro «da cortile»: volevano essere i bulli e non le vittime.

All'inizio anche i giornalisti abbondavano. Negli anni successivi alla deposizione di Gheddafi, il numero delle stazioni televisive libiche decuplicò. L'informazione è potere, e dopo tanti anni di censura la gente trovava entusiasmante veder nascere nuovi organi di stampa. Ma i pericoli della libertà di parola diventarono presto evidenti, e nel 2012 diversi giornalisti del paese raccontarono che i loro superiori li avevano avvisati di tenersi alla larga dal «mondo delle milizie» e dai diritti umani.[20] Non c'era più un unico regime da temere; ce n'erano tanti.

All'inizio degli anni novanta, Gheddafi aveva pubblicato una raccolta di saggi e racconti brevi intitolato *Fuga all'inferno e altre storie.*[21] Lo stile del libro rispecchiava il suo imprevedibile autore: prolisso e spesso incoerente, dotato di quell'estrema sicurezza di sé che gli aveva permesso di dominare il paese per ben quarant'anni. L'«inferno» del titolo era la città: vivere in città, invece che in un villaggio insieme ai propri parenti, è come essere sepolto vivo, sosteneva il dittatore. Dopo la sua morte, la parola «inferno» ha finito per rappresentare la Libia intera agli occhi di rifugiati e migranti, ma anche di molti libici.

Quando la Primavera Araba travolse tutto il Medio Oriente, io avevo ventun anni ed ero all'ultimo anno del primo ciclo della mia laurea in Legge a Dublino. Oltre ai corsi previsti dal curriculum, ne seguivo un altro sulle politiche del Medio Oriente. Mentre i giovani arabi sfidavano coraggiosamente le autocrazie che avevano reso miserabile la loro vita fin da quando avevano memoria, io sedevo al fondo di un'aula a gradoni, in uno degli edifici che ospitavano il dipartimento di Arte e Scienze Umane, intenta a osservare sulla lavagna una presentazione in PowerPoint con le fotografie della rivolta. Ricordo che il nostro professore aveva l'aria confusa e diceva che era la prima volta, da quando aveva iniziato a insegnare quel corso, che il manuale non gli sembrava più così rilevante. Le vecchie regole non valevano più, e lui non aveva idea di che cosa sarebbe successo nella regione alla fine del semestre, tanto meno nei dieci anni successivi.

Tre anni dopo lo scoppio della rivoluzione, all'inizio del 2014, ero un'ansiosa stagista decisa a fare bella impressione nell'ufficio londinese della CNN International. Un giorno sì e uno no lavoravo al notiziario condotto dalla leggendaria giornalista anglo-iraniana Christiane Amanpour. Parte delle mie mansioni consisteva nell'andare ad accogliere gli intervistati all'ingresso di Great Marlborough Street, accompagnarli al trucco, farli accomodare nella piccola *green room* e portare loro tè o caffè. Fra gli ospiti potevano esserci personaggi come l'ex segretario di Stato statunitense Madeleine Albright e l'allora presidente della Tanzania Jakaya Kikwete; preparai addirittura una cioccolata calda alla sua guardia del corpo.

Ricordo che un pomeriggio di marzo venne intervistato il primo ministro libico Ali Zeidan. Dopo aver rinunciato al ruolo di ambasciatore in India, era salito all'opposizione nel suo paese, dov'era rimasto per trent'anni. Nel 2012 era stato eletto al governo della nuova Libia postrivoluzionaria con una risicata maggioranza. Nel tentativo di ricostruire l'esercito nazionale, minacciò di tagliare i finanziamenti alle milizie. Nell'ottobre 2013 venne rapito per qualche ora: più tardi, rivolgendosi alla nazione nel corso di un intervento televisivo, disse che si era trattato di un tentativo di colpo di stato.[22]

Cinque mesi dopo era stato deposto e aveva lasciato il paese, ma quando lo incontrai, a distanza di qualche settimana dalla sua brusca partenza, sembrava convinto che sarebbe stato presto reintegrato come primo ministro. Chiese del tè; di persona aveva l'aria molto abbattuta, ma in TV aveva un tono di sfida. «La situazione richiede alcuni aggiustamenti, poi tornerò là», disse a Christiane mentre erano in onda. «Ci sono forze interne all'esercito del paese – forze legittime – che mi proteggeranno. E ho il sostegno di una parte della popolazione, che mi spalleggerà». Condannò la «debolezza» delle agenzie di sicurezza e dei gruppi di *intelligence*. «L'apparato di *intelligence* è stato distrutto dopo la rivoluzione [...]. Alcune persone volevano che l'apparato di sicurezza fosse debole».[23]

Alla fine, Zeidan non rientrò in Libia. Si trasferì in Germania; a quanto pare era troppo spaventato dalle milizie per essere disposto a rischiare ancora la propria vita (quando tornò in Libia, nel 2017, fu nuovamente rapito e rilasciato).[24] In sua assenza, il paese venne diviso tra due forze di governo contrapposte: una a Tripoli, a ovest, e una a Tobruk, a est. L'anno seguente i governi erano tre, ma nessuno di loro sembrava davvero in grado di svolgere il proprio compito.[25]

Uno dei motivi principali per cui l'Unione europea premeva per l'instaurazione di un governo nazionale in Libia era che voleva fermare gli arrivi dei migranti via mare. Nel maggio 2015, all'apice della cosiddetta «crisi migratoria europea», Federica Mogherini – l'ex Alta rappresentante dell'Unione per gli Affari esteri e la politica di sicurezza – riferì al Consiglio di sicurezza dell'ONU che la Libia poteva contare sul sostegno politico, logistico ed economico della UE in quell'operazione guidata dall'ONU. «Sappiamo tutti molto bene che gran parte dello sfruttamento e del traffico di esseri umani al momento ha luogo in Libia, o meglio, passa per la Libia», disse. «Fintanto che non vi sarà un governo di unità in grado di esercitare la propria legittima autorità su tutto il territorio del paese e sulle sue frontiere di terra e di mare, è probabile che la situazione rimarrà questa».[26]

Quell'anno, in seguito a un accordo di pace mediato dalle Nazioni Unite, venne formato in Libia il Governo di accordo nazionale (*Government of National Accord*, GNA). L'esecutivo cominciò a operare a Tripoli nel 2016 sotto la guida del primo ministro al-Sarraj, ma controllava soltanto una minoranza nel paese.[27] Il vero potere era quello dei soldi e delle armi, non del governo.

La questione delle migrazioni rappresenta da tempo un fattore determinante quando si tratta di prendere decisioni sulla Libia. Lo stesso Gheddafi l'aveva usata come pedina di scambio, annunciando minaccioso che l'Europa sarebbe diventata «nera» se non gli avesse consegnato svariati miliardi di dollari all'anno per impedire agli africani di attraversare il Mediterraneo fino all'Italia.[28] «Non sappiamo che cosa accadrà, quale sarà la reazione degli europei cristiani e bianchi di fronte a questo afflusso di africani affamati e ignoranti», annunciò nel 2010 a Roma, comparendo di fianco all'ex primo ministro Silvio Berlusconi. «Non sappiamo se l'Europa rimarrà un continente avanzato e unito o se verrà distrutto come durante le invasioni barbariche»[29] (il dittatore dedicò parte del suo viaggio in Italia a istruire diverse modelle italiane sui benefici dell'Islam[30]).

Gheddafi si presentava come «Re dei Re» dell'Africa, e in determinati periodi aveva incoraggiato centinaia di migliaia di africani da tutto il continente ad andare a lavorare in Libia.[31] Addirittura ingaggiava come mercenari gli africani di altri paesi perché reprimessero e uccidessero i suoi stessi cittadini. Durante la rivoluzione del 2011, fra le vittime delle esecuzioni extragiudiziali condotte per rappresaglia dai ribelli ci furono individui del Chad e del Sudan uccisi con le mani legate a colpi di pistola in testa, i cui corpi vennero poi scoperti da giornalisti di varie nazioni.[32]

Quando si dovette decidere se appoggiare la deposizione di Gheddafi, la questione delle migrazioni ebbe un peso determinante nelle riflessioni delle potenze europee. «Vogliamo ritrovarci con uno stato paria sull'orlo della rovina che va in malora totale al confine meridionale dell'Europa, magari minacciando la nostra sicurezza, spingendo la gente ad attraversare il Mediterraneo e creando un mondo più pericoloso e incerto per la Gran Bretagna e per tutti i nostri alleati, oltre che per i libici?» chiese nel 2011 David Cameron, allora primo ministro del Regno Unito, esortando l'Europa a intervenire dopo che la

Primavera Araba era già cominciata.[33] Ovviamente, le cose sono comunque andate più o meno così.

Negli anni successivi alla rivoluzione venne istituita la Guardia costiera libica, formata però da uomini generalmente poco esperti di navigazione.[34] La missione UE di assistenza alla gestione integrata delle frontiere in Libia (EU Integrated Border Management Assistance Mission, EUBAM), avviata nel 2013, non si rivelò molto efficace nell'incoraggiare i libici a consolidare i propri confini. Quello stesso anno la radio pubblica statunitense NPR riferì che decine di migranti erano stati catturati dalla milizia libica e rinchiusi nelle gabbie dello zoo di Tripoli: una notizia sconvolgente, che dimostrava anche quanto poco fossero organizzati i tentativi di fermare le migrazioni.[35]

A partire dal 2014, via via che centinaia di migliaia di rifugiati e migranti attraversavano il Mediterraneo dal Medio Oriente e dall'Africa settentrionale, i politici europei diventarono sempre più ansiosi di contenere i partiti di estrema destra nei rispettivi paesi, che stavano guadagnando consensi approfittando della generale ondata di rifiuto nei confronti degli immigrati. La loro risposta era spesso formulata in termini di contrasto alla tratta e al traffico di esseri umani. «Vi assicuro nella maniera più esplicita che nessun rifugiato o migrante intercettato in mare verrà rimandato indietro contro la propria volontà. I diritti di queste persone, come previsto dalla Convenzione di Ginevra, saranno interamente rispettati»,[36] affermò nel maggio 2015 Federica Mogherini – allora responsabile della politica di sicurezza della UE – davanti al Consiglio di sicurezza dell'ONU, chiedendo a nome della UE di poter condurre operazioni militari in mare. «L'Unione europea è finalmente pronta ad assumersi le proprie responsabilità: salvare vite, accogliere i rifugiati, risolvere le cause all'origine dei fenomeni migratori, smantellare le operazioni criminali [...]. È nostra ferma intenzione rispettare il diritto internazionale, il diritto umanitario internazionale e i diritti umani», proseguì, aggiungendo che era in contatto con il Segretario generale dell'ONU António Guterres e che intendeva anche appoggiare le operazioni dell'UNHCR in Libia.[37]

Quell'anno la UE triplicò i fondi destinati alle missioni nel Mediterraneo.[38] Poi, nel novembre 2015, si tenne il vertice UE-Africa a La Valletta, che vide l'istituzione del Fondo fiduciario di emergenza dell'Unione europea per l'Africa. Si trattava di un significativo gruzzolo di diversi miliardi di euro, da distribuire in buona parte del continente africano per fermare i movimenti di rifugiati e migranti.[39] La «gestione dei confini» divenne la seconda voce di spesa della UE, in un continente in cui i confini – definiti inizialmente in epoca coloniale – erano comunque rimasti piuttosto fluidi, tanto che venivano attraversati avanti e indietro ogni giorno senza che venisse esercitato alcun controllo formale.[40] Nella spesa sarebbero stati inclusi l'addestramento delle forze di polizia e delle guardie di confine, le dotazioni di strumenti di sorveglianza, gli elicotteri, le navi e i veicoli di pattuglia, più una grossa somma destinata alle Nazioni Unite, comprendente il denaro per i programmi di ricollocazione dei migranti nei paesi di provenienza. Tra il 2016 e il 2021 vennero spesi più di 4,8 miliardi di euro per finanziare oltre cinquecento progetti in ventisei stati africani.[41] Entro la metà del 2021 la UE avrebbe versato nel Fondo fiduciario 455 milioni di euro specificamente destinati alla Libia, più altri 245 milioni in altri fondi; tutte uscite catalogate come «sostegno della UE alla Libia per la gestione delle migrazioni».[42]

Il Fondo fiduciario venne classificato come fondo «di emergenza», il che significava che non sarebbe stato sottoposto agli stessi controlli della maggior parte delle voci di spesa della UE e che non doveva seguire le stesse procedure di appalto pubblico. In effetti, metà dei paesi africani era considerata «zona di crisi».[43] Gran parte del denaro sarebbe stata distribuita attraverso le agenzie dell'Unione o dei singoli governi europei, *in primis* quelli di Francia, Italia e Germania.

Alcuni progetti erano particolarmente vergognosi. In Eritrea, per esempio, la UE spese decine di milioni di euro in materiali destinati alla costruzione di una strada, ma i lavori furono effettuati da coscritti obbligati al servizio militare.[44] In un rapporto del 2020 di Oxfam, l'organizzazione non profit che si occupa della lotta alla povertà, si denunciava il fatto che la UE utilizzava gli aiuti allo sviluppo previsti dal Fondo fiduciario per fare pressioni sui paesi africani affinché cooperassero con i paesi europei nella lotta alle migrazioni.[45] «I governi europei sembrano determinati a impedire le migrazioni a ogni costo», commentò in quell'occasione Raphael Shilhav, consulente Oxfam per le politiche di migrazione della UE. «Stanno anteponendo obiettivi a breve termine a strategie che si rivelerebbero efficaci nel lungo periodo, a scapito di chi è più in difficoltà. L'Unione europea deve smettere di tradire i propri valori e deve assicurarsi che tutte le sue operazioni in Africa promuovano la stabilità, la democrazia e la resilienza, non il contrario».[46] Il rapporto si concludeva chiedendo maggiore trasparenza.[47]

In molti casi, il denaro del Fondo fiduciario servì a rafforzare sistemi di abuso più che a migliorare la vita dei civili, ragion per cui la gente continuò a tentare di attraversare il mare. Tra il 2014 e il 2016 più di mezzo milione di persone arrivò in Italia sui barconi, e almeno 12480 morirono provandoci.[48]

Così la UE dovette rimettersi a tavolino. L'opzione successiva era quella di fermare le barche. Il principio di *non-refoulement* («non respingimento») previsto dal diritto internazionale vieta di rimandare una persona in un paese dove la sua vita è in pericolo o dove potrebbe essere vittima di torture o persecuzioni. Nel 2012 la Corte europea dei diritti dell'uomo aveva stabilito che le imbarcazioni europee non potevano riportare i rifugiati in Libia a causa degli enormi rischi che questi ultimi correvano nel paese.[49] La UE trovò modo di aggirare quel principio provvedendo all'equipaggiamento, all'addestramento e al finanziamento della Guardia costiera libica, che si sarebbe occupata delle intercettazioni.

La Guardia costiera libica era un'entità molto meno coesa di quanto potesse sembrare, anche dopo che si era dotata di individui più esperti. Ne facevano parte diverse milizie sparse in vari punti della costa. Il traffico di esseri umani era un'attività redditizia, e negli anni seguenti alla rivoluzione molti membri della Guardia costiera vi avevano partecipato attivamente. Alcuni di loro vi partecipavano ancora. «Quelle guardie costiere sono malvagie, violano i diritti dei migranti e dei rifugiati», si lamentava un uomo del Sudan del Sud che aveva passato sedici mesi in un centro di detenzione legato al governo. «La UE sa che la Libia è il più grande mercato di esseri umani al mondo, e comunque continua a pagare la Guardia costiera perché riporti indietro i migranti».

> *La guardia costiera lavora solo per i soldi. Se la* UE *smette di finanziarla, la guardia costiera lavorerà per i trafficanti [...]. Alcune barche riescono ad arrivare in Italia. Pensi che la Guardia costiera non le veda? I trafficanti e la Guardia costiera lavoravano insieme prima. A volte i trafficanti danno alle guardie una percentuale più alta, così lasciano passare i migranti. Sono affari, Sally. Soldi. Le guardie lavorano con l'Italia adesso, perché l'Italia dà sempre più soldi.*

La nuova politica si sviluppò in fretta, nonostante alcuni timori. All'inizio del 2017 Fabrice Leggeri, il direttore di Frontex – l'Agenzia europea della guardia di frontiera e costiera – disse che la Libia lo preoccupava. «Non c'è uno stato stabile. Al momento non abbiamo praticamente nessun contatto a livello operativo attraverso il quale promuovere un'effettiva sicurezza dei confini. Stiamo collaborando all'addestramento di sessanta ufficiali che in futuro potrebbero entrare nella Guardia costiera. Ma è soltanto un inizio, a voler essere ottimisti», rivelò Leggeri a un quotidiano tedesco.[50]

«L'Europa ha dimostrato di essere in grado di chiudere le rotte irregolari», dichiarò nello stesso periodo Donald Tusk, presidente del Consiglio europeo, a proposito di un accordo da svariati miliardi di euro sottoscritto dall'Unione europea e dalla Turchia per impedire nuovi arrivi in Grecia. «Questo è il momento di chiudere la rotta tra la Libia e l'Italia [...]. Possiamo farcela. Quel che ci serve è la piena determinazione a farlo».[51] Poco dopo il suo discorso si tenne un vertice tra i leader della UE a Malta, dove furono stanziati altri due miliardi di euro allo scopo di interrompere la rotta libica.

Dai documenti di bilancio appare chiaro che la UE già sapeva che circa 7000 rifugiati e migranti erano rinchiusi in 24 centri di detenzione legati al governo di Tripoli, e in chissà quanti altri centri non ufficiali. «Migranti e rifugiati non vengono registrati in via ufficiale e non hanno accesso a un giusto processo né prima né durante la detenzione», si leggeva in un documento. «Le condizioni nei centri sono generalmente disumane: grave sovraffollamento, carenza di bagni o strutture igieniche, di cibo e di acqua pulita. In diversi centri un elevato numero di migranti è rinchiuso in un'unica stanza senza lo spazio sufficiente per potersi sdraiare».[52]

Nonostante ciò, il 2 febbraio 2017 l'Italia e la Libia firmarono un memorandum d'intesa che confermava il sostegno italiano alla Guardia costiera libica e poneva l'accento su una nuova espressione molto popolare: «gestione delle migrazioni».[53] Il ministro dell'Interno italiano che presiedette alla firma del memorandum era Marco Minniti. Il «New York Times» gli dedicò un profilo adulatorio nel quale veniva descritto come «un vecchio maestro dello spionaggio», un ex comunista che lavorava in un ufficio «circondato da librerie piene di tomi sullo spionaggio e sul fanatismo religioso». Il profilo riferiva che il ministro amava la filosofia, gli aeroplani, le immersioni in apnea e il poeta Catullo (quando ho cercato su Google il nome di Catullo, i primi versi che sono venuti fuori erano: «Tutto ciò è grande, ma egli è ancora più grande; non è un uomo, ma una minchia colossale e minacciosa»).[54] Il suo piano d'azione prevedeva, fra le altre cose, la disponibilità a pagare praticamente chiunque in Libia potesse aiutarlo a raggiungere i suoi obiettivi. Nell'agosto 2017 gli arrivi di rifugiati e migranti erano diminuiti dell'87% rispetto all'anno precedente.[55]

Incoraggiata dall'Unione europea, la Libia richiese all'Organizzazione Marittima Internazionale di cederle il controllo delle acque di fronte alla costa: ciò significava che le navi straniere non potevano più accedervi senza chiedere il permesso ufficiale alle autorità del paese e che gli europei non sarebbero più stati responsabili di chi vi annegava.[56] In Italia nel frattempo si avvicinavano le elezioni, e il governo si stava arrabattando per rimanere al potere (avrebbe invece perso in favore del Movimento Cinque Stelle e della Lega di Matteo Salvini; quest'ultimo, ancora più tenacemente contrario all'immigrazione, sarebbe diventato ministro dell'Interno).

In un primo tempo la UE stanziò 46,3 milioni di euro per addestrare la Guardia costiera libica e rifornirla di imbarcazioni e attrezzature. A questa cosiddetta «prima fase» del progetto doveva seguire una seconda fase con un finanziamento di 45 milioni di euro (cifra che nel 2020 venne rivista e abbassata a 15 milioni di euro in un documento aggiornato che comprendeva una sezione intitolata «rischi e previsioni», nella quale si avvisava che «se non verrà migliorato il trattamento dei migranti durante gli interventi [di ricerca e soccorso], la narrazione e la reputazione della UE ne saranno ulteriormente danneggiate»).[57] Se da una parte la UE rimuoveva le proprie navi dal Mediterraneo, dall'altra vi inviava aeroplani, elicotteri e più avanti anche droni, tutti incaricati di individuare le barche con a bordo i rifugiati e di indicarle alla Guardia costiera libica, che così le avrebbe intercettate.[58] L'agenzia Frontex inviava fino a tre aeroplani al giorno, mi spiegò la sua portavoce Ewa Moncure nel corso di un'intervista telefonica nel novembre 2020. Pur ribadendo che la loro intenzione era quella di salvare vite, quando le domandai qual era il metro del successo per Frontex, Moncure rise e poi replicò: «Siamo lì per sorvegliare il confine. Quindi per noi il metro del successo è la localizzazione [dei migranti]».

Stando a un'analisi della rete di giornalismo investigativo Lighthouse Reports, quando Frontex avvistava una barca in difficoltà, evitava regolarmente di informare le navi mercantili o le imbarcazioni di soccorso che si trovavano nelle vicinanze; preferiva invece inviare via WhatsApp le coordinate della barca alla Guardia costiera libica. A volte questo costava subito un certo numero di vite; altri migranti morivano in un secondo tempo, dopo essere rientrati in Libia, senza destare scalpore. Tutto ciò violava il diritto internazionale? Molti esperti sostenevano di sì, visti il coinvolgimento e il ruolo di coordinamento di Frontex.[59] Le intercettazioni inoltre potevano essere aggressive, con le guardie costiere che speronavano le barche dei rifugiati o sparavano alle imbarcazioni di soccorso.[60] In alcuni casi si scatenava il caos: capitava che i rifugiati si buttassero in acqua e annegassero, o che nel trambusto generale le famiglie venissero divise. Nel 2018, un ragazzino di dieci anni della Sierra Leone venne catturato dalla Guardia costiera, mentre il padre riuscì ad arrivare in Italia.[61]

Non appena i rifugiati venivano riportati in Libia, o anche a una quarantina di chilometri dalla costa, Frontex interrompeva qualsiasi monitoraggio, mi rivelò Moncure, ammettendo però di aver sentito parlare di violazioni dei diritti umani. «Il fatto è che la situazione in Libia esula dal nostro mandato [...] Non conta come la penso io. Abbiamo un mandato molto chiaro che stabilisce che cosa dobbiamo fare». Io suggerii che Frontex avesse il dovere di fare di più, dato che affiancava la Guardia costiera, ma Moncure ribatté che c'era una differenza tra provvedere all'addestramento e «monitorare le operazioni di una nazione sovrana, per quanto caotica possa essere la situazione».

Anche l'ONU collaborava con la Guardia costiera. Nel 2017, nel richiedere un finanziamento di 54 milioni di dollari, l'UNHCR dichiarò che avrebbe fornito «apparecchiature di comunicazione leggere e supporti informatici (generatori, desktop, radio) a cento guardie libiche impegnate nelle operazioni di soccorso» e «procurato agli ufficiali libici attrezzature informatiche e biometriche».[62] L'Organizzazione Internazionale per le Migrazioni (IOM) dell'ONU, anch'essa coinvolta nell'addestramento delle guardie costiere, tentò di migliorarne l'immagine offrendo loro addirittura una consulenza «sulle comunicazioni in situazioni di crisi», secondo un membro dello staff (ho chiesto conferma a un portavoce dell'IOM ma non ho ricevuto risposta).

Negli anni successivi sarebbe capitato con una certa regolarità che squadre dell'ONU fossero presenti nei punti in cui venivano riportati i rifugiati e i migranti intercettati in mare. Distribuivano acqua, cibo e abiti, oppure si occupavano dell'assistenza medica di base. Poi rimanevano a guardare, mentre i futuri prigionieri spaventati, abbattuti e infradiciati venivano portati via.

Quel che capitava a chi veniva riportato in Libia con la forza non era certo un segreto. Nel gennaio 2017, qualche giorno prima che la Libia e l'Italia firmassero il memorandum d'intesa, la Cancelliera tedesca Angela Merkel ricevette un telegramma da parte dell'ambasciatore tedesco in Niger, il quale descriveva le strutture di detenzione libiche come luoghi in cui «le esecuzioni [...], le torture, gli stupri, il ricatto e l'abbandono nel deserto sono all'ordine del giorno» e in cui si assisteva alle «più gravi e sistematiche violazioni dei diritti umani» e a «[condizioni] da campi di concentramento».[63]

Secondo l'ONU, nel dicembre 2017, meno di un anno dopo che l'Unione europea aveva cominciato ad assistere la Guardia costiera libica, i centri di detenzione contavano più di 17 000 prigionieri.[64] Molti di loro furono poi rimandati nei paesi di provenienza mediante il programma di ritorno dell'IOM finanziato dall'ONU, cosa che ridusse il numero dei detenuti a circa 5000 persone, ma i nuovi arrivi non si fecero attendere. Più di 2000 detenuti erano eritrei, seguiti da sudanesi e somali. Fino al 70% arrivavano da paesi noti per essere «produttori di rifugiati», il che significava che erano teatri di guerra o governati da dittatori, oppure che la popolazione era sottoposta a pesanti persecuzioni. Alla fine del 2018 c'erano almeno ventisei centri operativi legati al governo di Tripoli.[65]

Anche sotto il regime di Gheddafi gli africani diretti in Europa venivano trattenuti, ma il DCIM, il Dipartimento per il contrasto alla migrazione clandestina, venne creato un anno dopo la rivoluzione, sotto il Ministero dell'Interno di Tripoli. Anche se molti centri erano gestiti dalle milizie, queste potevano accordarsi con il DCIM per assicurarsi che alcuni dei loro uomini fossero pagati dal governo. In pratica, come riportato dalla Global Initiative Against Transnational Crime – una rete internazionale di esperti con base a Ginevra – per i centri di detenzione era «impossibile» operare senza l'intervento dei gruppi armati, e l'azione di controllo esercitata dal DCIM era soltanto «nominale».[66]

La detenzione dei migranti garantiva un giro d'affari molto redditizio. «L'industria dei traffici umani è passata dal monetizzare i movimenti a monetizzare la prigionia», ha spiegato Mark Micallef, che ha lavorato con la Global Initiative.[67] Le guardie e i responsabili dei centri si facevano pagare per rilasciare i detenuti, vendevano prodotti e servizi o procuravano contratti a determinate ditte che distribuivano ai prigionieri la loro scarsa razione di cibo quotidiana. A volte i rifugiati venivano ceduti a nolo come forza lavoro, e poi rientravano nel centro al calar della notte. Alcuni volontari mi hanno spiegato che qualsiasi iniziativa umanitaria deve prevedere qualche beneficio per i libici che gestiscono i vari centri. «Se si fa una campagna contro la scabbia, si portano nuovi materassi e si distribuiscono anche alle guardie», mi ha detto uno di loro. «Se si portano arance e vitamine, se ne danno un po' anche alle guardie».

Soprattutto, la Libia non ha mai aderito alla Convenzione sullo status dei rifugiati del 1951 (conosciuta anche come Convenzione di Ginevra) né al successivo Protocollo del 1967, che garantisce diritti internazionali a chi è in fuga dalle persecuzioni. Non potendo richiedere asilo in Libia, i rifugiati rischiavano sempre di essere imprigionati. Una valutazione del Fondo fiduciario, commissionata dalla stessa Unione europea, avrebbe poi decretato che in Libia si assisteva al «totale collasso dello stato».[68]

Nel frattempo i rifugiati continuavano ad annegare. Nel 2018, l'anno in cui anche Essey provò ad attraversare il Mediterraneo, morirono in media 6 persone al giorno: un dato che rendeva quella rotta la più letale al mondo.[69] In Libia, come in Europa, il mare trascinava i cadaveri a riva. «Non possiamo più mangiare pesce», si lamentò un libico con me. Altri si mostravano più empatici.

Grazie alle richieste di informazioni avanzate dall'organizzazione Privacy International sulla base del FOIA (Freedom of Information Act, la norma che garantisce il diritto di accesso alle informazioni pubbliche), ottenni la copia di un programma Frontex per l'addestramento di tre settimane della Guardia costiera libica. Il documento era in buona parte censurato, con spesse righe nere che cancellavano vari dettagli. Da quel che riuscii a vedere, la formazione prevedeva fra l'altro un'ora di corso sulla gestione dello stress e due giorni dedicati al primo soccorso. I primi due venerdì sarebbero stati dedicati all'«applicazione della legge: tattiche e tecniche speciali». Fra le competenze che sarebbero state sviluppate c'erano poi le «tecniche di autodifesa di base, utilizzabili al momento della cattura dei sospetti in mare», così recitava il programma, «compresi l'uso della forza e i suoi limiti».

Per le prime due settimane le guardie costiere avrebbero seguito cinque ore di lezione al giorno, con due ore di pausa pranzo, e avrebbero avuto metà giornata del venerdì libera. L'ultima settimana era rivolta ad aspetti più pratici: un giorno intero dedicato ai documenti falsificati e tre ore di indagini sulle scene del crimine. Al termine di tutto l'addestramento era prevista una cerimonia conclusiva di un'ora e mezza.

Cos'avrà significato per quegli uomini – credo fossero tutti uomini – essere portati in Europa, sedere in un'aula e sentir parlare di «diritti e protezione fondamentali» come tema della prima giornata? Avranno annuito sorridendo o avranno perso interesse nel giro di poco tempo? Avranno considerato la possibilità di cambiare i loro metodi di lavoro o avranno pensato che quella era soltanto una perdita di tempo, nonostante i soldi che immaginavano di poterne ricavare? Si è saputo che almeno uno di questi libici, dopo aver partecipato a un addestramento, si era dato alla macchia in Italia.[70]

Le guardie costiere libiche si definiscono operatori umanitari. Uno degli ultimi giorni di Ramadan del 2021, alle tre di notte, intervistai il colonnello Reda Essa, un comandante della Guardia costiera che partecipava alle operazioni in mare fin dai tempi di Gheddafi. Facemmo una videochiamata mentre lui si trovava nella città di Misurata, in Libia, seduto ricurvo su una sedia di plastica bianca e vestito con un maglioncino rosso scuro dallo scollo a v e pantaloni color cachi; in mano stringeva un altro telefono. Oltre a individuare gli «immigrati illegali», il colonnello disse che la sua squadra si occupava di traffici di stupefacenti, carburante e armi.

Era stato in Italia per incontrare Frontex e altre agenzie europee, ma si mise a ridere quando gli chiesi se l'Unione europea dava ordini alla Guardia costiera, e rispose che la UE non dava praticamente nulla. Disse che avevano quasi 3000 guardie costiere ma soltanto cinque imbarcazioni, due delle quali sarebbe state presto inutilizzabili (in un documento militare UE riservato, fatto trapelare più avanti quello stesso anno, si legge che la Guardia costiera poteva contare su una media di sei imbarcazioni operative, con un picco di nove in agosto).[71] Le guardie dovevano pattugliare un'area di 300 km lungo la costa libica occidentale, da Misurata a Zuara. «Non abbiamo le attrezzature giuste. A volte non possiamo partire quando il mare è agitato, quindi non possiamo salvare vite [...]. Siamo capaci di fare un buon lavoro, e gli europei lo sanno [...]. Se ricevessimo attrezzature nuove e all'avanguardia, invece di attrezzature vecchie, potremmo rimanere in mare non ore ma molto di più, anche giorni interi, e così potremmo fermare gli immigrati illegali».

Il colonnello disse che non sapeva spiegare dove finissero tutti i soldi della UE, ma che lui non ne vedeva neanche un po'. «Ci sono un sacco di operazioni sottobanco», affermò, e aggiunse, forse per incoraggiare futuri finanziamenti: «La stabilità della Libia è la stabilità dell'Europa».

Disse anche che la Guardia costiera lavorava bene con le Nazioni Unite, i cui operatori spesso accoglievano i migranti nei punti di sbarco in Libia. Il suo problema principale erano le navi di soccorso indipendenti che facevano capo alle organizzazioni umanitarie, da lui paragonate a «criminali» e a «una mafia» che «ci tiene d'occhio come un falco». Quelle navi effettuavano missioni nel Mediterraneo per cercare di salvare i rifugiati e portarli in Europa, ma registravano anche le mancate risposte delle guardie costiere alle richieste di aiuto e il trattamento che riservavano a chi alla fine veniva preso. «Si nota che quando ci sono le ONG, ci sono moltissimi immigrati illegali in mare», attaccò il colonnello. «Se davvero stanno cercando di salvare le vite di quegli immigrati illegali in mare, invece di sprecare soldi in barche e cose del genere, perché non vengono nel deserto e non provano ad aiutarci da lì?» (secondo gli esperti, è possibile che il numero di persone che perde la vita nel deserto del Sahara, lungo la rotta per la Libia, sia il doppio di quello delle vittime del Mediterraneo, ma non c'è modo di verificare queste cifre[72]). Poi Essa riportò la conversazione sugli stessi temi usati dalla destra europea per diffondere il panico, suggerendo che fra i migranti potessero esserci anche terroristi, ragion per cui aveva senso tentare di impedirne l'ingresso in Europa.

Come i portavoce di Frontex, anche il colonnello ribadì quali erano il suo mandato e i relativi limiti. Quando rifugiati e migranti venivano scaricati in Libia, non erano più sotto la sua responsabilità, e a lui non importava di sapere che cosa gli sarebbe capitato. «Il mio lavoro è quello di portarli da mare a terra e di consegnarli a quei centri per immigrati illegali. Da lì in poi non è più compito mio», disse.

Benché i funzionari europei fossero evidentemente già consapevoli dell'entità degli abusi perpetrati contro i migranti, cominciai a essere contattata da alcuni consulenti assunti dalla UE per una serie di indagini, i quali stavano stilando rapporti interni o conducendo verifiche e volevano sapere che cosa capitava nei centri di detenzione. Mi chiedevano informazioni anche le organizzazioni che si occupavano di diritti umani, altri giornalisti, organizzazioni dell'ONU e svariati ricercatori. Quasi sempre mi venivano chiesti i numeri di telefono dei rifugiati. Io di solito riferivo quello che sapevo, ma non passavo mai i contatti diretti, perché temevo di mettere in pericolo le mie fonti e sapevo che avevano paura di parlare con altre persone. Con un certo stupore, mi resi conto che poche di queste organizzazioni sembravano avere i propri contatti nei centri. Perché nessuno stava già parlando con i rifugiati?

E poi c'erano i volontari libici, spesso diretti dai colleghi stranieri nella vicina Tunisia. Anche qualcuno di loro iniziò a contattarmi, spiegando che, pur vedendo che i rifugiati erano sottoposti a continue vessazioni, anche loro e le loro famiglie erano in pericolo, dunque non potevano impedire alle guardie di fare ciò che volevano. Descrivendo la quotidianità dei centri, spiegavano che erano costretti a ignorare quel che vi capitava per proteggersi. Chi non aveva parenti nel governo o nelle milizie più potenti era particolarmente a rischio. In Libia, il futuro di una persona poteva dipendere dalla *wasta*, termine che indica il «prestigio» di qualcuno, le sue conoscenze e la sua influenza. Alcuni volontari libici godevano in effetti di una certa *wasta*, perché, come dicevano loro, avevano contatti diretti con le milizie e meno coscienza di altri.

«Ci mettiamo in pericolo ogni volta che andiamo là», si sfogò una volontaria frustrata, temendo che il mio rapporto presentasse tutti i libici sotto una cattiva luce. «A differenza dei detenuti, io sono una cittadina di questo paese [...]. Non sai mai quando potrebbero prenderti di mira. Ho ricevuto messaggi su Facebook che mi dicevano di non farmi più vedere nei centri e di non andare. Mi hanno minacciata [dicendo che sapevano] dove vivo e quanti fratelli e sorelle ho».

I libici hanno patito enormi sofferenze. Dopo anni di tumulti e disordini, nei centri di detenzione i rifugiati non sono gli unici traumatizzati. Alcuni di loro si sono mostrati comprensivi nei confronti delle guardie libiche. «Vedi, Gheddafi ha creato una brutta situazione per il suo popolo», mi disse un eritreo ad Abū Salīm. «La maggior parte non è istruita, non ci sono bravi dottori libici [per esempio], vengono quasi tutti da altri paesi. Molti parlano male. [Gheddafi] gli ha fatto venire voglia di prendere droghe. Gheddafi era un cattivo presidente. Molte persone sono morte e le loro case sono crollate [...].

Sono davvero vittime, hanno un sacco di traumi, ma non vogliono pensarci».

Occorreva senz'altro chiedersi se l'Unione europea, decisa com'era a fermare le migrazioni, non stesse in realtà rafforzando le milizie e trasformando la Libia in un inferno per i suoi cittadini.

In occasione di una videoconferenza nel novembre 2020, Ghassan Salamé – ex inviato speciale dell'ONU in Libia – disse che non era neanche sicuro che la UE volesse permettere alla Libia di diventare uno stato funzionante in cui non avrebbe più potuto interferire. «Si sono rassegnati all'idea di uno spazio libico in cui tentare soltanto di limitare i danni, di contenere i rischi?» chiese, seduto davanti a uno scaffale di libri. Salamé si era ritirato dal ruolo di inviato dell'ONU otto mesi prima, spiegando che era un lavoro troppo stressante.[73] Aveva l'aria frustrata ed esausta. «Nel paese non c'è una sola istituzione legittima [...]. L'intera classe politica è così corrotta e così attaccata ai propri posti che non vuole elezioni [...]. Sono lì per far soldi».[74]

6.
Triq al-Sikka: bruciato vivo

> «Chi ha un perché abbastanza forte,
> può sopportare qualsiasi come».
> Friedrich W. Nietzsche

Da una cella di Triq al-Sikka, un centro di detenzione nel bel mezzo di Tripoli, un eritreo di quasi trent'anni di nome Samuel un giorno mi scrisse un messaggio su Facebook: «Ciaoooo io Samuel», diceva. «Come stai?» Risposi.

Ero contenta di sentirlo, perché si trovava in un luogo molto significativo. Triq al-Sikka non era soltanto un tipico centro di detenzione, ma anche l'effettivo quartier generale del DCIM, il Dipartimento libico per il contrasto alla migrazione clandestina che all'apparenza gestiva tutti i centri, per lo meno nella parte della Libia sotto il controllo del governo appoggiato dalle Nazioni Unite. Ciò significava che, per chiunque fosse rinchiuso lì, la posta in gioco era molto più alta. Quello era il centro del potere, e una sola mossa sbagliata poteva costare cara. I capi delle milizie, come anche gli operatori e i diplomatici ONU, entravano e uscivano in continuazione.

Nonostante la loro posizione strategica, i rifugiati stavano morendo. Negli otto mesi precedenti allo scoppio del conflitto del 2018 erano morti tra i sette e i venti detenuti, una cifra che variava a seconda di chi parlava (non ci sono documenti che lo confermino, solo testimonianze dei rifugiati). «Quando muore qualcuno, [le guardie] prendono il corpo e basta», disse uno di loro, aggiungendo che, se gli amici non tenevano una piccola commemorazione o non informavano le famiglie della vittima, «nessuno farà nulla».

Centinaia di uomini e ragazzi di quindici-sedici anni erano tenuti rinchiusi in una sala buia, circondati da una rete metallica. Il più anziano aveva una quarantina d'anni. «Una folla stipata in una gabbia», la descrisse qualcuno. I materassi erano infestati dagli insetti. I gabinetti intasati. Di notte, con le pance troppo vuote per poter dormire, i prigionieri giacevano immobili, chiedendosi come si fossero potuti ritrovare in quella situazione. Alcuni erano malati o disabili, ma tanto non c'era quasi spazio per muoversi. In estate sudavano tutti copiosamente. E ogni giorno mangiavano maccheroni sconditi.

Trascorrevano ore e settimane intere a discutere della possibilità di essere selezionati ed evacuati in un paese sicuro. Come nell'universo distopico di *Hunger Games*, soppesavano e confrontavano fra loro le sofferenze e gli orrori a cui erano sopravvissuti, rendendosi conto che molto dipendeva dal caso. Era la lotteria più importante della loro vita. Sapevano che dal 2017, quando era cominciato il programma di evacuazione, circa 2000 persone all'anno venivano trasferite nel vicino Niger dall'UNHCR, e da lì smistate in un paese europeo o nordamericano. Qualche fortunato finiva dritto in Italia.

Alcuni prigionieri, per farsi forza, ripetevano fra sé proverbi del loro paese. Uno di questi diceva: «Se la notte è lunga, la mattina spunterà il sole». Ma quanti mesi poteva vivere un essere umano senza il sole?

Nel 2018 quasi 4500 migranti e rifugiati furono trasferiti a Triq al-Sikka.[1] Erano eritrei e somali, a cui talvolta si univano etiopi, sudanesi, yemeniti, siriani e sudanesi del Sud, catturati in mare o ai posti di blocco delle città. Arrivava anche gente dall'Africa occidentale, che però di solito rimaneva qualche settimana e poi veniva rispedita nel paese di provenienza.

C'erano poi i «capi» eritrei e somali che lavoravano direttamente con le guardie e le informavano su quel che capitava nelle celle, distribuivano cibo ai prigionieri e potevano addirittura uscire dal centro per andare a fare commissioni. Anche loro speravano nell'evacuazione, quindi non avevano grandi incentivi a scappare.

È come l'inferno. È un abominio.

Giorno e notte per noi è lo stesso.

Samuel mi raccontò che Triq al-Sikka era il centro scelto per i tour dei diplomatici europei, per esempio gli ambasciatori italiani e tedeschi in Libia.[2] I rifugiati venivano a sapere che stava arrivando qualche visitatore quando l'elettricità all'improvviso tornava. I più malati, o quelli più malconci per le botte o le torture, venivano nascosti al fondo della sala, rinchiusi in una stanza buia a cui si accedeva tramite i bagni delle guardie oppure costretti a nascondersi sotto i pullman fuori servizio nel parcheggio. I visitatori, compresi gli operatori dell'ONU, telefonavano in anticipo prima di arrivare, e le guardie intimavano ai detenuti di non parlare. Uno dei visitatori di maggiore rilievo che Samuel vide fu l'Alto Commissario dell'UNHCR Filippo Grandi, che si recò a Triq al-Sikka più volte.[3] La sua visita del giugno 2018 venne organizzata in modo da farla coincidere con l'evacuazione di 121 rifugiati, di cui 38 bambini e 74 donne. «Ci siamo trovati faccia a faccia [...] con il dolore, a volte la disperazione, di chi non se ne poteva andare. E le condizioni del centro, soprattutto nella sezione degli uomini, sono davvero spaventose», commentò Grandi.[4]

A quel punto Samuel sapeva bene quanto fosse pericoloso parlare, ma vedeva la visita di Grandi come un'opportunità che non poteva sprecare. Si fece strada fra i compagni per arrivare di fronte al diplomatico italiano, e le parole gli si riversarono fuori dalla bocca: un elenco delle ignominie che si erano accumulate, un filo unico di frasi che aveva perfezionato ed esteso da quando era cominciata la sua ordalia. Aveva il viso arrossato e il cuore gli martellava nel petto. Forse le sue parole suonavano banali, forse i pensieri su cui aveva tanto rimuginato apparivano ovvi. Avrebbe poi ricordato la risposta di Grandi: «Conosco tutti i problemi».

Vorrei che venissero chiusi dentro con noi. Allora vedrebbero [...]. La gente preferisce morire in mare piuttosto che nei centri di detenzione. In questo momento i diritti umani dormono. La vita vale molto poco.

Samuel venne punito. Nel frattempo, nulla cambiò, e lui si rese conto che gli abusi non erano un segreto. Un giornalista straniero che aveva visitato Triq al-Sikka in quel periodo mi disse che i rifugiati erano stati picchiati davanti a lui. «Alle guardie non importa nulla di queste persone. Mi è stato chiaro in ogni posto che ho visitato. Sembrava davvero che le considerassero animali».

Una dipendente dell'ONU mi ha raccontato che in passato piangeva ogni volta che partecipava alle visite diplomatiche ai centri di detenzione. I rifugiati venivano messi in fila come «bestie in uno zoo». In occasione di una visita in cui la sua delegazione era arrivata in ritardo, lei chiese a un rifugiato per quanto tempo erano rimasti seduti sotto il sole cocente. Lui rispose che erano lì da ore, poi una guardia scattò, dicendogli di stare zitto.

Fra i detenuti di Triq al-Sikka c'erano circa trenta coppie sposate. All'arrivo erano state subito separate, e donne e bambini erano un po' più liberi di stare fuori, all'aperto. Una volta alla settimana le coppie potevano vedersi per una decina di minuti. L'incontro aveva luogo in cortile sotto lo sguardo attento delle guardie armate, di solito di venerdì, il giorno sacro dell'Islam. Con cautela, le donne instaurarono relazioni cordiali con i libici. Nell'area loro assegnata ottennero anche il permesso di acquistare alcuni beni, compresi i cellulari con cui potevano contattare le famiglie. In breve tempo, per quanto sotto sorveglianza, le donne cominciarono ad approfittare degli incontri settimanali con i mariti per passar loro di nascosto i cellulari. I modelli più apprezzati erano i «Nokia baby» o i «telefoni J1», per via delle piccole dimensioni. Le donne li aprivano e nascondevano i pezzi nelle bottiglie delle bibite, in quelle dello shampoo o nelle scatole di riso. In un cartone di succo di frutta vuoto potevano stare tre telefoni, imballati nella carta per non farli sbatacchiare. Il fondo poi veniva incollato di nuovo e il cartone sistemato in una scatola sotto un altro cartone di succo. Spavalde, le donne li davano in regalo ai loro uomini sotto gli occhi delle guardie. A volte, quando queste non guardavano, spuntavano un telefono e un caricabatteria che erano stati infilati dentro una calza e nascosti sotto un braccio. Più avanti i detenuti avrebbero usato quei telefoni per parlare con me.

Il contatto fisico era vietato, anche alle coppie sposate. «In quei momenti le guardie stanno a circa un metro di distanza», mi avrebbe poi raccontato un uomo. «Abbiamo paura di toccarci, perché loro non amano come noi. Alla polizia non piace». Gli innamorati quindi comunicavano con gli occhi e si limitavano a scambiarsi frasi di circostanza, evitando di fare o dire cose che potessero avere qualche significato.

Tornati nella cella, non appena calava il buio gli uomini si davano un gran daffare per caricare i nuovi telefoni. Mentre le guardie dormivano, i detenuti collegavano due sottili cavi elettrici – di fase e neutro – all'alimentatore che teneva accesa la lampadina del bagno. Una volta rimossa la plastica all'altro capo dei fili, questi venivano avvolti intorno alla parte metallica dei cavetti dei caricatori, coperti di vestiti e infilati sotto un materasso di spugna sul quale sedeva un «guardiano», cioè uno dei detenuti che si offriva volontario. Alcuni dei cavi erano stati trovati lì nel centro, come un lungo cavo nero che in passato era stato collegato a un televisore abbandonato; altri venivano portati dentro di nascosto. Usare l'elettricità in questo modo era pericoloso. Se i due cavi si toccavano potevano emettere scintille, e se qualcuno toccava il cavo sotto tensione poteva prendersi una forte scossa.

In una brutta situazione gli esseri umani scoprono molti modi per risolvere i loro problemi.

L'operazione era rischiosa per tutti: se una guardia sorprendeva qualcuno con un telefono, lo picchiava finché non denunciava anche gli altri. A volte il telefono veniva perfino restituito, a condizione che il colpevole diventasse un informatore. La punizione si faceva più severa se erano state scattate fotografie o se il telefono aveva una telecamera: le guardie non volevano che le miserabili condizioni in cui facevano vivere la gente nel centro fossero rese pubbliche.

Le ispezioni avvenivano soprattutto di notte, perché così le guardie potevano tenersi gli oggetti confiscati senza doverli consegnare ai superiori. Capitava spesso che un detenuto entrasse su Facebook o su WhatsApp dal profilo di un amico per avvisarmi di non scrivergli più, per evitare che le guardie che gli avevano appena portato via il telefono vedessero comparire un mio messaggio sullo schermo.

I rifugiati usavano i telefoni nascosti per comunicare con le famiglie, ma anche con ex compagni di viaggio rinchiusi in altri centri di detenzione. Avevano l'impressione di dirsi addio un'infinità di volte; le loro parole erano cariche di sensi di colpa, di rabbia e di dolore che non riuscivano a esprimere. «Nessuno pensa che uscirà da quei centri, mi spiace dovertelo dire, cara», mi rivelò uno di loro.

Quando non aveva nulla da fare, Samuel si metteva a pensare a sua nonna. Era vissuta fino a novantasei anni. Avere una persona anziana in casa è come avere a disposizione una grossa libreria o un tomo di storia, meditava fra sé. Il fatto che moltissimi eritrei morissero giovani in Nord Africa o in mare voleva dire che quella profonda conoscenza sarebbe andata perduta. Osservando lo squallore che lo circondava, gli veniva facile credere che i paesi europei non volessero che gli africani si sviluppassero e diventassero intelligenti o istruiti. Doveva essere per quel motivo che lui e gli altri erano stati rinchiusi per aver tentato di avere una buona vita. «Stanno uccidendo il nostro tempo, i nostri cervelli», rifletteva Samuel.

Le guardie libiche lo infastidivano di continuo, mettendosi a «insultare Gesù Cristo» quando adocchiavano le croci di legno rozzamente intagliate al collo di alcuni eritrei. Di tanto in tanto chiedevano: «Sei musulmano o cristiano?»

Se dici musulmano il libico sarà contento.

Samuel era circondato da detenuti indeboliti da problemi ai reni o dall'epatite C. Le febbri divampavano. Qualunque malattia si diffondeva rapidamente in quella sala umida e appiccicosa, dove tutti respiravano la stessa aria per mesi, ma nell'ottobre 2018 la situazione degenerò. I detenuti conoscevano le parole arabe per descrivere quel che stava succedendo: *kuhla* (tosse) e *marad alsul* (tubercolosi). Ma le parole non erano necessarie. Nei file audio che mi mandavano, i colpi di tosse erano un sottofondo costante.

Le malattie infettive erano un problema ovunque. Quello stesso mese, Medici Senza Frontiere riferì che i casi di tubercolosi di cui si stava occupando in altri centri di detenzione a Tripoli erano quadruplicati, ma almeno i malati venivano curati. Triq al-Sikka era il centro del potere, il luogo in cui i politici libici non potevano prendere le distanze dalle loro responsabilità, ma nessuno tentò di prevenire l'epidemia di tubercolosi. In breve tempo i rifugiati cominciarono a temere di averla contratta tutti. Un detenuto vide l'uomo accanto a sé espellere sangue. Quando sembrava che un malato fosse sul punto di morire, i suoi amici si aggrappavano alle maglie della gabbia e gridavano che c'era un'emergenza. A volte dovevano diventare aggressivi per far sì che qualcuno si accorgesse dei malati.

Samuel diede alle guardie trenta dinari perché gli comprassero una bottiglia rosa di sciroppo espettorante che lui condivise con altri quattro compagni, pur sapendo che sarebbe servito a poco.

Viviamo grazie a Dio.
È passato un mese, tossisco ogni notte. Mal di testa. Ho le vertigini quando mi siedo e mi alzo [...]. Qui tutti tossiscono ogni notte, Sally. Pensiamo tutti e io per primo di avere già la TB *[...]. Sono tutti deboli, gli manca il respiro, mal di testa, mal di pancia, stress e così via.*

Proprio quando i prigionieri ne avrebbero avuto più bisogno, l'International Rescue Committee (IRC) – l'organizzazione che fornisce assistenza medica in collaborazione con le Nazioni Unite – decise di smettere di curare i detenuti infetti dopo che due loro operatori erano risultati positivi all'esposizione alla tubercolosi.

Hanno fermato tutto. Hanno anche smesso di dare medicine per la tubercolosi ai malati, e viviamo tutti insieme. Neanche la polizia ci viene vicino. La gente qui è abbastanza demoralizzata.

L'IRC venne fondato durante la seconda guerra mondiale, in parte dietro suggerimento di Albert Einstein.[5] Nel 2018 era guidato da David Miliband, ex segretario di Stato per gli Affari Esteri del partito laburista britannico: il suo ruolo al vertice dell'organizzazione gli garantiva un salario di quasi un milione di dollari all'anno.[6] L'IRC aveva iniziato a lavorare a Triq al-Sikka soltanto di recente. Al telefono da Tunisi, Thomas Garofalo, il direttore nazionale dell'IRC per la Libia, mi disse che il suo staff era «oberato di lavoro». «Le condizioni nel centro non sono adeguate, è questo il problema», sosteneva. A livello logistico, il loro accesso ai detenuti era limitato. Le guardie insistevano a voler decidere chi poteva ricevere le cure, e i visitatori non avevano mai un quadro completo della situazione. «Ammettiamolo, si tratta di individui molto vulnerabili, sono stati recuperati in mare», diceva Garofalo. «Metterli tutti insieme in uno spazio chiuso come quello rappresenta un grosso pericolo per la salute pubblica e per loro stessi [...]. In sostanza bisogna tirarli fuori di lì».

Qui il medico e la polizia si comportano nello stesso modo.
Ridono, sono felici. Non hanno testa. Il libico è il libico.

Se il trattamento della tubercolosi viene avviato e poi interrotto, alcuni ceppi del batterio possono sviluppare una resistenza agli antibiotici. «Il costo di una dose di farmaco antitubercolare è pari a quello di una birra in un pub», mi ha detto Aaron Oxley – direttore esecutivo di Results UK, un'organizzazione britannica che si occupa di lotta alla povertà – quando gli ho delineato la situazione. Senza cure adeguate «ovviamente la malattia non rimarrà confinata nel centro di detenzione», sosteneva Oxley. «Chiunque respiri l'aria lì intorno la trasporterà in giro».

Questo posto è come una caverna, non ha aria.

La tubercolosi è la malattia degli emarginati, quindi non richiama grande attenzione a livello internazionale, ma nel 2018, lo stesso anno in cui divampò il focolaio a Triq al-Sikka, mieté 1,5 milioni di vittime in tutto il mondo.[7] È un batterio che colpisce i poveri e i prigionieri, e può condizionare per sempre la vita di una persona, perché si ripresenta quando il sistema immunitario è debole.[8]

Un funzionario dell'ONU mi disse che i loro tentativi di sollecitare una risposta all'epidemia di Triq al-Sikka da parte del governo di Tripoli non portarono a nulla. Ricordava di aver chiesto che cosa si potesse fare per i migranti e i rifugiati infetti che non stavano ricevendo cure: «Mi hanno detto: "Rimandateli nei loro paesi"». Io gli domandai per quale motivo i libici non sembravano preoccupati, considerato il fatto che la malattia non fa distinzioni di nazionalità. «L'ho chiesto anche io», mi rispose lui, frustrato. «Ma sono ignoranti. Spero che un giorno capiranno».

Mentre stavo scrivendo un articolo sulla situazione a Triq al-Sikka per un quotidiano britannico, chiesi a un portavoce dell'Ufficio degli esteri del Regno Unito se loro si sentivano responsabili o se potevano fare qualcosa in proposito, dal momento che stavano in parte finanziando le operazioni dell'ONU in Libia e i ritorni forzati condotti dalla Guardia costiera libica, addestrata anche da uomini della Royal Navy.[9] La sua risposta fu rapida. Il governo del Regno Unito era «profondamente preoccupato per le condizioni di questi centri in Libia», che però erano sotto la responsabilità delle autorità locali. «Continuiamo a fare pressioni sulle autorità, chiedendo loro di considerare alternative alla detenzione, di migliorare le condizioni di vita dei migranti nel paese e di rispettare i diritti umani».

Abdulaziz, un magro ventottenne della Somalia, faceva parte di un gruppetto di prigionieri che avevano ricevuto il permesso di lasciare la cella degli uomini. Svolgere qualche compito per le guardie gli offriva l'opportunità di sgranchirsi un po' le gambe. Nel suo ultimo giorno di vita uscì a pulire il cortile, come al solito.

Doveva aver notato già diverse volte i contenitori di carburante, che serviva ad alimentare il generatore. Alcuni rifugiati dicono che gli era perfino stato chiesto di occuparsene di persona. In un momento in cui nessuno stava guardando, Abdulaziz si versò addosso la benzina e si diede fuoco.

*Aiuto per favore, oggi una persona uccisa da sola con la benzina perché senza speranze dall'*UNHCR.
«A Triq al-Sikka?? Nel senso che si è data fuoco??»
Sì. Bruciava.
«Chi era? Età e nazionalità?»
Nome Abdulaziz 28. Somalia. Aspettava da nove mesi.

Nel 2016 Abdulaziz era scappato dalla Somalia per sfuggire ad al-Shabaab, un gruppo di ribelli islamici militanti legato ad al-Qa'ida che controlla ampie zone del paese e compie attentati terroristici. Nelle zone controllate dal gruppo, la musica e i film sono vietati, e le punizioni previste includono la lapidazione e le amputazioni.[10] Abdulaziz era sopravvissuto a un rapimento. Aveva viaggiato insieme alla moglie, il cui padre era stato ucciso da al-Shabaab. Dopo aver tentato, senza successo, di attraversare il mare partendo dalla Libia, erano finiti entrambi a Triq al-Sikka.[11] Rimasero rinchiusi, separati, per buona parte di quell'anno.

*L'*UNHCR *gli ha detto torna nel tuo paese, il tuo caso è andato male. Dopo quello si è ucciso. Era senza speranze. Ha passato molto tempo qui. Si è messo della benzina sul corpo e poi si è dato fuoco. Prima l'ha fatto di nascosto, ma poi urlava, la gente gli correva incontro.*

Cominciai a ricevere messaggi di panico che descrivevano ciò che era capitato, e ne chiesi conferma all'ONU. La replica di Joel Millman, portavoce dell'IOM, fu che il somalo aveva compiuto un'«azione di protesta».[12] Ma non era quella l'impressione dei suoi compagni del centro. Chi lo conosceva descrisse Abdulaziz come un uomo sconfitto, frustrato e provato, a cui non restava più nulla.

La sua morte ne richiamava un'altra: quella di Mohamed Bouazizi, un venditore ambulante di Tunisi che si era dato fuoco quasi otto anni prima. Bouazizi sognava di studiare all'università. Quando un poliziotto tunisino aveva confiscato le sue verdure, accusandolo di non avere la licenza apposita per venderle, si sentì coprire di imbarazzo e di vergogna. Avrebbe potuto pagare una mazzetta ma si diede fuoco, innescando in tutto il mondo arabo una serie di proteste e di rivolte poi collettivamente definite «Primavera Araba». Quel gesto avrebbe cambiato per sempre il volto del Medio Oriente, perché ispirò il popolo a sollevarsi e a rovesciare le dittature, compresa quella di Gheddafi in Libia.

Non sappiamo se Abdulaziz avesse pensato alla rivoluzione quando si era versato addosso la benzina e aveva acceso quel fiammifero fatale, ma la sua morte non ebbe lo stesso effetto. Nei giorni seguenti non lessi nessun articolo sull'accaduto, a parte i miei. Ne avrebbe mai parlato qualcuno, se quei detenuti coraggiosi non avessero dato l'allarme? Avrei mai creduto alle loro parole, se non mi avessero scritto il giorno stesso?

Tutti i rifugiati hanno una brutta sensazione. Oggi non mangiamo niente perché sono morte tante persone.

Si glissò anche sulle ragioni di quella morte, mentre il resoconto degli eventi cambiava via via che le varie agenzie ONU si affrettavano a difendersi. Gli amici di Abdulaziz sostenevano che lui aveva chiesto agli operatori dell'UNHCR in visita se aveva qualche possibilità di essere evacuato dal paese, ma che gli era stato detto di no. All'epoca i dipendenti dell'ONU erano fortemente impegnati nella cosiddetta «gestione delle aspettative», un aspetto molto importante del loro lavoro, secondo il personale di tutte le organizzazioni di assistenza che avevo contattato. Nel caso dell'UNHCR, si trattava di andare a comunicare ai detenuti dei vari centri quanto fossero esigue le loro possibilità di essere evacuati. Più avanti, l'agenzia negò che i suoi operatori avessero mai parlato con Abdulaziz a Triq al-Sikka, dicendo che avevano parlato soltanto con gli eritrei.[13] Indicarono anche una data sbagliata per la sua morte. «Non possiamo commentare un decesso, se non siamo sul posto per verificare o per capire che cosa è successo», riferì un portavoce.[14] In realtà, secondo loro, Abdulaziz e la moglie sarebbero stati evacuati in Niger proprio il mese seguente, ma non erano ancora stati informati.

In Libia sono morte così tante persone. Non è nulla.

Anche i funzionari libici sarebbero intervenuti, ma per incolpare l'ONU. L'anno seguente, nel corso di un'intervista con i giornalisti,

Naser Hazam – responsabile di Triq al-Sikka – dichiarò che Abdulaziz non aveva retto alla notizia sulla mancata evacuazione, ma anche lui sbagliò i dettagli. «Alcuni etiopi e somali sono nel centro da due anni», disse. «[Poi] l'UNHCR [li] informa che sono stati rifiutati e che non hanno l'autorizzazione a essere reinsediati». Aggiunse che Abdulaziz aveva aspettato due anni e che si era ucciso per la «depressione», dopo che la sua richiesta era stata respinta.[15]

Nei giorni successivi alla morte del giovane, i rifugiati fecero una piccola colletta per comprare caffè, biscotti e candele e organizzarono una commemorazione. Ma presto si misero a pensare a chi sarebbe stato il prossimo. Quando poi arrivò novembre era ormai un mese che i medici non li visitavano e non distribuivano i farmaci contro la tubercolosi. Un altro detenuto tentò di impiccarsi nel bagno, ma venne fermato.

Se sto altro tempo qui vuol dire che sto aspettando di morire,
perché la situazione è molto brutta.

Alcuni detenuti, mentre cercavano di passare il tempo rimanendo immobili, battibeccando o dormendo, continuavano ad avere in mente l'immagine di Abdulaziz avvolto dalle fiamme. Che avessero assistito alla scena di persona o meno, rimaneva bene impressa dentro di loro; un pensiero costante come il suono del pianto di sua moglie, che aveva versato lacrime per i tre mesi successivi fino a che non era stata finalmente evacuata. Altri giornalisti sarebbero poi riusciti a rintracciarla in Niger, dove viveva in una tenda, ancora in attesa di essere portata in Europa o in Nord America.[16]

Abdulaziz si diede fuoco mercoledì 24 ottobre 2018. Probabilmente non sapeva che quella era la «Giornata delle Nazioni Unite», istituita in ricordo della data in cui, settantatré anni prima, era entrato in vigore lo Statuto delle Nazioni Unite.[17] Per l'occasione, gli stati membri sono invitati a dichiarare festa nazionale e a celebrare le conquiste dell'organizzazione.[18] Mentre Abdulaziz moriva, nel resto del mondo il personale dell'ONU stava festeggiando con riunioni e discorsi pubblici.

7.
Nazioni Disunite

«Ci definiscono romantici, deboli, stupidi, idealisti sentimentali, forse perché abbiamo un po' di fiducia nel bene che esiste perfino nei nostri detrattori e perché crediamo che la gentilezza sia più efficace della crudeltà. Forse siamo sciocchi, ma non penso che siamo pericolosi. Invece quelli che rimangono immobili dietro ai loro programmi politici, senza offrire altro all'umanità sofferente, ai milioni di persone affamate e morenti, quelli sono la piaga dell'Europa. Tutti devono partecipare. Dobbiamo alzare la croce infuocata e lanciare segnali luminosi che risplendano da ogni cima. Dobbiamo innalzare il nostro stendardo in ogni paese e stringere legami di fratellanza in tutto il mondo. Anche i governi devono stare spalla a spalla, non lungo un fronte di battaglia, ma impegnandosi sinceramente a dare inizio a una nuova epoca».[1]

Discorso di ringraziamento di Fridtjof Nansen, primo Alto Commissario per i rifugiati nominato dalla Lega delle Nazioni, in occasione della consegna del premio Nobel nel 1922.

«A volte non riuscivamo a comprendere la scarsa etica e la mancanza di professionalità e di integrità riscontrabili in persone che dovrebbero portare avanti gli obiettivi umanitari».

Ex operatore dell'UNHCR in Libia

Come molte altre persone nel mondo, ho sempre avuto la vaga consapevolezza che le Nazioni Unite fossero una forza del bene. Alle superiori partecipai a una simulazione delle assemblee dell'ONU: dovevamo proporre e votare risoluzioni inventate di fronte a varie squadre di studenti che provenivano da altre zone della città. Qualche anno dopo mi ritrovai a organizzare qualcosa del genere a Dublino, nell'ambito di un programma per bambini particolarmente dotati (la cosa che ricordo meglio è che il bambino che doveva rappresentare la Corea del Nord lanciava palline di carta agli altri studenti dicendo che li stava «bombardando con il nucleare»).

Ammiravo in particolar modo l'Agenzia ONU per i rifugiati. Sapevo che operava nei paesi più turbolenti e che assisteva milioni di persone in difficoltà. Nel 2014 intervistai l'allora portavoce dell'UNHCR, Melissa Fleming, ed ero emozionatissima all'idea di poter parlare con una tale fonte di ispirazione (quando smisi di lavorare come giornalista dipendente, due anni dopo, mi disse di mandarle il curriculum nel caso si fosse aperta qualche posizione).[2]

Quando cominciai a fare più reportage in Africa, diventò più difficile ignorare le estreme differenze che separavano funzionari e operatori dell'ONU – i quali in genere ricevevano ottimi salari e se ne stavano al sicuro in gigantesche jeep bianche o in edifici sorvegliati – dalla gente che in teoria dovevano aiutare. Questo riguardava anche il valore attribuito alla vita umana, una questione che mi turbava molto quando partecipavo agli incontri sulla sicurezza. Ne ricordo soprattutto uno con l'UNICEF, nel corso del quale gli operatori furono avvisati di non fermare l'auto nel caso avessero investito un bambino perché c'era il rischio che la gente del posto, infuriata, li assalisse.

In un'altra occasione mi ritrovai insieme a un gruppo di giornalisti europei che erano stati invitati ad assistere alle operazioni dell'ONU nell'ambito della lotta alla mutilazione genitale femminile in uno dei paesi più poveri al mondo. Prima di arrivare mi venne chiesto se preferivo soggiornare in un hotel con una pista da golf o con una piscina, e mi venne offerta una diaria di 216 $ che avrebbe dovuto coprire tutte le spese, ma che equivaleva a più di tre mesi del salario medio di un cittadino locale.[3]

Anche nelle occasioni di socialità mi veniva spesso ricordato quanto guadagnava il personale internazionale dell'ONU, i cosiddetti «expat». Una dipendente dell'UNHCR, amica di amici, mi disse che con i soldi accumulati avrebbe potuto iniziare a costruire un villaggio vacanze. Chi lavorava nelle altre organizzazioni scherzava sempre sui salari esagerati dei colleghi all'ONU, chiedendosi ad alta voce quando avrebbe finito per cedere e unirsi a loro.

Al di là di questi momenti, fu durante il mio viaggio in Sudan nel 2017 che cominciai davvero a chiedermi quali storie ci arrivino sui rifugiati e quanto la verità possa diventare nebulosa se a filtrarla è la più grande organizzazione umanitaria al mondo, costantemente in cerca di donazioni dagli stati. In quanto giornalista, il mio compito è quello di dare spazio alle voci che possono rimanere inascoltate e di tentare di mettere in luce le responsabilità di individui, organizzazioni e governi potenti. Uno dei più ampi squilibri di potere che riesco a immaginare è proprio quello che esiste tra i funzionari dell'UNHCR, che possono concedere lo status di rifugiati, rilasciare la relativa documentazione e perfino far trasferire qualcuno in un altro stato, e i rifugiati stessi, che sono scappati dai loro paesi e spesso si ritrovano privati di qualunque diritto legale, senza proprietà o beni personali, senza famiglia e comunità di appartenenza. È uno squilibrio di cui è molto facile approfittare.

A Khartum organizzai alcune interviste con rifugiati eritrei ed etiopi. Invece di raccontarmi com'erano fuggiti dall'oppressione e sopravvissuti alle rotte dei traffici umani, volevano tutti parlare dell'UNHCR e di quanto fosse corrotta secondo loro. Mi dissero che il personale prendeva mazzette di decine di migliaia di dollari dai rifugiati che volevano essere reinsediati in paesi più sicuri. Qualcuno che sia cresciuto in condizioni di pace e relativa libertà potrebbe non conoscere la parola «reinsediamento», ma per i rifugiati significa vincere la lotteria per una vita migliore. In teoria la priorità viene data agli individui vulnerabili che richiedono asilo nei paesi in via di sviluppo, dove non hanno alcuna possibilità di costruirsi una vita sicura. Ma tutto il processo dipende dalla disponibilità dei paesi ricchi, e l'offerta di accoglienza è sempre stata terribilmente inadeguata. Nel 2017 sono stati reinsediati soltanto 102 000 rifugiati in tutto il mondo, di cui circa 65 000 tramite l'UNHCR: un numero ridotto, se si considera che quell'anno quasi 17 milioni di rifugiati sotto il mandato dell'organizzazione vivevano in paesi in via di sviluppo che non erano i loro.[4] Circa 2000 reinsediati venivano dal Sudan, che all'epoca ospitava oltre 200 000 rifugiati.[5]

Quando qualcosa scarseggia, un individuo corrotto in posizione di controllo può sfruttare la situazione a proprio vantaggio. I rifugiati di Khartum mi dissero che la tariffa corrente per accelerare il processo di reinsediamento dei richiedenti asilo non registrati era di circa 15 000 dollari. Per reinsediare un'intera famiglia venivano richiesti fino a 40 000 dollari: cifre che di solito venivano raccolte dai parenti in Europa o altrove. Le mazzette erano destinate a una rete che comprendeva anche intermediari e addetti alla sicurezza dell'UNHCR. Quei traffici andavano avanti da anni, mi dissero i rifugiati, ma nessuno faceva nulla né era disposto ad ascoltare. Quando avevano tentato di protestare agli uffici dell'UNHCR, erano stati picchiati dalla polizia. Una donna mi mostrò le radiografie del suo osso rotto, con la gamba ancora ingessata; un uomo mi disse che era rimasto sordo da un orecchio dopo essere stato colpito alla testa (in un primo momento i funzionari dell'UNHCR negarono che la polizia fosse stata presente, finché non mostrai loro i video in cui gli agenti erano chiaramente visibili; a quel punto negarono che fosse stata usata la forza).[6]

Che cosa succede quando la persona che dovrebbe proteggerti ti sfrutta? Cadi dalla padella e ti ritrovi nella brace. In Sudan il denaro era un fattore determinante: poiché la richiesta di reinsediamento legale tramite l'ONU costava troppo a causa delle mazzette necessarie, molti sentivano di non avere altra scelta che dirigersi verso la Libia e tentare la fortuna sulla rotta illegale per l'Europa. Mi imbarcai in un'indagine.

L'UNHCR venne istituita nel 1950, all'indomani della seconda guerra mondiale; all'inizio, l'obiettivo era quello di aiutare gli europei sfollati durante il conflitto. Nel corso degli anni, l'agenzia crebbe fino a diventare un'organizzazione di livello mondiale, ricevendo da parte dei governi internazionali il maggior numero di finanziamenti agli aiuti umanitari dopo il Programma alimentare mondiale, sempre dell'ONU.[7] Nel 2017 poteva contare su un budget di circa 8 miliardi di dollari e impiegava grossomodo 18 000 persone in oltre 125 paesi;[8] nel 2021, il budget era lievitato a 9,15 miliardi di dollari.[9] L'UNHCR ha un mandato legale per proteggere i rifugiati, con l'obiettivo di trovare soluzioni a lungo termine alla loro situazione quali il reinsediamento in un nuovo paese, la possibilità di integrarsi nella società in cui sono migrati o il rimpatrio volontario nel luogo di provenienza, se le condizioni tornano sicure.[10] Nei rapporti con i governi e gli altri organi internazionali, sono spesso i funzionari dell'UNHCR a parlare a nome dei rifugiati, quasi mai i diretti interessati.

In Libia molti migranti la chiamavano semplicemente «l'organizzazione». Conoscevano bene la Convenzione sui rifugiati del 1951 e sapevano che avrebbero dovuto avere diritto alla protezione internazionale. Per chi aveva lasciato la propria casa e si era ritrovato apolide, l'UNHCR – per quanto inaffidabile e al limite delle proprie capacità – rappresentava l'unica speranza.

Tuttavia l'ONU stringeva in continuazione patti faustiani con i vari stati, e gli individui vulnerabili ne pativano le conseguenze. Dopo la crisi dei rohingya del 2017, per esempio, quando centinaia di migliaia di musulmani rohingya si spostarono in Bangladesh per scampare alle operazioni di pulizia etnica in Myanmar, l'UNHCR condivise con il governo di quest'ultimo i dati personali e biometrici dei rifugiati. Human Rights Watch, l'organizzazione che denunciò l'accaduto, disse che non era stato richiesto il consenso informato degli interessati.[11] I rifugiati che avevano intervistato finirono per darsi alla macchia per paura di essere riportati nel paese con la forza. Più tardi l'UNHCR si attirò altre critiche quando sottoscrisse un memorandum d'intesa con il governo del Bangladesh, impegnandosi a fornire servizi su un'isola remota dove le autorità bengalesi intendevano trasferire 100 000 rohingya, malgrado le proteste dei rifugiati che la paragonavano a una prigione nella quale sarebbero stati portati contro la loro volontà.[12]

«Se veniamo strumentalizzati dagli stati?» chiese Vincent Cochetel – inviato speciale dell'UNHCR per il Mediterraneo centrale – parlando della Libia, in occasione di un evento organizzato all'inizio del 2020 da alcuni gruppi di attivisti in Germania. «Sì, nel senso che siamo un'organizzazione intergovernativa. È per questo che gli stati ci hanno creato. Ma lo hanno fatto anche perché ne monitorassimo gli obblighi».[13]

Mi ci vollero dieci mesi per completare l'indagine sulla rete di tangenti in cui era coinvolto il personale dell'UNHCR in Sudan. Durante quel periodo rimasi in contatto con i rifugiati di Khartum, di giorno in giorno più frustrati e convinti che a nessuno importasse nulla della loro situazione. Sempre in Sudan riuscii a intervistare un ex dipendente dell'UNHCR, il quale mi disse che era stato licenziato dopo essersi lamentato dei livelli di corruzione interna. Emersero poi altre prove e si fecero avanti nuovi informatori, persone di grande etica che amavano il loro lavoro e volevano davvero fare del bene, ma che erano turbate dalla cattiva condotta di alcuni elementi e dal fatto che l'organizzazione non avesse preso alcun provvedimento a riguardo. Mi spostai allora in Francia per incontrare Frank Montil,[14] un rude ex ufficiale dei servizi segreti australiani diventato investigatore senior presso l'ONU, che all'inizio del Duemila aveva scoperto un giro di mazzette da svariati milioni di dollari che coinvolgeva il personale dell'UNHCR in Kenya, secondo uno schema molto simile a quello del Sudan. Un pomeriggio, a Digione, dove viveva, ci mettemmo a rivedere i miei appunti. Sembrava quasi che i dipendenti dell'UNHCR in Sudan avessero letto il suo rapporto del 2001 sul Kenya e l'avessero usato come «libretto di istruzioni», commentò Montil.[15]

Il 15 maggio 2018 il mio rapporto venne finalmente pubblicato.[16] Due giorni dopo, con mia grande sorpresa, l'UNHCR dichiarò in un comunicato stampa che, in attesa dei risultati di alcune indagini interne su possibili frodi, il programma di reinsediamento dei rifugiati sarebbe stato sospeso completamente in Sudan.[17] Non era questo ciò che volevano i miei informatori, i quali pensarono che a rimetterci fossero ancora una volta i più bisognosi a cui veniva negata ogni possibilità di fuga. Con il passare del tempo, i testimoni cominciarono a ricevere minacce e a temere di perdere lo status di rifugiati e di essere arrestati o deportati. Anche chi era già stato scelto per essere reinsediato rimase in attesa in una sorta di limbo. Dopo un anno intero, l'UNHCR giudicò colpevole di corruzione e di abuso di potere un unico dipendente (licenziato nel febbraio 2020).[18] Il programma di reinsediamento venne riavviato, ma le disponibilità rimasero limitate e i rifugiati si lamentarono che non c'era stata nessuna vera riforma.

Quell'esperienza cambiò il mio modo di pensare. Benché non fosse certo l'unica organizzazione internazionale o agenzia dell'ONU accusata di corruzione, l'UNHCR aveva il compito di occuparsi di un gruppo di individui eccezionalmente vulnerabili; individui che avevano perso la propria casa, ma anche la protezione garantita dalla cittadinanza. Mi resi conto che a spingere quelle persone a intraprendere viaggi tanto pericolosi non erano soltanto le persecuzioni, la violenza e la guerra, ma anche la convinzione che i percorsi legali che conducevano alla salvezza fossero inaccessibili o gestiti in maniera ingiusta, e che l'organizzazione che in teoria avrebbe dovuto aiutarli non fosse dalla loro parte.

Il mio reportage dal Sudan avrebbe avuto altre conseguenze; non da ultimo, avrebbe fatto scoprire il mio nome ai rifugiati detenuti in Libia. Nel bene o nel male, il mio coinvolgimento non sarebbe finito lì.

Una delle critiche che sentivo esprimere più di frequente dai dipendenti o ex dipendenti dell'UNHCR era che l'agenzia stava diventando sempre più simile a un'azienda, estremamente concentrata sulle pubbliche relazioni. Circolava anche un *brand book*, una sorta di «manuale di gestione dell'immagine» nel quale si spiegava che qualunque «messaggio e contenuto» doveva «menzionare tre obiettivi in grado di conquistare il sostegno del pubblico». I tre obiettivi erano: «1) Ottenere risultati. 2) Fare una differenza nella vita della gente. 3) Ispirare fiducia». Il manuale suggeriva anche di «utilizzare il marchio UNHCR nel lavoro di tutti i giorni». Le fotografie dovevano «mostrarci in azione, raffigurare personale che indossa abiti o utilizza strumenti con il logo dell'UNHCR oppure interagisce con persone costrette alla fuga. Un esempio potrebbe essere una foto di operatori in divisa che scaricano articoli da un mezzo aereo e li caricano su un camion con una grossa scritta UNHCR sul fianco. Andrebbe bene anche un convoglio UNHCR che trasporta rifornimenti su un terreno accidentato. Il logo deve vedersi chiaramente».[19]

L'agenzia cominciò a nominare ambasciatori fra i personaggi famosi, come gli attori Angelina Jolie, Ben Stiller e Kristin Davis. I loro compiti consistevano nel visitare i campi profughi, promuovere l'organizzazione sui social media e usare l'hashtag #WithRefugees (#ConIRifugiati).[20] «Una parte sempre più rilevante del nostro lavoro dipende dalle attività e dal supporto mediatico degli ambasciatori di buona volontà dell'UNHCR, dei sostenitori più in vista e degli influencer digitali», recitava un annuncio di lavoro per una posizione di social media manager pubblicato nel 2021 dall'UNHCR. La nuova risorsa sarebbe stata inserita all'interno del settore comunicazioni, che «si occupa di guidare la narrazione sullo sfollamento forzato, di ispirare empatia e di mobilitare l'azione».[21]

L'UNHCR considerava i social media fondamentali per richiamare attenzioni. L'agenzia vi investì parecchio tempo e denaro e ottenne milioni di follower. Il suo account di Twitter era @Refugees,[22] e per molto tempo quello dell'Alto Commissario fu @RefugeesChief. Le comunicazioni, però, erano rivolte ai donatori più che ai rifugiati. «Ogni volta che fanno una pubblicità, il fotografo e il commissario vengono a fare una foto del [loro] logo e poi scrivono parole piene di sentimento», disse un rifugiato del Darfur dopo una visita di alcuni operatori dell'UNHCR al centro di detenzione in cui era rinchiuso, assai infastidito perché dopo quella visita non era cambiato nulla. «La quantità di tempo e denaro che spendono per assicurarsi visibilità e pubbliche relazioni supera le spese per il lavoro effettivo», si lamentò un'altra persona che lavorava con l'ONU in Libia.

Via via che internet diventava più accessibile, quelle dinamiche tradizionali cominciarono a essere messe in discussione. Il personale dell'ONU veniva contestato online, con esiti sgradevoli, dagli stessi rifugiati. Molti si lamentavano anche di essere stati bloccati su Twitter da vari funzionari, il che significava che non potevano più commentare i loro post o richiedere assistenza, ma neppure accedere alle informazioni pubblicate. Un sudanese, che era scappato dalla Libia al Niger ed era finito in un campo profughi nel deserto, mi spiegò che la delegata dell'UNHCR per il Niger, Alessandra Morelli, lo aveva bloccato su Twitter perché le aveva scritto due volte. Uno dei suoi tweet (che io ho letto) era accompagnato dall'immagine di un poster sul quale era scritto «Soffriamo in Sudan e in Libia e perfino in Niger» e accusava il personale dell'UNHCR di mentire e di essere corrotto.

L'altro, pubblicato meno di due settimane prima, era più che altro una supplica: l'uomo chiedeva a Morelli di «salvarli da [una] morte lenta».

Quando, verso la metà del 2020, le telefonai per chiederle delucidazioni, Morelli mi rispose parlando velocemente e in tono acuto, come un'insegnante frustrata: «Allora», disse, «in realtà li ho bloccati perché mandano sempre lo stesso Twitter. Mi sono arrivati sette o otto messaggi, du du du, du du du di continuo. Di continuo. Di continuo». Disse che avrebbe preferito avviare un dialogo «corretto e tra pari».

La bio Twitter di Morelli recitava: «Salvaguardare la dignità, senza lasciare nessuno indietro. Stiamo #ConIRifugiati, perché facciamo parte della stessa umanità».[23] Qualche tempo prima aveva ricevuto i complimenti dell'attrice Cate Blanchett – una degli ambasciatori famosi dell'UNCHR – che l'aveva definita «un'ispirazione assoluta».[24] Poco dopo l'inizio della nostra conversazione telefonica, Morelli paragonò le proteste dei rifugiati del Sudan, bloccati in un campo in gran parte distrutto e deserto, ai capricci di un gruppo di bambini.

«Siamo tutti psicologi, comprendiamo il trauma», aggiunse Morelli, con la voce frustrata che rallentava, come se io non fossi stata in grado di seguirla. «Sappiamo che si mettono a fare "na na na" come i bambini quando non sono contenti di qualcosa che i genitori dicono o fanno. Lo capisco, noi [l'UNCHR] siamo le persone mature, siamo qui per continuare a salvare vite, ma il messaggio che sto mandando loro è che non puoi entrare a forza in Europa, non puoi passare a forza per tramite nostro, non funziona così».[25]

8.
Tunisi: gli ultimi giorni dell'impero romano

«Tutti gli umani sono umani? O alcuni sono più umani degli altri?».

Roméo Dallaire, comandante militare della missione di pace dell'ONU durante il genocidio del Ruanda

«Un giorno spero che tutti guarderemo increduli alla complicità della UE negli abusi dei diritti umani in Libia e al silenzio dell'ONU in proposito».

Jeff Crisp, ex responsabile dello sviluppo e della valutazione delle politiche dell'UNHCR

Ai tempi in cui cominciai a raccontare la situazione dei rifugiati in Libia si avvertiva una grande inquietudine fra i soggetti coinvolti nella risposta umanitaria, soprattutto riguardo alla maniera in cui tale risposta si rapportava alle decine di migliaia di rifugiati e migranti reindirizzati nei centri di detenzione. Molto di tutto ciò aveva a che fare con il ruolo dell'ONU.

Benché esistano decine di agenzie ONU, le due che si occupano specificamente di migrazione sono l'UNHCR e l'Organizzazione Internazionale per le Migrazioni (IOM). Se il mandato dell'UNHCR consiste nel proteggere i rifugiati, il compito dell'IOM è meno definito, ma in Libia consiste soprattutto nella gestione dei migranti che potrebbero non avere i requisiti legali necessari per ottenere protezione internazionale.

Entrambe le agenzie erano regolarmente menzionate dai portavoce della UE ogni volta che venivano interrogati a proposito delle atrocità cui venivano sottoposti i rifugiati intercettati dalla Guardia costiera libica. «Insieme all'IOM e all'UNHCR, forniamo assistenza vitale agli individui vulnerabili rinchiusi nei centri di detenzione, continuando nel frattempo a esortare le autorità libiche a chiudere i centri e a sostituirli con centri di accoglienza che siano conformi agli standard umanitari internazionali», mi disse un portavoce della UE nel 2019. Nei documenti dell'Unione europea contenenti tutti i dettagli sui finanziamenti destinati alla Guardia costiera libica, entrambe le agenzie sono nominate come i «principali *stakeholder* [...]

internazionali» con i quali sarebbero stati «instaurati legami operativi permanenti e una stretta cooperazione».[1]

Anche l'ex ministro dell'Interno italiano Marco Minniti, che presiedette alla firma dell'accordo del 2017 tra l'Italia e la Libia, citò l'ONU per giustificare le proprie politiche anti-immigrazione.[2] «Abbiamo risolto il problema dei centri di detenzione in Libia? Certo che no. Abbiamo ancora molto da fare», dichiarò in un'intervista alla BBC. «Ma il fatto che l'ONU sia in Libia e possa visitare i centri rappresenta già un passo avanti».[3]

L'IOM divenne un'agenzia ONU soltanto nel 2016.[4] Quello stesso anno, un'indagine esterna condotta da un organo di controllo delle Nazioni Unite aveva giudicato il lavoro dell'UNHCR in Libia «insoddisfacente»; una delle manchevolezze rilevate era che, dopo sei mesi dall'inizio dell'anno, l'agenzia aveva registrato soltanto sei degli ottomila rifugiati previsti, e che nessuno di loro aveva ricevuto i documenti di identità.[5] Nonostante ciò, nel 2017, quando l'Unione europea cominciò a finanziare la Guardia costiera libica perché intercettasse le imbarcazioni dei migranti, le donazioni all'UNHCR aumentarono e le sue spese in Libia quasi quadruplicarono (passando da 12 milioni a 44 milioni di dollari). Nel corso dei quattro anni successivi, l'UNHCR in Libia spese poco meno di 190 milioni di dollari.[6] Nel 2018, un portavoce della Commissione europea dichiarò che per l'UNHCR e l'IOM erano stati stanziati 185 milioni di euro, 38 milioni dei quali erano destinati al sostegno diretto alle operazioni di reinsediamento ed evacuazione condotte dall'UNHCR.[7] Nel 2020, Oxfam riferì che l'UNHCR e l'IOM avevano ricevuto 29 milioni di euro come parte di un progetto che prevedeva l'avvio di lavori di riqualificazione e manutenzione delle infrastrutture all'interno dei centri di detenzione.[8]

Dopo i miei primi contatti con i rifugiati in Libia, mi accorsi che l'UNHCR e l'IOM ringraziavano regolarmente la UE sui loro profili social, senza dire una parola sul fatto che era proprio a causa delle politiche della UE se rifugiati e migranti finivano nei centri di detenzione. In un tweet dell'UNHCR del 30 luglio 2019 si leggeva: «Amicizia significa che nessuno viene lasciato indietro. L'UNHCR è grata per il sostegno stanziato dall'#AfricaTrustFund della UE per le evacuazioni umanitarie dei rifugiati dalla Libia [...] #GiornatadellAmicizia».[9] Quei messaggi selettivi rivolti alla UE sembravano cozzare pesantemente con l'hashtag più usato dall'organizzazione: #ConIRifugiati.

> *Prima di venire in Libia [...] ero preparato a tanti problemi e sapevo che potevo morire. La sorpresa è l'UNHCR. Non ci pensavo all'inizio perché eravamo felici quando ci hanno registrati, ma dopo aver visto tutto eravamo tristi. L'UNHCR è crudele. Non vedo niente di gentile nell'UNHCR.*

Diversi dipendenti dell'UNHCR e dell'IOM cominciarono a scrivermi, insieme ad alcune persone coinvolte in vari interventi umanitari, chiedendomi di parlare in via anonima. Descrissero un ambiente di lavoro in cui mantenere un'immagine positiva era considerato più importante dell'esperienza vissuta da rifugiati e migranti.

Nel corso di lunghe interviste, più di trenta funzionari impegnati in Libia accusarono l'UNHCR e l'IOM di essersi lasciate usare dall'Unione europea per edulcorare le notizie sugli effetti devastanti delle sue politiche migratorie, volte a tenere rifugiati e migranti lontani dall'Europa: una vera e propria azione di copertura di un sistema brutale fatto di violenze e torture. Tutti quei funzionari desideravano rimanere anonimi perché temevano ripercussioni a livello professionale. Dissero che l'UNHCR e l'IOM stavano facendo un lavoro importante, ma che erano anche molto concentrate a tutelare i loro fondi. Un ricercatore, che aveva intervistato sia i donatori sia il personale dell'ONU impegnato nella risposta alla crisi libica, mi disse che all'interno dell'organizzazione vigeva la tacita regola di «non sputare nel piatto in cui si mangia», nel senso che non si doveva rivelare che cosa stava facendo la UE.

«Sminuiscono continuamente le difficoltà che emergono nei centri di detenzione», mi confessò un funzionario più schietto. «Fanno in modo che la situazione rimanga com'è [...]. Sono pagati dalla UE per fare il [suo] cazzo di lavoro».

Parte del problema era la scelta del linguaggio. Ancora nel 2018, sui suoi account social l'UNHCR si riferiva alle intercettazioni della Guardia libica con il termine *rescues*, «soccorsi» (più avanti lo avrebbe sostituito con gli aggettivi *intercepted/rescued* «intercettati/soccorsi», mentre l'IOM usava *returned*, «restituiti»).[10] Nei rapporti dell'UNHCR scritti in arabo, i centri di detenzione erano indicati come «ricoveri» («non si tratta di una questione linguistica. Si tratta di camuffare quel che sta capitando in Libia», protestò un ex dipendente).[11] Nel 2021, durante una conferenza stampa con Ylva Johansson, Commissaria europea per gli affari interni, l'Alto Commissario dell'UNHCR definì «legittimi» i finanziamenti alla Guardia costiera, dichiarando che non vi era «nulla di male» a rafforzarla affinché potesse svolgere un lavoro «efficiente e coscienzioso», aggiungendo però che si sarebbero dovute consolidare anche altre istituzioni libiche per fare in modo che coloro che venivano riportati nel paese non subissero abusi.[12] La sua affermazione ignorava il fatto che decine di migliaia di persone avevano già sofferto gravemente a causa di quella politica, e che l'altissimo numero di morti – nei centri di detenzione, in conseguenza delle resistenze alle intercettazioni o durante i successivi tentativi di attraversare il mare – ne era una conseguenza diretta.

L'ONU non può fare nulla. Ho perso la speranza nell'ONU e in chiunque. Sono qui dal 2016, sono stato nelle situazioni peggiori [...] e ho deciso che non ho bisogno di nessuno tranne Dio.
Se è scritto che raggiungerò l'Europa lo farò, con l'aiuto di Dio.
Se non è il mio destino lo accetterò.

Era chiaro che l'ONU stava operando in condizioni difficili. L'UNHCR non aveva un accordo ufficiale con il governo libico, dunque non poteva contare su alcuna legittimazione legale all'interno del paese. Era autorizzata soltanto a registrare i rifugiati e i richiedenti asilo di nove nazioni.[13]

Un altro problema era che i paesi ricchi non mettevano a disposizione un numero adeguato di luoghi di reinsediamento: quasi tutti gli anni partiva meno del 5% dei rifugiati che l'UNHCR riteneva bisognosi di reinsediamento.[14] Tra la fine del 2017 e il 2020, quando poi le partenze vennero sospese del tutto a causa della pandemia di Covid-19,[15] dalla Libia furono evacuati meno di 5700 rifugiati.

Operatori e funzionari continuavano comunque a dirsi frustrati dal fatto che le agenzie ONU non fossero disposte ad ammettere i limiti di ciò che potevano fare. «Quasi ogni paese in condizioni di emergenza vede sorgere lamentele, problemi e voci critiche, ma quello che vediamo in Libia è un disastro totale», mi disse un membro dello staff. «Quello che manca qui è la disponibilità a parlarne. La gente ha paura».

«Se l'UNHCR non può proteggere la gente in Libia, deve dirlo», asseriva un altro. «La Libia rappresenterà sempre una macchia per l'UNHCR», aggiungeva un terzo.

«L'UNHCR è rimasta fregata», sosteneva un quarto funzionario. «È partita con buone intenzioni, ma le buone intenzioni sono state corrotte dalle realtà con cui si è scontrata».

Molti operatori con cui ho parlato accusavano i portavoce dell'UNHCR di non essere trasparenti riguardo all'entità della loro presenza nei centri di detenzione: le operazioni che l'UNHCR e l'IOM dicevano di svolgere o non avvenivano o non producevano alcun risultato. «Mentono, comunicano cifre inventate, dicono di usare squadre mediche che non sono neanche là», mi confidò un funzionario. Due indagini sul lavoro dell'UNHCR da parte di un organo esterno dell'ONU sottolineavano come «l'imprecisione dei dati sui risultati ottenuti [fosse] una debolezza ricorrente».[16] Un altro operatore disse che era chiaro che le agenzie dell'ONU erano «completamente sopraffatte», ma i responsabili erano «sempre sulla difensiva».

Quando nel 2019 ne parlai con Leonard Doyle, capo delle comunicazioni dell'IOM, lui ribatté che l'agenzia era «presente in tutta la regione orientale, occidentale e meridionale della Libia. Le nostre équipe visitano regolarmente i centri di detenzione, forniscono assistenza medica d'emergenza e articoli di primo soccorso e coordinano l'opera di assistenza dei volontari rivolta a chi desidera tornare nel proprio paese. Insinuare che l'organizzazione falsifichi i propri rapporti è assolutamente ridicolo».

Anche la portavoce dell'UNHCR Cécile Pouilly rispose a un elenco di contestazioni da parte degli operatori. «Le vostre osservazioni sembrano indicare una comprensione incompleta della situazione umanitaria e relativa alla sicurezza, oltre che dei rigidi vincoli che l'UNHCR affronta ogni giorno in Libia», scrisse. «I nostri tentativi di aiutare rifugiati e richiedenti asilo vulnerabili in Libia si basano su un imperativo umanitario – salvare vite – che ci costringe ad avere a che fare con realtà complesse e talvolta mette a rischio la sicurezza del nostro staff. Cogliamo questa opportunità per ribadire che abbiamo soltanto un accesso ridotto alle strutture di detenzione e che ci limitiamo a fornire assistenza umanitaria a chi ne ha bisogno».

Ottenere un visto per la Libia (quando ci si riusciva) richiedeva parecchio tempo. Chiunque attirasse troppa attenzione poteva essere dichiarato persona non grata e vedersi impedire l'accesso al paese. Nel 2018 la grande maggioranza dei circa quaranta operatori internazionali dell'UNHCR teoricamente attivi in Libia viveva nella vicina Tunisia, anche se qualcuno faceva avanti e indietro, con bonus sostanziosi a ogni viaggio.[17] I dipendenti libici erano meno di cento, quindici dei quali vivevano fuori dal paese. Quello stesso anno, l'IOM disponeva di 253 operatori libici e nove operatori internazionali; diceva che non poteva averne di più per ragioni di sicurezza.[18]

Tunisi, raggiungibile in 65 minuti di volo, era tutt'altro che una sede disagiata. Il responsabile di un'organizzazione umanitaria un giorno la descrisse come la città migliore del mondo in cui vivere, e secondo un'altra persona l'atmosfera tra i membri dello staff dell'ONU e delle altre ONG che risiedevano a Tunisi era paragonabile a quella degli «ultimi giorni dell'impero romano». «La gente si candida per quella sede perché vuole vivere in una bella città come Tunisi», diceva. «E la paga [è] sostanziosa. Sono soldi facili [...]. Si parla sempre di crisi di responsabilità nei conflitti, ma c'è una crisi di responsabilità altrettanto grave nella risposta umanitaria».

«Gli alti dirigenti di quasi tutte le ONG che lavorano in Libia sono stanziati in via permanente a Tunisi», mi ha spiegato un funzionario senior di un'organizzazione che ha ricevuto finanziamenti dall'Unione europea. «È una situazione fantastica per gli expat che hanno figli, perché possono iscriverli alle scuole francesi private, e anche per i single, perché possono stare in spiaggia a bere birra tunisina da quattro soldi mentre cercano incontri su Tinder. Solo che avere un team di gestione sempre in remoto significa che in Libia le decisioni rapide vengono spesso prese da colleghi libici ventenni che non hanno molta esperienza con l'inglese, al di là degli studi in ingegneria petrolifera e delle maratone di sitcom americane su Netflix. E significa anche che chi prende decisioni strategiche su come utilizzare i fondi europei destinati alla Libia si trova in un paese diverso, con una cultura e un fuso orario diversi, dato che la delegazione UE e tutte le agenzie dell'ONU in genere sono stanziate a Tunisi e fanno soltanto qualche piccola incursione a Tripoli».

I dipendenti dell'ONU avevano fino a quaranta giorni di ferie, e di solito i loro salari erano esentasse.[19] Un responsabile delle comunicazioni dell'UNHCR o un responsabile delle relazioni esterne di stanza a Tunisi, con alle spalle sette anni di esperienza lavorativa, poteva guadagnare dai 110 000 ai 140 000 dollari l'anno. In Libia, dai 159 000 ai 195 000 dollari. Inoltre erano previsti bonus anche da decine di migliaia di dollari, compresi gli assegni famigliari per i figli o per i coniugi, il rimborso delle spese di trasporto, le borse di studio e la cosiddetta diaria per i viaggi di lavoro.[20] A Tripoli la diaria poteva ammontare a 335 dollari al giorno; a Tunisi, dove il salario minimo nel 2021 era di 121 dollari al mese, arrivava anche a 281 dollari al giorno.[21] «Abbiamo salari competitivi, una posizione prestigiosa [...], è la classica vita da expat, ricca di privilegi. Un sacco di persone qui non sono motivate da principi e valori ma dai guadagni materiali», ha commentato un ex dipendente dell'UNHCR in Libia. Non era necessario avere un «cuore tenero», diceva, «basta[va] fare il proprio lavoro [...]. Ma non è così che lo si fa».

«Il 90% del personale dell'ONU non stava in Libia», sosteneva un altro operatore, che si spostava tra la Tunisia e Tripoli. «Questo è un grosso problema della risposta [umanitaria] gestita a distanza, e lo si vede di continuo».

Nel 2018 alcuni operatori internazionali dell'UNHCR in visita a Tripoli pernottarono in un villaggio vacanze. Sul sito internet, Palm City era pubblicizzata come «il residence per la vita che meritate»: un complesso di lusso sulla costa libica dotato di piscine all'aperto e al chiuso.[22] In quel periodo (2017-2019) il Rappresentante dell'UNHCR in Libia era Roberto Mignone, un italiano che, come ricordano alcuni colleghi, spesso si piazzava su un'amaca in spiaggia a lavorare sul suo portatile. Un giornalista che visitò il residence nel 2019 scrisse che il posto ospitava dirigenti dell'industria petrolifera ed era frequentato dai capi delle milizie libiche.[23] A Palm City soggiornavano anche vari membri della delegazione UE, e quando le condizioni di sicurezza venivano a mancare, era probabile che il personale dell'UNHCR fosse evacuato.

Anche in Tunisia sembrava esserci una grande rotazione del personale all'interno di quasi tutte le agenzie ONU e delle altre organizzazioni umanitarie: ciò significava che il patrimonio di conoscenze delle varie istituzioni rischiava di andare perso ogni volta che qualcuno lasciava il posto. Alcuni operatori mi dissero che gli incarichi in Tunisia potevano rappresentare una sorta di «semi-pensionamento» e che spesso venivano accettati da funzionari senior pronti a rallentare un po'. Ma altre persone si spostavano di continuo e rimanevano lì per un anno o anche meno per poi passare all'incarico successivo. Così io mi ritrovavo spesso a parlare con individui che non avevano mai sentito nulla riguardo a qualche grave incidente capitato mesi prima. «Io non c'ero ancora», mi dicevano.

Quando parliamo di UNHCR, l'UNHCR è soltanto business [...]. L'UNHCR è un'organizzazione legale, ma lascia morire la gente in quei cazzo di centri di detenzione.

Più o meno nello stesso periodo in cui cominciai a comunicare con i rifugiati in Libia, fra gli operatori umanitari era in corso una sorta di rivoluzione silenziosa.

L'UNHCR e l'IOM organizzavano regolarmente lunghi convegni a Tunisi finanziati dalla UE nell'ambito del cosiddetto «Gruppo di lavoro misto sulle migrazioni». I partecipanti si lamentavano che in quelle riunioni non si parlava molto di come migliorare la situazione in Libia, e sapevano bene che i rappresentanti di Frontex e le forze dell'ordine europee erano presenti agli incontri o venivano aggiornati sui temi trattati.[24] «Era chiarissimo che il Gruppo di lavoro misto sulle migrazioni non era un forum umanitario» e non «favoriva una risposta umanitaria adeguata», commentò qualcuno al corrente della situazione. «Un sacco di blablabla. Cose che non sono importanti [...]. Hanno raccolto un mucchio di soldi e impedito ad altri di fare quello che dovevano fare», disse qualcun altro, mentre un terzo parlò di un incontro «arraffasoldi».

Il gruppo era responsabile dello stanziamento del 70% dei 266 milioni di euro destinati alla Libia, come previsto dal Fondo fiduciario della UE.[25] Una grossa fetta di quel fondo era riservata ai centri di detenzione, dove però le condizioni di vita rimasero spaventose (stando a una valutazione del Fondo fiduciario nel 2021, la grande quantità di denaro messo a disposizione dalla UE alimentò la competizione fra le varie organizzazioni, cosa che impedì un corretto coordinamento delle operazioni e produsse «troppi mega contratti» che forse non erano «la soluzione migliore per quell'obiettivo»[26]).

Il «Gruppo di lavoro misto sulle migrazioni» finì per essere sciolto dopo che le agenzie umanitarie attive in Libia cominciarono a boicottare gli incontri, ma questo produsse un senso di «futilità», secondo un funzionario, dovuto al fatto che «il sistema faticava a offrire una risposta coordinata degna di questo nome» e il personale dell'ONU, rimasto «scottato», esitava a suggerire alternative. Un'altra persona che negli anni successivi partecipò ad alcuni incontri a Tunisi con i rappresentanti dell'ONU e i donatori li definì una «porcheria», aggiungendo che le ambasciate europee erano «disposte a tollerare qualunque cosa», mentre la leadership dell'ONU era debole, e sembrava non ci fosse «una grande urgenza».

«La sensazione è quella di uno stallo perpetuo», disse. «Non si ottiene mai nulla a livello di risposta umanitaria [...]. C'è una tremenda indolenza, è come se si fossero arresi».

Altre irregolarità vennero rilevate nelle spese dell'UNHCR. Un controllo pubblicato nel marzo 2019 evidenziò che l'agenzia non effettuava le dovute valutazioni per verificare le necessità delle persone da aiutare.[27] Di conseguenza risultavano vari acquisti superflui, come i 2000 sacchi di cemento che sarebbero scaduti dai tre ai sei mesi senza essere stati usati. Una cassetta dei reclami, alla quale neanche tutti i rifugiati potevano accedere, venne aperta soltanto sei volte in diciassette mesi. Tra il 1° gennaio 2017 e il 31 maggio 2018, l'UNHCR spese quasi 200 000 dollari in voli prenotati con due agenzie di viaggi senza aver indetto prima una gara d'appalto. Quasi 730 000 dollari finirono in un ufficio dato in affitto senza che fossero state effettuate le dovute verifiche, e altri 200 000 dollari se ne andarono per la sicurezza. Furono acquistati otto portatili al costo di 5883 dollari l'uno.

*In realtà quelli dell'*UNHCR *sono trafficanti, l'unica differenza è che i soldi a loro non arrivano da noi ma dalla* UE. *Ci tengono qui a morire per prendersi quei soldi.*

*L'*UNHCR *ascolta i soldati, non noi.*

*L'*UNHCR *non lavora per noi; è un'organizzazione criminale.*

*L'*UNHCR *ci prende in giro.*

A causa di un sistema bancario disfunzionale e delle difficoltà di reperire denaro contante in Libia, il tasso di cambio dei dollari in dinari sul mercato nero era molto diverso dal tasso ufficiale a cui dovevano attenersi le agenzie dell'ONU. Queste pagavano beni e servizi in dollari che i libici con cui interagivano potevano convertire al tasso del mercato nero, ricavando enormi profitti. Ecco perché, a detta degli operatori umanitari, gli aiuti erano molto più esigui di quanto sarebbe stato necessario.

«Per noi sarebbe stato molto meglio volare a Tunisi con una valigetta piena di dollari e fare acquisti al mercato nero. Avremmo ottenuto risultati quattro o cinque volte superiori, ma ovviamente non si può fare una cosa del genere [...]. Bisogna usare il sistema bancario legale, che però è guasto», sostiene Alan Bobbett, ex direttore di International Medical Corps in Libia, un'agenzia partner dell'ONU che ha lavorato in una dozzina di centri di detenzione nel corso di diversi anni.

«I fornitori possono accumulare una vera fortuna», mi ha detto un altro funzionario senior che vuole rimanere anonimo. «Se ti attieni sempre alla legge e fai le transazioni corrette, è facile che qualcuno se ne approfitti». Secondo lui era anche evidente che chiunque lavorasse in Libia trattava con le milizie in un modo o nell'altro, pagando per ricevere protezione, offrendo qualche servizio per poter operare in determinati quartieri o delegando a gruppi o individui perché se ne occupassero di persona. «Semplicemente partecipando all'economia del paese, [le milizie] ci guadagnano».

Altre rimostranze dei dipendenti dell'ONU riguardavano i licenziamenti o il mancato rinnovo dei contratti in risposta alle loro proteste per gli insuccessi delle operazioni in Libia. Due persone con cui ho parlato, che lavoravano per due agenzie diverse, avevano entrambe avuto l'impressione di essere state catalogate come piantagrane ed erano state esortate o costrette a lasciare il posto. «Non succede solo in Libia, succede ovunque. All'ONU non apri la bocca se il capo non ti dice di farlo», mi ha detto una persona che ha partecipato agli incontri sulla Libia e su altri temi rilevanti insieme a funzionari di alto profilo.

Anche chi lavorava nelle organizzazioni partner dell'ONU faceva attenzione a quel che diceva, perché sapeva che a parlare troppo schiettamente si rischiava di non poter più avere accesso ai centri di detenzione. «Dovevamo tenere la testa bassa», dice Bobbett. «Era come camminare tutto il tempo su un filo. Se si commentava ad alta voce quel che capitava lì, non si poteva più entrare. Se aprivo la bocca, la gente non riceveva più cure mediche. In pratica erano gli stessi centri di detenzione a imporci il silenzio». Per le agenzie umanitarie che operavano all'interno dei centri era più facile ottenere finanziamenti, secondo Bobbett. «La UE versava soldi, l'Italia versava soldi, moltissimi programmi diversi in tutta Europa versavano soldi nei centri di detenzione. Quindi era lì che gravitavano tutti, bastava allungare una mano, era davvero facile».

Un altro operatore mi spiegò che per quel motivo fra le agenzie di aiuti era partita «una corsa al ribasso» per assicurarsi l'accesso ai centri di detenzione. Quasi facevano a gara per agevolare le milizie, perché l'assegnazione dei servizi nei centri alle varie organizzazioni dipendeva in gran parte dalle relazioni personali. «Per alcuni quel lavoro era un semplice compito da sbrigare, si trattava soltanto di raggiungere gli obiettivi del progetto, non di fornire assistenza umanitaria nel miglior modo possibile per la popolazione», diceva. Una volta rientrate in Tunisia, le organizzazioni compilavano valutazioni «entusiastiche» del loro stesso lavoro, mentre le realtà sul posto erano ben diverse. Queste discrepanze potevano essere spudorate, come la semplice differenza tra le immagini postate sui social media dell'ONU, che mostravano le coperte distribuite fra i detenuti, e le foto scattate dai detenuti stessi quel medesimo giorno un po' più tardi, nelle quali si vedevano le guardie che prendevano le pile di coperte, le caricavano di nuovo sul retro dei furgoni e se ne andavano.

Scegliere se parlare apertamente o mantenere l'accesso ai luoghi di azione nella speranza di riuscire a fare comunque qualcosa di buono è un antico dilemma per le organizzazioni umanitarie. Il Comitato internazionale della Croce Rossa, che segue una politica di neutralità, ammise soltanto nel 1996 di essere stato al corrente della Shoah e delle persecuzioni subite dal popolo ebraico durante la seconda guerra mondiale. L'organizzazione sosteneva che, se avesse reso pubbliche quelle informazioni, si sarebbe preclusa il già limitato accesso ai campi di prigionia.[28] Gli storici accusano la Croce Rossa di aver peggiorato il problema perché, nel 1944, i suoi rappresentanti visitarono in maniera superficiale il campo di concentramento di Theresienstadt, nella Cecoslovacchia occupata, e poi ne parlarono bene. «Questo contribuì alla pagliacciata dei tedeschi, screditando gli accurati rapporti che filtravano all'esterno sugli orrori dei campi di concentramento», scrisse uno storico sul «New York Times» negli anni ottanta del secolo scorso.[29] Lo US Holocaust Museum spiega che il campo era stato appositamente «abbellito»:[30] «Furono piantati giardini, dipinte le case e restaurate le baracche. I nazisti inscenarono eventi sociali e culturali a beneficio dei dignitari in visita».

Marwa Mohamed, portavoce principale di Lawyers for Justice in Libya, ritiene che sarebbe stato meglio se l'UNHCR avesse lasciato del tutto il paese, in modo da non cadere in una trappola simile. «Credo che la loro presenza sia molto più controproducente [che utile]», mi ha detto nel corso di una telefonata su WhatsApp da Londra. «Perché, a ben pensarci, è vero che forniscono [assistenza] medica, ma anche Medici Senza Frontiere lo fa, e lo fa un milione di volte meglio. Hanno aperto centri comunitari a cui è difficile accedere. Dicono che le loro linee dirette funzionano, ma non è vero [...]. Il loro programma di reinsediamento è niente rispetto a quello andrebbe fatto».

Mohamed, che in precedenza ha lavorato per l'UNHCR in Nord Africa, si è dichiarata un'accesa sostenitrice della Convenzione sui rifugiati del 1951 e dei valori che l'agenzia dovrebbe rappresentare, ma ha definito «vergognose» le sue azioni in Libia. «Il messaggio che fanno passare è che la situazione è gestibile, invece non lo è. Non sono autorizzati a prendere in carico casi di persone che non sono di determinate nazionalità. Qual è il loro scopo lì, a parte [quello di] coprire chissà quali politiche? La strategia più efficace sarebbe [quella di dire] che non saranno più coinvolti in niente [...]. Se l'UNHCR si ritira con una dichiarazione molto forte sulle ragioni di questo ritiro, diventa davvero difficile [per la UE e per gli stati membri] continuare così», ha ipotizzato.

A proposito dei rifugiati in Libia, spesso l'unica grossa organizzazione disposta a esprimersi in maniera significativa è stata Medici Senza Frontiere. A partire dal 2016, MSF ha rifiutato qualsiasi finanziamento da parte della UE e dei singoli stati membri, per protestare contro l'accordo sui migranti siglato quell'anno tra la UE e la Turchia. L'accordo prevedeva che la UE versasse sei miliardi di euro alla Turchia, la quale in cambio si impegnava a bloccare le partenze dei rifugiati, soprattutto siriani, che stavano attraversando il Mare Egeo per raggiungere la Grecia. Tra il 2016 e il 2020, il numero delle traversate scese da 856 000 a 10 000;[31] a quel punto, in Turchia vivevano più di 3,6 milioni di rifugiati siriani, e molti dovevano fronteggiare molestie e sfruttamenti, oltre al rischio costante della deportazione.[32] «L'accordo mette a repentaglio il concetto stesso di rifugiato», dichiarò all'agenzia di stampa Reuters Jerome Oberreit, segretario generale internazionale di MSF. «È molto importante ricordare che si tratta di persone vere, non di pedine da usare in politica, come invece sembrano essere diventate. Stiamo parlando del vergognoso problema dei rifugiati in Europa». Prima di quella presa di posizione, MSF in un anno aveva ricevuto dalla UE e dagli stati membri più di 50 milioni di euro, pari a circa l'8% del suo budget.[33]

Nell'ambito dei suoi interventi nei centri di detenzione libici, MSF poneva una serie di condizioni: gli operatori dovevano poter entrare in contatto con tutti i detenuti di una struttura; dovevano poter osservare le loro condizioni di vita e riferirne alle altre organizzazioni o al governo; e tutti gli operatori, compreso il personale internazionale, dovevano essere autorizzati a entrare nei centri. Nonostante le resistenze delle milizie che gestivano i centri, MSF tentava di attenersi a quelle regole e interrompeva le operazioni quando non venivano rispettate.[34]

Quando cominciai a parlare con i rifugiati in Libia, iniziai anche ad aggiornare regolarmente il personale dell'UNHCR con le informazioni che mi arrivavano dai centri di detenzione. A volte ricevevo risposta nel giro di breve tempo, oppure mi veniva comunicato che le informazioni sarebbero state trasmesse alle squadre di operatori sul posto. Altre volte nessuno rispondeva. Mi capitava anche di incontrare una certa resistenza. Diverse persone mi dissero che a forza di pubblicare dettagli sulle condizioni di vita dei rifugiati li stavo mettendo in pericolo. Un dipendente dell'UNHCR mi riferì addirittura di aver sentito due alti funzionari nell'ufficio di Tunisi che mi definivano «nemica» dell'agenzia.

Nel corso delle mie comunicazioni con il personale dell'UNHCR mi resi conto che l'intera organizzazione sembrava riluttante a fidarsi delle dichiarazioni dei rifugiati. Per esempio, nell'ottobre 2018 scrissi un'email a un alto funzionario per chiedergli quante persone morissero in detenzione; mi rispose che un dato del genere era impossibile da ottenere. Ma aggiunse anche che non dovevo credere automaticamente ai rifugiati, e questo benché io stessi fornendo all'UNHCR informazioni reperite da più fonti e lui non sembrasse in grado di trovarvi nessuna inesattezza.

Dichiarando di aver notato le mie «recenti e rinnovate critiche in merito a quello che i miei colleghi stanno/non stanno facendo in Libia», scrisse: «Tutti facciamo errori, e io sarei il primo a riconoscerli, ma lei non dovrebbe neanche prendere per buono tutto ciò che sente/sentiamo dai soggetti in questione, benché si trovino in una situazione disperata». Rimasi sconvolta. Questa persona rappresentava i rifugiati ai massimi livelli e interagiva regolarmente con i politici che progettavano le politiche anti-immigrazione. Mi chiesi quanto spesso ripetesse quei commenti in riunioni a cui i rifugiati non potevano partecipare e dove lui era l'unico a parlare per loro.

9.
Abū Salīm: l'amore resiste

> «Ti amavo come se non avessi mai visto nessun altro nell'universo».
>
> Status di Facebook di un rifugiato sudanese in Libia

> «La cosa peggiore della distanza è che non sai se gli mancherai o se ti dimenticheranno».
>
> Status di Facebook di un rifugiato eritreo in Libia

La prima guerra si era placata, ma le guardie libiche che si erano dileguate quando il conflitto era divampato in tutta Tripoli non erano più tornate nel centro di Abū Salīm. In teoria, Essey e gli altri sarebbero potuti uscire dall'edificio, ma non sapevano dove andare. Dopo due anni o più sotto il controllo dei trafficanti, chiusi nei centri di detenzione, temevano di finire schiavi di qualcuno o di farsi spennare. La loro unica forza stava nel numero, e volevano rimanere insieme. Tripoli era un posto imprevedibile e sulle loro teste aleggiava il simbolo dei dollari. Abū Salīm era diventato il loro rifugio.

I bisogni più ovvi erano l'acqua e il cibo. Gli uomini cominciarono a compiere qualche cauta incursione fuori dal centro alle prime luci dell'alba, mettendosi in fila per cercare lavoro con gli altri migranti africani che vivevano in zona[1]. All'epoca si calcolava che in Libia vivessero oltre 660 000 stranieri, compresi gli arabi, che si integravano più facilmente per via delle affinità linguistiche e culturali, e gli africani subsahariani, che di solito venivano sfruttati come manodopera e pagati una miseria.[2] I detenuti di Abū Salīm scoprirono che potevano guadagnare circa 15 dinari al giorno (grossomodo 4 dollari) lavorando nell'edilizia, in un ristorante o perfino nelle caserme dei miliziani.[3] Tutte le opzioni presentavano rischi, e loro non avevano nessun documento; non che sarebbero stati tutelati in caso contrario, comunque. Giravano gruppi armati e trafficanti, e la città era costellata di posti di blocco in cui avrebbero potuto essere catturati. Alcuni rifugiati usciti dal centro per andare a lavorare sparivano per settimane e poi riemergevano, con i soldi in tasca o con un pugno di mosche se erano stati truffati. Raccontavano di datori di lavoro con «occhi pericolosi» che brandivano pistole; o di poliziotti che costringevano gli uomini ad avere rapporti sessuali con loro.

Se cercano di arrestarti per strada e tu corri, i libici ti sparano e buttano il tuo corpo in mare o sulle strade di Tripoli.

Le donne correvano anche il rischio di essere violentate. I libici spesso le invitavano a lavorare in casa loro come domestiche; una volta lì, alcune venivano aggredite. Le vittime non dicevano nulla, sapendo che, se qualcuno avesse scoperto cos'era accaduto, la notizia sarebbe arrivata fino al centro di detenzione, e loro sarebbero state svergognate. «La gente dirà che evidentemente lo volevano, o che non sarebbero dovute andare», mi spiegò Essey.

I detenuti meno poveri ricevevano soldi dai parenti. I libici della zona quindi avviarono un servizio taxi. Portavano i rifugiati di Abū Salīm nei negozi a recuperare i soldi inviati tramite la *hawala*, il sistema informale di trasferimento di valuta. I rifugiati di lingua araba, per esempio i sudanesi, se la cavavano meglio per le strade di Tripoli. Inaugurarono perfino un mercato all'interno del centro, dove vendevano a prezzi maggiorati gli alimenti che acquistavano fuori.

La maggior parte dei giorni, una delle ex guardie visitava il centro. Passava a riscuotere soldi – quello che lui chiamava «affitto» – dai sudanesi che gestivano il mercato, e nel frattempo dava una rapida occhiata in giro per controllare che tutto fosse a posto. Quando i detenuti gli chiedevano di chiamare l'ONU o i medici per ricevere assistenza, lo faceva. Per lui la situazione era vantaggiosa, dunque non aveva nessun interesse a cambiare le cose e a segnalare ai libici che il centro non era gestito da nessuno. I rifugiati però sospettavano che fosse soltanto una questione di tempo prima che qualcun altro, le milizie o altri rappresentanti delle autorità, si accorgesse di quel che stava capitando e tentasse di riprendere il controllo. Decisero quindi di formare un comitato e di gestire il centro da soli. Vennero elette venti persone. Il più anziano aveva una quarantina d'anni, ed era stato scelto per la sua saggezza; altri furono selezionati per il loro ruolo di guide religiose, o semplicemente per il modo di fare sicuro. I detenuti erano soprattutto uomini eritrei, una maggioranza che si rifletteva anche nel comitato, dove però si contavano anche un somalo, un etiope e una donna. Essey era il più giovane. Il suo compito era quello di parlare con me, di solito tramite Facebook.

Ad Abū Salīm sei persone condividono una scodella di cibo.

Il comitato ripartì le varie mansioni di pulizia e assegnò ad altri rifugiati i compiti di sorveglianza: lavoravano cinque per volta su turni di dodici ore. Chi era di turno stava vicino al portone, osservando attraverso una crepa nel muro chiunque si avvicinasse.[4] Quando arrivava un estraneo, chi fra loro parlava meglio l'arabo era incaricato di tenere la situazione sotto controllo. I sorveglianti dovevano inoltre far rispettare le regole, affinché nessun libico, entrando nel centro, potesse arrabbiarsi. Qualunque nervosismo da parte dei libici avrebbe aumentato il rischio che i rifugiati venissero rinchiusi un'altra volta.

Volevano un piccolo errore per poterci chiudere dentro di nuovo.

Di tanto in tanto i sorveglianti, per far rispettare le regole, colpivano gli altri con i bastoni. All'interno del centro uomini e donne potevano parlarsi, ma non all'esterno, dove qualcuno avrebbe potuto vederli. Alle donne fu ordinato di coprirsi i capelli e di indossare gonne lunghe e T-shirt; se non lo facevano, i sorveglianti si mettevano a urlare o le picchiavano finché non si adeguavano. Dicevano che in questo modo, se un libico fosse arrivato all'improvviso nel centro, non si sarebbe infuriato vedendo che loro non si conformavano ai dettami dell'Islam.

C'erano rifugiati che non avevano rispetto, quindi era giusto picchiarli. Non mi piace quando i rifugiati fanno cose cattive.

Invece di parlare crediamo [che] a volte [sia meglio] usare un bastone [...]. Lo fanno per il tuo bene.

I membri del comitato avevano anche il compito di ridistribuire il cibo e di assicurarsi che tutti avessero qualcosa da mangiare. Raccoglievano i soldi e acquistavano caffè, zucchero e farina, ma si rifiutavano di comprare le sigarette comuni, con grande costernazione di qualcuno. Nei giorni di festa c'erano anche i popcorn.

Per annunciare le assemblee, il comitato gridava «*akaba*», che in lingua tigrina significa «incontro». Durante le assemblee tutti potevano essere aggiornati sulle nuove regole o venire a sapere dei problemi che erano emersi. Essey prendeva la parola. Riferiva tutto quello che gli avevo detto sulle loro possibilità di evacuazione o sulla situazione generale nel paese, a meno che le notizie non fossero molto brutte, nel qual caso se le teneva per sé per non deprimere gli altri (di questo non seppi nulla fino a molto tempo dopo). Ogni tanto scattava foto o raccoglieva le informazioni che gli avevo chiesto. Con il passare del tempo, Essey cominciò ad avere difficoltà a trovare l'energia necessaria per quelle assemblee, e a volte non partecipava perché non si svegliava in tempo.

Qualche mese dopo che le guardie libiche avevano abbandonato Abū Salīm, i detenuti entrarono a forza in una stanza vuota del complesso e si misero al lavoro per quattro giorni, fino a trasformarla in una chiesa cristiana. Uno di loro, che in passato faceva il pittore, vi dipinse immagini religiose. Altri misero insieme i libri sacri che avevano portato con sé. Uno dei detenuti era un prete. Ogni sera, e tra le 6 e le 10 di mattina il sabato e la domenica, i cristiani ortodossi si riunivano lì per intonare salmi e inginocchiarsi in preghiera. In quegli stessi momenti, anche in altri centri di detenzione a Tripoli cristiani etiopi ed eritrei si chinavano a pregare e supplicare, praticando il loro culto con devozione pur trovandosi in una città del tutto ostile al cristianesimo.

La domenica, dopo la messa, i rifugiati si ritrovavano insieme a cantare e bere il caffè – *bun* – per cui avevano fatto una colletta. Cantavano in arabo, tigrino, amarico o inglese. Particolarmente amate erano le canzoni del musicista eritreo Yemane Barya. Per esprimere il loro apprezzamento, gli ascoltatori lanciavano sigarette o un cartone di succo di frutta in omaggio al cantante.

Un altro passatempo era un gioco simile a «obbligo o verità»: una persona faceva un'affermazione sulla propria vita e gli altri dovevano indovinare se era vera o meno. Circolava anche un alcolico, che si otteneva mettendo lievito, riso, zucchero e maccheroni o pane secco in un contenitore e lasciandolo chiuso tre giorni se il tempo era freddo, uno se era caldo (più a lungo sarebbe esploso). Gli eritrei avevano imparato a preparare quella bevanda nei campi militari. La chiamavano *dumu dumu* («gatto gatto»). Qualcuno riuscì a procurarsi delle lame e venne aperta una bottega di barbiere, anche se in precedenza i libici avevano proibito i coltelli nel centro. Gli uomini volevano tenere i capelli corti per evitare i pidocchi.

In quel periodo, il mondo esterno non espresse grande indignazione per il centro abbandonato, e le organizzazioni che ne parlavano erano poche; quella sembrava anzi la migliore conclusione possibile per i detenuti, che avevano già subito così tanti traumi.

Le visite dell'UNHCR erano rare, ma alla fine di ottobre 2018, con l'aumento delle pressioni internazionali, arrivò il giorno in cui Essey e molti altri furono registrati. Si misero tutti in fila di fronte ai portatili dei dipendenti dell'ONU, elencando nome, data e paese di nascita, motivo della partenza. A ciascun caso fu assegnato un numero,

Personale dell'ONU in visita ad Abū Salīm.

scritto su un foglio di carta gialla che tutti i rifugiati memorizzarono rapidamente, sapendo che qualunque documento poteva venire loro sottratto. Era un avvenimento esaltante, un raro momento in cui l'orizzonte sembrava promettere qualcosa.[5] Finalmente l'agenzia sapeva che esistevano, e loro avevano una possibilità – per quanto piccola – di essere scelti per l'evacuazione.

Anche gli operatori di Medici Senza Frontiere visitavano il centro, portando con sé barrette nutrizionali Plumpy'nut e latte per i bambini. A volte arrivavano con pasti pronti, e perfino con del pollo, per rafforzare il sistema immunitario dei detenuti. Portavano anche medicine contro la scabbia, palloni da calcio o bambole per i bambini e qualche libro, di cui Essey era sempre entusiasta.

Tutta la nostra vita dipendeva da MSF.

Ogni tanto lo staff parlava con i rifugiati della loro salute mentale, ma molti erano riluttanti a esprimersi; ormai erano abituati a tenere la bocca chiusa per proteggersi. I medici allora insegnavano loro tecniche di respirazione per rimanere calmi e per addormentarsi più facilmente la notte.

Era soprattutto quando calava il buio che l'impatto di quella situazione si faceva sentire. Mentre alcuni dormivano sonni discontinui, qualcun altro a volte si alzava e cominciava a fischiettare o a ballare «solo per disturbare i ricordi», mi spiegava Essey. Nessuno cercava di fermarlo.

In totale, le guardie libiche rimasero assenti per quasi tre mesi. Una delle conseguenze inaspettate della ritrovata libertà era che moltissimi rifugiati si innamorarono. I libici avevano sempre detto che mischiare i sessi era *haram*, proibito. Quelle regole ora erano sparite, e loro erano liberi di socializzare.

L'amore non sceglie un posto, in ogni posto c'è amore. Cominci a incontrare una ragazza senza la polizia. Tutti dormivano ovunque.

Alcune coppie si erano conosciute nei magazzini dei trafficanti o nel deserto del Sahara. In qualche caso l'amore era maturato con il passare del tempo, superando difficoltà continue e devastanti, in altri era sbocciato in un istante. In altri casi ancora l'amore nasceva dalla dipendenza, o emergeva dalla crescente consapevolezza che nessun altro avrebbe mai capito quello che avevano patito le loro menti, i loro corpi e le loro anime.

Si vedono amori incredibili. Una donna ha aspettato un anno fino a che la famiglia dell'uomo ha pagato [i trafficanti per conto di lui]. Si sono incontrati nel Sahara e lei ha aspettato un anno.

Le nuove relazioni alleggerivano l'umore generale all'interno del centro, ma rendevano anche la situazione più difficile per chi invece si struggeva al pensiero dell'amato o dell'amata rimasti nel paese di origine. Qualcuno non riusciva a comunicare in nessun modo e si domandava se fossero vivi o morti, o se fossero semplicemente andati avanti con la loro vita, non essendo disposti ad aspettare che la situazione si sbloccasse. Mustafa, un bel ragazzo con un sorriso luminoso e la passione per i selfie, mi raccontò la sua tragedia personale: era profondamente innamorato di una ragazza bellissima, e senza rendersene conto aveva sacrificato la loro relazione per intraprendere quel viaggio verso il nulla. Nelle immagini che mi aveva mandato lei sorrideva timida, rivolta alla fotocamera. Lui aveva progettato la loro vita insieme, sognando il giorno del matrimonio. All'inizio pensava che lei avrebbe potuto raggiungerlo in Europa, se fosse riuscito ad arrivarci, ma era rimasto bloccato lungo il percorso.

Mustafa veniva dalla zona di confine tra il Sudan e l'Eritrea. La sua ragazza era eritrea e il matrimonio era l'unica soluzione che le avrebbe evitato il reclutamento a vita. Ma poi aveva detto a Mustafa che non voleva lasciare il paese, perché tutti i suoi fratelli e le sue sorelle se n'erano già andati e i suoi genitori erano anziani e bisognosi di cure. Ciò significava la fine del loro futuro insieme. «Sua mamma ha detto a mio papà che non possiamo aspettare molto, perché forse i poliziotti la portano al campo militare», mi spiegò Mustafa. Mentre lui contava i secondi, i giorni, gli anni di prigionia in Libia, il padre di Mustafa permise alla ragazza di sposare un altro. «La mia storia con lei [è] finita», rimuginava Mustafa. «La sposerà un altro».

Per distrarsi, lavorava ogni giorno nel cortile di Abū Salīm, ricavando pesi dalle sbarre di metallo che trovava lì in giro. A ciascuna estremità fissava una bottiglia di plastica piena di cemento. Si imponeva delle sfide, che però non gli impedivano di pensare costantemente al suo amore perduto. Paragonava il destino di lei a quello dell'Eritrea, preda dei capricci di una dittatura che esercitava un controllo brutale sul suo popolo.

La mia cara Eritrea è come una dolce ragazza. È venuta una persona egoista e ha ucciso il suo amore e l'ha fatta diventare come l'oscurità!

Ad Abū Salīm le relazioni dovevano resistere a pressioni fortissime, perché tutti sapevano che le donne avevano la priorità per l'evacuazione e, se erano sposate, i loro mariti le avrebbero accompagnate. In genere i rifugiati scappavano senza documenti o li perdevano, quindi non erano necessarie prove del loro stato civile. Nel giro di poco tempo, le novelle coppie decidevano che si sarebbero registrate come sposate, se si fosse presentata l'opportunità.

C'erano anche relazioni senza amore, magari perché le donne si impietosivano per qualcuno. «Comincia come un gioco e poi hanno un bambino», mi raccontava Essey a proposito di alcune. «Se la donna è buona, [l'uomo] rimane con lei. È troppo difficile trovare una donna in Europa [...]. Devi sposare qualcuno del tuo paese».

Non accadeva solo ad Abū Salīm. A Tajoura, un centro di detenzione della Libia orientale, i matrimoni venivano organizzati via lettera. Un uomo scriveva e consegnava il suo documento, redatto con grande attenzione, a un detenuto che lavorava con le guardie (uno dei «capi»); poi la lettera passava a una donna in una cella separata. Magari l'uomo non l'aveva mai vista di persona, ma se lei accettava, ai fini della richiesta di evacuazione erano una coppia innamorata.

> *Stiamo in capannoni diversi, ma loro scrivono le lettere e le danno ai migranti che lavorano con le guardie, che danno le lettere alle donne, è così che si sposano. E siccome lei viene dal tuo paese, accetta di sposarti, perché sa che l'*UNHCR *accetta [soltanto] le coppie sposate. L'*UNHCR *non trasferisce [gli uomini] da soli, quindi le persone si sposano qui a Tripoli in modo che l'*UNHCR *le trasferisca insieme.*

Nei giorni precedenti alle evacuazioni, le guardie di Tajoura permettevano alle coppie di incontrarsi per la prima volta per una mezz'ora. Era un'occasione per salutarsi e scambiarsi timidi sorrisi o per scontrarsi con uno sguardo gelido, indurito in vista di una via di fuga. Erano i matrimoni di convenienza della Libia.

In molti casi le donne non erano consenzienti. Un rifugiato, che faceva da interprete durante le visite delle organizzazioni internazionali ad Abū Salīm, disse all'UNHCR che era sposato con una donna del centro senza che lei potesse capire che cosa stesse dicendo. Furono registrati, e lui la convinse a non correggere l'errore. Alla fine vennero evacuati in Italia insieme, ma lei confessò agli amici che lo odiava.

Altre volte gli uomini si tiravano indietro all'ultimo minuto. Un giovane somalo mi disse che a Tajoura si era messo d'accordo con una donna con cui le guardie gli avevano permesso di parlare di persona per cinque minuti, alla fine di una giornata di lavori forzati. Poi era andato nel panico, sentendosi sotto pressione all'idea di doversi occupare di una moglie, e aveva deciso che poteva sopravvivere più facilmente da solo. Più tardi la donna venne evacuata con un altro uomo.

Via via che l'UNHCR registrava sempre più detenuti, alcuni rifugiati che vivevano in città, fuori dalle mura del centro – compresi quelli che erano usciti grazie alle mazzette – cominciarono a pagare le guardie per poter rientrare, desiderosi di far valere il loro diritto di asilo e di comunicare i loro dettagli personali all'UNHCR.[6] Arrivavano soprattutto coppie sposate, nella speranza di essere selezionate.

La situazione era particolarmente difficile per quelli che erano già sposati e speravano di potersi ricongiungere un giorno con le mogli o i mariti che erano rimasti nel paese d'origine. Non potevano far registrare un falso matrimonio sui documenti e precludersi così la possibilità di richiedere il ricongiungimento familiare più avanti. «Io sono sposato. Mia moglie e mio figlio stanno soffrendo da qualche parte [ma] l'UNHCR non può credere che sono sposato se non vede mia moglie e mio figlio. È un trattamento ingiusto», si lamentò con me un sudanese rinchiuso a Tajoura.

In qualche caso, il coniuge si trovava già in Europa. Un giovane eritreo di nome Hamid era arrivato in Germania nel 2014 senza la copia cartacea del suo certificato di matrimonio, che era andata persa durante la fuga. Ma le autorità tedesche dissero che, anche se l'avesse avuta, il matrimonio non sarebbe comunque stato riconosciuto perché era stato officiato in chiesa senza essere autenticato dal governo eritreo. Hamid era partito per primo per risparmiare a sua moglie Kedija i rischi del viaggio, ma alla fine lei aveva dovuto seguire lo stesso percorso, e senza la sua protezione. Era stata presa dalla Guardia costiera libica. Dopo aver trascorso mesi ad Ain Zara e ad Abū Salīm, lo aveva chiamato dicendo di voler morire.

Io venni a sapere della loro situazione quando un pastore che stava aiutando Hamid in Germania mi contattò, chiedendomi se potevo fare qualcosa (lo indirizzai all'ONU). Alla fine del 2018 intervistai Hamid e gli domandai se secondo lui la sua relazione poteva riprendersi dopo la lunga separazione e dopo tutto quello che avevano dovuto sopportare mentre erano lontani. «Anche se abbiamo subito un trauma tutti e due, credo che possiamo vivere di nuovo una vita normale», mi rispose lui. «Ci amiamo ancora come cinque anni fa. L'amore ti rende forte e c'è sempre la speranza». Disse che le cose gli stavano andando bene: aveva trovato lavoro come sistemista, aveva un appartamento ed era pronto per accoglierla, quando fosse arrivata. Tutto quello che era riuscito a fare fino a quel momento lo aveva fatto per la moglie.

Kedija venne evacuata in Niger, da dove avrebbe dovuto raggiungere l'Europa dopo essere stata selezionata dall'UNHCR per il reinsediamento. Ma era troppo tardi. Nel novembre 2019 rivelò a Hamid di essere incinta di un altro uomo. Interruppe la loro relazione e venne reinsediata in un altro paese. Più avanti avrebbe perso il bambino e tentato di ricontattare il marito, ma lui non volle parlarle. Caduto in depressione, Hamid ormai faticava a concentrarsi e rischiò di perdere il lavoro. Il futuro che aveva progettato per loro, l'obiettivo che lo aveva spinto ad andare avanti per tanto tempo, si era infranto in mille pezzi. Era l'ennesima tragedia nella grande trama di destini che venivano alterati per sempre da quel sistema ingiusto e insidioso.

A Tripoli nel frattempo si venne a sapere che Abū Salīm era un centro aperto, un posto dove si godeva di una certa libertà. Alla fine del 2018 cominciarono a presentarsi in massa le vittime abbandonate dai trafficanti. Avevano pagato i riscatti ma non erano state imbarcate; i trafficanti avevano detto che, a causa dei fondi versati dall'Europa alla Guardia costiera, la rotta era «chiusa».

Nel giro di circa un mese, si contarono grossomodo 260 nuovi arrivati. Le torture avevano lasciato su tutti una litania di cicatrici. Una donna piangeva in continuazione per i segni delle scosse elettriche che le erano state somministrate sul seno, dopo che si era ribellata ai tentativi di violenza di un trafficante; gli uomini avevano cicatrici simili sui glutei. Qualcuno aveva la tubercolosi o era gravemente denutrito e faceva fatica a camminare, tanto era debole. Almeno cinque persone morirono subito dopo essere arrivate ad Abū Salīm.[7]

Molti sono sciocchi.

Arrivò anche una serie di donne e di ragazze incinte, e tutte dissero di essere state violentate dallo stesso trafficante. Alcune risultarono positive all'HIV: un altro peso da portare per tutta la vita. Circa la metà delle gravidanze nei centri di detenzione era il risultato di una violenza, come mi disse una somala che era stata in tre centri diversi. Per quelle donne era difficile accedere alle cure mediche, o reperire prodotti per l'igiene personale e cibo a sufficienza. L'aborto era illegale in tutta la Libia.[8]

Molte donne perdono i loro bambini. Chi incontra più problemi sono le donne e i bambini.

La libertà non poteva durare per sempre. Il senso di novità generale si era affievolito, come anche la gioia per le registrazioni dell'ONU, e nel centro cominciarono i battibecchi. Non erano più uniti, diceva Essey. Quando i membri del comitato presentavano le loro proposte su come potersi difendere e rappresentare da soli, o su come migliorare ulteriormente le condizioni di vita nel centro, gli altri li ignoravano o dicevano che era meglio non fare nulla. La gente dormiva a lungo e si arrabbiava per piccolezze. Essey sapeva che quella debolezza avrebbe permesso ai libici di riprendere facilmente il controllo. «Non siamo abbastanza forti per combattere come prima», diceva.

Poi un giorno, verso la fine dell'anno, successe: le guardie libiche fecero ritorno a tempo pieno. Il responsabile del centro presentò ai detenuti una scelta: «libertà o cibo».

Un giorno è arrivato il boss e ci ha dato due opzioni: rimanere rinchiusi senza vedere la luce del sole, o essere liberi senza cibo. Avevamo passato due anni senza vedere il sole nel magazzino dei trafficanti, e abbiamo scelto l'aria fresca senza cibo.

Scegliere la «libertà» significava che almeno potevano camminare in giro per il complesso, ma avrebbero dovuto continuare a pagare cifre esorbitanti per qualunque cosa mangiavano, al posto dei (magri) pasti distribuiti gratuitamente. Chi riusciva a farlo senza essere visto, mangiava gli scarti delle guardie: un misto di couscous, maccheroni e – quando erano fortunati – pollo.

I responsabili del centro ripresero la loro vecchia tattica del «*divide et impera*». Venne estesa anche alle madri con figli piccoli, che così si mettevano a litigare ogni volta che uno dei gestori portava il latte soltanto alle donne che preferiva. Nel dicembre 2018, una guardia fece addirittura partire un colpo di pistola nell'area delle donne e dei bambini per spaventarli.[9]

Dopo che le guardie sono tornate le cose sono andate male.

In breve tempo, anche i membri del comitato smisero di fidarsi gli uni degli altri. Se progettavano una protesta, il responsabile lo scopriva in anticipo. Qualunque cosa si dicessero in confidenza poteva trapelare, e loro venivano puniti.

Una notte, uno dei leader dei rifugiati, Hassan, approfittò del buio per tentare la fuga. Aveva scoperto che era improvvisamente diventato possibile essere portati di nascosto in Tunisia pagando 600 dollari: prima si faceva un lungo e rischioso viaggio in macchina, poi si proseguiva a piedi attraverso il confine. Hassan non rivelò a nessuno il suo piano, tranne che a un unico amico nel centro e a me. Si sentiva in colpa, perché credeva che la sua partenza avrebbe demoralizzato tutti quelli che lasciava indietro. Mi scrisse subito prima di partire, e all'arrivo mi mandò alcune foto. Una raffigurava un gruppo di magri eritrei riuniti intorno a un falò che avevano acceso per tenersi caldi durante il viaggio, mentre un'altra era un selfie di fronte a un altro centro di accoglienza dell'ONU dipinto di bianco, a Médenine, una città della Tunisia sud-orientale, vicino al confine con la Libia. «Vedo la Libertà dopo un anno e sei mesi, sorella. Spero che i miei amici riescono a vederla», mi scrisse Hassan; la maiuscola di «Libertà» sottolineava quanto quella parola fosse importante per lui.

Nelle settimane successive alla sua partenza, il passaggio in Tunisia arrivò a costare fino a 800 dollari, e poi ancora di più. Dopo gli iniziali momenti di esaltazione, Hassan cominciò a chiedersi se avesse fatto la scelta giusta. A causa dell'afflusso di rifugiati dalla Libia, entrati nel paese con l'apertura della nuova rotta, i servizi in Tunisia erano al limite, e ai primi arrivati venne ordinato di liberare gli alloggi ricevuti gratuitamente. Nel giro di un anno, centinaia di persone che avevano compiuto quel viaggio presero a pagare i trafficanti per essere riportate in Libia, essendosi rese conto che il sistema di asilo tunisino non funzionava, che non potevano lavorare legalmente e che c'era un grosso problema di razzismo.[10]

Ad Abū Salīm, nel frattempo, ci si cominciava a chiedere come mai le informazioni stessero diventando di dominio pubblico. Mi accorsi che i detenuti, Essey compreso, mi scrivevano meno, ma il perché lo scoprii soltanto in seguito. Le guardie minacciavano preventivamente chiunque intendesse parlare delle condizioni del centro. E in cambio di frutta, sigarette o altri servizi, i rifugiati denunciavano i miei informatori. I detenuti allora formarono gruppi con le persone di cui si fidavano, promettendosi di aiutarsi a vicenda e di ridurre al minimo le conversazioni con gli altri, ma non riuscivano a stare tranquilli; erano sempre sul chi va là per scoprire chi li stava ascoltando.

[C'erano] troppi trucchetti lì dentro, soprattutto andando avanti.

Essey venne interrogato. Ali, il responsabile di Abū Salīm, lo convocò nel suo ufficio e gli ordinò di aprire la galleria delle immagini sul telefono, per controllare se aveva scattato delle foto per mandarmele. «Mi hanno controllato il cellulare ma non hanno trovato niente. Altrimenti potevano portarmi in prigione e torturarmi», avrebbe ricordato mesi dopo. Essey temeva la piccola stanza di isolamento del centro, chiamata «*shella*», dove a volte venivano rinchiusi i detenuti.

Ci sono spie intorno a noi, fra la nostra gente.

Mi disse anche che, in occasione di una delle loro rare visite, un operatore dell'UNHCR lo aveva avvertito che se avesse continuato a parlarmi sarebbe finito nei guai. «Ha detto che se lo faccio mi farò male, ma io non ho ammesso nulla», mi raccontò Essey. «Mi ha detto che non possiamo cambiare niente facendo queste cose».

Nonostante questo, altri rifugiati volevano che le informazioni diventassero pubbliche. Io continuavo a condividere i loro messaggi su Twitter e a scrivere articoli per le testate internazionali. Anche quando Essey cominciò a preoccuparsi per la propria incolumità, gli altri gli si avvicinavano e gli chiedevano di mandarmi notizie. Lui era quello che parlava meglio l'inglese, per questo gli avevano dato il telefono. «Nel mezzo della notte ti scriv[ev]o, ti messaggi[av]o», mi avrebbe poi raccontato. «Se capita qualcosa, avevano almeno qualcuno che lo diceva al mondo esterno. Prima non c'era nessuno. Se capita qualcosa, qualcuno dovrebbe saperlo. In un giorno capitano molte cose. Molte risse. [Il responsabile del centro] ora fa un patto con te, un nuovo patto. Vogliono che sia riferito [tutto], dicono di dirtelo».

Il personale dell'UNHCR cambiava a rotazione. Un giorno arrivò un bianco che parlò alle centinaia di detenuti riuniti insieme, spiegando che era in Libia soltanto da due mesi e che quindi stava ancora cercando di capire come funzionavano le cose. «Volevo venire a vedere di persona», disse, fissando i detenuti accovacciati a terra.[11] Ma loro erano stufi di essere fissati, e sfiniti dalle grandi aspettative e dal successivo precipitare nella disperazione che accompagnavano tutte le visite dell'ONU, che sembravano non portare mai a nulla.

Ci fa perdere la speranza. Dall'UNHCR ci hanno detto che non sono responsabili delle nostre vite.

Rimasero ad aspettare, e si presentarono loro alcuni modi per estraniarsi ulteriormente. Per esempio l'hashish, che le guardie libiche facevano provare gratuitamente. Qualcuno sviluppava subito una dipendenza, perché si accorgeva che il fumo bloccava i ricordi. Ma la seconda volta, ovviamente, bisognava pagare. E anche la terza, la quarta e la quinta. Chi si teneva alla larga dall'hashish fumava sigarette.

In Libia anche una donna di trentacinque anni con due figli
ha cominciato a fumare. Tutti cominciano a fumare in Libia.
La gente comincia a picchiare sulle porte per avere fumo.
Puoi stare senza cibo ma non senza una dipendenza.

Anche i bambini di Abū Salīm stavano perdendo la loro innocenza. A dieci anni, raccoglievano mozziconi di sigarette da terra e se li mettevano in bocca. Un bimbo di tre anni, che era in Libia da quando aveva sei mesi, pronunciò le parole «*barra neek*» («fottiti»). A volte i bambini ripetevano quello che avevano visto fare ai trafficanti o alle guardie libiche, colpendosi l'un l'altro e gridando «paga dollaro, figlio di puttana». L'arabo che stavano imparando era la lingua del controllo, degli abusi e dello sfruttamento: «*hawel massari*» («trasferisci soldi»), «*weld el gahba*» («figlio di troia») e «*khush dakhl*» («ficcati dentro»).

Le parole, le cose che fanno sono come [quelle dei] trafficanti.
I bambini sono come un foglio bianco, siamo noi che dovremmo
scriverci sopra cose buone.

Più avanti sarei venuta a sapere che gli operatori umanitari di Tunisi avevano dibattuto per decidere se costruire scuole o parchi giochi nei centri di detenzione, ma alcuni temevano che la creazione di qualunque struttura permanente avrebbe potuto essere percepita come una legittimazione di quello che accadeva nei centri. «I bambini non avevano neanche libri da leggere», ricordava Alan Bobbett, ex direttore di International Medical Corps in Libia, temendo che fosse stata compiuta la scelta sbagliata.

Un bambino cresciuto in un campo squallido non sarà una brava
persona, non ha nessuno che lo guidi.

Dopo la costruzione del Muro di Berlino nel 1961, gli psichiatri tedeschi cominciarono a osservare un nuovo fenomeno. I sintomi includevano depressione, tentativi di suicidio, paura degli spazi chiusi e manie di persecuzione. La nuova condizione venne definita

«*Mauerkrankheit*», «malattia da muro», perché colpiva soprattutto coloro che abitavano lì vicino e dovevano convivere ogni giorno con la sensazione di essere bloccati o rinchiusi. A coniare il termine fu un medico che lavorava in un ospedale psichiatrico di Berlino Est, Dietfried Müller-Hegemann, il quale poi sarebbe scappato a Berlino Ovest.[12]

Immaginate quegli stessi effetti, ma moltiplicati. Immaginate gruppi di persone intrappolate che non sanno quanto a lungo rimarranno lì. Senza futuro. Senza poter pianificare in anticipo un solo giorno.

> *La depressione se sei uno che combatte ti rende freddo, se sei freddo ti rende uno che combatte. Alcuni erano come angeli quando arrivavano in Libia, e dopo qualche tempo diventi un diavolo.*

Tutti pativano gli effetti della detenzione a tempo indeterminato. Ad Abū Salīm si diffuse l'apatia, e lo spirito di comunità venne meno. Ognuno pensava per sé. «Ci sono quattro persone che sono impazzite, stanno sedute, non parlano, iniziano anche a farsela addosso come i bambini», mi scrisse un eritreo. «Ci sono alcuni che non [lo] sopportano». Mi disse che i problemi psicologici più gravi emergevano dopo che si veniva presi dalle guardie costiere, perché questa era una cosa alla quale nessuno era mentalmente preparato. «La maggior parte delle persone ha cominciato [a comportarsi] in quel modo dopo che è stata riportata dal mare». I rifugiati sentivano parlare dei vari pericoli nel deserto del Sahara – la sete, la tortura, la fame e i trafficanti approfittatori – ma non sapevano che tutta la loro odissea poteva terminare con un salvataggio che non era davvero un salvataggio, e con una detenzione a tempo indeterminato in un carcere che non era ufficialmente un carcere.

Anche a lui sembrava di impazzire. «Stiamo perdendo la speranza, anche in Dio», mi scrisse un'altra volta. Il giorno dopo si scusò di nuovo per non aver risposto alle mie domande. «Scusa se sono in ritardo. La mia mente non funziona come prima. Ogni cosa diventa oscurità».

In tutti i centri di detenzione libici, i rifugiati presero a inventare storie assurde per spiegare come erano finiti lì. Un uomo diceva di essere un regista che voleva documentare la crisi dei migranti, ma che era stato rapito dopo aver iniziato l'indagine. Avrebbe anche potuto essere vero, ma i suoi compagni erano scettici. «La storia vera è troppo triste», mi spiegò Essey. I detenuti fabbricavano storie in cui riposizionavano la propria esistenza, in modo da rendere la realtà più sopportabile. «Tu sei l'attore, il trafficante è il regista e tu sei la star», diceva Essey.

Il flusso di messaggi alla fine si interruppe. Si sentivano tutti paralizzati; sconnessi; inutili. Sentivano che la morte era già arrivata.

Ancora adesso ogni giorno ascoltiamo brutte notizie. Non so cosa possiamo fare. Vedo le persone, quando stanno insieme, ognuno con la speranza e i desideri finiti. Abbiamo passato molto tempo con le nostre famiglie che si preoccupavano, non vogliono che gli diamo cattive notizie. E non stiamo raggiungendo i nostri piccoli sogni. Non possiamo andare avanti o ritornare. Per favore, dobbiamo andarcene da qui. Tra poco perderemo la testa.

L'inverno si avvicinava rapido, e i corpi dei detenuti erano doloranti per il freddo, soprattutto perché molti erano gravemente malnutriti. Di notte la temperatura scendeva intorno agli 8 gradi Celsius. Avevano male alla schiena, ai piedi e alla testa. Giacevano immobili, incapaci di dormire, desiderando che il tempo passasse. Le coperte distribuite dall'ONU non bastavano a tenerli caldi.

Una lettera scritta da un poeta nel centro di detenzione di Khoms Souq al-Khamis:

Lettera irata (rabbiosa) a un amico

Caro Amico,
Uso tutta la mia concentrazione per alzarmi in piedi e salutarti, mio caro amico, è passato molto tempo.
Il mondo è un posto triste ma è stato benedetto dalla tua presenza. Dormi bene, vecchio amico. Non sei nel mio cuore, sei nella mia anima. Adesso non sei nulla, ma significavi tutto e sei me.
Mio migliore amico, siamo uno, non solo due, perché fantasticavamo tanto insieme. Volevamo ottenere cose che gli altri conoscevano solo grazie a uno schermo.
Mi hai insegnato tanto con le tue esperienze: come sopravvivere in un inferno.
Molte persone pensavano che non saremmo sopravvissuti, ma noi abbiamo risposto «SÌ, POSSIAMO FARCELA». Ma adesso comincio a sentirmi in colpa. E sono così giù, lo sento e lo vivo emotivamente, caro amico.
Perché hai scelto di cadere e scomparire? Perché non torni indietro? Sono qui solo ad aspettare, a contare le stelle.
Quando ci siamo separati ho tentato di dirti quanto era pericoloso il percorso che avevi scelto. Non credevo che potessi cadere, ma mi agitavo temendo che non saresti tornato, e avevo paura di perderti. E ti ho perso, è la verità, è successo e fa molto male. Mi hai insegnato che se mi sentivo come un sette dovevo cercare di svegliarmi e sentirmi otto, ma tu hai smesso di svegliarti. Mi hai lasciato solo con le mie lacrime. Sei contento?
Ma tu sei la mia spina dorsale.
Le bottiglie fragili si rompono, non hanno il coraggio o la capacità di contenere le mie lacrime. Le lacrime possono sembrare piccole come gocce di cera su una candela, ma ogni goccia ha i suoi solidi ricordi di ciò che abbiamo passato.
Ogni goccia delle mie lacrime porta con sé una sua esperienza unica, indimenticabile, bellissima, triste, gloriosa e potente. Anche se fallivamo insieme volevamo risvegliarci insieme e cominciare ad andare avanti.
Cerca di comprendere gli odori dei corpi morti che disturbano le mie narici. Eppure sorrido quando dico che tu sei me. Il resto di me si sta prosciugando, mentre le mie lacrime continuano a cadere. I miei occhi hanno sete.
Hai scelto di riposare. Non mi importa perché l'hai scelto, ma mi hai lasciato in un inferno, mi hai condannato a vivere in lutto. Lo dico forte e con rabbia: «STO MALE», «MI HAI FATTO MALE».
Per me assomigli all'amore. Non soltanto all'amore ma alla vita.
Non avrei mai pensato che potessi lasciarmi con la mia solitudine, e ora soffro perché sono solo senza di te.
Come hai potuto farlo, vecchio amico mio?
Che il Cielo possa darti la calma, hai vissuto una vita dura e lottato tanto in questa terra piena di falsità.

Ma io ti accuserò sempre di avermi lasciato indietro, in questo mondo malvagio.
Possa la tua anima riposare in pace, lunga vita a te, mio amatissimo e caro amico.
Non sei nulla, ma sei me.
Perché io non ero nulla, ma sono te.

In ricordo di tutti gli eritrei che hanno perso la vita nel Mar Mediterraneo. Al mondo, e perfino alla vostra gente, non importa di voi, ma a noi sì.

MJ Waliku Arsema

10.
Khoms Souq al-Khamis: un mercato di esseri umani

> «Vorrei essere un uccello per volare via ovunque io voglia».
> Rifugiato eritreo rinchiuso a Khoms Souq al-Khamis

> «Un rifugiato è qualcuno che è sopravvissuto e che può creare il futuro [...]. Il mondo non sarà distrutto da chi fa del male, ma da chi guarda senza fare nulla [...]. Possiamo dire che ci sono uccisioni, minacce, violenze, fame, ma il mondo lo sa già».
> Detenuto a Khoms Souq al-Khamis[1]

Nel centro di detenzione di Souq al-Khamis a Khoms, città portuale nella regione nord-occidentale della Libia, c'era una parete grigia coperta di avvertimenti in lingua tigrina rivolti ai nuovi arrivati. Erano stati scritti con uno spazzolino, con un misto di dentifricio e di carbone al posto dell'inchiostro.

«Chi entra in questa casa, che Dio lo aiuti», diceva una scritta. «La Libia è un mercato di esseri umani».

«Dov'è l'UNHCR?» diceva un altro. «Qui sono state vendute tre persone».[2]

Quando siamo arrivati a Khoms abbiamo letto i messaggi di avviso sui muri, [che dicevano:] non lasciate nessuno uscire o lavorare con i soldati fuori dalla prigione, altrimenti lo venderanno.

Khoms Souq al-Khamis era uno dei cosiddetti centri di sbarco: un luogo da incubo, il peggiore scenario possibile per chiunque tentasse di raggiungere l'Europa. Migliaia di rifugiati e migranti intercettati nel Mar Mediterraneo dalla Guardia costiera libica passavano di là. Alcuni arrivavano coperti di dolorose bruciature, provocate dalla miscela di benzina e acqua di mare che si depositava sul fondo delle imbarcazioni. Erano tutti affamati e disidratati. Era il momento della resa dei conti.

Qualcuno aveva tenuto in bocca una SIM durante tutta la lunga traversata in mare. La carta veniva prima avvolta in un pezzetto di stoffa e poi nella plastica, e i due involucri venivano sigillati insieme con la fiamma di un accendino. I pacchettini rimanevano nascosti in bocca, nell'interno delle guance oppure sotto la lingua, anche quando i migranti venivano intercettati e poi perquisiti, non appena arrivavano al centro di detenzione. Nelle stanzette chiuse a chiave di Khoms Souq al-Khamis, i prigionieri chiedevano sottovoce se qualcuno aveva un telefono in cui poter inserire la loro SIM, in modo da comunicare la cattiva notizia alle famiglie.

Molte famiglie morivano per l'angoscia, il padre e la madre, mentre i figli erano in Libia.

Essey era passato di lì una volta sola, quasi un anno prima, subito dopo essere stato tirato fuori dall'acqua. Molti dei miei contatti, a un certo punto, erano stati rinchiusi a Khoms Souq al-Khamis. Dalle celle e dagli stanzoni del centro, i detenuti potevano scorgere il mare a una cinquantina di metri di distanza, e sentire il rumore delle onde che sciabordavano e si infrangevano sulla costa. In passato, il vecchio complesso di edifici era stato una base di addestramento militare.

Durante una settimana particolarmente tremenda, i cadaveri delle vittime di un naufragio – che quasi un mese prima aveva causato la morte di 150 persone – rimasero ad accumularsi a riva sotto gli occhi dei prigionieri.[3]

All'inizio di quella settimana vennero rinchiusi nel centro dodici sopravvissuti di quello stesso naufragio. I detenuti chiesero alle guardie il permesso di seppellire i corpi, ma, come avrebbero poi riferito, quelle li minacciarono di spararagli addosso se solo ci avessero provato. Con la scusa di dover andare in bagno, alcuni detenuti che erano lì da più tempo si incamminarono verso la spiaggia e cercarono di coprire i cadaveri con la sabbia. A causa del poco tempo a disposizione, però, non riuscirono a offrire loro una sepoltura dignitosa.

A volte i nuovi arrivati venivano subito trasferiti in altri centri di detenzione, a Tripoli o altrove. Alcuni addirittura pagavano per quel privilegio, pensando che se si fossero trovati nella capitale avrebbero avuto maggiori probabilità di essere evacuati. Altri invece restavano a Khoms per anni. C'era poi un terzo gruppo: quelli che le guardie rivendevano direttamente ai trafficanti, con o senza il loro consenso.

Le guardie di Khoms Souq al-Khamis e i trafficanti, in effetti, erano sempre in contatto. Qualche guardia, dietro pagamento, aiutava anche i prigionieri che se lo potevano permettere a scappare e a ritentare la traversata. Ma spesso organizzavano i trasferimenti dei detenuti contro la loro volontà. Avevo sentito parlare di un gruppo di diciotto rifugiati che, alla fine del 2017, era stato venduto direttamente da Khoms Souq al-Khamis agli sfruttatori di Bani Walid. Erano state le guardie a convincerli a uscire, dicendo che li portavano a trovare lavoro. A quanto pare, erano state pagate dai trafficanti. «Non ho parole per descrivere le cose disumane che sono avvenute», mi aveva poi raccontato un uomo rinchiuso nel centro. «Abbiamo sentito che alcuni [detenuti venduti] hanno perso la vita perché sono stati picchiati in maniera tremenda e brutale. Gli hanno dato scosse potentissime. Li conosco, erano ragazzi giovani. La loro unica speranza era di arrivare in Europa, nient'altro».

Più avanti, molti di loro sarebbero finiti nei centri di detenzione legati al governo di Tripoli. Un uomo venne evacuato in Niger, e un altro accettò di rientrare in Eritrea tramite il programma di ritorno dell'IOM. Otto persone del gruppo vennero uccise, a detta di amici dei sopravvissuti, perché le loro famiglie non erano riuscite a pagare le cifre richieste, che arrivavano fino a 20 000 dollari.

Non parlano [...]. Non si ricordano [...]. Facevano incubi ogni notte.

Ecco perché i detenuti di Khoms avevano iniziato a scrivere avvertimenti sul muro. Un anno dopo la situazione era la stessa, e i rifugiati continuavano a essere riportati nel centro grazie ai finanziamenti della UE. Io cominciai a ricevere aggiornamenti quotidiani sul destino dei nuovi arrivati a Khoms all'inizio di dicembre 2018, quando diversi detenuti vennero portati via con la forza e i loro amici in preda al panico mi contattarono, chiedendomi di fare qualcosa.[4] Fra i prigionieri rapiti c'erano due somali di quindici e ventun anni e un eritreo di sedici. A quel punto iniziarono le proteste. Ricevetti un video in cui si vedeva una massa di detenuti che avanzavano verso una guardia, la quale sparava proiettili davanti ai loro piedi per costringerli a ritirarsi.[5] In un altro video, alcune guardie in uniformi mimetiche fumavano nei pressi di un muro; una aveva un fucile a tracolla. Di fronte, un gruppo di detenuti era accovacciato a terra e qualcuno teneva i polsi incrociati davanti al viso, in un gesto di protesta che significa «libertà».

Ti dico la verità, non so neanche se il centro è gestito dal governo o no; non riuscivo a distinguere. Sì, portano gli abiti della polizia, ma agiscono come i trafficanti. Torturano, rapiscono, rubano, come possiamo distinguerli?

Il 29 dicembre 2018, un altro gruppo di quasi 300 rifugiati e migranti venne intercettato in mare e trasferito a Khoms Souq al-Khamis.[6] Portarono con sé la scabbia e poco altro. Le foto li raffiguravano accalcati e avviliti, avvolti nelle grigie coperte d'ordinanza. Nessuno di loro venne registrato dall'ONU, quindi non c'erano liste che ne riportavano i nomi. Mentre le guardie li picchiavano con fucili e sbarre di metallo, urlando che dovevano ritornarsene dritti dai trafficanti, io comunicavo la loro situazione su Twitter in tempo reale.[7]

I nuovi migranti sono davvero in pericolo. I capi stanno cercando di spingerli a uscire ogni giorno. Li picchiano. Li stressano. È un modo per farli uscire. Vogliono venderli ai trafficanti e i trafficanti li manderanno in mare.

Dopo lo sbarco passò soltanto una settimana prima che decine dei nuovi detenuti uscissero di nuovo dal sistema ufficiale. Le guardie di Khoms Souq al-Khamis dissero loro che sarebbero stati spostati in un

Rifugiati intercettati in mare e trasferiti a Khoms Souq al-Khamis, che poi sarebbero stati rivenduti ai trafficanti di Bani Walid.

altro centro, perché lì era pieno. In realtà furono restituiti al trafficante che li aveva già tenuti prigionieri: un uomo di nome Abdusalem, che li riportò a Bani Walid e pretese un altro riscatto tra i 1000 e i 5000 dollari a persona.[8] Quando alcuni operatori dell'ONU visitarono Khoms, a metà gennaio, confermarono che «manca[va] un gruppo di persone».[9]

«Hanno rubato i nostri amici», mi disse un detenuto. «Ho paura per i miei amici». Mi raccontò che nel centro rimanevano ancora 10 donne e meno di 90 uomini. Temevano tutti che poi sarebbe toccato a loro. «I poliziotti in Libia e i trafficanti sono come pappa e ciccia», proseguì, aggiungendo che era evidente che la UE non avrebbe dovuto tollerare che i rifugiati venissero riportati in Libia né collaborare con le autorità libiche.

Morire sarebbe stato meno doloroso del dover chiedere altri soldi ai parenti, dichiarò un altro eritreo che con i trafficanti era rimasto due anni, durante i quali la sua famiglia era riuscita a raccogliere più di 9000 dollari di riscatto vendendo la casa. Le guardie a Khoms si «vantavano dicendo che ci uccidevano o che ci portavano in un posto [in cui] nessuno ci troverà», spiegava.

Sally, ci sei?

Non dovette essere portato chissà dove per ricordarsi di quanto fossero pericolosi i trafficanti: mi mandò alcune foto in cui si vedevano i segni delle torture sui suoi compagni detenuti. Pezzi di pelle mancanti su un braccio e sul torace; una lunga cicatrice intorno a un ombelico; un taglio a mezzaluna sul palmo di una mano. Tutto contribuiva alla loro paura.

> *Se vuoi dirlo pubblicamente fallo ora. Qualsiasi cosa che secondo te ci può aiutare, falla, per favore. Se puoi dirlo anche al presidente degli Stati Uniti Donald Trump, dillo. Racconta al mondo la nostra vita.*

Secondo una delle mie fonti a Khoms, nei mesi precedenti a Natale e Capodanno 2018 cercarono di uccidersi circa 20 persone. «Il mondo non ci può trovare, siamo molto isolati», diceva il mio informatore. «Alcuni sono mentalmente disperati. Viviamo in un inferno buio». Lui era stato registrato dall'UNHCR, ma sarebbe rimasto a Khoms Souq al-Khamis per quasi due anni. Mi spiegò che il momento più triste era la notte, quando le guardie andavano a prendere le donne e le violentavano. Dalla sezione degli uomini si sentiva tutto.

In seguito il centro di Khoms Souq al-Khamis diventò un campo di lavoro, dove alcuni individui selezionati uscivano di giorno per andare a lavorare e rientravano la sera con qualche spicciolo per comprare da mangiare. Le guardie li incoraggiavano, sapendo che non sarebbero scappati: i detenuti avevano paura di loro, ma avevano ancora più paura di perdere ogni possibilità di essere scelti per l'evacuazione. Le sere in cui venivano pagati, invece che minacciati o derubati del loro guadagno con l'inganno, si ritrovavano a cucinare; ognuno di loro preparava il pasto per altre quattro o cinque persone. Poi mangiavano insieme, prendendo manciate di maccheroni da un'unica scodella condivisa.

Nell'ottobre 2020, finalmente, l'UNHCR chiuse il centro e i rifugiati vennero trasferiti a Tripoli, dove rimasero a cavarsela da soli.[10]

11.
Sierra Leone: la corsa al tempio e le donne rimaste indietro

> «*Amazing Grace, how sweet the sound / that saved a wretch like me. / I once was lost / but now am found. / Was blind, but now I see*».[1]
>
> John Newton, ex schiavista che lavorava in Sierra Leone

> «*Wae bod wan fly you shake di tik*
> [Se un uccello vuole volare, scuoti l'albero]».
>
> Proverbio Krio

C'è un gioco per cellulare che si chiama *Temple Run*. «Usa poteri incredibili per ingannare la morte», recita la pubblicità nell'App Store. «Raccogli monete e compra potenziamenti». Bisogna evitare una serie di pericoli, fra cui buche nel sentiero lastricato, correnti elettriche e pietre da superare con un salto o strisciandoci sotto. Si viene inseguiti da malvagi demoni scimmia. Non c'è modo di fermarsi senza morire. Il mio record è stato di 72 secondi.

In Sierra Leone, una nazione costiera di circa 8 milioni di persone, anche la rotta che porta in Europa è chiamata *Temple Run*, «corsa al tempio». Migliaia di persone hanno intrapreso questa corsa. Viaggiano via terra attraverso la Guinea, il Mali, il Niger o l'Algeria diretti in Libia, mettendo la propria vita nelle mani di trafficanti senza scrupoli.

Da quando le politiche sulle migrazioni nel Mediterraneo sono diventate più rigide, l'odissea dei rifugiati potrebbe essere paragonata anche a un altro gioco: *Snakes and Ladders* («serpenti e scale»). In genere gli africani dell'Africa occidentale in Libia non sono considerati rifugiati, dunque non hanno modo di essere evacuati legalmente. Se non annegano o non muoiono nel deserto, o non riescono ad attraversare il mare, ci sono grandi probabilità che vengano rimpatriati nei paesi d'origine mediante l'esteso programma di ritorno finanziato dalla UE. Una volta tornati al punto di partenza, devono decidere se rinunciare ai loro sogni o ricominciare da capo tutto il percorso.

Joseph K. Conteh è nato nel 1991, lo stesso anno in cui è scoppiata la guerra civile in Sierra Leone. La sua famiglia era originaria di

Bumba, un villaggio della provincia settentrionale di Makeni, dove suo padre spillava il vino di palma, o *poyo*. Da bambino Joseph diceva di poter trasportare galloni di *poyo* sulla schiena. Era il maschio più giovane della famiglia e il secondo di sette figli, due dei quali morirono piccoli. Era cresciuto nella capitale Freetown, accudito dai nonni, a 200 km di distanza dal villaggio dei genitori.

Joseph dice che suo nonno era pastore a Wellington, un quartiere della zona orientale di Freetown. Nel 1999, otto anni dopo l'inizio della guerra civile, la città venne presa d'assalto dai ribelli, che mutilavano chiunque incontrassero lungo la loro avanzata. Joseph racconta che i ribelli arrivarono davanti alla chiesa del nonno e chiesero del «capo di casa». Quando il pastore uscì, loro annunciarono che l'avrebbero «vestito», chiedendogli che cosa preferisse, «maniche lunghe o corte?». L'anziano rispose «corte», e i ribelli gli tagliarono le braccia al di sopra del gomito. Joseph ricorda di essersi nascosto in chiesa con la nonna mentre il nonno, fuori, moriva dissanguato. Più avanti sua madre avrebbe confermato quella morte, ma senza specificare com'era avvenuta. All'epoca aveva appena partorito ed era riluttante a parlare della guerra, se non per dire che era rimasta in casa il più possibile e che la cosa peggiore che avesse visto era un uomo a cui i ribelli avevano chiuso le labbra con un lucchetto.

Ti lascia un segno.

Joseph trascorse i dieci anni successivi vendendo le verdure di sua nonna la mattina presto, prima di andare a scuola. Intorno ai ventun anni incontrò Blessing, che aveva un anno meno di lui e stava ancora studiando. Suo zio viveva nel quartiere di Joseph, quindi continuavano a incrociarsi. Cominciarono una relazione.

Blessing la mattina seguiva le lezioni e poi andava a vendere prodotti al mercato, come aveva sempre fatto sua madre. Molti venditori della Sierra Leone lavoravano alla giornata, tentando di guadagnare a sufficienza per potersi comprare la cena, ma Blessing aveva un piano. Pur vivendo in uno stato in cui il 75% delle donne e il 59% degli uomini era analfabeta,[2] amava studiare. Voleva essere accettata all'università e diventare infermiera.

In epoca coloniale, Freetown era nota come l'«Atene dell'Africa» per via dell'istruzione di alto livello offerta dalle sue università, ma nel XXI secolo queste ultime erano diventate costose, e gli standard di insegnamento erano ormai piuttosto bassi.[3] Per ottenere un posto, spesso bisognava ricorrere alla corruzione o dispensare favori, oppure affidarsi al tribalismo o al patrocinio di qualcuno. Nonostante le scarse probabilità di successo, la maggior parte dei cittadini tentava ugualmente.

Nel 2012 Joseph terminò gli esami finali e si rese conto che non poteva permettersi di andare al college: dopo al massimo un semestre sarebbe rimasto senza i soldi necessari per pagare le tasse e altre spese. Trovò lavoro come autista di *okada*, una moto-taxi presa in affitto con cui trasportava i passeggeri e schivava i poliziotti che lo assillavano pretendendo mazzette; nel frattempo cercava di ignorare le notizie sugli ex compagni di classe, che accumulavano qualifiche dirigendosi verso posizioni di tutto rispetto.

Per me, ora, nulla.

Blessing si accorse di essere incinta. I due ragazzi non vivevano insieme, ma Joseph sapeva che le sue responsabilità stavano per aumentare in maniera esponenziale; all'orizzonte, inoltre, si stava profilando un'altra sfida.

Nel 2014 esplose un'epidemia di ebola. Molti abitanti della Sierra Leone non avevano mai sentito parlare di quella malattia mortale, che provocava emorragie dal naso, dalla bocca e da altri orifizi e condannava le vittime a una morte dolorosa per collasso degli organi o disidratazione. In tutta la nazione c'erano soltanto 140 medici circa, ossia uno ogni 50 000 abitanti.[4] Vennero istituiti centri di isolamento, e accanto fosse comuni improvvisate. Nel giro di qualche mese, i corpi cominciarono a essere lasciati in strada a decomporsi.[5] Nel novembre 2015 erano già morte quasi 4000 persone; in tutta l'Africa occidentale più di 11 000.[6] Lo zio di Blessing era uno di loro.

I confini della Sierra Leone vennero chiusi per frenare la diffusione della malattia, ma c'erano vari modi per lasciare il paese senza passare per le vie ufficiali, e Joseph voleva andarsene. In quanto secondo figlio maggiore, ci si aspettava che guadagnasse abbastanza da poter mantenere l'intera famiglia allargata. Sua madre era una contadina, ma lui non voleva fare quella vita. Cominciò a parlare di «pascoli più verdi» e di «raggiungere il livello successivo». Voleva fare soldi «in fretta», e disse a Blessing che avrebbe potuto raggiungere l'Europa, trovare un lavoro redditizio e mandarle soldi. Blessing concordò che era un buon piano, anche se non discussero mai dell'eventualità che lei lo seguisse; non aveva idea di quando si sarebbero potuti rivedere.

In tutto il mondo, gli esseri umani fanno piani e progetti. Intraprendono una miriade di azioni nella speranza di migliorare la propria vita. Joseph fece lo stesso. La povertà offre poche opportunità, e lui colse l'opportunità più grande che gli potesse venire in mente.

Joseph non se la cava bene con le date, ma dice di essere partito dopo l'inizio dell'epidemia – che la Sierra Leone dichiarò conclusa alla fine del 2015 – e prima della frana della montagna che si erge alle spalle di Freetown, Sugar Loaf, il 14 agosto 2017. In quell'occasione, a causa delle piogge insolitamente forti, si creò un torrente di fango che seppellì molte famiglie povere nelle loro case, costruite per necessità sul ripido pendio. Nessuno conosce il preciso bilancio delle vittime, ma la Banca Mondiale riferì di 1141 persone morte o scomparse: il peggior disastro naturale nella storia del paese.[7] Un anno dopo, molti corpi non erano ancora stati trovati.

Insieme a un amico, Joseph riuscì a racimolare 750 dollari: una cifra astronomica in uno stato dove il reddito annuale medio, secondo i dati della Banca Mondiale relativi al 2016, ammontava ad appena 490 dollari.[8] I due poi si spostarono a Gao, nel Mali, un importante centro della tratta e del traffico di esseri umani soprannominato «Il ghetto». I migranti africani di tutta la regione si riuniscono qui per tentare di scegliere il camion migliore sul quale attraversare il deserto del Sahara, in un viaggio di cinque o sei giorni.[9] I mezzi, con il loro carico umano, si dirigono a nord verso l'Algeria; nel senso opposto viaggiano frigoriferi e altri elettrodomestici, ma anche spaghetti e pasta.[10] Se qualche disgraziato muore durante il percorso o cade giù dal veicolo viene lasciato sulla sabbia. In base a quanto riferisce l'ONU, soltanto nel 2017 sarebbero morte nel deserto 690 persone, ma è probabile che in realtà fossero molte di più.[11] Delle trenta persone con cui viaggiava Joseph ne morirono sei.

Mi hanno venduto due volte.

In Algeria Joseph cercò di trovare lavoro, ma dato che era senza permesso di soggiorno temeva di essere scoperto e abbandonato nel deserto dalle forze di sicurezza. Telefonò due volte a sua madre per chiederle denaro; lei contrasse un prestito con una cooperativa femminile locale e gli mandò i soldi. Joseph racconta che poi andò in Marocco, dove si mise a elemosinare cibo per strada e tentò, senza successo, di oltrepassare la frontiera per raggiungere la Spagna. Allora si diresse a est, in Libia, dove provò ad attraversare il mare ma venne intercettato dalla Guardia costiera e rinchiuso. Dice che uno dei suoi amici annegò. A quel punto, Joseph si rimise in contatto con Blessing.

Sulle colline e lungo le coste dell'Africa occidentale, nei mercati, nei villaggi, nelle chiese e nelle moschee vivono le vedove della Libia. Sono le donne rimaste indietro, quelle che spesso non sanno se i loro mariti e fidanzati sono ancora vivi. Alcune lasciano l'Africa occidentale e raggiungono la Libia come gli uomini, ma sono rarissime. È più probabile che partano per il Libano, il Kuwait, gli Emirati Arabi Uniti o l'Oman e vadano a lavorare come domestiche grazie ai viaggi organizzati da qualche losca agenzia di collocamento. Blessing aveva considerato l'ipotesi di trasferirsi in Medio Oriente, ma poi aveva deciso che non ne valeva la pena. Le donne che compiono quel viaggio subiscono regolarmente violenze e torture, e i loro passaporti vengono confiscati mentre loro si sfiancano per anni senza tirare mai il fiato, fino a che non vengono abbandonate o deportate senza aver ricevuto la paga che era stata loro promessa. A quel punto tornano a casa, dove vengono stigmatizzate e accusate di aver lavorato come prostitute. Blessing aveva deciso quindi di prendere in mano la gestione domestica e di occuparsi del bambino, dei parenti di Joseph e dei loro anziani genitori, mentre Joseph tentava la fortuna in cerca di una vita migliore per tutti loro.

La ragazza pregò e digiunò per la salvezza di Joseph, e alla fine smise di andare a scuola per lavorare e guadagnare denaro. Quando lui la contattò, le disse che la polizia lo aveva catturato insieme ad altri. Era bloccato in un centro di detenzione; era tutto troppo difficile; non aveva più soldi per un altro viaggio in mare ed era ormai sul punto di arrendersi.

Le mandò un numero dell'Organizzazione Internazionale per le Migrazioni, l'agenzia dell'ONU che si occupa di rimpatriare i migranti dalla Libia ai loro paesi d'origine, ma la persona che rispose era aggressiva e si mise a gridarle contro, dice Blessing. Poi Joseph le diede il mio numero, ottenuto da un compagno di prigionia. Blessing mi raccontò che suo figlio stava morendo di fame e che aveva bisogno che

Joseph tornasse a casa. Io inoltrai le sue richieste e i documenti di Joseph a un mio contatto all'IOM.

Per favore aiutami a parlare con l'IOM, così mio marito la prossima settimana sarà con me, per favore. Non sono in una buona condizione ora. Aiutami, per amore di Allah. Mi sto mettendo in ginocchio. Non ho modo di comunicare con mio marito perché la polizia gli ha preso il telefono [...] Non [so] cosa c'è che non va, mentre ti parlo il mio cuore è angosciato. Ti parlo con le lacrime agli occhi. Non ho nulla in mano per pagare l'affitto, non c'è cibo in casa, le tasse della scuola di mio figlio, non c'è niente.

Joseph teneva il cellulare nei boxer e lo portava con sé in bagno per registrare le sue suppliche su WhatsApp. Parlava a bassa voce. Mi diceva, «Ma', voglio andare a casa». Le guardie del centro si tappavano il naso quando lo vedevano, lo chiamavano «puzzone» e dicevano che tutti i detenuti erano «schiavi». Di notte, Joseph ascoltava i pianti delle donne.

Il 24 ottobre 2018 firmò il «modulo di dichiarazione di ritorno volontario» con un'impronta digitale, come richiesto dal sistema. «Sono consapevole che al mio arrivo potrò essere intervistato e/o interrogato dalle autorità», recitava il modulo. «Sono altresì consapevole che l'IOM non sarà nella posizione di interferire con il regolamento e le procedure stabilite dalle autorità aeroportuali o per l'immigrazione durante il viaggio o all'arrivo. Accetto, a nome mio e di qualunque altra persona per la quale io abbia il diritto di farlo, come anche a nome dei miei eredi e per le proprietà rilevanti, che l'IOM non sarà responsabile di alcun danno, diretto o indiretto, nei miei confronti o nei confronti di qualunque altra persona coinvolta nell'intervento di assistenza dell'IOM, derivante da circostanze al di fuori dell'ambito di controllo dell'IOM».

Alla domanda sullo status di Joseph venne segnata la voce «altro», per indicare che non gli erano stati riconosciuti diritti di asilo. «Teme che lei/chiunque dipenda da lei potrà essere oggetto di violenze o abusi, compresi l'arresto o la detenzione, nel suo paese d'origine?». Non venne segnata né la casella del «sì» né quella del «no». Joseph diede il consenso all'utilizzo dei dati personali a scopi di ricerca e anche all'utilizzo della sua fotografia, per quanto non fosse chiaro dove sarebbe andata a finire.

Iniziò ad aspettare. Il suo nome rimase fuori dalla successiva lista dei passeggeri che sarebbero rientrati in Sierra Leone. «Non stiamo andando bene», mi scrisse il 17 dicembre, preoccupato che l'avessero dimenticato. Ricontattai l'IOM. Gli diedero una data di partenza: il 26 dicembre. «Non ti dimenticherò mai per tutta la mia vita, che Dio ti benedica», mi scrisse ancora. Alla vigilia di Natale mi fece gli «auguri di buone feste» e mi chiese come avevo dormito.

Alla vigilia di Capodanno fui felicissima di ricevere un messaggio di Joseph dal cellulare di Blessing. «Ciao ma', sono io Joseph K. Conteh. Come stai? Come il lavoro, ma'? Sto con la famiglia, sono così felice».

«Che Dio ti benedica, che Dio ti porti a un livello superiore», mi scrisse poi Blessing.

In Senegal il viaggio verso l'Europa è detto *la recherche*, «la ricerca»; in Gambia, *Back Way*, «passaggio dal retro»; in Guinea, *tounkan*, ossia «l'avventura». Ogni giorno gli africani della parte occidentale del continente devono fronteggiare livelli di povertà estremi, corruzione endemica, discriminazioni legate al tribalismo, difficoltà di accesso all'istruzione e mancanza di cure mediche decenti. In molti paesi, le istituzioni governative non funzionano come dovrebbero e i cittadini non possono contare su nessuna rete di assistenza sociale.

L'assenza di tutti quei servizi che gli europei magari danno per scontati mi venne bruscamente ricordata nel 2018, quando incappai in un corpo umano su una spiaggia. Mi trovavo a Monrovia, la capitale della Liberia – un paese confinante con la Sierra Leone – per un reportage. La gente del quartiere mi disse che il corpo era lì da giorni. Quando interrogai il Ministero della Sanità in proposito, mi venne risposto che mancavano i fondi per pagare i costi di trasporto, dunque i cadaveri abbandonati nelle aree pubbliche – persone morte a causa delle violenze o per le malattie – rimanevano dov'erano per diversi giorni prima che se ne riuscissero a organizzare la rimozione e la sepoltura.

È soltanto un esempio, e anche molto estremo, ma evidenzia le difficoltà sociali con cui hanno a che fare molte persone in queste aree, e anche in quale considerazione le autorità di governo mostrino di tenere la vita umana. Decine di milioni di abitanti dell'Africa occidentale vivono alla giornata: qualunque cifra guadagnino in un giorno determina quanto mangeranno. Studiare costa, le borse di studio sono rare e le posizioni migliori vanno a chi ha i contatti giusti. Un viaggio in Europa può essere visto come l'unica opzione possibile: un rito di passaggio, un sacrificio della comunità e un modo per garantire un futuro alla propria famiglia.[12]

Quando l'Unione europea cominciò a finanziare le intercettazioni della Guardia costiera libica nel Mar Mediterraneo, anche gli africani dell'Africa occidentale rimasero intrappolati nel circolo vizioso libico di trafficanti e centri di detenzione. Dal momento che loro non rientravano nell'elenco delle nove nazionalità che l'UNHCR poteva registrare come candidate all'evacuazione, una parte fondamentale delle politiche migratorie europee si concentrò sui «ritorni volontari assistiti», con cui queste persone venivano riportate nei paesi di origine tramite l'IOM. Tra il 2015 e il 2020, il Fondo fiduciario della UE permise all'IOM di riportare in 44 paesi diversi oltre 50 000 individui arrivati in Libia.[13] Poiché i detenuti ufficialmente non erano incriminati di nulla e non avevano diritto a un processo, quei ritorni rappresentavano l'unica via legale a loro disposizione per uscire dai centri libici, ma erano una deportazione a tutti gli effetti.[14] Dalla Libia, i migranti sono stati rimandati in paesi quali la Nigeria, la Sierra Leone, la Guinea, il Ghana, il Gambia e il Mali.

«Parlano di rimpatrio volontario, ma non è volontario, è così o niente», mi raccontò in un'occasione un operatore che aveva assistito ad alcuni incontri con l'IOM. Le autorità libiche in genere erano ben liete di sbarazzarsi degli africani dell'ovest bloccati nei centri, aggiunse l'operatore, perché questi gruppi non possono contare su grosse comunità della diaspora e non hanno molto denaro a disposizione, dunque trafficanti e milizie non possono ottenere chissà quale profitto. «[Gli africani occidentali] sono poveri, non si può ricavare nulla da loro. Chiamano le famiglie che magari vendono il generatore della corrente, i polli e non possono comunque permettersi di pagare il riscatto. [Le autorità libiche] non sprecano il loro tempo in questi casi. Li fanno deportare tramite l'IOM e continuano a tenersi i soggetti redditizi [gli africani orientali]».

Alcuni individui rimpatriati dall'IOM provenivano perfino dai paesi detti «produttori di rifugiati». Secondo il Ministero dell'Informazione eritreo, intorno alla metà del 2019 erano già rientrati dalla Libia più di 50 eritrei, che quindi erano stati rispediti in un paese a regime dittatoriale dove gli abusi erano all'ordine del giorno.[15]

Nel 2018, mentre l'epidemia di tubercolosi di Triq al-Sikka era all'apice della diffusione, arrivarono nel centro alcuni funzionari dell'ambasciata eritrea – accompagnati da operatori dell'IOM – che incoraggiarono i detenuti a tornare a casa. Un eritreo avrebbe ricordato le parole di uno di loro: «Perché rimani a morire in questo modo? Torna al tuo paese, potrai vivere con la tua famiglia. La Libia e l'UNHCR ti stanno usando per i loro affari, perché perdi il tuo tempo qui?». Disperati e convinti che sarebbero morti di tubercolosi se fossero rimasti, quattro uomini accettarono di partire. Uno faceva da tempo incubi in cui riviveva le torture subite dai trafficanti. Avevano capito tutti che era in difficoltà.

> *Hanno detto che andiamo incontro alla morte e che nel nostro paese è uguale. È meglio che moriamo in patria. Sono sicuramente sotto stress e non hanno una mente normale.*

Venni poi a sapere da una mia fonte all'IOM che i quattro eritrei erano atterrati ad Asmara, la capitale dell'Eritrea, e che erano stati caricati su pullman diretti verso le loro regioni d'origine senza essere accompagnati dal personale dell'IOM. Non era chiaro che cosa sarebbe accaduto dopo, ma i loro amici temevano che sarebbero stati reclutati forzatamente nell'esercito o rinchiusi in prigione.

Su internet si possono vedere i video postati dall'IOM che celebrano il programma di ritorno destinato agli africani. Ci sono videointerviste a uomini e donne che sbarcano da voli charter o che lavorano in panetterie e allevamenti di pollame nei loro paesi di provenienza, il tutto accompagnato da un allegro sottofondo musicale.[16] In un video si vedono alcuni nigeriani che battono le mani e cantano *Coming Home* di P. Diddy a bordo di un aereo partito dalla Libia.[17] La stagista che ha montato quei video, Tenley Garrett, più avanti avrebbe scritto in un blog che aveva imparato a distaccarsi dalle immagini che vedeva lavorando per l'IOM, «perché ammettere che stavo assistendo a qualcosa che in realtà era orribile, o che i sistemi locali e internazionali non erano riusciti a proteggere i diritti e le vite di centinaia di migliaia di persone innocenti, mi rende in qualche modo complice del crimine».[18]

Dal quartier generale dell'IOM a Ginevra, Garrett spiegava come si fosse «ben presto resa conto» che «la pressione dell'affitto da pagare [...], della famiglia da mantenere (se si era riusciti a crearne una), dei beni essenziali da acquistare e del costo della vita (straordinariamente alto) in una delle città più ricche del pianeta sembrava risucchiare la sincera bontà d'animo e il desiderio di sistemare il mondo che caratterizzano la maggior parte dei nuovi arrivati tra le file dell'ONU».

«[Io rimanevo] seduta, sentendomi del tutto impotente mentre sotto i miei occhi una serie di individui conniventi insozzava i corridoi di quella che agli occhi del mondo esterno appariva come un'organizzazione di tutto rispetto, nobile e benevola, che desiderava soltanto il meglio per le persone oppresse», scriveva ancora. «Cominciai a chiedermi se queste persone (me compresa) erano davvero i buoni, se ce ne fregava qualcosa, come sostenevamo, delle vittime di abusi o dei bambini rinchiusi nei campi di detenzione o delle madri a cui venivano dati documenti di identità falsi e che venivano costrette a lavorare come schiave in paesi lontani. Se davvero ci importava dei volti umani di queste storie, perché ci concedevamo moderate celebrazioni per i nuovi e sconvolgenti sviluppi politici al di là del mare o per l'anomalo riconoscimento dei media?».

Nel corso degli anni in cui mi sono occupata di questioni migratorie e dei problemi dei rifugiati è stato chiesto anche a me di partecipare a eventi sponsorizzati dall'IOM. Uno di questi era una settimana di formazione in Sierra Leone, durante la quale bisognava insegnare agli ex migranti rientrati dalla Libia e ai giornalisti locali come scrivere storie sulle migrazioni che potessero dissuadere la popolazione dal partire per l'Europa (rifiutai). Anche in altri paesi africani si sono tenuti eventi simili; in Nigeria, per esempio, una partecipante descrisse la propria sorpresa quando si accorse di essere stata selezionata proprio da uno di quei progetti finanziati dalla UE sui quali avrebbe dovuto indagare. «In breve ci rendemmo conto che nessuno dei giornalisti presenti avrebbe imparato a esaminare con occhio critico le politiche migratorie dell'Unione europea», avrebbe scritto più avanti. «Era un corso di lingua: una lezione di Lingua della migrazione, così come la parlavano alla UE».[19]

Via via che il numero di migranti riportati in patria dall'IOM aumentava, aumentava anche il budget dell'agenzia. Nel 2019 venivano ormai spesi oltre due miliardi di dollari all'anno, un ottavo di più rispetto alla fine degli anni novanta.[20] Quasi la metà dei fondi proveniva dalla UE e dai suoi stati membri.[21]

Non sempre i soldi arrivavano fino ai destinatari del programma di ritorno. Diverse persone in paesi come la Sierra Leone, l'Etiopia e il Gambia mi hanno detto che il personale dell'IOM aveva promesso loro di aiutarle a reintegrarsi se avessero accettato di lasciare la Libia, e che negli aiuti sarebbe stato incluso del denaro per avviare un'attività, ma poi loro non avevano ricevuto nulla, oppure molto meno di quanto si aspettassero (quando ho chiesto all'IOM di commentare queste dichiarazioni non ho ricevuto risposta). Stando a un'indagine di Euronews resa pubblica nel 2020, fra le persone rientrate in Sudan dalla Libia meno di una su tre ha ricevuto un qualche tipo di sostegno economico; cifre simili compaiono anche altrove. Al posto dei soldi, chi aveva accettato di tornare si trovava davanti la vergogna, i debiti e la disoccupazione.[22] Uno studio condotto dall'università di Harvard ha rilevato che la maggioranza degli ex migranti rientrati in Nigeria non aveva trovato lavoro.[23]

Il professor Loren B. Landau, che si occupa di migrazione presso l'università di Oxford, ha definito l'IOM un «agente della UE». Ha inoltre fatto notare che nel caso dei ritorni non si può parlare di scelta volontaria, dato che l'unica alternativa possibile per i migranti è quella di rimanere in un centro di detenzione dove vengono a stento nutriti; e ha aggiunto che l'IOM non viene sottoposto a grandi controlli. «In sostanza, le uniche persone a cui devono rispondere sono quelle che li pagano per fare questo lavoro. Se riferiscono alla UE ciò che hanno fatto, alla UE probabilmente andrà bene», mi ha detto Landau quando abbiamo parlato al telefono. «Non penso che alla UE interessi, fintanto che il programma rimane effettivo».

Nel corso di un'intervista all'inizio del 2020, Federico Soda, che l'anno prima era diventato capo missione dell'IOM in Libia, mi disse che soltanto un quarto delle persone che lasciavano la Libia tramite il programma di ritorno volontario finanziato dalla UE arrivava direttamente dai centri di detenzione. Il restante 75% non era detenuto al momento della partenza, cosa che lo «consola[va] un po'», perché era più «accettabile». Di solito vivevano per conto loro a Tripoli e in altre città, anche se molti, in vari momenti, erano comunque finiti nel giro dei trafficanti e dei centri di detenzione.

«La preoccupa l'idea che queste persone siano costrette a tornare a casa senza avere la possibilità di scegliere davvero?» gli chiesi.

«Non mi preoccupa», rispose Soda. «Trovo che lei abbia ragione, dobbiamo essere realistici in merito alle opzioni effettivamente disponibili. E credo che se avessero opzioni migliori forse non sceglierebbero tutto questo, ma non credo che ciò significhi che non è una scelta... volontaria. Non è forzata, è una di cima di salvataggio per uscire da una situazione molto brutta. Ma comunque... il trauma dell'esperienza per tanti giovani uomini e tante giovani donne è molto grave. Penso che per molti di loro probabilmente il rimpatrio rappresenti la conclusione peggiore. Ovviamente non erano partiti pensando di ritornare in questo modo, senza una storia di successo. Quindi credo che anche questo sia piuttosto difficile per loro».

Quando Joseph prese il volo di ritorno per la Sierra Leone, era la prima volta che saliva su un aereo. Si guardò intorno con stupore mentre l'aereo «entrava nella nuvola». Alla successiva turbolenza gli sembrò di stare su un cavallo al galoppo. La paura gli impedì di mangiare. Passò sopra la Tunisia e poi ancora al Marocco. Più avanti avrei percorso la stessa tratta finale per raggiungere l'aeroporto di Freetown, Lungi, con l'aereo che si inclinava verso la costa dopo aver superato una foresta scura e un tratto di mare.

Tra Lungi e la capitale si estende un ampio estuario. I passeggeri più benestanti possono noleggiare un taxi d'acqua per quaranta dollari e filare su 16 km di onde increspate indossando sgargianti giubbotti di salvataggio arancioni. Chi non può permettersi questo lusso prende un traghetto, oppure un autobus affollato che per quattro ore percorrerà strade sterrate e piene di dossi.

Ad Aberdeen, al margine settentrionale della città, le navi da carico tagliano sgraziate l'orizzonte, superando casinò illuminati al neon e hotel eleganti con file di balconi bianchi identici. La loro pesantezza è accentuata dalla rapidità felina dei motoscafi a più piani e dalle lunghe canoe di legno usate dai pescatori locali, con un uomo a torso nudo in piedi al timone e gli altri accovacciati dietro di lui.

La prima volta alloggiai in un hotel semivuoto un po' fuori città. L'alto edificio sorgeva su un pianoro tra un'altura e una lunga spiaggia vuota, che raggiunsi dopo aver attraversato vari campi di riso. Il paesaggio circostante era punteggiato da un insieme di case in rovina e abitazioni costruite a metà: un bizzarro contrasto di nuove speranze e sogni svaniti. La sera, un sole color arancio si dissolveva nell'acqua scintillante.

Durante la settimana, le spiagge nei dintorni di Freetown davano l'impressione di una cittadina turistica abbandonata. Negli anni ottanta del secolo scorso, il settore turistico in Sierra Leone aveva conosciuto un vero e proprio *boom*, che però venne frenato prima dalla guerra civile e poi dall'epidemia di ebola. La recente pandemia di Covid-19 aveva bloccato un'altra volta i viaggi internazionali. Sulla spiaggia c'erano alcuni bianchi in costume da bagno che si rilassavano davanti a bar e ristoranti vivaci, per la maggior parte diplomatici e operatori dell'ONU o di qualche altra organizzazione umanitaria. Come in molte città di mare europee, si avvertiva una traccia di infelicità nascosta; era l'idea che, mentre gli stranieri trovavano il tempo di rilassarsi, la gente del posto fosse intrappolata lì.

Gli occidentali benestanti e la maggior parte dei sierraleonesi conducevano vite nettamente separate. Una sera andai a un party organizzato intorno alla piscina di un enorme complesso residenziale recintato che svettava sulle luci della città. Nel complesso vivevano i funzionari di un'ambasciata insieme alle loro famiglie; a ogni «expat» era stato assegnato un bungalow di più stanze. Non erano autorizzati a usare i mezzi pubblici, quindi chi non aveva la macchina quasi non usciva di lì; ma non ne avevano davvero bisogno. Ballavano e bevevano, oppure si rinfrescavano in piscina, con i drink che galleggiavano accanto a loro in portabicchieri gonfiabili a forma di fenicottero o di ananas.

Io non volevo parlare del mio reportage, ma un dipendente dell'ambasciata mi spinse a farlo. Poi mi spiegò che era inutile contestare lo status quo: non sarebbe cambiato nulla. «La gente in Europa, quelli che "hanno", non saranno mai disposti a trovarsi allo stesso livello di quelli che "non hanno"», mi disse. «Nessun governo europeo acconsentirà alla libera circolazione dei popoli, anche se ci sono ragioni morali e storiche per farlo».

Come nella maggior parte dei paesi africani, anche in Sierra Leone i volontari stranieri facevano una bella vita: alloggiavano in case spaziose con tanto di addetti alla pulizia e di guardie; giravano in fuoristrada bianchi e splendenti guidati da autisti privati; si godevano le località balneari nel weekend; e ai posti di blocco venivano fatti passare con un semplice cenno della mano, mentre i sierraleonesi erano ingiustamente costretti a pagare mazzette. La diaria giornaliera dei dipendenti dell'ONU, in aggiunta al consueto salario, era di 254 dollari al giorno.[24] Cominciai a chiedermi chi beneficiasse davvero dei servizi di assistenza stranieri in quell'industria multimiliardaria. Certamente anche autorizzare le migrazioni verso i paesi più ricchi era una forma di assistenza necessaria: bisognava permettere agli africani di guadagnare denaro all'interno dei sistemi che li avevano sfruttati per così tanto tempo, di mandare i soldi alle famiglie e poi di ritornare a casa se lo volevano. Nel 2017, mentre Joseph si trovava in Libia, si prevedeva che le rimesse verso l'Africa subsahariana sarebbero ammontate a 34 miliardi di dollari: una cifra molto più alta della spesa del Fondo fiduciario della UE.[25]

La povertà assoluta non garantisce l'asilo politico. Se Joseph avesse raggiunto l'Europa, è improbabile che avrebbe ottenuto un permesso di soggiorno.[26] Eppure la Sierra Leone stava diventando ancora più povera, mentre l'Europa si arricchiva. Tra il 2017 e il 2018, nel periodo in cui Joseph era bloccato in Libia, si registrò un nuovo miliardario globale ogni due giorni.[27] Nel 2019 Oxfam annunciò che i ventisei individui più ricchi al mondo, nell'insieme, possedevano l'equivalente della metà più povera del pianeta.[28]

Cominciai a immaginare un collegamento tra il ritorno di Joseph in patria e un evento risalente a moltissimi anni prima, quando un altro gruppo di individui era sbarcato in Sierra Leone dopo aver subito abusi in Europa.

Per oltre 140 anni, a partire dal XVII secolo, fino a 50 000 persone lasciarono l'isola sierraleonese di Bunce Island – una delle principali basi dedicate allo smistamento degli schiavi sulla costa africana occidentale – per andare a lavorare come schiave oltremare.[29] Ancora oggi capita di imbattersi in qualche residuo del passato schiavista del paese. Non sapevo per esempio che l'inno *Amazing Grace* fosse stato scritto da John Newton, ex capitano di una nave negriera che salpava regolarmente dalla Sierra Leone con a bordo un carico di esseri umani. Più avanti Newton si diede alla religione e diventò un pastore anglicano abolizionista, componendo il brano che oggi si calcola venga eseguito circa dieci milioni di volte all'anno e che è stato cantato in pubblico da molti artisti, da Aretha Franklin a Johnny Cash, e perfino da Barack Obama.[30]

Freetown venne fondata nel 1787 per accogliere gli schiavi liberati e rimpatriati. Il primo gruppo, composto da 400 persone, veniva da Londra.[31] Qualche anno dopo arrivarono più di mille persone dalla Nuova Scozia, in Canada, e poi altre provenienti da New York nel 1820, in seguito all'abolizione negli Stati Uniti del commercio degli schiavi attraverso l'Atlantico.[32]

Alcuni dei nuovi arrivati erano i cosiddetti «*recaptives*»: schiavi intercettati in mare dalla marina britannica (la Gran Bretagna aveva colonizzato la Sierra Leone nel 1808).[33] La vita a Freetown non sarebbe stata facile per i suoi abitanti. Nati in paesi diversi dell'Africa, si dovettero costruire una nuova esistenza tutti insieme, mentre il loro continente continuava a essere depredato dall'Occidente. La lingua nazionale parlata ancora oggi, il krio, è una forma di inglese *pidgin* sviluppatasi fra questi africani di diversa origine. Per esempio: «*How de body?*» significa «Come stai?».

La risposta in genere è «*De body fine*».

Le impronte dei colonizzatori si possono leggere anche nei vari toponimi del paese: Aberdeen, Waterloo, Kent, York. A nord di Freetown c'è perfino la White Man's Bay («baia dell'uomo bianco»). Gli Stati Uniti avrebbero poi pagato mezzo milione di dollari per sistemare Bunce Island in modo che fosse pronta ad accogliere i turisti.[34]

Dopo l'abolizione della schiavitù, ci fu soltanto un caso di migrazione dalla Sierra Leone all'Europa che all'inizio sembrò promettente. Nel 1873, il sierraleonese Christian Cole fu il primo studente nero a entrare all'università di Oxford.[35] Cole leggeva i classici e partecipava ai dibattiti della Oxford Union, e dopo l'università divenne il primo avvocato nero a esercitare in un tribunale inglese, un ambiente nel quale dovette sentirsi disperatamente solo. Le circostanze, comunque, gli rimasero sfavorevoli. Non essendo riuscito a lavorare a sufficienza, tornò in Africa e morì di vaiolo a Zanzibar a soli trentatré anni.

La Sierra Leone ottenne l'indipendenza nel 1961, ma questo non impedì all'Occidente di continuare ad approfittarne.[36] Ancora oggi è uno dei paesi più poveri al mondo. «Dovrebbe essere l'Arabia Saudita dell'Africa, ma non lo è», scriveva Greg Campbell in *Diamanti di sangue*, l'inchiesta di denuncia da cui è stato tratto l'omonimo film con Leonardo di Caprio che ha ricevuto diverse nomination agli Oscar. I sierraleonesi sono uno dei popoli più poveri al mondo.[37]

Stando ai libri di storia, il primo a trovare diamanti in Sierra Leone fu un geologo britannico di nome J. D. Pollett negli anni trenta del secolo scorso. Tra il 1930 e il 1970, la miniera da lui scoperta produsse diamanti per un valore complessivo di oltre 50 milioni di carati.[38] Il luccichio di quel tesoro avrebbe poi scatenato una guerra per i profitti e il territorio che durò dal 1991 al 2002. All'inizio, il gruppo ribelle Fronte Unito Rivoluzionario (Revolutionary United Front, RUF) promise di spartire equamente i ricavi della vendita dei diamanti fra tutti i cittadini, ma in breve tempo si fece conoscere per la sua incredibile crudeltà nei confronti dei civili. Le missioni del RUF avevano nomi quali «Operation No Living Thing» (Operazione Niente di Vivo) e una delle sue unità era soprannominata Bastard Brigade, «Brigata dei Bastardi», perché era formata da orfani ed era guidata da un comandante chiamato Man Friday, «Uomo Venerdì».[39] Come si intuisce dalla storia raccontata da Joseph sul nonno, i ribelli ricorrevano alle mutilazioni – di mani, labbra, seni, lingua, orecchie o gambe – oltre che agli stupri, alle razzie e alle esecuzioni sommarie. In quel conflitto furono uccise almeno 50 000 persone, molte per mano di bambini soldato indottrinati.[40]

Mentre le violenze proseguivano, l'ONU classificò la Sierra Leone come il paese meno sviluppato al mondo,[41] e vi avviò la più ampia e costosa missione di soccorso mai vista prima: furono schierati più di 17 500 soldati provenienti da 31 paesi diversi, per una spesa di 612 milioni di dollari soltanto nel 2001.[42] Uno studio rilevò che il 99% degli intervistati di Freetown soffriva di qualche forma di denutrizione, il 90% aveva visto concittadini feriti o uccisi e almeno la metà aveva perduto una persona cara. Uno su tre intervistati era stato preso in ostaggio e più della metà aveva assistito a torture.[43]

Il commercio di diamanti in Sierra Leone è attivo ancora oggi. Il Radisson Blu Mammy Yoko – uno degli hotel più esclusivi di Freetown – ospita un ufficio di Stone Age International, un esportatore di diamanti. Quando ho chiesto a un giornalista locale se i sierraleonesi stavano finalmente ricavando qualcosa da quel settore, lui ha scrollato le spalle e ha risposto: «Non proprio».

Che l'Occidente abbia guadagnato sulle spalle della Sierra Leone è innegabile, e alcuni studiosi e attivisti ritengono che autorizzare le migrazioni dall'Africa all'Europa sarebbe una forma di riparazione essenziale, considerato tutto ciò di cui è stato privato il continente africano. Nel 2019 E. Tendayi Achiume, la Relatrice speciale dell'ONU sulle forme contemporanee di razzismo, discriminazione razziale, xenofobia e intolleranza, ha scritto sulla «Stanford Law Review» che «i migranti economici di un certo tipo hanno ragioni imprescindibili per richiedere l'ammissione e l'inclusione nazionale in paesi che ancora oggi, contrariamente a qualunque etica, rivendicano il diritto a escluder[li]»; secondo Achiume, si tratterebbe semplicemente di «giustizia correttiva e distributiva», dal momento che «soltanto tra il XIX secolo e la prima metà del XX, il progetto coloniale europeo ha portato alla migrazione di almeno 62 milioni di europei in colonie sparse per il mondo».[44]

Oltre ai ragionamenti sulla giustizia correttiva e le riparazioni, esistono questioni relative a che cosa costituisca una minaccia per la vita umana che vanno al di là delle definizioni legali ufficiali. Nel periodo in cui Joseph aveva lasciato la Sierra Leone, l'aspettativa di vita era di soli 51 anni per gli uomini e di 52 anni per le donne (alla nascita di Joseph l'aspettativa era di 38 anni).[45] Intorno ai 25 anni, i sierraleonesi avevano praticamente terminato la prima metà della loro vita, mentre l'europeo medio non aveva completato neppure un terzo della propria.[46] In media, gli uomini occidentali vivevano 29 anni di più, le donne 32.

Nel 2016 l'UNICEF annunciò che la Sierra Leone aveva il peggior tasso di mortalità materna al mondo: una madre su diciassette aveva elevate probabilità di morire di parto.[47] Un bambino su dieci sarebbe morto prima del quinto anno di età.[48] Un'infermiera dell'ospedale infantile di Freetown mi ha raccontato che il personale applaudiva nei rari giorni in cui nessun bambino moriva a causa della malnutrizione, della malaria o di altre malattie del tutto evitabili; di solito perdevano il 20% dei ricoverati. Quando scoppiò la pandemia di Covid-19, gli ospedali pubblici non avevano respiratori disponibili e i pazienti morivano perché le famiglie non potevano permettersi di acquistare bombole di ossigeno da 75 dollari.[49] Alla luce di questi fattori, la distinzione tra «migranti economici» e «rifugiati» non sembrava più tanto chiara.

Questa non è una storia d'amore, ma una storia umana. Quando Blessing rivide Joseph per la prima volta dopo il suo ritorno le sembrò sano, fisicamente e mentalmente, anche se non aveva nulla con sé, neppure un telefono. Non aveva neanche denaro, il che sembrava una presa in giro, pensò lei, visto tutto quello che le aveva fatto passare.

Dopo mesi di silenzio, nel maggio 2019, Blessing mi scrisse per sapere come andavano le cose. Io le chiesi di Joseph. «Quell'uomo, appena è tornato a casa, mi ha deluso con un'altra donna. Non voleva saperne di me e di mio figlio», mi rispose. «Ma io ho lasciato tutto nelle mani di Dio, Dio combatterà per me, Dio prenderà il controllo». Joseph aveva «sbandato», mi spiegò con un termine in lingua krio. «Non è stato corretto con me».

Più avanti avrei incontrato diverse volte Blessing e Joseph separatamente. In un'occasione lei mi cucinò pollo con platano fritto e un generoso accompagnamento di maionese Hellmann's, poi si mise a elencare le sue preoccupazioni nella stanza buia che aveva preso in affitto da sola, seduta su un materasso coperto da un lenzuolo del Barcelona Football Club. Per terra erano impilate scatole di cibo e i suoi vestiti erano appesi a un gancio nel muro. La plastica che copriva il pavimento aveva dei disegni a fiori e a quadri. Il figlio era tornato al villaggio della sua famiglia e non lo vedeva da oltre un anno. Blessing diceva che era troppo imbarazzata per presentarsi lì a mani vuote, perché qualcuno avrebbe sparlato di lei. «Gli uomini evitano le responsabilità, le donne se le prendono tutte», si lamentava.

Ci sono diverse cose a cui una relazione non può sopravvivere. I racconti di Blessing e di Joseph sugli avvenimenti di quei difficili anni talvolta coincidevano, altre volte differivano: magari lei si faceva prendere dall'amarezza, oppure lui temeva che quello che mi raccontava avrebbe potuto creare «problemi». Mi venne da chiedermi a che titolo stavo indagando sull'intimità della loro vita privata.

Joseph diceva di aver sorpreso Blessing con un altro uomo e, dato che lei era già un peso dal punto di vista economico, l'aveva lasciata. Lei diceva che era stato lui a tradirla. In ogni caso, l'amore era svanito. Quando si vive ai margini, tutto è immediato: non c'è tempo per rami d'ulivo o lente riconciliazioni.

Una domenica pomeriggio montai su una motocicletta *okada* per raggiungere il quartiere di Joseph nella zona orientale di Freetown. Mentre filavamo sulle strade polverose, superammo un gruppo di ragazzini che giocavano a calcio, con le porte delimitate da pietre al posto dei pali. Alla mia sinistra, sotto un cielo nuvoloso, scorrevano tetti color turchese, celeste e rosa tenue. A destra vedevo colline verdi e ondulate. Un uomo gironzolava indossando una T-shirt che diceva «bonjour bitches». Alcuni approfittatori avevano teso una corda attraverso la strada e volevano essere pagati per lasciarci passare. L'autista chiese da quale continente venivo, e si mise a ridere quando risposi «Europa». A un incrocio si leggeva un graffito che diceva: «Quando c'è corruzione, i singoli ci guadagnano ma il paese perde».

Joseph viveva letteralmente sull'orlo di un precipizio. Mi venne incontro e ci arrampicammo insieme sui ripidi gradini di roccia che conducevano alla casa in cui abitava con la sua nuova fidanzata, Khadija, con il suo amico Yusuf, che aveva tentato anche lui di arrivare in Europa senza riuscirci, e con più di dieci parenti. Yusuf aveva cominciato a fumare parecchia marijuana quando era tornato in Sierra Leone, arrivando perfino a derubare e a minacciare Joseph per pagarsi la roba. Quando lo incontrai aveva gli occhi rossi e se ne stava stravaccato a lamentarsi di tutte le difficoltà che aveva dovuto patire. Joseph, al contrario, era lucido e affettuoso.

Dal davanzale in cemento della casa si vedeva l'Oceano Atlantico, e spesso la sera ci sedevamo lì a guardare il sole che tramontava e le luci che iniziavano a brillare. Ci trovavamo sul pendio di una collina, traboccante di costruzioni e di vita. Più in basso c'era un campo da calcio dove si affrontavano due squadre locali, una con l'uniforme bianca, l'altra con l'uniforme blu. Le nuvole di polvere che si sollevavano dal campo ci avvolgevano il viso e depositavano un altro strato marrone chiaro sui tetti di lamiera ondulata dei negozi e delle abitazioni. Joseph riusciva a vedere gli amici sulla strada sotto di noi, fiancheggiata da negozietti con le bandiere del Regno Unito o degli Stati Uniti. Lo chiamavano spesso.

Ovunque sorgevano case addossate le une alle altre. Joseph mi fece fare un giro. Superammo corsi d'acqua fangosa e bambini che si tiravano dietro automobili giocattolo ricavate da taniche gialle. Venivo presentata a tutti come la giornalista che lo aveva aiutato a tornare dalla Libia. «È venuta a vedere come sto», spiegò entusiasta a una signora, che sorrise e disse che sapeva quanto fosse stato difficile per lui. Vicino al campo da calcio Joseph salutò un altro beneficiario del programma dell'IOM, rientrato dall'Algeria.

Joseph mi raccontò che dopo il suo ritorno aveva dormito per un anno nel «cinema» locale, una stanza di lamiera ondulata con tre televisori dove la gente pagava un biglietto per guardare le partite di calcio. Di notte ospitava ragazzi e uomini che non avevano nessun altro posto in cui andare. Quando mi ci portò, vidi un uomo privo di sensi steso a terra.

In cima a un'altra altura spuntava la casa della madre di Joseph. In un'occasione lei ci salutò con la mano, un puntino in lontananza, e lui fece un gran sorriso. Un'altra volta salimmo fin lassù, arrampicandoci per mezz'ora su gradini di pietra ripidissimi e storti e pendenze fangose così infide – anche nella stagione secca – che Joseph dovette tenermi per mano per impedirmi di cadere. I suoi parenti percorrevano in continuazione quello stesso tragitto carichi di taniche d'acqua, perché in casa non ce n'era. Una volta arrivati ci mettemmo a sedere in una stanza di cemento semispoglia; la madre mi raccontò che soffriva di dolori al petto da anni, e che per questo aveva dovuto smettere di vendere l'olio di palma con cui si guadagnava da vivere. Non poteva permettersi di andare in ospedale a farsi visitare, e comunque non aveva la forza di scendere da lassù, quindi comprava pillole e gocce prescritte da un «ciarlatano», un rappresentante farmaceutico senza licenza che andava di casa in casa a vendere i suoi prodotti. Di colpo si animò, spiegando che il giorno in cui Joseph era inaspettatamente tornato lei si stava preparando per andare al mercato, e non appena aveva sentito la sua voce gli era corsa incontro così in fretta che aveva rotto un secchio.

Freetown è un centro brulicante di attività. Ragazzi e ragazze fanno le capriole sulla spiaggia, giocano a volley, vendono prodotti artigianali e a volte sputano fuoco per qualche soldo. Ci sono feste, mercati affollati e predicatori infervorati. Tutta questa vivacità può far dimenticare che gli individui più vulnerabili sono abbandonati a loro stessi. Joseph era in difficoltà, e non era l'unico.

In un ufficio al terzo piano nei pressi della banchina di attracco dei traghetti di Freetown, incontrai i rappresentanti di Advocacy Network Against Irregular Migration, un'associazione fondata da ex migranti tornati dalla Libia. L'IOM pagava per loro l'affitto di 1500 dollari all'anno, ma i capi dell'organizzazione mi rivelarono di essere tutti volontari e di avere a disposizione pochissimi fondi. Partecipavano alle riunioni del governo per discutere delle nuove legislazioni in materia di migrazione, richiedevano assistenza per gli associati e intervenivano nei media locali per convincere i sierraleonesi a evitare il viaggio che avevano fatto loro. Insieme a un collega del posto, ero la prima giornalista che vedevano da due anni. Con un gesto quasi disperato, Sheku Bangura, il fondatore, aveva invitato più di cento ex migranti a venire a incontrarmi. C'erano uomini rientrati dalla Libia e donne che erano andate a lavorare come domestiche in Medio Oriente, dove avevano subito violenze e abusi per poi essere deportate.

Bangura ricordò che nel 2017, quando era tornato in patria con il programma dell'IOM, era stato scaricato allo stadio nazionale insieme a circa duecento altre persone. «Non c'era posto per noi», raccontò addolorato, spiegando perché aveva deciso di fondare l'organizzazione. Indossava una camicia a maniche corte color malva e una cravatta e sedeva dietro a una scrivania su cui erano montate bandiere del Regno Unito e degli Stati Uniti (le bandiere non avevano nulla a che fare con il suo lavoro, ma gli piacevano). Per una qualche ironia della sorte – considerato che parte delle sue nuove mansioni consisteva nel dissuadere altri dal tentare di raggiungere l'Europa – l'anno precedente era riuscito a sposare una residente del Regno Unito, dunque sperava di ottenere un visto per raggiungerla, anche se temeva che in sua assenza l'intera organizzazione sarebbe andata a rotoli. La procedura per ottenere un visto europeo rimaneva comunque ardua, umiliante e costosa anche per chi era sposato con i residenti. «Il vero problema è la maniera in cui le ambasciate [occidentali] trattano le persone», si lamentava. «Alcuni [sierraleonesi] sono stati respinti cinque o sei volte perché sono africani».

Disse che era normale che le relazioni finissero dopo che uno dei due ritornava dal Nord Africa o dal Medio Oriente. «I mariti rifiutano le mogli quando ritornano, dicono che facevano le prostitute [...]. Le donne hanno aspettative alte. Quando [gli uomini] ritornano senza nulla in mano le donne li rifiutano».

Spesso chi torna comincia a prendere droghe, spiegò Bangura. Molti ex migranti poi provano vergogna e si offendono facilmente, fino a lasciarsi coinvolgere in litigi e risse. Continuano a rimuginare sulle loro esperienze. Quando domandai all'addetto alle comunicazioni dell'organizzazione – un uomo alto di nome Sosqo Alimamy Kargbo che indossava un elegante completo color vinaccia – se c'era un'immagine del suo viaggio che ancora lo perseguitava, lui mi descrisse una scena in cui le guardie libiche allineavano una serie di pagnotte per terra, ci urinavano sopra e poi rimanevano a guardare sorridendo mentre i detenuti correvano a mangiarle.

In Sierra Leone, sfruttatori e trafficanti di esseri umani non smettevano di farsi pubblicità su Facebook. Le ripercussioni legali di quelle attività erano ancora una novità rara; stando ai dati dell'IOM, le prime condanne per sfruttamento sono avvenute nel 2020.[50] Alcuni ex migranti erano addirittura tentati di riprovarci una seconda volta.

Quando chiesi a Joseph perché non collaborava con l'associazione, lui mi disse che bisognava pagare una tassa per essere riconosciuti come membri ufficiali. Aveva già alcuni debiti e lo irritava dover pagare ancora, essendo appena tornato (Bangura poi mi spiegò che nei primi tempi avevano chiesto uno o due dollari come tassa di registrazione, ma che dopo il 2019 era diventato tutto gratuito).

L'esperienza che Joseph aveva vissuto in Libia lo faceva ancora soffrire, mentalmente e fisicamente. Sentiva dentro un «freddo» persistente, e aveva problemi ai polmoni. Cercando di scappare da un centro di detenzione si era rotto un dito, che non era mai guarito bene. L'IOM gli aveva offerto qualche forma di assistenza medica, ma non quanto aveva promesso.

Nel 2019 aveva cercato di arruolarsi nell'Esercito Nazionale («Voglio difendere questo paese», mi spiegò), ma per essere reclutato gli era stato richiesto il pagamento di una grossa somma. All'inizio del 2021 tentò allora di entrare nel corpo di polizia, ma si sentì dire le stesse cose. Se fosse diventato poliziotto, dichiarò con grande enfasi, non avrebbe mai chiesto soldi ai cittadini poveri (in seguito mi chiese di offrire a un agente di polizia tre milioni di *leones*, l'equivalente di 300 dollari, per fargli ottenere un posto. Rifiutai).

La polizia o l'esercito non erano un fine per Joseph, ma un mezzo. Voleva studiare per diventare contabile, ma le tasse di iscrizione erano troppo alte e un lavoro nel campo della sicurezza gli avrebbe permesso di mantenersi mentre studiava. Finì per lavorare come autista di *keke*, un taxi simile a un tuktuk preso a noleggio. Guadagnava circa 100 000 *leones* (dieci dollari) al giorno, ma doveva pagare l'affitto e la benzina, e c'erano anche altre difficoltà. Mentre ero a Freetown, Joseph trascorse un'intera giornata in una stazione di polizia perché era stato accusato di aver parcheggiato male. Qualche settimana più tardi, in occasione del sessantesimo anniversario dell'indipendenza della Sierra Leone, migliaia di autisti di moto-taxi scesero in strada per protestare contro la polizia, accusandola di sfruttamento e corruzione. I continui arresti e l'eccessiva regolamentazione avevano prodotto un vero e proprio racket, sostenevano i manifestanti, ed erano loro a pagarne le spese. La polizia rispose con il gas lacrimogeno. Nella confusione che seguì, almeno un autista rimase ucciso e un testimone riferì di aver visto il suo cervello spiaccicato sulla strada. «È questo il principale motivo per cui tanta gente vuole andarsene, è per questo che fanno la Corsa al Tempio», si lamentò poi con me un autista che era appena stato rilasciato dalla prigione dopo aver pagato una mazzetta. L'uomo che aveva dato in affitto a Joseph il *keke* se lo riprese poco dopo per noleggiarlo a qualcun altro; ancora una volta, Joseph aveva perso la sua fonte di guadagno.

A quel punto doveva mantenere tre famiglie: quella della sua fidanzata, quella della madre e quella della sorella. Cominciò a pensare di ripartire, pur sapendo che sarebbe stato impossibile farlo legalmente. Con grande calma mi disse che stava valutando se tornare in Libia per ritentare di raggiungere l'Europa. Nonostante tutto quello che aveva passato, stava prendendo in considerazione un'altra Corsa al Tempio.

12.
Bruxelles: «fine» della crisi dei migranti

«NO, non mi importa. Mostratemi pure immagini di bare, mostratemi corpi che galleggiano in acqua, suonatemi i violini e mostratemi gente scheletrica con l'aria triste [...]. Non c'è modo di fermarli [...]. Ci servono velivoli d'assalto per rimandare queste barche al loro paese [...]. Non illudetevi, questi migranti sono come scarafaggi. Avranno anche un'aria alla "Etiopia di Bob Geldof del 1984", ma sono fatti per resistere a una bomba nucleare. Sono sopravvissuti. Una volta che gli elicotteri li avranno rimandati indietro, bisogna confiscare le barche e bruciarle in un gigantesco falò. Anche fare qualche buco sul fondo di qualsiasi cosa somigli un po' troppo a una barca sarebbe una buona idea».[1]

Così si esprimeva nell'aprile 2015 l'editorialista britannica
Katie Hopkins sulle pagine del «Sun»,
il quotidiano allora più venduto nel Regno Unito

«Basta alla Sicilia campo profughi d'Europa.
Non assisterò senza far nulla a sbarchi su sbarchi su sbarchi».[2]

Matteo Salvini, ex ministro dell'Interno italiano, giugno 2018

«La riduzione del flusso di migranti nel Mediterraneo centrale oggi dimostra che il modello descritto sopra è stato efficace».[3]

Rapporto semestrale del luglio 2019 sull'Operazione Sophia,
in riferimento alle operazioni di addestramento
ed equipaggiamento della Guardia costiera libica

Il 3 ottobre 2013, un'imbarcazione con a bordo più di 500 persone prese fuoco e affondò al largo dell'isola di Lampedusa. Dopo essere rimaste ore in acqua a lottare per la propria sopravvivenza, furono tratte in salvo soltanto 155 persone, fra cui solo 5 delle 80 donne presenti.[4] Una massiccia operazione di recupero permise di tirare fuori 339 corpi, compreso quello di una giovane madre che aveva appena partorito; il neonato era ancora attaccato al cordone ombelicale.[5]

Il presidente Giorgio Napolitano definì quella tragedia una «strage di innocenti». José Manuel Barroso, il presidente della Commissione europea recatosi a Lampedusa, affermò che non avrebbe mai dimenticato le «centinaia di bare allineate».[6]

Quel naufragio spinse il governo italiano ad agire. Nel giro di tre settimane venne lanciata un'imponente missione di ricerca e soccorso ribattezzata «Mare nostrum», espressione con cui gli antichi romani indicavano l'intero Mar Mediterraneo. Nel corso dell'anno successivo, la nuova missione permise di salvare circa 150 000 migranti e rifugiati al costo di 9 milioni di euro al mese.[7]

Quando intervistai Enrico Letta nel febbraio 2020, l'ex premier si dichiarò ancora «molto orgoglioso» della risposta del suo governo (in carica dall'aprile 2013 al febbraio 2014) alla tragedia di Lampedusa, aggiungendo però che avrebbe anche voluto ricevere il sostegno del resto dell'Europa. In quel periodo Letta era rettore della Paris School of International Affairs, presso l'Istituto di studi politici di Parigi (Sciences Po). La tragedia di Lampedusa, mi disse, era stata un evento del tutto inaspettato, che aveva sconvolto l'opinione pubblica e provocato una manifestazione di empatia che non si sarebbe più vista dopo di allora. «All'inizio, dopo Lampedusa si avvertiva qualcosa di completamente diverso, c'erano orrore e tristezza».

Nei sette anni precedenti al naufragio, l'Unione europea aveva speso quasi due miliardi di euro per consolidare i propri confini esterni.[8] Questo benché tutte le nazioni europee avessero firmato la Convenzione di Ginevra del 1951, con la quale era stato stabilito che i rifugiati non potevano essere puniti se entravano illegalmente in un paese per chiedere asilo, e che le loro richieste di protezione andavano ascoltate. Con l'operazione Mare nostrum si era tentato di fare qualcosa di buono, ma i politici italiani protestarono che anche gli altri paesi europei dovevano contribuire. Nel novembre 2014 la missione terminò e venne sostituita dall'operazione europea Triton, che si limitava a pattugliare poco meno di 50 km di acque al largo della costa italiana e disponeva di un budget decisamente più ridotto. Il numero dei morti affogati decuplicò.[9]

Secondo Letta, era naturale che gli africani tentassero di raggiungere l'Europa. «Non è colpa loro. Viviamo in un mondo pieno di disuguaglianze», mi disse durante l'intervista. «Disuguaglianze geografiche, disuguaglianze sociali. Non si possono colpevolizzare queste persone». Il problema era che la reazione a quegli spostamenti veniva «gestita male». L'errore principale, all'inizio, era stato quello di comportarsi come se le operazioni di ricerca e soccorso fossero una componente negoziabile delle politiche migratorie, quando invece salvare vite dovrebbe essere sempre un imperativo. «La ricerca e il soccorso dei migranti non hanno tanto a che fare con le politiche migratorie, ma con le nostre costituzioni, con i nostri valori», asserì Letta, aggiungendo che la responsabilità degli sviluppi successivi a Lampedusa ricadeva più sui paesi europei che sulle istituzioni europee. «Le istituzioni europee hanno fatto quello che volevano gli stati membri, o quello che gli stati membri hanno permesso loro di fare».

Eravamo seduti nell'atrio della sua università. In una stanza vicina, accademici e avvocati erano impegnati in una discussione su chi fosse il colpevole delle decine di migliaia di morti nel Mediterraneo, discussione poi interrotta per un pranzo a base di insalate, sandwich e tartine. La conferenza era stata parzialmente sponsorizzata dall'Unione europea.[10]

«C'è stato un enorme numero di morti», dissi io. «Crede che ci sarà mai una resa dei conti, o che dovrebbe esserci?»

«In che senso, resa dei conti?», domandò Letta.

«Il momento in cui prendete atto di quel che è accaduto e lo analizzate», risposi io.

«Lo spero», disse. «Ma il grosso problema è il cambiamento dell'opinione pubblica. L'opinione pubblica è completamente cambiata negli ultimi cinque anni».

«Quindi i colpevoli sarebbero davvero i cittadini europei?» chiesi io.

Quasi gli sfuggì una risata, ma si trattenne. «È un insieme di cose, un insieme».

«Potrebbe capitare qualcos'altro capace di sconvolgere l'opinione pubblica?» domandai io a quel punto.

«Purtroppo non credo [...]. Al momento è tutto come al solito, [rifugiati e migranti] muoiono perché vogliono venire da noi».

«Si sente in qualche modo colpevole di non fare abbastanza?»

«Io ci ho provato. Non sta a me giudicarmi».

«C'è qualcosa che la rende speranzoso?»

«No, sono molto pessimista».

Nell'aprile 2015 si verificarono altri due tremendi naufragi a distanza di sei giorni l'uno dall'altro: secondo le stime, morirono circa 1100 persone. Le vittime provenivano da una ventina di paesi, dal Bangladesh alla Mauritania. Fra loro c'erano un centinaio di bambini.[11] Per conto di VICE News, seguii gli eventi di quello che sarebbe poi stato soprannominato «aprile nero».[12]

Un mese dopo, la UE fece un altro tentativo con l'Operazione Sophia, il cui obiettivo era quello di smantellare il «modello di business del traffico di esseri umani» nel Mediterraneo centrale mediante l'abbordaggio e il sequestro delle imbarcazioni su cui transitavano i migranti.[13] Considerando che alla fine l'operazione non si concentrò granché sui soccorsi, il fatto che portasse il nome di una bimba nata da una somala tratta in salvo da una nave della marina tedesca tradiva un certo cinismo. In occasione di una conferenza a Roma nel settembre 2015, Federica Mogherini – all'epoca Alta rappresentante dell'Unione europea per gli Affari esteri e la politica di sicurezza – disse che il nome era stato scelto «per onorare le vite delle persone che stiamo salvando, le vite delle persone che vogliamo proteggere, e per comunicare a tutto il mondo che la lotta ai trafficanti e alle reti criminali è un modo per proteggere la vita umana».[14] La distruzione delle imbarcazioni prevista dall'Operazione Sophia rese i viaggi dei migranti più pericolosi, perché i trafficanti cominciarono a farli partire su gommoni a buon mercato invece che su mezzi di legno, più costosi ma più solidi.

L'arrivo di centinaia di migliaia di rifugiati in Europa tra il 2015 e il 2016 scatenò un'ondata di sentimenti anti-immigrazione, xenofobi e razzisti in tutto il continente. Alcuni politici si allarmarono, altri approfittarono della situazione. Oltre alla mossa drastica del Regno Unito, che il 23 giugno 2016 votò per l'uscita completa dall'Unione europea, dopo che le campagne del fronte pro-Brexit si erano impegnate ad alimentare l'allarmismo nei confronti degli immigrati, anche in altri paesi si assistette a una serie di sollevazioni e rivolgimenti politici.

La Polonia, la Bulgaria e la Danimarca furono tre dei paesi che videro una crescita dei movimenti di estrema destra negli anni seguenti alla cosiddetta «crisi europea dei migranti».[15] La sinistra francese subì uno scossone quando Marine Le Pen, leader del Front National, conquistò il 21,3% dei voti nella prima tornata delle elezioni presidenziali in Francia, contro il 24,01% di Emmanuel Macron, che avrebbe poi vinto. L'avversaria di Macron, avvocatessa e allevatrice di gatti certificata, aveva ereditato la guida del partito dal padre, noto negazionista dell'Olocausto. Marine Le Pen ha paragonato la presenza dei musulmani che pregano in strada all'occupazione nazista della Francia e definito l'immigrazione «il motore dell'insicurezza nel nostro paese».[16]

Qualche mese dopo, nel settembre 2017, il partito Alternative für Deutschland (AfD) diventò il primo gruppo di estrema destra a sedere nel Bundestag tedesco dalla seconda guerra mondiale, ottenendo 94 seggi su 709.[17] In Ungheria, il cui primo ministro Viktor Orbán diede ordine di far costruire una barriera di filo spinato per tenere fuori gli «eserciti di migranti» e gli «invasori musulmani», i gruppi di attivisti per i diritti umani cominciarono a temere che il paese stesse scivolando in un autoritarismo su vasta scala.[18]

Dal canto loro, i politici europei più moderati o di sinistra si sforzavano di capire come rispondere. Nel suo ultimo discorso sullo stato dell'Unione del 2018, dopo quattro anni alla presidenza della Commissione europea, Jean-Claude Juncker mise in guardia contro l'ascesa di un «nazionalismo esagerato [...] velenoso e ingannevole».[19]

Uno dei paesi in cui l'ascesa dell'estrema destra è stata più rilevante e significativa è l'Italia. Tra giugno 2018 e settembre 2019, il leader della Lega Matteo Salvini ricoprì la carica di ministro dell'Interno. Durante il suo mandato, il «Capitano» – definito da «TIME Magazine» «l'uomo più temuto in Europa»[20] – paragonò i migranti africani agli schiavi, dichiarando che sarebbe stato meglio che gli europei fossero tornati a procreare invece di accogliere «nuovi schiavi per soppiantare i figli che non facciamo più»;[21] inoltre, asserì che gli «immigrati» commettevano «700 reati» al giorno.[22]

Nel marzo 2019, dopo che Salvini e il governo populista italiano avevano minacciato di far sospendere l'Operazione Sophia, la UE smise di pattugliare il Mediterraneo centrale.[23] Stando a un rapporto pubblicato quell'anno, l'Europa aveva già addestrato 355 uomini della Guardia costiera e della marina libiche. Prima di essere intercettate, le imbarcazioni dei migranti percorrevano una distanza media di 250 km, e la Guardia costiera libica – che a suo dire disponeva di 30 navi operative – si occupava di oltre il 50% dei casi, bloccando la maggior parte dei tentativi di traversata.[24]

In una scheda informativa, la Commissione europea dichiarò che la cosiddetta crisi dei migranti era «finita». Mancavano due mesi alle elezioni europee, e molti politici in carica temevano di perdere la poltrona a favore dei candidati di estrema destra (e in effetti, alle successive elezioni, i partiti populisti e di estrema destra trovarono più spazio che mai, anche se non ai livelli previsti).[25] Con quella che apparve come una concessione alla retorica dell'estrema destra, la futura Presidente della Commissione europea, la tedesca Ursula von der Leyen, creò la nuova carica di «Commissario per la protezione dello stile di vita europeo», alla quale sarebbero state affidate le politiche migratorie.[26]

I governi africani sono sotto il controllo del primo mondo.
Io soffro sempre per il mio popolo.

Nel frattempo, la gente continuava ad annegare. Tra il 2014 e il 2020, nel Mar Mediterraneo sarebbero morti più di 20 000 uomini, donne e bambini.[27] Eppure le iniziative di ricerca e soccorso indipendenti venivano criminalizzate, lentamente ma con grande efficacia, così come i tentativi di aiutare i rifugiati *in loco*. Stando ai dati raccolti dal portale di informazioni Open Democracy, nei sei anni precedenti al 2019 più di 250 europei furono arrestati, messi sotto accusa, indagati o minacciati con multe e incarcerazioni per aver aiutato rifugiati e migranti. Si trattava di contadini, pensionati, un professore universitario, politici locali, vigili del fuoco e sacerdoti, che nella maggior parte dei casi offrivano mezzi di trasporto, rifugio o cibo in diversi paesi fra cui Francia, Regno Unito, Germania e Spagna. Affittare una stanza o dare un passaggio in macchina ai migranti poteva valere una denuncia al benefattore o ai benefattori. Diversi giornalisti suggerirono che la cifra indicata da Open Democracy fosse soltanto indicativa, e che in realtà gli arresti fossero stati molto più numerosi.[28]

L'Unione europea, che è un'unione sia politica sia economica, venne istituita in seguito alla seconda guerra mondiale con l'obiettivo di garantire una pace duratura in tutto il continente. Sui suoi circa 4 milioni di chilometri quadrati, che contano 600 aeroporti internazionali, vivono 446 milioni di persone, circondate da oltre 12 000 km di confini terrestri e 45 000 km di confini costieri.[29] I suoi valori fondanti sono la dignità umana, la libertà, la democrazia, l'uguaglianza, lo stato di diritto e i diritti umani.[30]

Uno dei principali obiettivi della UE è garantire la libera circolazione dei popoli, delle merci e dei servizi. Ma questo diritto non vale per tutti.

Uno studio del 2018 rilevava che, nei diciannove anni intercorsi dalla caduta del muro di Berlino, gli stati membri dell'Unione e dell'area Schengen avevano eretto quasi mille chilometri di muri di frontiera. Soltanto nel 2015 erano state costruite sette nuove barriere.[31]

Nel mentre Frontex (l'Agenzia europea della guardia di frontiera e costiera) ha continuato a crescere, forte anche di un aumento vertiginoso del suo budget, passato da 6 milioni di euro e poco più nel 2005 a 543 milioni nel 2021. L'Agenzia venne fondata nel 2004 con sede a

Varsavia, in Polonia. Nel 2019 avviò una campagna di reclutamento per dotarsi delle proprie guardie di frontiera in divisa, con l'intenzione di dispiegarne 10 000 entro il 2027. Per quell'anno, i contribuenti europei avranno versato all'agenzia 5,6 miliardi di euro.[32]

Ciononostante Frontex rimane sempre più impantanata in scandali di vario tipo; fra le altre cose è accusata di aver coordinato il respingimento illegale dei rifugiati nel Mar Egeo al largo della Grecia, respingimento che sarebbe poi stato coperto da diversi funzionari.[33] Nel 2021 Gil Arias Fernández, ex direttore di Frontex, dichiarò al «Guardian» di temere che l'agenzia stesse ignorando gli abusi perpetrati nei confronti di migranti e rifugiati. «Il comportamento di Frontex mi addolora», disse. «Non credo che l'agenzia abbia attivamente violato i diritti dei migranti, ma ho ragione di credere che si sia voltata dall'altra parte».

Arias sosteneva di aver perso il posto dopo essersi rifiutato di collegare i rifugiati all'attacco terroristico avvenuto a Parigi nel novembre 2015, che provocò 130 morti e 350 feriti (i portavoce di Frontex non hanno risposto alla mia richiesta di commenti in proposito). Quell'anno, l'incarico di Arias si concluse, ma l'ex direttore riteneva che nel frattempo molte persone con posizioni di estrema destra fossero entrate in Frontex grazie all'assenza di «filtri» nel sistema di assunzioni del personale. «Non si può impedire l'ingresso di estremisti di destra nell'agenzia, a meno che non si dichiarino esplicitamente a favore dei crimini d'odio, della xenofobia e del razzismo».[34]

Qualche mese dopo aver ricevuto i primi messaggi dai detenuti in Libia, venni invitata a presentare il mio lavoro al Parlamento europeo. Attraversai la Manica e la Francia su un treno Eurostar che mi portò a Bruxelles; una volta arrivata, in una fredda giornata di novembre, mi feci strada nel labirinto di edifici in cui aveva sede il Parlamento europeo e che ai miei occhi aveva cominciato a simboleggiare il *modus operandi* della stessa Unione.

Camminando lungo i corridoi di vetro che percorrevano il piazzale esterno, vidi i poster che promuovevano il vincitore del Premio Sacharov 2018 per la libertà di pensiero, il regista ucraino Oleg Sentsov. Fra i finalisti c'erano «le ONG che si occupano di tutelare i diritti umani e di salvare le vite dei migranti in tutto il Mar Mediterraneo».

Appesa a un'altra finestra lì vicino c'era la foto di un ragazzo bianco con i capelli castani che sorrideva e teneva il braccio intorno alle spalle della madre. Erano seduti su un bel divano, dietro al quale era disposta una serie di foto di famiglia incorniciate. Sullo sfondo, insieme all'immagine di una nave della Guardia costiera in mare, c'era scritto: «Perché dobbiamo lavorare insieme per rendere sicuri i nostri confini».

La figura più in vista che incontrai a Bruxelles fu Claude Moraes del partito laburista britannico, presidente della Commissione per le libertà civili, la giustizia e gli affari interni del Parlamento europeo. Il thinktank Vote Watch Europe l'aveva definito il britannico più influente del Parlamento europeo.[35] Io gli raccontai delle centinaia di bambini rinchiusi nei centri di detenzione, del ruolo dell'Europa, delle migliaia di persone che chiedevano disperatamente di essere salvate e dell'autoimmolazione del somalo Abdulaziz, ancora recente. Moraes rispose che ne avevano già parlato tutti i giornali, e mi chiese che cosa volevo che facessero loro. Rimasi sorpresa, perché, considerata l'entità dei fatti, mi pareva che se ne parlasse ancora troppo poco, e perché fino ad allora ero stata l'unica a scrivere della morte di Abdulaziz.[36] Forse gli articoli che aveva letto erano i miei?, chiesi. Forse, ammise.

Gli spiegai che ero una giornalista, che non stava a me proporre soluzioni precise, ma che volevo essere sicura che i politici europei fossero consapevoli delle conseguenze delle loro azioni. Di certo qualcuno doveva essere ritenuto responsabile? Moraes replicò che era difficile attuare cambiamenti quando l'opinione pubblica e la volontà politica si erano tanto allontanate dall'empatia.

Rividi Moraes durante una riunione della Commissione per le libertà civili, parte della quale venne dedicata a una discussione sul Mediterraneo centrale e su quel che accadeva ai rifugiati che venivano riportati in Libia.[37] Sedevamo in una grande sala che portava il nome di József Antall, il primo ministro ungherese eletto democraticamente. Pare che durante la seconda guerra mondiale il padre, un funzionario che si occupava del programma governativo di assistenza ai rifugiati, avesse salvato la vita a migliaia di ebrei polacchi procurando loro documenti falsi.[38]

«Questo tema è stato all'ordine del giorno già diverse volte», disse Moraes aprendo la sessione. «I colleghi avranno tutti visto i vari servizi giornalistici e così via. Ho avuto qualche discussione con una giornalista molto capace che se ne è occupata».[39] Dopo un po' avrebbe definito «kafkiane» alcune proposte avanzate dalla UE su come gestire la questione dei rifugiati nel Mediterraneo.[40]

I relatori invitati, compresi i rappresentanti della Commissione europea, del Servizio europeo per l'azione esterna e dell'IOM – tutti uomini bianchi in giacca e cravatta – sedevano in fila a un tavolo rialzato di fronte a una serie di parlamentari, assistenti e traduttori.[41] Ciascuno di loro si rivolse brevemente ai partecipanti per poi dilungarsi sulle proprie posizioni, ribadendole in maniera tale da far dimenticare facilmente che in quel momento migliaia di esseri umani in carne e ossa stavano vivendo un incubo. Al rappresentante della Commissione europea – Michele Avino – venne chiesto se la Commissione avrebbe considerato l'ipotesi di sospendere gli aiuti alla Guardia costiera libica e se si stava impegnando a portare in salvo un maggior numero di rifugiati. Avino non rispose direttamente, ma disse che quell'anno il numero di arrivi in Europa era inferiore dell'80% rispetto allo stesso periodo dell'anno precedente.[42] Gli uomini della Guardia costiera libica che partecipavano al programma di addestramento venivano selezionati con grande attenzione, e il programma prevedeva sempre una parte dedicata ai diritti umani.

La politica olandese Sophie in 't Veld lo interruppe: «Abbiamo ascoltato un bel po' di chiacchiere tecnocratiche, ma non abbiamo ricevuto nessuna risposta a quanto abbiamo chiesto. Le domande sono molto semplici. Che cosa state facendo per evacuare le persone e che cosa state facendo per assicurarvi che non finiscano in posti in cui si troveranno in pericolo di vita? Quanto può essere difficile?» chiese.

Moraes si disse preoccupato del fatto che i partecipanti avrebbero potuto «innervosirsi» e andarsene se non fossero riusciti a fare domande, ma poi lasciò che gli altri relatori si concentrassero su quelli che vennero identificati come i loro «punti chiave» invece di rispondere esplicitamente.

Vincent Piket, portavoce del Servizio europeo per l'azione esterna, riferì che la UE stava «rafforzando la gestione dei confini» e migliorando le condizioni dei centri di detenzione, provvedendo anche ad «ammodernar[li]», oltre a fare pressioni sulle autorità libiche perché li chiudessero.[43] Disse anche che 34 000 persone erano già state riportate nei loro paesi d'origine e dunque «messe in salvo».

«I centri di detenzione li visitiamo ogni volta che possiamo per mezzo del nostro ambasciatore e di altri colleghi della delegazione UE, e ovviamente lavoriamo a stretto contatto con le organizzazioni delle Nazioni Unite», aggiunse poi Piket. «Perché ci andiamo? Semplicemente per far capire alle autorità libiche che non accettiamo la situazione così com'è.

In secondo luogo ci andiamo per controllare che gli aiuti che forniamo ai centri funzionino, quindi che i centri vengano ammodernati in maniera più o meno adeguata e che i rifornimenti di viveri siano garantiti. Ma, come ho detto prima, la nostra politica punta a farli chiudere».[44] Era un obiettivo a lungo termine, affermò Piket.

La politica tedesca Cornelia Ernst lo interruppe. «C'è in tutto questo un qualche senso di vergogna morale, oltre alle insensatezze che ci stanno raccontando? Mi sembra tutto vergognoso. È una vergogna per la UE. È una vergogna per chiunque sia seduto qui».[45]

Alla fine, l'assemblea esaurì il tempo a disposizione. C'erano state molte parole, ma nessun accordo, e tante delle domande che erano state poste non avevano ricevuto una giusta risposta. I presenti passarono ad altre questioni. Mi sembrò che da quel luogo non potesse partire nessun cambiamento.

In questo momento i diritti umani dormono. La vita vale molto poco.

Mentre i relatori raccoglievano le loro cose e si salutavano, mi avvicinai a Piket, che in quanto portavoce del Servizio europeo per l'azione esterna rappresentava il braccio diplomatico della UE. Gli chiesi chi stava contando il numero di rifugiati che morivano nei centri di detenzione, una domanda che gli era già stata rivolta dalla platea ma alla quale non aveva risposto. Mi disse che non lo sapeva, ma mi diede il suo biglietto da visita. Gli mandai un'email quello stesso giorno.

«Mi è stato detto dall'UNICEF e dai detenuti che in un centro "ufficiale" di Zintan, in Libia, sono morte almeno cinque persone nei due mesi trascorsi da metà settembre», gli scrissi. «I detenuti mi hanno anche riferito che quest'anno sono morte diverse persone a Triq al-Sikka, secondo un detenuto più di venti (senza contare l'uomo che si è ucciso dandosi fuoco in ottobre). Sto cercando di ricevere una risposta sul numero dei morti, e vorrei sapere chi è che ne tiene traccia. Stamattina mi ha detto che non lo sapeva e che forse l'UNHCR [poteva saperlo]. Mi domandavo se potesse aggiungere qualcosa?».

Non ci fu risposta.

Raccontare la posizione della UE in questa storia è stato difficile. È raro che i funzionari che si occupano direttamente di migrazione siano autorizzati a rilasciare dichiarazioni ufficiali ai giornalisti, e le richieste dei media dovevano passare per la Commissione UE, i cui portavoce rispondevano con qualche riga spesso irrilevante. Io ho chiesto di intervistare diverse figure all'interno dell'Unione, fra cui il Commissario europeo per gli affari interni Ylva Johansson, che a partire dal 2019 gestisce le politiche migratorie, e Dimitris Avramopoulos, che è stato Commissario per le migrazioni nei cinque anni precedenti; i rispettivi staff, però, non mi hanno mai risposto. L'intero sistema era opaco, tanto che perfino alcuni parlamentari europei se ne sono lamentati con me, dicendo che faticavano a capire chi prendesse determinate decisioni importanti e in che modo potessero esprimere i propri timori in merito.

Diversi volontari mi hanno raccontato che Bettina Muscheidt, ambasciatrice della UE in Libia, ci teneva davvero a far sì che le condizioni di rifugiati e migranti migliorassero (Muscheidt non mi ha concesso un'intervista per il libro, ma mi ha reindirizzata alla Commissione UE e ai suoi successori alla delegazione UE in Libia).[46] Tuttavia, mi è anche stato detto che a volte chiedeva di non mettere a verbale ciò che diceva a proposito dei centri libici, cosa che rendeva difficile reperire documenti che riportassero il suo pensiero. «Nessuno vorrebbe esporre in pubblico i propri panni sporchi», mi spiegò una persona che aveva partecipato ad alcuni incontri con lei.

Nell'aprile 2019 Dimitris Avramopoulos, allora Commissario europeo per le migrazioni, durante un'intervista con Channel 4 News definì le condizioni nei centri di detenzione libici «tragiche» e «una vergogna per il mondo intero». Concordò anche con il reporter Paraic O'Brien che opporsi ai centri mentre la Guardia costiera libica era finanziata dalla UE per trasportarvi i migranti era «contraddittorio». «Anche a me sembra un paradosso», disse Avramopoulos.[47]

Un mese prima, Andrew Gilmour, assistente del Segretario Generale per i diritti umani, riferì al Consiglio per i diritti umani delle Nazioni Unite le testimonianze ascoltate da un gruppo di ex detenuti. «Ognuno di loro – uomini, donne, ragazzi e ragazze – era stato violentato, molti anche più volte, e torturato con scariche elettriche. Tutti hanno confermato che esiste una tecnica di estorsione molto diffusa per cui i torturatori costringono le vittime a telefonare alle famiglie, le quali si ritrovano a dover ascoltare le grida dei loro cari e si sentono dire che le grida continueranno fino a che loro non pagheranno il riscatto. Posso dire onestamente ai membri di questo consiglio che quelle testimonianze sono state le più strazianti che io abbia mai ascoltato in trent'anni di lavoro».[48]

Nonostante ciò, nell'ottobre 2019 il Parlamento europeo respinse, con 290 voti contro 288, una mozione che chiedeva alla UE di terminare la cooperazione con la Guardia costiera libica se questa avesse commesso gravi violazioni dei diritti umani, di incrementare le operazioni di soccorso nel Mediterraneo e di fare di più per evacuare i detenuti dai centri libici e trasferirli in paesi più sicuri.[49] Nessuno avvertiva la minima urgenza.

Ho deciso di entrare in mare. Per favore, l'ho detto a te ma non alla mia famiglia e ai miei amici. Non so quando partiremo. Promettimi che non dirai e non scriverai niente finché non entro in Europa o muoio o mi prendono [...] Devo dirlo a te perché tu sei l'unica con cui mi lamento di tutto quello che mi succede.

Una delle prime cose che si imparano quando si raccontano le due fazioni di una guerra è la potenza del linguaggio. I fronti avversari possono utilizzare vocabolari completamente diversi per parlare delle stesse cose. In Siria, per esempio, i sostenitori di Bashar al-Assad dicono che il presidente e il suo governo combattono i terroristi; per gli oppositori, invece, Assad è un dittatore a capo di un regime che ha brutalmente soppresso una rivoluzione. Bastano poche semplici parole a far capire da che parte sta l'interlocutore.

Allo stesso modo, la UE ha creato un suo vocabolario con cui descrive le intercettazioni e i ritorni forzati in Libia. Si dice quindi impegnata nella «gestione delle migrazioni» o nello «smantellamento del modello di business dei trafficanti»; oppure parla di «migrazioni irregolari» e di «immigrati illegali».[50] La UE finanzia in tutta l'Africa corsi di formazione per giornalisti nei quali viene insegnata questa terminologia, che è stata adottata perfino da alcuni rifugiati con cui ho parlato. Personalmente, ho dovuto ricordarmi in continuazione di mettere in discussione il linguaggio che sentivo e il modo in cui si riferiva alle persone reali, che vivevano quelle politiche sulla propria pelle.

Nel giugno 2019, Alexandra Ocasio-Cortez – la celebre deputata democratica del Congresso degli Stati Uniti – ha definito le strutture di detenzione situate lungo il confine meridionale statunitense «campi di concentramento», scatenando un acceso dibattito sul significato del termine e sulle circostanze in cui sarebbe accettabile utilizzarlo. «Anche questo botta e risposta sulla definizione dei campi è stato un elemento ricorrente nella questione della detenzione di massa di civili fin da quando tale pratica ha avuto inizio, ben prima dell'Olocausto», ha scritto la giornalista Andrea Pitzer sulla «New York Review of Books». «Alla base di questa politica c'è una domanda: qual è il dovere di un paese nei confronti di individui disperati che non considera suoi cittadini?».[51]

Alan Bobbett, direttore di International Medical Corps in Libia tra luglio 2017 e gennaio 2019, mi ha raccontato che i finanziatori tedeschi trovavano da ridire quando, durante le riunioni, lui si riferiva ai centri di detenzione chiamandoli «campi di concentramento». «Ma io dicevo, sentite, quella gente non ha libertà di movimento, viene venduta. Viene messa sul mercato», ricordava Bobbett in occasione di un'intervista che gli feci per telefono nel 2021. «Qualcuno deve fare qualcosa per questa situazione, sono posti tremendi, e il fatto che al giorno d'oggi ci siano addirittura dei bambini rinchiusi nei centri di detenzione è ridicolo [...]. Le dirò semplicemente che gli europei hanno costruito un muro, l'hanno costruito in Libia. È tutto quello che posso dire al riguardo. Le politiche europee contribuiscono direttamente all'incarcerazione e alla morte di migliaia di persone che tentano di attraversare il mare. Le migrazioni non sono nulla di nuovo. Ci sono sempre state. E capisco che paesi come l'Italia siano sopraffatti [dai nuovi arrivi] e non abbiano le risorse necessarie. Questo lo capisco. Ma dev'esserci una soluzione migliore [...]. È immorale».

E proseguiva: «Io ero presente quando il primo ministro italiano è venuto a visitare quei centri [...]. Dire che non lo sapevano sarebbe ridicolo. Sapevano esattamente che cosa stavano finanziando con le loro politiche. Erano lì, fisicamente presenti [...]. Le implicazioni sul lungo termine saranno travolgenti. L'Unione europea dovrà renderne conto. Davvero. Spero che lei li faccia a pezzi».

13.
Triq al-Sikka: sottoterra

«La rivoluzione non è una mela che cade quando è matura. Devi farla cadere».[1]
Che Guevara

«La lingua non ha ossa ma può spaccarle».
Proverbio eritreo

Samuel, il medico eritreo che mi aveva contattato per primo da Triq al-Sikka, decise che stavo esaurendo le energie e che avevo bisogno di essere motivata.

«Tutti gli eritrei dovrebbero conoscere la famosa, intelligente e gentile giornalista Sally Hayden», scrisse su Facebook, postando due mie fotografie trovate su Google: una in cui avevo il cappuccio della felpa tirato su ed ero circondata da bottiglie di alcolici in un momento di pausa nella campagna kenyota, e una presa da un servizio fotografico di diversi anni prima, quando avevo vinto una borsa di studio in giornalismo, in cui ho l'aria piuttosto imbarazzata e sono insieme al ministro degli Affari Esteri irlandese. «Sally Hayden è una delle più grandi giornaliste. Aiuta i rifugiati in Libia, soprattutto i rifugiati eritrei in diversi centri di detenzione, che soffrono di tante malattie in Libia, e li aiuta a evacuare in paesi sicuri e a non essere riportati indietro quando attraversano il Mar Mediterraneo», aggiungeva. «Lavora giorno e notte con i mass media più importanti e anche a contatto diretto con la UE e l'UNHCR in Libia, lottando per cambiare le politiche europee e promuovendo i diritti umani. Quindi a tutti i miei fratelli e le mie sorelle, al popolo eritreo, dico che Sally Hayden merita sempre più applausi per i suoi lavori straordinari. Dobbiamo CONDIVIDERE e METTERE LIKE per motivarla e aiutarla ad andare avanti [...] GRAZIE!!!».

Il suo post ottenne più di mille like e venne condiviso da oltre 520 persone. Io risi e piansi e cercai di immaginare come una persona in una situazione tanto disperata potesse sentire il bisogno di sollevarmi il morale, o forse soltanto di incoraggiarmi a mantenere vivo l'interesse.

Mi misi anche a pensare, ancora una volta, al gigantesco squilibrio di potere tra le nostre posizioni. Mi ero già chiesta se non fosse ingiusto che le voci dei rifugiati in Libia venissero costantemente filtrate da bianchi privilegiati come me. Cominciai ad aiutare i detenuti a scrivere i loro articoli, redigendo i messaggi che mi mandavano in modo da raggiungere il numero di parole richiesto e rimandandoli agli autori per farglieli approvare. Le loro testimonianze venivano pubblicate su quotidiani e riviste britanniche quali il «Guardian», il «New Statesman» e l'«Independent».[2] Quella di Samuel, inviatami tramite una serie di messaggi furtivi sui social durante l'epidemia di tubercolosi di Triq al-Sikka e pubblicata sotto pseudonimo, sarebbe poi stata candidata al prestigioso Amnesty International Media Award.

Ma non era certo questo che Samuel aveva in mente all'epoca dell'epidemia, quando la vita a Triq al-Sikka cambiò per sempre a causa di una protesta.

Sally, stiamo progettando una grossa protesta aggressiva qui a Triq al-Sikka. Nessuno può tollerare la vita in questo centro di detenzione. Tutti sono preparati per le cose brutte che capiteranno. Lo facciamo perché non c'è abbastanza cibo, abbastanza posto dove dormire, niente dottori, niente igiene, la gente dorme nei bagni, tutti si sentono deboli, la malattia si diffonde, tutti tossiscono. Non c'è nessuno a cui chiedere qualcosa sulle nostre condizioni, nessuno è responsabile. Sally, noi non siamo criminali, siamo rifugiati che cerchiamo una vita migliore, tutto qua. Ma queste persone ci hanno iniettato il male dentro. Perché? Perché dobbiamo sopportare questa sofferenza orribile? Perché?

Qui moriamo.

In quel periodo, nei primi mesi del 2019, la situazione in buona parte di Tripoli era relativamente tranquilla. Com'era forse prevedibile, mi accorsi che spesso all'interno dei centri l'oppressione aumentava quando i responsabili e le guardie non erano distratti dai conflitti esterni. In ogni caso, i rifugiati che mi scrivevano da telefoni nascosti erano sempre più numerosi.

Avevo un nuovo contatto nella cella degli uomini a Triq al-Sikka. Ben mi chiamava «Dottoressa Sally». «Mi manca così tanto l'esterno, Dottoressa», scriveva. «Queste condizioni sono molto, molto difficili per gli esseri umani, Dottoressa Sally [...]. Per favore, Dottoressa Sally, aiutaci per favore». Aveva trentatré anni, ma si preoccupava che il suo viso e il suo corpo ne dimostrassero quaranta. Quando parlammo della nostra differenza di età, mi disse che comunque gli anni per me non erano come per lui, perché io potevo gestire il mio tempo. «I miei anni aumentano e il tempo diventa senza senso. Sono molto arrabbiato per la mia vita», confessò.

Ben aveva una brutta ferita da proiettile, che non era mai stata curata; diceva che gliel'aveva fatta una guardia sparandogli. In una delle foto che mi aveva mandato sembrava che dal suo corpo mancasse un pezzo di carne. Anche altri detenuti avevano ferite simili. «Ci ha distrutto la polizia, quella che lavora nella prigione di detenzione».

I suoi primi messaggi, scritti a notte fonda, erano tutte richieste di aiuto. «Siamo qui da molto tempo, da più di tredici mesi con tanti miracoli. Ma non riusciamo ad avere soluzioni dalle organizzazioni umanitarie come l'UNHCR. Siamo rifugiati che chiedono asilo, ma qui siamo prigionieri senza niente, come i criminali, da molto tempo. Siamo esseri umani, ma qui siamo animali». Ben mi disse che la sua ragazza era morta mentre attraversavano il deserto del Sahara, e che il loro bambino era ancora in Eritrea con sua madre. Lui non usciva mai dallo stanzone chiuso e non vedeva donne da un anno. «Adesso sono solo, tranne che per DIO. Sotto DIO, te. Grazie DIO, che tu sia benedetta. Buona notte», concludeva.

Ben aveva trascorso la prima metà del 2017 nelle mani dei trafficanti; a giugno aveva cercato di attraversare il mare ed era stato intercettato. Rimandato in Libia, era passato a un altro gruppo di trafficanti che avevano preteso 5500 dollari per fargli ritentare la traversata, ma poi non lo avevano lasciato partire. Era stato rinchiuso senza nulla da mangiare e lasciato lì a morire, ma era riuscito a forzare la porta e a evadere. Si era messo a chiedere aiuto in strada, e lo avevano portato in un centro di detenzione.

> *Visto che mancano cibo, acqua pulita, non ci sono medicine e non c'è abbastanza spazio per dormire è tutto molto sporco, c'è un cattivo odore. Stiamo da molto tempo senza aria fresca, senza abbastanza luce, senza comunicazioni con la famiglia e gli altri.*

Ben temeva che non gli rimanesse molto da vivere. «Seguimi, per favore, come una giornalista», mi scrisse un giorno. «Ancora grazie che ti ho incontrato. Fai bei sogni su di noi. Dio ti benedica». Nel corso dei mesi successivi mi raccontò approfonditamente dei costi economici della prigione («La vita è molto costosa») e dello stato mentale dei suoi compagni («Qualcuno qui è finito matto»).

Sai che la prigione è molto delicata per la mente. Quando rimani molto tempo in prigione senza niente, diventi matto o muori. Siamo anche molto tristi. In Libia la vita non ha senso, Dottoressa Sally.

Almeno cinque persone avevano cominciato a parlare da sole. «Dormono nel bagno e sono arrabbiate», diceva Ben. «Giocano sempre con le stesse cose sporche. E non mangiano cibo, questi stupidi maccheroni». Si scusava perché mi scriveva a tarda notte e mi teneva sveglia. «Io mi sono abituato a non dormire in Libia. Giorno e notte per noi è lo stesso».

Poi, il 18 febbraio 2019, mi chiese il numero di telefono (fino a quel momento ci eravamo scritti sui social). Non mi resi conto del significato della sua richiesta, né di quello che i detenuti probabilmente stavano già pianificando. «Dio ti benedica per sempre», mi scrisse Ben. «Non ti dimenticherò mai in tutta la mia vita. Anche se muoio, forse se Dio mi porta in paradiso, non ti dimenticherò mai».

*Lo so che non dormi giorno e notte per noi. Sei molto intelligente, ma qui la situazione non è cambiata. Soprattutto nella prigione di Triq al-Sikka: l'*UNHCR *non fa evacuazioni da qua. Io adesso mi sa che ho preso la mia decisione. Voglio tornare nel mio paese perché voglio morire nella mia terra. Finire la vita. La prigione per me è dolorosa. Se muoio forse la mia famiglia avrà il mio corpo morto. Comunque mandami il tuo numero, cara Sally, perché non abbiamo un'altra scelta. Da qualsiasi posto o da qualsiasi numero ti chiamerò, tu rispondi presto. Grazie per tutto, hai fatto cose buone per noi. AUGURO TUTTO IL MEGLIO PER SEMPRE A TE.*

Non lo avrei più sentito per molti mesi.

Cominciai a lavorare per Channel 4 News, nel Regno Unito. Io e i miei colleghi mettemmo insieme le foto, i video e i clip audio che avevo ricevuto nei mesi precedenti. Prima di quel lavoro era stato difficile trovare qualcuno che pubblicasse quel tipo di immagini: mi dicevano tutti che erano troppo esplicite, e anche io rimasi sconvolta quando le vidi tutte insieme. Ma come poteva mai migliorare qualcosa se non mostravamo alla gente la tremenda, vergognosa realtà di quello che stava capitando?

La sera del 25 febbraio 2019, in apertura alle notizie serali, il nostro servizio andò in onda in tutto il Regno Unito.[3] «È forse la Abu Ghraib della crisi dei migranti?» chiedeva la *tagline*.[4] C'erano immagini di torture e abusi: un uomo con una pistola puntata alla testa e il viso sporco di vomito; un altro appeso a testa in giù; una donna in catene. C'erano i video da Khoms Souq al-Khamis, con i detenuti che protestavano dopo che alcuni rifugiati appena sbarcati erano stati venduti dalle guardie del centro ai vari sfruttatori. Un altro video, girato per estorcere un riscatto, raffigurava un uomo che si contorceva a terra mentre gli veniva versata sulla schiena della plastica fusa. C'era anche un'intervista a me, nella cucina dell'appartamento londinese in cui stavo subaffittando una stanza, con l'aria vagamente a disagio e poco abituata a essere ripresa.

Il servizio venne condiviso migliaia di volte sui social media dai direttori dei principali enti di beneficienza e delle principali organizzazioni umanitarie e da moltissimi personaggi importanti. Forse le immagini sarebbero riuscite dove i testi avevano fallito, pensavo mentre scorrevo le varie reazioni online, seduta nella redazione di Channel 4. Al termine del programma facemmo una riunione per tirare le somme, e altri giornalisti si congratularono con me e con il produttore Darius Bazargan. Il servizio venne commentato anche dal «Times»[5] e ispirò almeno due interrogazioni parlamentari, rivolte per iscritto al governo britannico. Una chiedeva quante persone fossero morte nei centri di detenzione libici. La risposta fu: «Il governo britannico non è in possesso di alcuna informazione in merito al numero di migranti morti nei centri di detenzione in Libia».[6] Ancora una volta, avrei dovuto sapere che non c'era da aspettarsi un cambiamento.

Il mattino seguente, il 26 febbraio 2019, circa 150 detenuti evasero dalla cella degli uomini a Triq al-Sikka. L'evasione coincise con la visita di una delegazione dell'ambasciata olandese.[7]

È venuta l'ambasciata olandese, abbiamo parlato molto con loro. [Un diplomatico] ci ha detto che gli europei hanno un problema a sistemare i rifugiati e io gli ho detto che in questo momento non ci serve l'Europa. Ci serve un rifugio, buon cibo, aria fresca, un posto dove camminare e un posto dove ci sentiamo liberi. Ci ha detto che non ci può aiutare, e io gli ho chiesto perché è venuto da noi.

I detenuti richiesero con forza una visita da parte dell'UNHCR. Il diplomatico se ne andò.

Buttiamo giù la porta, siamo fuori, intorno c'è la polizia. Ti scrivo di nascosto. I capi di tutta la detenzione sono qui [...]. Hanno detto: Non siamo responsabili di voi, chiamiamo la persona responsabile. Hanno detto "se non vi mettete d'accordo con il capo dell'UNHCR vi lasciamo andare". Abbiamo portato con noi tutta la nostra roba: vestiti, coperte, è tutto con noi.

I responsabili del centro chiamarono i rinforzi. I detenuti vennero circondati da un centinaio di guardie che brandivano bastoni di legno, strisce di plastica e tubature metalliche che sembravano essere state prese da qualche cantiere. Le guardie si erano già portate avanti con una perquisizione e avevano confiscato i cellulari alle donne, rinchiuse lì vicino, per impedire che filmassero quello che stava per succedere o che chiedessero aiuto a qualcuno.

Prima hanno controllato che non c'era nessuno intorno. Sono furbi, Sally. È per questo che hanno aspettato che se ne andava l'ambasciata.

Le donne si misero a gridare non appena le guardie cominciarono a picchiare gli uomini e i ragazzi. Quattro persone colpite alla testa persero conoscenza. Più avanti, l'International Rescue Committee mi avrebbe confermato che due di loro erano state portate in ospedale. Un portavoce della UE disse che erano al corrente delle notizie che circolavano su una protesta.

L'unica cosa che possiamo fare è informare, Sally.

Decine di detenuti furono rastrellate e trasportate in altri centri, ma non prima che venissero confiscati i vestiti di ricambio e i documenti, insieme a una settantina di telefoni.

Adesso venderanno tutti i telefoni e useranno i soldi per la droga. Questa è la loro vita, Sally. I libici vivono una vita povera, i soldi li fanno diventare pazzi.

I presunti leader del gruppo – quelli che erano stati visti filmare la protesta con i telefoni o intonare canti – furono portati in una stanza sotterranea di Triq al-Sikka, a cui si accedeva attraverso una porta nera vicino all'ingresso della cella degli uomini. Molti erano minorenni. «Il posto è così brutto. Non c'è spazio per camminare, è buio, è così piccolo», si preoccupava un rifugiato il cui amico era stato rinchiuso lì tempo prima.

La notte successiva ricevetti una telefonata: Ben era riuscito a recuperare un telefono. Mi disse il nome di chi gliel'aveva procurato, ma sarebbe ancora troppo pericoloso diffonderlo. Quella che segue è una versione abbreviata della nostra conversazione, che ho registrato:

BEN «Siamo sottoterra, siamo sottoterra»
SALLY «Siete in un centro di detenzione sotterraneo?»
BEN «Non siamo in detenzione, ieri ci portano alla prigione [...] sottoterra [...] ieri ci picchiano, la gente soffre [...] Siamo in prigione sottoterra, ci portano sottoterra»
SALLY «Sai dov'è la prigione? Hai idea di dove sia la prigione, in che luogo?»
BEN «A Triq al-Sikka. Nello stesso posto, lo stesso posto ma sottoterra [...] Non dire a nessuno di questo telefono»
SALLY «Non lo dirò a nessuno, non preoccuparti. Vuoi che lo dica all'ONU?»
BEN «Sì. Sì, per favore, diglielo. [Poi mi disse che stavano portando via i detenuti, uno per uno, per picchiarli]»
SALLY «Vuoi dire che torturano la gente?»
BEN «Sì [...] Anche [...] lo portano fuori, lo picchiano»
SALLY «Siete lì ad aspettare che vi picchino»
BEN «Sì, sì, sì, loro, loro, loro [...]»

Mi chiese di segnarmi tutti i loro nomi. Passammo diversi minuti sui suoni e sullo spelling mentre io scrivevo, contavo la lista con sedici e poi ventuno e alla fine ventidue nomi, che gli rilessi un'ultima volta.

SALLY «Ok. Ti devo – devo telefonarti di nuovo a un certo punto o è pericoloso?»
BEN «Sì»
SALLY «E – e cosa è successo, cosa è successo ieri? Hanno picchiato tutti? Hanno picchiato tutti o solo qualcuno? Cosa è successo?»
BEN «Tutti. Hanno picchiato tutti, tutti [...] hanno messo sottoterra altri, li hanno mandati in un'altra prigione che non sappiamo, non abbiamo nessuna [...] su di loro, nessuno [...]»

SALLY «Ok [...]. Sai quante persone sono state portate in un'altra prigione?»
BEN «Non sappiamo, non sappiamo, abbiamo [...] li portano [...] li portano e noi [...]»
SALLY «Ok, ok, farò – farò quello che posso e ti richiamo a un certo punto se – se è sicuro e il telefono è nascosto»
BEN «Non chiamare, non chiamare»
SALLY «Ok, allora non chiamo, non preoccuparti»
BEN «Sì. Ti chiamo io, ti chiamo io»
SALLY «Prego per tutti voi, speriamo di tirarvi fuori presto»
BEN «Sì, siamo – siamo sottoterra [...]»
SALLY «Ok. Ci sentiamo, buona fortuna, buona fortuna»
BEN «Sì, prega, prega, prega per noi, prega per noi»

Quattro giorni dopo le proteste, sabato 2 marzo, pubblicai un reportage su Al Jazeera, intitolato: *Rifugiati in Libia «torturati» per essere evasi da un centro di detenzione*, senza specificare che ero stata in diretto contatto con i detenuti torturati.[8] Il martedì successivo il ministro olandese per la Migrazione avrebbe dovuto visitare Triq al-Sikka, ma i suoi assistenti vennero informati che la visita era stata spostata a un altro centro di detenzione, Tajoura, per «questioni di sicurezza». Quello stesso giorno, un portavoce della UE mi mandò un'email per informarmi che stavano «seguendo la situazione [a Triq al-Sikka] molto da vicino tramite la nostra delegazione e [stavano] lavorando a stretto contatto con le agenzie ONU e gli operatori umanitari [...]. Speriamo che possa essere trovata in fretta una soluzione che sia in linea con il diritto internazionale».

Il portavoce ripeté la solita solfa sui centri di detenzione che andavano chiusi, e disse che «quando si tratta di migrazione, la priorità della UE nel nostro lavoro in Libia è sempre stata e continuerà a essere quella di salvare vite, di proteggere le persone, di combattere contro lo sfruttamento e il traffico di esseri umani, di aiutare i migranti vulnerabili a rientrare volontariamente e a reintegrarsi nel loro paese d'origine, e di aprire percorsi legali verso l'Europa per chi necessita di protezione internazionale».

Sono all'inferno, Triq al-Sikka. Non so come dire. Non so cosa succede. Sette giorni prima è stato il giorno peggiore della mia vita. I miei amici tutti nella stanza buia. Sottoterra. Sì, è terribile.

Ricevetti un'email anche da alcuni portavoce dell'UNHCR, i quali definivano la protesta «rivolta» e si dicevano decisi a seguire il programma di visite previsto. Due giorni dopo rilasciarono una dichiarazione in cui annunciavano che non avevano modo di accedere a Triq al-Sikka ma che erano «turbati dai racconti sull'uso della forza» e che avevano saputo che circa cinquanta detenuti erano stati feriti.[9] La dichiarazione dell'IOM fu più decisa. «Stando ai resoconti, i migranti detenuti – molti dei quali si trovano lì da mesi – hanno dato inizio a una protesta [...] e sono stati severamente puniti», diceva. «Condanniamo l'uso della violenza nei centri di detenzione e chiediamo di poter raggiungere urgentemente gli individui trasferiti da quel centro di detenzione [...]. Quali che siano le circostanze che hanno portato a questo particolare incidente, la violenza contro i migranti non è giustificabile».[10]

Le guardie di Triq al-Sikka annunciarono che stavano conducendo un'«indagine» sulla protesta, per capire com'era iniziata. Poco tempo dopo anche Samuel, uno dei pochi rifugiati rimasti nella cella maschile in superficie, venne portato nelle stanze sotterranee e interrogato. Fu anche minacciato. Le guardie gli chiesero se era in contatto con una giornalista «britannica», probabilmente io. Samuel mi raccontò che gli mostrarono la foto di un pozzo molto profondo e gli dissero che sarebbe finito lì dentro e non sarebbe mai più uscito se lo avessero scoperto a comunicare con qualche persona esterna.

Le guardie erano furiose. Durante la protesta, uno dei partecipanti aveva lanciato qualcosa contro Naser Hazam, il responsabile del centro, un individuo solitamente imperturbabile che non si separava mai dalle sue sigarette.[11] «I poliziotti lo vedevano come Dio», mi disse un detenuto. Le guardie reagirono al lancio mettendosi a urlare «*Kus umak*», «Fottetevi», contro i rifugiati.

Chi è responsabile per noi è l'UNHCR, e non pensiamo che verranno da noi, perché stanno litigando con questo centro di detenzione.

Non seppi più nient'altro da Ben o dagli altri ventuno rimasti sottoterra. Scrissi email all'ONU e ai miei contatti alle varie agenzie umanitarie, spiegando nel dettaglio dove si trovasse il gruppo, accludendo anche la fotografia della porta nera che conduceva alla prigione sotterranea e descrivendo esattamente la sua posizione. Più avanti, alcuni funzionari delle organizzazioni umanitarie avrebbero accusato l'IOM e l'UNHCR di non aver difeso le vittime come avrebbero dovuto (quando chiesi un commento alle due organizzazioni, un portavoce dell'IOM dichiarò che loro avevano richiesto più e più volte la liberazione dei prigionieri e l'autorizzazione a vederli).[12] Hazam, il responsabile del centro, alla fine invitò l'UNHCR a intervistare gli eritrei rimasti nella cella in superficie e a registrare le interviste, ma disse che i detenuti nella cella sotterranea non sarebbero mai stati evacuati, per punizione. Quando i rappresentanti dell'UNHCR chiamarono per nome alcuni di loro per poterli intervistare, Hazam si rifiutò di portarli fuori.

In seguito, alcuni dei miei contatti all'ONU mi rivelarono che l'organizzazione non era disposta a prendere una posizione forte riguardo alla protesta, e riguardo all'uso della tortura a Triq al-Sikka, a causa della generale situazione politica in Libia. «All'epoca stavano cercando di evitare una guerra», mi spiegò una persona in posizione di rilievo. «Quindi quella non era la priorità numero uno». Nei diciotto mesi precedenti alla protesta, i rappresentanti della Missione di sostegno dell'ONU in Libia (UNSMIL) – che operava separatamente dall'UNHCR e dall'IOM, ma sempre sotto le Nazioni Unite – avevano incontrato migliaia di libici e raccolto decine di migliaia di commenti online e suggerimenti in vista di una conferenza nazionale che era in programma per metà aprile. L'obiettivo era quello di riunire i vari partiti e i leader del paese per avviare un processo che avrebbe dovuto permettere alla Libia di indire elezioni democratiche.[13] La conferenza era però destinata a fallire, e i ventidue uomini e ragazzi torturati a Triq al-Sikka sarebbero rimasti sottoterra.

C'era sicuramente aria di tempesta. A Triq al-Sikka continuavano ad arrivare i capi delle diverse milizie, per pavoneggiarsi e tenere riunioni. Samuel li osservava ansioso dalla sua cella. La stanza accanto fungeva da deposito di armi e perfino di bombe, e i detenuti rimasti dovevano dividere lo spazio con i nuovi migranti catturati ai posti di blocco sparsi per la città.

Passò più di un mese e, all'1:38 del mattino del 4 aprile 2019, Ben mi «salutò» su Facebook: l'emoticon di una manina gialla apparve sul mio schermo.

Ciaoo cara Sally. Grazie a DIO. Oggi siamo fuori. Da sotto. Ora siamo in detenzione.

Quello stesso giorno sarebbe scoppiata una nuova guerra.

14.
Tripoli: scoppia di nuovo la guerra

> «La Libia sta per sprofondare in una guerra civile che potrebbe dividere per sempre il paese. Ci vorranno anni per riparare il danno già fatto, e questo soltanto se la guerra termina adesso».
>
> Ghassan Salamé, inviato speciale dell'ONU in Libia, 2019

La guerra cominciò il 4 aprile 2019, mentre io mi trovavo al Festival Internazionale del Giornalismo a Perugia. Soltanto qualche ora prima, seduta in una stanzetta insieme a un panel di giornalisti che si occupavano di migrazione, avevo parlato del mio reportage. Qualcuno dal pubblico aveva chiesto che cosa si potesse fare per cambiare la situazione in Libia e nel Mediterraneo. Io avevo risposto che non ero un'attivista e che non era compito mio guidare nessuno, ma che credevo fermamente che tutti dovessero essere consapevoli delle conseguenze delle politiche europee sulle migrazioni e delle crisi dei diritti umani che quelle politiche contribuivano ad acuire.

Ero grata per quell'interesse. Una cosa che avevo notato, nei sette mesi trascorsi da quando avevo cominciato a diffondere online le testimonianze dalla Libia, era che in Europa e negli Stati Uniti un maggior numero di attivisti, avvocati e giornalisti sembrava essersi messo a comunicare direttamente con i rifugiati. Pubblicavano le loro storie o si rivolgevano ai politici e alle organizzazioni internazionali per conto loro. Più individui venivano coinvolti, maggiori erano le possibilità che accadesse qualcosa di positivo. Ma spuntavano sempre nuovi ostacoli.

Dopo l'incontro venni invitata a una cena organizzata da un'associazione che sostiene il giornalismo indipendente. Eravamo circa una dozzina di persone sedute a un lungo tavolo, in una sala illuminata da una luce dorata. Accanto a me sedeva un vincitore del Premio Pulitzer che ammiravo molto, ma quasi non riuscii a parlargli. Continuavo a fissare il cellulare che avevo in grembo e a leggere i messaggi che arrivavano, mentre un senso di angoscia cominciava a farsi strada dentro di me. Lontano da lì rimbombavano i rumori familiari della guerra. Tripoli era sotto attacco.

Fra gli altri invitati c'era una libica, e dopo cena io e lei ci ritrovammo a parlare a bassa voce nell'ingresso del ristorante sotto quella luce calda, mentre la pioggia scendeva fitta sui ciottoli di piazza IV Novembre. La donna era triste per il suo paese e preoccupata per la sua famiglia, che avrebbe dovuto rivivere i combattimenti per l'ennesima volta. Sarebbe diventata una guerra civile?, si chiedeva. Erano sempre i civili a patire di più.

Il generale traditore della zona orientale della Libia, Khalifa Haftar, era un uomo baffuto dal viso cadente e severo che aveva ordinato alle sue truppe di avanzare verso Tripoli e di prenderne il controllo proprio mentre il Segretario generale dell'ONU, António Guterres, si trovava lì. L'obiettivo del viaggio di Guterres era quello di creare un clima favorevole alla conferenza nazionale dell'ONU programmata per poco meno di due settimane dopo.[1] Quella mattina, Guterres aveva incontrato al-Serraj, il primo ministro del governo libico appoggiato dall'ONU, e poi visitato il centro di detenzione di Ain Zara, di nuovo pieno di rifugiati catturati in mare. Il Segretario generale si era detto «davvero commosso e sconvolto» dal livello di sofferenza e disperazione a cui aveva assistito nel centro. «Questa, naturalmente, non è solo responsabilità della Libia, ma dell'intera comunità internazionale», aveva dichiarato.[2]

Haftar condannava da tempo il governo di Tripoli e le milizie e i combattenti che lo sostenevano, definendoli tutti islamisti e terroristi.[3] Il generale, che allora aveva settantacinque anni, era nato nel 1943 e aveva aiutato Gheddafi – che un tempo lo aveva paragonato a un «figlio» – a prendere il potere.[4] Dopo la rottura dei loro rapporti negli anni ottanta, Haftar si era trasferito negli Stati Uniti, nella Virginia settentrionale. Ogni tanto collaborava con la CIA, che ha sede lì, tentando nel frattempo di far deporre il suo ex capo da lontano.[5] In seguito alla rivoluzione del 2011 Haftar era tornato a casa. Nel 2014 lanciò l'Operazione Karama («dignità») contro i militanti islamisti nella seconda città della Libia, Bengasi, radendo al suolo interi quartieri nella sua corsa al potere. Al comando di un gruppo di combattenti proclamatosi Esercito Nazionale Libico (LNA), riuscì a ottenere finanziamenti internazionali e i suoi sforzi furono ricompensati. Nel giro di qualche anno si era impadronito di una porzione di territorio superiore a quello controllato dal Governo di accordo nazionale, anche se la capitale, Tripoli, rimaneva il traguardo definitivo.[6]

Dopo il Festival di Perugia sarei dovuta andare direttamente in Tunisia, al confine con la Libia, per incontrare i rifugiati che erano riusciti a scappare dai centri il mese prima a furia di mazzette. Erano tutti pronti a fornirmi storie di prima mano e prove di torture, stupri e altri abusi. Avevo valutato i rischi, ottenuto un permesso di lavoro dal governo e prenotato i voli e un posto dove stare. Al di là delle storie che speravo di raccontare, ero emozionata all'idea di incontrare i miei contatti di persona, dopo aver comunicato con loro a distanza per così tanto tempo.

Il giorno successivo allo scoppio della guerra il mio viaggio fu cancellato. Un mio contatto era stato avvertito – prima dall'MI6 britannico e poi dalla CIA – che la mia sicurezza sembrava essere in pericolo. Ricevetti poche altre informazioni, ma mi dissero che sarei rientrata a Londra.

Qualcuno mi aveva tradita?, mi chiesi. Chi è che in Tunisia sapeva del mio viaggio? Soltanto qualche rifugiato, un autista tunisino, l'ufficio stampa del governo che mi aveva concesso l'accredito e alcuni dipendenti di un'organizzazione umanitaria che dovevo intervistare. La cosa più tremenda fu deludere i rifugiati che avrei dovuto incontrare. Non volevo che la loro voce rimanesse limitata a semplici messaggi, a testi su uno schermo. E non volevo che neppure la mia lo fosse, né tantomeno volevo essere una giornalista straniera che li sfruttava per fare carriera, che avanzava richieste da lontano senza investire nulla di suo. Non potevo neanche dire loro perché non sarei più andata, visto che mi era stato spiegato che non dovevo far sapere nulla a nessuno. Dalla mia prospettiva, queste minacce sembravano un altro indizio di quanto era importante tutta questa storia e di come molte persone si sentissero minacciate da essa. Così tornai a Londra, a Stoke Newington, confusa e spaventata.

Alcune settimane dopo avrei scoperto che, in base a una procedura statunitense chiamata «direttiva comunitaria di *intelligence* n. 91», la CIA ha il «dovere di mettere al corrente» una potenziale vittima se riceve «informazioni credibili e specifiche che indicano una minaccia incombente di omicidio intenzionale, gravi ferite fisiche o rapimento».[7]

La CIA definisce queste tre minacce come:

2. (U) «Omicidio intenzionale» significa uccisione deliberata di uno specifico individuo o di uno specifico gruppo di individui.

3. (U) «Gravi ferite fisiche» sono le ferite che comportano un rischio sostanziale di morte o che causano gravi e definitivi deturpamenti o disabilità.

4. (U) «Rapimento» significa prelievo di un individuo o di un gruppo di individui con la forza o minacciando l'uso della forza.

La mia paura non era niente in confronto alle ondate di terrore che investivano i centri di detenzione in Libia. Il conflitto si intensificò rapidamente, e intorno alla metà di aprile circa 2700 rifugiati e migranti si ritrovarono vicino alle linee del fronte di Tripoli.[8] Grossomodo 800 di essi erano rinchiusi nel centro di Abū Salīm insieme a Essey, dove il rumore dei razzi che volavano sopra le loro teste li tenne svegli per due giorni. Malgrado la costante minaccia degli attacchi, la prima morte di cui venni a sapere durante quella guerra non sarebbe stata causata da una bomba o da un proiettile.

Qualche mese prima ad Abū Salīm era arrivato Meri, il ragazzo di Asmara che Essey aveva incontrato nell'area di transito dei traffici umani a Cufra, vicino al confine con la Libia. Essey non lo vedeva da più di un anno. Era insieme a un gruppo di rifugiati malnutriti e fisicamente provati che i trafficanti avevano scaricato di fronte ai cancelli del centro di detenzione. Il ragazzo non era neppure riuscito a salire su una barca.

Essey rimase sconvolto dal cambiamento di Meri. «La prima volta che l'ho incontrato era [una] persona normale», avrebbe poi ricordato. «Lo avevo conosciuto prima di tutto lo stress».

Meri sorrideva ancora, ma non riusciva più a parlare. Nessuno sembrava sapere con esattezza che cosa gli fosse successo, e lui non poteva raccontarlo. Si diceva che fosse stato venduto da un gruppo di trafficanti a un altro e che lo avessero torturato con scosse elettriche, com'era capitato a tanti altri. Probabilmente era stato affamato e picchiato, mentre la sua famiglia ascoltava tutto all'altro capo del telefono. Questo poteva spiegare il suo stato mentale, secondo i detenuti: qualcuno non riesce a sopravvivere a certi orrori. «La sua mente era andata», diceva Essey. «Aveva la depressione in testa, si comportava come un matto. Non era il vecchio Meri che conoscevo. Non parlava, non mangiava, quando l'ho incontrato non riusciva a camminare».

Nonostante tutto, aveva ancora energia. Aveva soltanto diciassette anni: «ancora giovane, come un fuoco, [...] un giocherellone», raccontava Essey.

Anche dopo una depressione era ancora allegro. Quando era sotto stress, se suonavamo per lui, ballava.

La guerra sarebbe stata l'ultima goccia. Una settimana dopo che Haftar diede inizio al conflitto in Libia, Meri si uccise buttandosi in una fossa biologica del centro di detenzione.[9] Gli altri ci misero più di mezz'ora a tirare su il corpo. Le donne uscirono fuori in tutta fretta senza scarpe, veli e gli altri indumenti con cui di solito si coprivano all'esterno del centro per evitare che le guardie libiche trovassero da ridire. Avvolsero una corda intorno a un uomo robusto, Papa, che usò un pezzo di ferro per misurare la profondità della fossa prima di calarsi dentro, trattenere il fiato e immergersi del tutto.

Il corpo di Meri venne deposto a terra. Non si capiva se era vivo. A un certo punto, mentre era al telefono con me, Essey si mise a piangere di gioia, dicendo che Meri era sopravvissuto per grazia di Dio, che era un messaggio di resilienza per tutti noi. Più tardi si scoprì che diversi membri del comitato di rifugiati, che aveva preso le redini del centro dopo che le guardie di Abū Salīm erano scappate, avevano mentito per calmare i compagni, dicendo loro che Meri si stava riprendendo.[10]

Gli piaceva giocare con tutti, quindi manca a tutti. Oggi odiavo vivere in questo mondo schifoso. Ho perso il mio amico, mio fratello, il mio tutto [...]. Meri era un bravo ragazzo.

Dopo la morte di Meri, i detenuti indissero un periodo di lutto. Per tre giorni non toccarono cibo; le donne camminavano piegate in due, battendosi le cosce e cantando, invocando l'aiuto di Dio. Musulmani e cristiani si riunirono insieme. Quando il lutto collettivo ebbe fine, il comitato organizzò un incontro per annunciare che la morte di Meri era stata il volere di Dio, e che a quel punto dovevano tutti andare avanti. «C'è la guerra», disse uno di loro. «Se continuiamo a piangere, ci prenderanno di mira».

Moriremo uno per uno, per la guerra, con il suicidio, o per la fame.

Un mese dopo, il corpo di Meri era ancora chiuso in quello che i detenuti di Abū Salīm chiamavano «frigo». Le autorità avevano altro a cui pensare, o forse non sapevano cosa farne.

Nei pressi di Abū Salīm i combattimenti peggioravano, il frastuono era costante. Razzi e proiettili atterravano lì vicino. Gli spari si susseguivano a ritmo violento, come colpi implacabili. Le poche guardie libiche rimaste cambiarono uniforme; i rifugiati, confusi, si chiesero se avessero anche cambiato fazione e fossero passate dalla parte di Haftar. Come ormai tutti si aspettavano, alla fine anche quelle ultime guardie salirono in macchina e se ne andarono.

La gente è molto arrabbiata e ha paura. E il rumore delle armi arriva fin qui. Le sentiamo da vicino. I bambini hanno paura e piangono tutto il giorno e la notte. Le donne incinte e tutte le altre sono molto spaventate. Tutto non va bene adesso. Tutti sono sotto stress.

Alex Crawford – la coraggiosa giornalista inglese di Sky News che in occasione della rivoluzione del 2011 era stata ripresa da tutte le emittenti televisive mentre entrava nella piazza Verde di Tripoli insieme ai ribelli – era tornata in prima linea.[11] «Molti di quelli che hanno combattuto nella rivoluzione hanno di nuovo imbracciato le armi, e alcuni chiaramente sono un po' arrugginiti», commentava fuori campo in un servizio del 15 aprile, le cui immagini mostravano uomini in jeans e felpe con cappuccio che tentavano di sparare.[12] «Non c'è molto a tenerli uniti, soltanto il desiderio di non lasciar entrare le forze esterne, guidate da un ex generale di Gheddafi. Ma è tutto caotico e disorganizzato».

Nel servizio compariva anche il primo ministro al-Serraj, che chiedeva aiuto all'intera comunità internazionale. Nei primi sei mesi di guerra sarebbero state dislocate circa 200 000 persone, e anche gli stessi libici avrebbero patito gravemente gli effetti del conflitto.[13] Eppure, perfino in quel momento, al-Serraj riportò la conversazione sulle migrazioni, con la stessa identica minaccia già pronunciata da Gheddafi quando aveva tentato di ottenere sostegno durante la rivoluzione. «Quello che succederà con questo collasso delle condizioni di sicurezza è che 800 000 migranti clandestini che si trovano temporaneamente sul suolo libico dovranno lasciare il paese e attraversare il mare per dirigersi in Europa», annunciò a Crawford il primo ministro, seduto ricurvo su una sedia color crema, con una bandiera della Libia alle spalle. «E fra quegli 800 000 ci sono terroristi e criminali. Sarà un vero disastro».[14]

Insieme alla guerra, anche la propaganda bellica della Libia si intensificò. Sky News Arabia mi contattò per chiedermi se potevano trasmettere le registrazioni vocali in mio possesso, che contenevano le testimonianze dei rifugiati reclutati con la forza dalle milizie allineate al Governo di accordo nazionale. Il produttore voleva che io venissi intervistata in diretta. Dopo aver chiesto consiglio a un'amica libica, rifiutai. Mi aveva detto che la versione araba di Sky News era considerata un'emittente schierata con Haftar, e che se fossi stata associata a un canale di parte era possibile che il resto del mio lavoro perdesse credibilità.[15]

Poco dopo ricevetti un'altra email, questa volta da parte di una società di pubbliche relazioni che aveva sede negli Stati Uniti e nel Regno Unito, di nome Mercury Public Affairs.

Cara Sally,
le scrivo per conto del Governo di accordo nazionale libico, riconosciuto a livello internazionale.
Alla luce degli ultimi sviluppi, fra cui l'attacco a Tripoli da parte delle forze affiliate a Khalifa Haftar, come anche il mutato sostegno all'accordo politico promosso dall'ONU, sarebbe fantastico se riuscissimo a organizzare un breve incontro che mi permetta di descriverle il mio ruolo e il lavoro che stiamo facendo a sostegno del Governo di accordo nazionale.
Mi faccia sapere se questa settimana si trova a Londra ed è disponibile.
Nel frattempo, le lascio in allegato una dichiarazione del Governo di accordo nazionale che ha fatto seguito agli ultimi attacchi aerei sulla città di Tripoli.
Resto a sua disposizione per eventuali domande.[16]

Secondo quanto riportato da vari media, il governo di Tripoli aveva firmato un accordo da due milioni di dollari con la Mercury.[17] L'accordo era stato confermato poco tempo dopo che Donald Trump era parso ritirare il proprio appoggio al Governo di accordo nazionale; l'allora presidente degli Stati Uniti, nel corso di una telefonata a Haftar, aveva infatti riconosciuto il «ruolo significativo [del generale] nella lotta al terrorismo».[18] Il coinvolgimento a livello internazionale avrebbe grandemente contribuito a inasprire il conflitto e a rafforzare entrambi gli schieramenti. A sostenere il governo di Tripoli erano la Turchia, l'Italia e il Qatar.[19] La Francia appoggiava Haftar, così come la Russia, l'Egitto e gli Emirati Arabi.[20] Entrambe le parti sapevano però che il sostegno degli USA avrebbe potuto influenzare in maniera significativa il corso della guerra.

Anche Haftar si era rivolto a una società di pubbliche relazioni, la Linden Government Solutions, con sede a Washington, DC.[21] «In realtà è molto interessante il fatto che il Governo di accordo nazionale stia lavorando con società occidentali; è come ai tempi di Gheddafi», mi disse un'amica libica quando le raccontai dell'email.

Organizzai l'incontro con la Mercury. Ero molto tesa e mi domandavo perché mi avessero contattata. Stavo ancora pensando alle potenziali minacce alla mia vita. Poteva forse essere una trappola, o un test? Un amico giornalista mi suggerì di provare a registrare tutto di nascosto. Mi mise in comunicazione con un suo contatto nella zona nord Londra che conduceva indagini sotto copertura e aveva un portachiavi per automobile in cui era inserita una telecamera. Caricai il portachiavi e mi esercitai a puntare di nascosto la telecamera, ma non riuscivo neanche a capire se era accesa o meno.

Mentre aspettavo sul marciapiede di fronte all'ufficio della Mercury a Mayfair, nei pressi di Bond Street, ritentai. Mi venne in mente che quasi nessuno a Londra aveva un'automobile, o per lo meno, nessuno fra quelli che conoscevo io. Che una ventinovenne un po' trasandata si presentasse a un incontro con un portachiavi per automobile era sospetto. Inoltre, filmare qualcuno di nascosto, in assenza di prove che indicassero che la persona filmata aveva commesso un reato, era illegale.[22] Lasciai la telecamera nella custodia del mio portatile e mi decisi ad affrontare l'incontro da sola.

Seduta su una poltrona di pelle nella reception rivestita di pannelli di legno dall'aria costosa, cercai di capire come potesse inserirsi quell'elegante società di pubbliche relazioni in un contesto libico fatto di milizie, spaventosi centri di detenzione e difficoltà di portata incomparabile. Sul suo sito, la Mercury si definiva una «società abituata alle grandi sfide di strategia pubblica», che offriva assistenza nei rapporti strategici con i media e nella gestione delle crisi, oltre a consulenze politiche.[23] Fra i risultati ottenuti erano elencati la sconfitta dei sindacati da parte di una casa automobilistica e la vittoria elettorale di alcuni politici repubblicani in stati tradizionalmente democratici. La società sosteneva anche di aver condotto con successo campagne elettorali e di pubbliche relazioni in cinque continenti, «dimostrando particolare abilità in Africa, nel Medio Oriente e nel mondo islamico».[24] Per quanto riguardava i rapporti con i media, la sua specialità era «sviluppare la giusta narrazione per i nostri clienti».

La Mercury rappresentava la Turchia e il Qatar – stati autocratici dove la situazione dei diritti umani era piuttosto grave – e aveva collaborato con il presidente di Haiti Jovenel Moïse nel periodo in cui aveva rischiato di doversi dimettere a causa delle proteste contro quella che era stata percepita come una svolta dittatoriale del suo governo.[25] Due anni dopo, la Mercury aveva firmato un accordo da 120 000 dollari al mese con l'NSO Group, il gigante israeliano della sorveglianza informatica creatore di Pegasus, il software con cui i governi di tutto il mondo spiano giornalisti, attivisti e oppositori politici.[26]

L'uomo e la donna che incontrai quel giorno erano snelli e di bell'aspetto. Mi chiesero che cosa potevano fare per aiutarmi con il mio reportage, e io dissi che avevo difficoltà a ricevere un qualche riscontro da parte dei funzionari libici. Avevo telefonato, scritto messaggi e email alle autorità libiche, sperando di poter includere le loro risposte e i loro punti di vista nel mio reportage, ma le risposte tardavano ad arrivare; soprattutto dopo che spiegavo che ero una giornalista. I due mi dissero che poteva volerci tempo, scherzando sul fatto che il Governo di accordo nazionale era pessimo con le email, ma che la cosa era assolutamente fattibile.

Feci altre domande, ma loro non riuscirono a spiegarmi il comportamento del governo di Tripoli né il motivo delle condizioni vigenti nei centri di detenzione e del trattamento riservato ai rifugiati. Ero più che mai confusa: ecco l'ennesima organizzazione che guadagnava da quella crisi, l'ennesima storia che offuscava la cruda realtà. Ci salutammo e l'uomo mi disse che il giorno dopo sarebbe andato a Kiev, in Ucraina, per un impegno di lavoro. Qualche giorno dopo, per la prima volta, un funzionario libico mi rispose tramite la Mercury dopo che lo avevo contattato per chiedergli un commento sull'uscita di una notizia.

All'inizio di maggio, in risposta a un podcast che avevo registrato, Ibrahim Sahad – membro del Comitato supremo per la sicurezza del Ministero dell'Interno libico – rilasciò una dichiarazione ufficiale. «Il governo libico prende estremamente sul serio qualsiasi accusa di abusi e violazioni, anche in casi isolati», disse. «Stiamo lavorando insieme alla comunità internazionale per sviluppare le capacità delle apposite agenzie e assicurarci che ai migranti vengano riconosciuti i diritti e la dignità che tutti gli esseri umani meritano. La portata delle sfide che la Libia deve affrontare è enorme, e la questione delle migrazioni su larga scala rappresenta un problema internazionale che non può ricadere sulle spalle di un singolo paese. Il Governo di accordo nazionale (GNA) riconosciuto dall'ONU ha lavorato a lungo e duramente per creare condizioni di pace e stabilità in Libia, un traguardo che oggi viene messo seriamente a rischio. La violenza e il caos renderanno difficile garantire sostegno ai gruppi vulnerabili, migranti compresi, e assicurarsi che i vari sistemi operino secondo criteri appropriati e in piena trasparenza».[27]

Poco tempo dopo, il ministro dell'Interno libico, Fathi Bashagha, dichiarò a Euronews che addossare alla Libia la responsabilità della gestione dei migranti diretti in Europa era come «chiedere a un medico malato di curare i pazienti».

«Ci sono problemi interni in Libia», disse ad Anelise Borges, la corrispondente di Parigi per Euronews. «Da quando lo stato è crollato, la Libia non è riuscita a fornire servizi adeguati neppure ai suoi cittadini. Le richieste dell'Unione europea che la Libia tenga sotto controllo la costa, combatta la tratta di esseri umani e si occupi, anche a livello economico, dei migranti clandestini è in linea con gli standard internazionali [...]. [Ma] la Libia ha molti altri problemi, problemi legati ai servizi, alla sicurezza, al terrorismo, all'economia [...]».[28]

15. Qasr bin Ghashir e Zawiya: partono colpi

«La guerra non determina chi ha ragione, solo chi rimane».
Bertrand Russell

Binyam era un ragazzo di ventitré anni che amava leggere. Se avesse avuto libri a disposizione, mi raccontava, avrebbe potuto sopportare i mesi trascorsi a Qasr bin Ghashir (un centro di detenzione circa 25 km a sud di Tripoli). In Etiopia, dov'era vissuto da rifugiato prima di tentare la traversata in mare, era una «stella» della lettura. «Alla società servono libri», mi scrisse su Facebook. «Soprattutto libri di psicologia».

Mi elencò i suoi preferiti. *Pensieri lenti e veloci*, dello psicologo e vincitore del premio Nobel Daniel Kahnemann; *Il potere delle abitudini. Come si formano, quanto ci condizionano, come cambiarle*, un bestseller del 2012 di Charles Duhigg; e quello che preferiva in assoluto, *Mistakes Were Made (But Not by Me). Why We Justify Foolish Beliefs, Bad Decisions, and Hurtful Acts*, di Carol Tavris ed Elliot Aronson («Questo è il libro migliore che amo»).

A Binyam mancava leggere in biblioteca tanto quanto gli mancavano l'aria fresca, il tempo trascorso fuori, la sua famiglia e vedere i bambini che seguivano le lezioni a scuola. «Neanche la Bibbia c'è, cara», mi disse dal centro di detenzione. «Niente tranne malattie e stress». Al posto dei libri, si stava facendo una cultura sugli insulti. «Stiamo imparando le stupide parole della polizia libica. Dire *zeb* vuol dire cazzo. *Haywan*, animale», mi spiegò. «Non c'è un'istruzione qui. Se avessero un'istruzione non ci tratterebbero come animali». Al pari di tutti gli altri, si aspettava. Era stato preso nel giugno 2018 dopo essere rimasto sette ore in mare, e descriveva l'evacuazione come un processo lento, «come una tartaruga», ma continuava a sperare che il suo momento sarebbe arrivato.

I detenuti di Qasr bin Ghashir avevano dovuto affrontare grossomodo gli stessi problemi degli altri, solo che si erano ritrovati molto presto in prima linea nella nuova guerra di Tripoli. Ad aprile 2019, quando Haftar ordinò alle truppe di avanzare sulla capitale, Qasr bin Ghashir fu una delle prime aree di cui si impadronirono. Nel giro di qualche giorno vennero tagliate le forniture elettriche, così le pompe dell'acqua smisero di funzionare e i rubinetti rimasero a secco. I detenuti sedettero nel buio totale per tutta la notte. I gabinetti erano otturati.

Il problema che abbiamo con le donne e i bambini è serio. Le madri non possono allattare i figli perché non hanno abbastanza latte. Il motivo è che non bevono e non mangiano abbastanza. I bambini sono diventati davvero lenti. A volte quando hanno fame cercano di piangere ma non hanno la forza.

A quel punto il centro ospitava più di 700 persone, fra cui quasi 50 bambini e oltre 100 donne, alcune delle quali incinte. Circa la metà dei detenuti era stata intercettata nel Mediterraneo; gli altri erano stati arrestati in città o nelle aree circostanti, oppure erano stati portati lì direttamente dai trafficanti. Adesso si trovavano proprio in mezzo ai due schieramenti: lì vicino c'era anche la base di una delle milizie allineate al governo di Tripoli. Com'era capitato in altri centri, la maggior parte delle guardie si era dileguata allo scoppio del conflitto, lasciando i detenuti senza nulla da mangiare. Due eritrei che si erano avventurati fuori dal centro per cercare acqua erano rientrati gravemente feriti, dopo essere stati picchiati dai soldati di Haftar.

«Sta arrivando il jet, stanno bombardando un sacco di cose, un sacco di case di persone», mi disse Binyam lunedì 8 aprile.[1] Cominciò a telefonarmi regolarmente, con la voce carica di angoscia e le parole che gli uscivano di bocca al doppio della velocità, come se avesse saputo che il tempo era limitato. Ogni tanto imitava i notiziari e cominciava molti dei suoi aggiornamenti annunciando: «Ultime notizie, cara». Mi mandava messaggi vocali lunghi e ripetitivi, nei quali le informazioni importanti venivano ribadite più e più volte. In sottofondo si sentivano le grida e i pianti dei bambini piccoli.[2] «Anche i libici scappano. Da tutte le parti – avanti, indietro – ci sono molti militari. Non abbiamo persone che possono prendere la responsabilità [di noi]. Siamo in una brutta condizione, cara. Racconta al mondo per noi».

Ciao cara, la guerra sta continuando come ieri. Anche oggi è molto difficile immaginare [...]. Ormai quattro giorni, da giovedì notte a oggi non abbiamo cibo. In realtà non c'è acqua, non c'è luce finora. Siamo in una brutta condizione cara. Ma a chi possiamo riferirlo? Solo a Dio riferiamo.[3] *I nostri messaggi continuano, preghiamo e basta, non c'è soluzione [...]. C'è grosse armi, anche il jet sta arrivando, butta un sacco di roba sul nostro centro di detenzione. Ma tutto è molto brutto, tutto è molto brutto, prega solo per noi, cara. Queste le notizie di oggi.*

Un attacco aereo condotto vicino al centro aprì un cratere nel terreno dietro alla zona in cui dormivano le donne e i bambini. Con le giovani voci tremanti che evidenziavano l'urgenza della loro situazione, le madri cominciarono a mandarmi messaggi da diffondere sui media. Vennero trasmessi da BBC World Service, che mi intervistò. «Per favore se potete aiutarci, aiutateci tutti», implorava una donna. «Diglielo, dillo a tutti, al mondo [...]. Per favore, per favore, non posso dire di più perché c'è troppa guerra e troppa brutta vita».[4] Mi mandavano foto e video in cui apparivano con la testa chinata: un mare di veli – gialli, rossi, turchesi, blu – che supplicavano, rassegnati.

Un jet abbattuto atterra vicino al centro di detenzione di Qasr bin Ghashir, 14 aprile 2019.

L'ex responsabile del centro sparì e poi ricomparve per comunicare ai detenuti che sarebbero stati trasferiti tutti a Zintan, un altro centro 180 km a sud-est di Tripoli. Era soprannominato la «Guantanamo» della Libia per l'elevato numero di persone che vi erano morte a causa della mancanza di assistenza medica. Per Binyam, Zintan era la «casa della tomba o l'inferno». Gli altri concordavano che avrebbero preferito rimanere uccisi dai proiettili o dalle bombe piuttosto che rischiare di perdere qualunque possibilità di accesso alle organizzazioni internazionali che avevano sede a Tripoli. In ogni caso, la morte era una grossa probabilità, ragionavano tutti.

L'11 aprile 2019, una dipendente dell'UNHCR mi telefonò: sembrava in preda al panico. Mi disse che quel giorno rappresentava l'unica possibilità per l'UNHCR di trasferire i detenuti di Qasr bin Ghashir. Avevano avuto moltissime difficoltà a negoziare l'accesso al centro. Mi stava chiedendo aiuto? In quanto giornalista, le comunicai, non ero autorizzata a consigliare alle mie fonti quali decisioni prendere, stava a loro. Lei rispose che lo sapeva, ma voleva che io fossi consapevole del fatto che l'UNHCR aveva tentato di fare qualcosa. Poteva essere una questione di vita o di morte, mi disse, e l'UNHCR non poteva essere ritenuta responsabile di quello che sarebbe successo dopo, se l'offerta fosse stata rifiutata. Mi chiese il numero di telefono di qualche rifugiata del centro, dicendo che voleva provare a convincerle ad accettare. Gliene diedi uno.

I rifugiati si riuniscono fuori dal centro di Qasr bin Ghashir per discutere se salire sui pullman diretti a Zintan.

Arrivarono i pullman. Il primo era grigio, con la scritta «Leptis Magna» su un fianco. I detenuti si riunirono fuori per un incontro di gruppo e per dare una dimostrazione di forza. Stavano in piedi o seduti per terra, e parlavano a turno. La decisione finale, a quanto pare, fu unanime. Sarebbero rimasti lì.

Binyam disse che all'UNHCR non capivano la situazione. E come avrebbero potuto?, si chiedeva lui; evacuavano addirittura il personale in Tunisia quando le cose si mettevano male. Non si facevano scrupoli a mettere al primo posto le loro vite e a lasciare indietro i rifugiati. «Un sacco di nostri fratelli e sorelle stanno soffrendo più che mai a [Zintan]», mi raccontò. «Questa non è la soluzione [...]. Tutta la Libia è zona di guerra».

Questo messaggio è dal centro di detenzione di Qasr bin Ghashir.
Abbiamo bisogno di evacuazione di emergenza dalla Libia.
Per favore, UNHCR Libia e IOM Libia, aiutateci. Non vogliamo
un'evacuazione da un centro di detenzione a un centro
di detenzione [...]. Portateci via dalla Libia, per favore.
DOV'È L'UMANITÀ E DOV'È I DIRITTI UMANI? DOV'È L'ONU
E DOV'È IL MONDO? PER FAVORE, SIAMO ALL'INFERNO. CENTRO
DI DETENZIONE DELLA LIBIA PER UN ANNO INTERO. SIAMO GENTE
DI PACE, ABBIAMO LASCIATO IL NOSTRO PAESE PERCHÉ ABBIAMO
PERSO I DIRITTI UMANI E MANCA LA DEMOCRAZIA. PER FAVORE,
CI SERVE UN AIUTO DI EMERGENZA.

Dopo quattro ore, i pullman ripartirono. A bordo non c'era un solo rifugiato.[5]

In una dichiarazione rilasciata il 12 aprile, l'UNHCR annunciò che i suoi sforzi per trasferire i rifugiati erano stati «vanificati da problemi di accesso e di sicurezza», e definì quel tentato trasferimento «l'ultima risorsa nonché una misura salvavita».[6]

«Anche se il centro di Zintan è tutt'altro che adeguato, è un luogo più sicuro ed è accessibile da Qasr bin Ghashir. Inoltre il partner medico dell'UNHCR, International Medical Corps, gestisce una clinica sul posto con cui fornisce assistenza rapida a rifugiati e migranti. Gli individui di Qasr bin Ghashir, tuttavia, hanno rifiutato il trasferimento, chiedendo invece di essere evacuati fuori dal paese. Al momento, le possibilità di evacuazione dalla Libia sono estremamente limitate».

Il responsabile di Qasr bin Ghashir cominciò a minacciare i detenuti con la violenza.

Ci siamo rifiutati di andare a Zintan, così ci ha detto «Vi ammazzerò tutti».

Il responsabile ci ha detto che siamo l'obiettivo dell'attacco aereo e il principale obiettivo dei trafficanti. Le nostre sorelle sono sconvolte, hanno paura degli stupri e di tutte le cose brutte.

Poi l'ultima guardia libica se ne andò da Qasr bin Ghashir, lasciandoli di nuovo soli.[7]

Ci troviamo in un incendio.

Non ci sono parole per descrivere la paura delle donne e dei bambini. Abbiamo paura del rumore [...] sparato dall'aria e le armi. Sento che siamo abbandonati al nostro destino.

Non ci hanno lasciato niente per difenderci.

Il 13 aprile, un'organizzazione libica chiamata Migrace riuscì a raggiungere il centro con un camion. Gli operatori scaricarono cibo, scatole di succhi di frutta e un litro d'acqua ogni tre persone. Con le pance piene per una volta, i detenuti si sentivano in vena di celebrazioni. «Tutti i rifugiati sono molto felici e stanno bene. Neanche la guerra è come prima», disse Binyam tornando a ringraziare Dio e definendo lo staff di Migrace «umanitari per la gente».

Nei giorni seguenti Migrace ritornò.[8] Il 14 aprile, mentre gli operatori consegnavano le provviste, un jet venne abbattuto e cadde nelle vicinanze, lasciandosi dietro una scia di fumo nero attraverso il cielo blu.[9] Il 18 aprile l'UNHCR ricontattò i detenuti per chiedere loro se intendevano andare a Zintan, ma loro rifiutarono di nuovo. Poi il cibo smise di arrivare.

Alcune persone hanno la diarrea, soprattutto i bambini piccoli stanno male.

Il 12 aprile Binyam mi scrisse: «La gente è molto debole e perde forza, soprattutto i bambini, le madri e le donne incinte. Il problema è che l'umanità è sparita dal mondo, non so il motivo».

Il gruppo dei cristiani stava pregando all'interno di Qasr bin Ghashir quando partirono i primi colpi. Era il pomeriggio di martedì 23 aprile 2019. I rifugiati non avevano sentito arrivare gli uomini delle milizie, le cui uniformi indicavano che erano alleati con l'Esercito Nazionale Libico di Haftar. «Quando hanno visto la croce della gente che pregava hanno detto, "Smettete di pregare", ma la gente non ha sentito [...]. Dopo qualche minuto hanno iniziato a sparare», mi avrebbe poi raccontato un testimone. «Sono arrivati senza un motivo. Sono arrivati per entrare».

Adesso stanno attaccando il centro, sparano ad altre persone [...]. Sparano a noi direttamente. Abbiamo bisogno di cure mediche adesso perché la gente con noi, le loro ferite sono davvero un sacco.

Un detenuto originario del Darfur, in Siria, mi disse che secondo lui i soldati avevano cominciato a sparare quando erano ancora sul loro veicolo. Si ricorda che tutti erano caduti, come pezzi del domino; le donne erano svenute; gli uomini si erano accasciati a terra, colpiti dai proiettili. «Poi sono entrati nell'hangar e hanno iniziato ad accoltellare la gente. Vogliono i telefoni. In una telefonata [uno degli uomini] ha detto che gli ordini venivano da [il responsabile del centro], "uccideteli tutti"». In risposta, alcuni rifugiati iniziarono a spaccare i blocchi di cemento sparsi per lo stanzone in cui dormivano buttandoli a terra, per lanciarne i pezzi contro gli uomini armati.

La gente sanguina tantissimo; adesso mi serve aiuto di emergenza. Per favore condividi per noi con il mondo. Per favore, per favore, per favore cara, siamo in pericolo.

I miei contatti ragionarono in fretta. Sapevano di aver bisogno di prove per essere creduti, così tirarono fuori i telefoni che di solito tenevano nascosti e cominciarono a filmare. In un video si sentivano rumori simili a spari fuori dal centro, e rifugiati e migranti che gridavano. In un altro si vedevano pozze, schizzi e strisce di sangue sul pavimento in cemento, e detenuti che medicavano le ferite di chi era stato colpito.

Uomini smunti giacevano su materassi sottili accanto a tappetini con il logo dell'UNHCR.[10] Un uomo aveva una ferita sul collo che sanguinava; un altro, sul mento.[11] Qualcuno aveva ricavato un laccio emostatico da una sciarpa, per bloccare il sangue che usciva a fiotti da una ferita a una gamba; alcuni indumenti erano stati legati insieme per formare una fasciatura arancione. Nel frattempo, tutti scrivevano messaggi su WhatsApp e su Facebook, implorando di essere salvati.

Stanno picchiando e sparando alla gente. Siamo in una brutta situazione, i soldati di Haftar ci hanno attaccati [...]. La rete è molto debole. Ora tutti sono stressati, fai qualcosa, cara.[12]

Mi dissero che alcuni erano morti, e che una ventina di persone era rimasta ferita. Poi la connessione si interruppe.

Il giorno dopo riuscimmo a riprendere contatto; mi raccontarono che qualche morto era già stato portato via in ambulanza, ma loro non sapevano chi l'avesse mandata.

Nel frattempo, l'UNHCR diffondeva disinformazione, affermando – non si sa perché – che erano stati sparati soltanto colpi in aria e che non erano state rilevate «ferite da proiettili», anche se «dodici rifugiati hanno subito attacchi fisici, a causa dei quali è stato necessario ricoverarli in ospedale».[13] L'agenzia asseriva anche che non si sapeva di nessun decesso.

Schizzi di sangue filmati dai detenuti dopo l'attacco delle milizie al centro di detenzione di Qasr bin Ghashir.

Tutti i testimoni con cui parlavo mi dicevano che la dichiarazione dell'UNHCR era dolorosamente falsa. «Sono notizie false», affermò uno di loro. «Hanno sparato a tutti con i proiettili».

«Due persone morte subito», disse un rifugiato eritreo. Un volontario che all'epoca era in contatto con l'UNHCR definì quella dichiarazione un «errore gigantesco» e una «cazzata madornale», aggiungendo che probabilmente l'organizzazione stava riportando le informazioni ricevute da «qualcuno che ha interesse a dire che nessuno è stato colpito».

A Qasr bin Ghashir, intanto, le milizie si davano un gran daffare per insabbiare l'accaduto. Insieme ai morti, circa sedici dei detenuti in condizioni più critiche vennero trasportati in una base militare da un gruppo di uomini armati, ma i compagni sostenevano che era un tentativo di nascondere tutte le prove del crimine. Quelli che erano stati portati via riuscirono a telefonare e a dare l'allarme. I sopravvissuti, costretti a passare un'altra notte nel centro, urlavano nel sonno.

Ci sono feriti finora. L'ambulanza non è ritornata. Hanno tutti una ferita pericolosa sulla gamba.

Il personale di Medici Senza Frontiere, che curò alcuni feriti, confermò la presenza di lesioni da proiettile. «A oggi, questa è la dimostrazione più evidente del fatto che i rifugiati e i migranti rinchiusi nei centri di detenzione di Tripoli devono essere evacuati con urgenza dalla Libia», dichiarò Craig Kenzie, capoprogetto delle operazioni di MSF a Tripoli.[14] Il giorno successivo all'attacco, Amnesty International richiese un'indagine per poterlo classificare come crimine di guerra.[15] Anche a Human Rights Watch si dichiararono d'accordo, dopo che li informai delle prove in mio possesso. «Sparare intenzionalmente su civili detenuti, compresi migranti e rifugiati, costituisce un crimine di guerra», disse Gerry Simpson, direttore associato della sezione Crisi e conflitti di Human Rights Watch. «[Anche] sparare indiscriminatamente su un centro di detenzione sapendo che al suo interno sono presenti combattenti e civili costituisce un'infrazione del diritto bellico».[16]

Chiesi alla UE di rilasciare una dichiarazione. «Le presunte violazioni dei diritti umani e le violenze contro i civili, rifugiati e migranti compresi, sono assolutamente inaccettabili e vanno denunciate nei termini più decisi», mi rispose via email un portavoce. «Stiamo collaborando a stretto contatto con l'ONU per proteggere i rifugiati e i migranti coinvolti negli scontri».[17]

Alcuni operatori umanitari stanziati a Tunisi dissero che l'attacco di Qasr bin Ghashir, così sanguinoso e brutale, aveva rappresentato un «momento di svolta» per vari dipendenti e volontari dell'ONU. Un funzionario mi rivelò che, prima dell'attacco, le questioni relative a rifugiati e migranti non erano considerate «tanto importanti» quanto avrebbero dovuto. Quell'evento spinse molti funzionari a riflettere onestamente su ciò che avevano fatto, o evitato di fare.

«Il contesto libico era, era tutto [un chiedersi] ho fatto abbastanza? Ho fatto quello che era in mio potere fare in quel momento?», mi disse. Ricordava che nei giorni successivi c'erano state molte conversazioni incentrate sugli sbagli commessi, con diversi funzionari che si chiedevano: «Ho toccato i tasti giusti [...] per convincere le persone che [in questo caso, il trasferimento in un altro centro di detenzione] era l'opzione migliore? Perché ciò che è accaduto dopo è stato molto, molto peggio».

Benché mi stessi impegnando a fondo per far pubblicare tutta la storia, l'attacco a Qasr bin Ghashir segnò anche la mia prima esperienza di censura in quanto giornalista. Qualche giorno prima ero stata contattata da un redattore del quotidiano «The National» degli Emirati Arabi Uniti per scrivere articoli di aggiornamento sulla situazione dei rifugiati detenuti durante il conflitto di Tripoli. Di recente, «The National» aveva assunto una serie di rinomati giornalisti internazionali che ammiravo molto; uno di loro mi aveva chiesto di riportare tutte le testimonianze che avevo raccolto tra i rifugiati, così avevo consegnato già due pezzi che erano stati pubblicati senza problemi.[18] Questa volta, aprii il mio reportage con quello che era chiaramente lo sviluppo più sconvolgente: la sparatoria a Qasr bin Ghashir. Scrissi che gli aggressori sembravano essere schierati con Haftar e con l'Esercito Nazionale Libico. Un redattore capo mi rispose dicendo che era «un ottimo pezzo», ma che non potevano pubblicarlo. «In realtà sono molto imbarazzato, ma non possiamo inserirlo. Sembra che ci sia una linea di partito che non possiamo oltrepassare al momento, e ho detto che non ti avrei chiesto di cambiare la storia/omettere qualcosa per rendere il pezzo più digeribile per i più sensibili. A quanto sembra, la parte in cui descrivi come le forze dell'Esercito Nazionale Libico hanno aperto il fuoco sui migranti supera questa linea, cosa che a mio parere – per quanto possa valere – è assurda». Gli Emirati Arabi Uniti erano attivamente coinvolti nella guerra e inviavano al generale Haftar armi e combattenti, il che a quanto pare spiegava quella decisione.[19] Non lavorai mai più per «The National».

Qual era stato il vero motivo dell'attacco? Si diceva che le milizie che gestivano Qasr bin Ghashir fossero alleate di Haftar e volessero utilizzare il centro come base militare, e che i rifugiati fossero ritenuti un ostacolo. Se era stata un'operazione interna, aveva funzionato. I sopravvissuti accettarono di andarsene. Più di trecento persone furono trasferite in un altro centro. L'UNHCR rilasciò un'altra dichiarazione, accompagnata da una fotografia di bambini sorridenti, nella quale si ribadiva che il gruppo era stato «evacuato [...] in sicurezza».[20] Tuttavia, quelli che erano stati evacuati si resero presto conto, sbalorditi, di essere tornati proprio nell'epicentro del traffico di esseri umani.

Centro di detenzione di al-Nasr, Zawiya

Non appena i primi pullman arrivarono ad al-Nasr, il centro che sorgeva nella città di Zawiya, a un'ora di macchina da Tripoli lungo la costa nord-occidentale della Libia, tutte le speranze nutrite dai sopravvissuti di trovare un'accoglienza calorosa svanirono. Ad accoglierli infatti c'erano le guardie del centro con tanto di cani ringhiosi, le quali dissero loro che sarebbero stati rinchiusi all'interno delle mura senza alcuna luce e a tempo indeterminato se non avessero subito accettato di pagare per essere portati in mare.

Ha detto «Pagatemi 4000 dinari, vi metterò in mare. O se non volete pagare i 4000 dinari vi rimando al vostro paese».

A partire da quel giorno, i detenuti sapevano di dover raccogliere tra i 500 e i 1500 dollari, a seconda della loro nazionalità, per essere imbarcati su un gommone. Il gruppo dei nigeriani chiamava i viaggi in mare «spinte».

È il movimento quotidiano di questo centro di detenzione.
Ogni giorno la gente va in mare, è un grosso mercato di traffici.
I trafficanti di questo centro di detenzione e di questa città sono famosi.

Osama, il responsabile del centro di al-Nasr, era un uomo basso e rabbioso; i detenuti rimasero stupiti nel constatare che era disposto a picchiare perfino i libici. Pensavano che fosse spesso ubriaco, o forse fatto. Parlava apertamente del suo giro di traffici. «Se [gli] parli del Mediterraneo, risponde: "Sì, abbiamo delle buone barche"», avrebbe ricordato un detenuto sudanese.

Queste barche partono nel mezzo della notte. Credo che partono quando ci sono abbastanza persone da riempire una barca e la situazione in mare è ok.

Poco dopo il loro arrivo, i detenuti lo sentirono vantarsi del fatto che una delle sue barche aveva raggiunto l'Europa. «Era evidente la gioia sul suo viso», disse il sudanese, «perché se era riuscito a far arrivare la sua barca in Europa, avrebbe attirato molti immigrati».

Sembrava che Osama si riferisse al gruppo tratto in salvo dalla nave *Sea-Watch 3*, di proprietà di un'organizzazione non governativa tedesca. Venerdì 17 maggio 2019, lo stesso giorno in cui il responsabile di al-Nasr gongolava per il suo successo, diciotto famiglie soccorse dall'equipaggio della *Sea-Watch 3* furono autorizzate a sbarcare in Italia. Due giorni dopo, i restanti quarantasette migranti scesero sul suolo italiano in seguito a una serie di negoziazioni con le autorità locali.[21] Il mese successivo, la stessa nave avrebbe soccorso altre 165 persone al largo della costa di Zawiya. Quel salvataggio sarebbe diventato celebre per l'arresto di tre passeggeri (uno originario della Guinea e due egiziani), accusati di essere stati torturatori nel centro di al-Nasr. I rifugiati dissero che erano «capi», detenuti che collaboravano con le guardie. Tutti e tre gli uomini, poco più che ventenni, furono condannati a vent'anni di prigione, poi commutati in dodici in appello.[22] Il rapporto del pubblico ministero nominava Osama settanta volte.[23]

Quel maggio, la Guardia costiera libica intercettò e riportò in Libia 1224 persone: più di tutte quelle intercettate dall'inizio dell'anno.[24] Molte finirono direttamente a Zawiya. I nuovi arrivati vennero rinchiusi in edifici separati, vicino ai sopravvissuti di Qasr bin Ghashir. Non furono registrati dall'UNHCR, e venivano trattati anche peggio degli altri.

Le persone vengono ancora torturate, picchiate, fatte schiave e vendute come capre. Capiamo quanti prigionieri muoiono per le torture segrete

e le poche medicine, e anche perché mancano i nutrienti, il cibo.
A volte di notte sentiamo urlare nel capannone chiuso a chiave.

Le stanze diventarono soffocanti, e i detenuti che volevano sdraiarsi non avevano altra scelta che dormire nei bagni. Nel chiedermi aiuto, un sudanese mi inviò la foto di due uomini raggomitolati in un bagno; io oscurai le loro facce e la pubblicai su Twitter. Osama lo scoprì e si mise a caccia della mia fonte. I rifugiati mi raccontarono che li aveva convocati tutti fuori e si era piazzato una mano sul pene, annunciando che gliel'avrebbe messo in bocca a uno a uno; poi si era messo a battere la testa contro una porta, dicendo che era pronto a ucciderli tutti. Alla fine ebbero il permesso di rientrare.

Quando le guardie vogliono vendere [i detenuti] nessuno le può fermare, neanche l'UNHCR. L'UNHCR e l'IOM devono prendersi la responsabilità di queste persone vendute perché sono state portate qui dal mare. Davanti a noi abbiamo un grande problema. Non ci sentiamo sicuri. Viviamo in un posto molto pericoloso.

La notte del 3 giugno ricevetti un audio in cui si sentivano spari; molti erano cadenzati, quasi centellinati, altri invece arrivavano in rapida successione: erano le guardie che sparavano ai detenuti in fuga.[25] Intanto continuavano ad arrivare nuovi prigionieri. A causa della mancanza di spazio, alcuni dovevano stare fuori, ma se provavano a fabbricarsi un riparo per avere un po' d'ombra, Osama dava ordine di smantellare tutto. Le condizioni psicologiche dei detenuti erano ormai critiche. In agosto un uomo venne ucciso nel sonno da un'altra prigioniera, stando a quanto raccontarono diversi testimoni. «È stato picchiato da una ragazza con problemi mentali. La ragazza stava male mentalmente», disse un eritreo che aveva visto tutto. «Lo ha picchiato [mentre] dormiva di notte, con delle pietre. Era un bravo ragazzo».

Una dei presenti ad al-Nasr in quel momento era Violet, una nigeriana di ventitré anni che diceva di essere arrivata in Libia dopo che le era stato promesso un lavoro come «commessa» in Europa. Era la maggiore di quattro figli, e la loro madre li aveva cresciuti da sola; il padre era morto quando Violet era piccola. I soldi non bastavano mai, così lei aveva lasciato la scuola e si era messa a vendere acqua potabile per riuscire a comprare da mangiare.

Una donna che aveva incontrato mentre vendeva l'acqua l'aveva convinta che se avesse trovato lavoro in Europa avrebbe potuto aiutare la sua famiglia e anche proseguire gli studi. «Ho accettato perché non avevo speranze», ricordava Violet. Dopo tre giorni di viaggio attraverso il deserto del Niger per raggiungere la Libia, ci fu un incidente. Alcuni dei passeggeri caddero dal camion, rompendosi gambe e braccia; Violet cadde di testa battendo la fronte, ma non venne mai medicata. Una volta attraversato il confine, passò da un trafficante all'altro finché non le ordinarono di andare a lavorare come cameriera a Tripoli per tre mesi. All'incirca in quel periodo, raccontava Violet, lei e un'altra nigeriana erano state obbligate ad avere rapporti sessuali con un uomo in cambio di cibo.

Aveva tentato di attraversare il mare due volte. La prima volta la barca si era ribaltata, e i passeggeri erano stati soccorsi e riportati indietro. La seconda volta erano rimasti in mare due giorni. Quando la situazione si era fatta critica, avevano telefonato alla Guardia costiera italiana per chiedere aiuto, ma gli italiani avevano contattato la Guardia costiera libica. Nel centro di detenzione, un dipendente dell'ONU le aveva chiesto se voleva tornare a casa, «ma io mi sono rifiutata per via del mio futuro e di quello dei miei fratelli e delle sorelle più giovani», mi disse Violet.

Cominciò a farmi videochiamate dalla sezione femminile di al-Nasr, dove i controlli sui telefoni erano minimi, probabilmente perché i detenuti venivano obbligati molto spesso a telefonare ai genitori per chiedere soldi. «Mi serve davvero il tuo aiuto, ma', non posso andare a casa a mani vuote. Ti auguro tutto il meglio e amen a tutte le preghiere segrete», mi diceva. Immaginava la delusione della sua famiglia ed era terrorizzata.

Alla fine, però, tornò davvero in Nigeria, e un'altra detenuta si impadronì della sua SIM. Non seppi più nulla di lei.

Nel 2019, un rapporto del panel di esperti del Comitato internazionale dell'ONU per le sanzioni alla Libia descrisse il centro di detenzione di al-Nasr come «un noto snodo della tratta degli esseri umani, dove i migranti sono sottoposti a diverse forme di abusi dei diritti umani».[26] Il rapporto, presentato al Consiglio di sicurezza dell'ONU, identificava Osama al-Kuni Ibrahim come responsabile del centro. «Lui o gli individui sotto il suo controllo hanno promosso lo sfruttamento, la violenza e l'estorsione nei confronti dei migranti», si leggeva. «I detenuti, compresi i minori, sono spesso affamati, soggetti a sfruttamento e violenze sessuali, a pestaggi e ad altre pratiche degradanti». Un rapporto del 2021 dello stesso comitato avrebbe poi fatto eco, affermando che Osama «aveva commesso numerose violazioni del diritto internazionale umanitario e del diritto internazionale sui diritti umani», e che le sue «vittime hanno riferito di rapimenti con richieste di riscatto, torture, violenze sessuali e di genere, lavori forzati e uccisioni».[27] Quello stesso anno, gli Stati Uniti e l'ONU imposero sanzioni a Osama, e Anthony Blinken – il Segretario di Stato degli Stati Uniti – esortò il governo libico a metterlo sotto processo.[28]

Il centro di Al-Nasr aveva attirato parecchie attenzioni anche prima dei rapporti dell'ONU. Nel 2017, quello che all'epoca era il responsabile aveva ammesso davanti ai giornalisti del «Washington Post» che i trafficanti erano liberi di entrare nel centro e prelevare i rifugiati.[29] Nel giugno 2018, l'ONU aveva imposto sanzioni a Mohamed Kashlaf – comandante della Brigata al-Nasr, la milizia che controllava il centro – per i suoi crimini di tratta e traffico di esseri umani, e per aver venduto alcune detenute come «schiave sessuali».[30] Kashlaf lavorava a stretto contatto con Osama, come documentato dal rapporto del panel di esperti. Diversi rifugiati mi avevano raccontato che, dopo l'attacco a Qasr bin Ghashir, i miliziani di Kashlaf avevano fatto ripulire le loro armi ai sopravvissuti, e mi avevano mandato foto dei loro amici chinati a terra, intenti a pulire pistole e fucili.

Anche il capo della sezione di Zawiya della Guardia costiera libica, Abd al-Rahman Milad detto «Bija», era legato al centro di al-Nasr. Nel maggio 2017, Bija si era recato in Italia per incontrare alcune agenzie di *intelligence* e richiedere un aumento dei fondi europei per fermare il flusso dei migranti.[31] Alcune foto lo raffigurano seduto a una scrivania, con una giacca grigia, un cordino intorno al collo e una serie di fogli di fronte a lui. Nel 2018 venne sottoposto a sanzioni da parte del Consiglio di Sicurezza a causa delle accuse di collaborazione con i trafficanti, fra cui lo stesso Kashraf, ai quali si diceva avesse offerto protezione. Era anche accusato di aver sparato contro le imbarcazioni dei migranti fino a farle affondare.[32] Più avanti venne arrestato dal governo di Tripoli appoggiato dall'ONU e accusato di tratta di esseri umani, ma meno di quattro mesi dopo era di nuovo libero.[33] Alcuni sopravvissuti di Qasr bin Ghashir mi dissero che Bija aveva visitato il centro mentre loro erano lì.

Tutto ciò sollevò ulteriori questioni sul rapporto tra l'Europa e le autorità libiche, sul perché l'UNHCR avesse trasferito centinaia di rifugiati traumatizzati in un centro associato a trafficanti già condannati e perché la UE stesse finanziando le intercettazioni di un numero sempre maggiore di vittime, che così venivano consegnate direttamente al centro. Quando chiesi spiegazioni a un portavoce della UE, mi rispose, in maniera poco convincente: «La UE ha sempre preso molto sul serio qualunque accusa di attività criminali. Il nostro coinvolgimento in Libia ha precisamente l'obiettivo di limitare i rischi di attività illegali». Poi aggiunse che finanziare la Guardia costiera libica era «fondamentale per salvare vite in mare e combattere la tratta e il traffico di esseri umani».[34]

16.
Zintan: la «Guantanamo» libica

> «Ci siamo fidanzati con la morte, quindi pregate per noi prima che si arrivi al matrimonio».[1]
>
> Da un canto scritto dai detenuti del centro di detenzione di Zintan

> «Il mondo ha gli occhi? Dite al mondo che siamo umani, non animali».
>
> Un rifugiato eritreo del centro di Zintan

Per ben tre giorni, nel corso dell'ottobre 2018, Fatima Ausman Darboe dovette rimanere a guardare il figlio che moriva di appendicite. La pancia gli si era gonfiata e lui si contorceva dal dolore. Lo tenne stretto mentre le sue condizioni peggioravano. La maggior parte delle madri avrebbe potuto portare il figlio in ospedale, ma Fatima era una detenuta. Aveva soltanto la sua voce.

«Venite a vedere il mio bambino, la sua pancia è gonfia, non so perché la sua pancia è così gonfia», gridava. «Che cos'è, che cos'è?». Stringeva il suo corpicino fra le braccia e lo sollevava per mostrare alle guardie la pancia sporgente. Gli uomini in uniforme le ripeterono più volte che non potevano fare nulla, perché il loro capo non era nelle vicinanze, ma lei era convinta che stessero mentendo. International Medical Corps (IMC), l'organizzazione che avrebbe dovuto occuparsi del primo soccorso nel centro di detenzione, e le agenzie ONU che avrebbero dovuto monitorare le condizioni dei detenuti, erano introvabili. Gli appelli di Fatima vennero ignorati.

«Non se ne sono preoccupati, non so perché. Era solo un bambino, solo sei anni, perché fanno così? Quando un bambino è malato non deve stare in detenzione, devono portarlo in ospedale», si sarebbe lamentata più avanti.

Il responsabile del centro alla fine arrivò e si impietosì di fronte a quella situazione. Non riuscendo a far venire i medici fin là, portò lui stesso Fatima e il bambino in ospedale. Era troppo tardi. Il figlio di Fatima morì in macchina.

Seguirono lunghe negoziazioni riguardo alla sepoltura, tanto che il piccolo rimase insepolto per un mese. Fatima e il marito erano rinchiusi in stanze diverse, ma andarono insieme a vedere il corpo del figlio un'ultima volta. Poi, il marito di Fatima accompagnò il bambino al luogo di sepoltura; lei più tardi si sarebbe convinta che quel gesto gli aveva assestato il colpo grazia.

Una somala, madre di un bimbo di tre anni, avrebbe ricordato in seguito che nei giorni successivi all'accaduto le guardie dicevano a Fatima: «Perché piangi? Alzati, hai un altro bambino». «Non avevano nessuna pietà per lei. Pensano che siamo animali, vacche, non pensano che siamo umani», avrebbe commentato.

Fatima era nata in Gambia, una piccola nazione dell'Africa occidentale che pare una scheggia incuneata nel Senegal. Per oltre vent'anni, dalla metà degli anni novanta, il paese era stato governato da un dittatore imprevedibile, Yahya Jammeh, che comandava squadroni della morte, promuoveva finte cure per l'AIDS e l'infertilità e indiceva vere e proprie cacce alle streghe, nel corso delle quali gli anziani dei villaggi venivano rastrellati e costretti a bere liquidi allucinogeni per essere tenuti sotto controllo.[2] Fatima era arrivata in Libia nel 2009, quando Jammeh era al picco della sua follia; lì si ricongiunse a suo marito, anche lui gambiano, che lavorava nel settore edile.

In Libia riuscirono a sopravvivere ed ebbero tre figli. Soltanto quando al marito di Fatima venne diagnosticato un disturbo cardiaco decisero di tentare la traversata del Mediterraneo per raggiungere l'Europa: speravano di ottenere assistenza medica a prezzi accessibili. «Era per via del problema al cuore di mio marito, è per quello che volevamo trovare un prato più verde», mi avrebbe spiegato Fatima. Vennero arrestati al largo della costa di Zuara, una città circa 100 km a ovest di Tripoli, e portati al centro di detenzione di Zintan, a 180 km di distanza, due giorni dopo. Fatima, che era di nuovo incinta, partorì nel centro di detenzione.

La morte del figlio maggiore non fu l'ultima tragedia. Qualche settimana dopo la sepoltura del bambino, anche suo marito morì, a quanto pare a causa di un ictus dovuto allo shock. Fatima era ancora rinchiusa insieme alle altre donne, e non ebbe mai la possibilità di dirgli addio. «Se era caduto o si era ammalato le guardie avrebbero dovuto venire a dirmi "vai a vederlo"», avrebbe poi ricordato. «Forse voleva dirmi qualcosa. O forse io volevo dirgli qualcosa. Loro non lo sapevano». Fatima scoprì che il marito era morto soltanto quando una guardia le chiese di confermarne il nome completo. In quel momento il cuore le si fermò; sentì un gran freddo, come se l'avessero messa «nel frigo».

Non mi hanno portata da lui fino al giorno dopo, di mattina. Era già morto. Mi hanno portata, dicendo "adesso vedrai tuo marito". Il poliziotto mi ha detto "tuo marito è morto". Non riuscivo a parlare, non riuscivo a fare niente, solo il mio corpo, tutto il mio corpo tremava e basta. Guardavo ma non vedevo niente. Non ho pianto. Non mi ricordo, oh Dio. Mi hanno detto che forse non ho parlato per una o due ore, non ho fatto nulla, continuavo a guardare lo stesso punto.

Le guardie le diedero il permesso di fare una telefonata, e lei chiamò suo cognato in Gambia. «Tuo fratello è morto», riuscì a dirgli, e poi la chiamata venne subito interrotta. Aveva riattaccato per lo shock o non l'aveva neanche sentita? Si sentiva così sola.

Il corpo di suo marito rimase insepolto per tre mesi. Chiese di vederlo un'ultima volta, ma se ne pentì; non riconosceva più il viso. Altri detenuti avrebbero ricordato che Fatima poco dopo era andata via dal centro, all'improvviso, senza dare spiegazioni. Io sapevo dov'era andata: era tornata in Gambia insieme ai figli rimasti su un volo organizzato dall'IOM nell'ambito del cosiddetto programma di ritorno volontario. Era stata lontana dal suo paese così a lungo che quasi non sapeva che cosa avrebbe ritrovato, ma sentiva di non avere più opzioni.

Negli anni successivi, di tanto in tanto Fatima mi avrebbe scritto.

Ciao. Mi manchi.

Le cose vanno molto male. Niente lavoro, niente soldi.

Me la cavo appena.

A volte mi telefonava a notte fonda. Era sola e si agitava facilmente quando raccontava quello che aveva passato e ricordava lo squallore del centro di Zintan e i momenti in cui aveva saputo della morte del figlio e del marito. «RIP marito mio caro» diventò il suo nome di WhatsApp. Anche la sua foto profilo ritraeva lui: un uomo dall'aria seria che fissava l'obiettivo e indossava una felpa sportiva blu scura, con tanto di cuori rosa e blu (aggiunti da Fatima) sopra il petto. Mi mandava anche fotografie del figlio maggiore, scattate quando era ancora in vita. Guardavo le immagini di quel bambino dal viso allegro – con i pantaloncini rossi e una maglietta blu, in posa dritto su una gamba, le mani intrecciate sotto il mento; oppure con una maglia bianca larga, le labbra arricciate e gli occhi svegli che guardavano dritti in camera – e mi chiedevo come avrebbe potuto essere la sua vita se fosse sopravvissuto.

Al di là del deserto, fra i monti Nafusa della Libia, 180 km a sud-ovest da Tripoli, sorgeva il centro di detenzione di Zintan, Dhar-el-Jebel, che i rifugiati chiamavano «Guantanamo».[3] Durante i combattimenti scoppiati a Tripoli nel settembre 2018, centinaia di rifugiati e migranti vennero trasferiti in pullman da Zintan a Tariq al-Matar, un centro situato nella capitale libica che venne chiuso dopo che, durante un bombardamento, un detenuto era rimasto ferito.[4] L'ANSA riferì che quel trasferimento era stato coordinato dall'UNHCR e dalle autorità libiche.[5] Fu l'inizio di un calvario destinato a durare anni, al quale decine di persone non sarebbero mai sfuggite.

Nel suo libro *The Burning Shores*, Frederic Wehrey descrive le montagne del Nafusa come un «rifugio naturale per dissidenti», dove «remoti villaggi sorgono in cima ai pendii, ognuno raggiungibile soltanto percorrendo strette stradine che serpeggiano fra le gole». Wehrey racconta che le montagne erano state spartite fra le varie milizie: «le alleanze, così come i posti di blocco, cambiavano; bisognava procedere con cautela». Quando non c'erano indizi visibili, per esempio una bandiera, a suggerire quali combattenti controllavano il territorio in cui ci si trovava, «si avanzava alla cieca, sperando che la guida conoscesse la traversa giusta, fosse amica del cugino di quello e quell'altro, parlasse il dialetto giusto o avesse il giusto cognome».[6]

Secondo un rapporto pubblicato sul settimanale statunitense «The Nation», il centro di Dahr-el-Jebel a Zintan in passato aveva ospitato un centro di formazione per i bambini che studiavano *Il libro verde* di Gheddafi: un testo sconclusionato di ottantadue pagine che, prima della destituzione e dell'assassinio del dittatore libico nel 2011, era stato una lettura obbligatoria per tutti gli studenti.[7] Il pericolo maggiore che correvano i rifugiati rinchiusi a Zintan non erano gli abusi o le torture, ma l'essere dimenticati. Si trovavano infatti in un avamposto lontano dalle organizzazioni internazionali, dai diplomatici e da qualunque forma di sorveglianza effettiva.

È troppo lontano. Nessuno può aiutarti. Possono fare tutto quello che vogliono.

Poco dopo il trasferimento, i detenuti cominciarono a morire. Nell'hangar più grosso c'erano tre bagni per centinaia di uomini e ragazzi (più di 130 dei quali avevano meno di diciotto anni).[8] I detenuti si ritrovarono a fare pipì nei secchi, e una parte dello stanzone venne occupata da una grossa pila di rifiuti, coperta di mosche ronzanti e vermi.[9] Gli insetti correvano sui materassi mentre la gente dormiva. Per i successivi otto mesi, nessun individuo esterno sarebbe entrato nel centro; il cibo veniva consegnato attraverso un portello. Si mangiavano uno o due pasti al giorno: una pagnotta o all'incirca duecento grammi di maccheroni o couscous sconditi oppure, se era un giorno fortunato, accompagnati da una cucchiaiata di concentrato di pomodoro. Tutti tossivano. Qualcuno perse fino a 30 kg.

L'UNHCR non entrava quando venivano lì perché non vogliono annusarci, non ti vogliono vedere. Se sono un'organizzazione umanitaria perché non vogliono vederci? Se gli importa dei rifugiati perché non entrano a vedere come viviamo?

Una sezione dell'hangar era riservata a chi soffriva di disturbi mentali. Quattro persone, che avevano afferrato alcuni fili elettrici nel tentativo di uccidersi con una scossa elettrica, vennero confinate lì con i piedi legati e le mani strette dietro la schiena, per impedire loro di riprovarci.[10]

In questo momento la gente è molto sotto stress, perché ogni due settimane una persona muore [...]. Se sono malati nessuno pensa che starà bene, pensa solo la morte è il mio destino.

Nel corso dei nove mesi successivi sarebbero morte almeno 22 persone, fra cui una somala di sedici anni e un dentista eritreo di trentadue, oltre al marito e al figlio di Fatima.[11] Haftom, il dentista, raccontava spesso una barzelletta: «Dio stava guardando il globo terrestre e vide che l'Eritrea era verde. "Come ha fatto questo paese a diventare così verde?", si chiese, e andò lì per indagare. Ma quando arrivò, vide che il verde era la massa delle milizie».

Umorismo nero, naturalmente. Come decine di migliaia di altri suoi compaesani, Haftom aveva lasciato l'Eritrea per scappare dai leader violenti che controllavano ogni ambito della sua vita, dalla sua professione e il suo salario fino al posto in cui gli era concesso vivere e agli argomenti di cui era autorizzato a parlare. Gli amici lo descrivevano come un uomo «tranquillo, intelligente», che alla fine smise di sperare che le cose sarebbero potute migliorare. Nel febbraio 2018 era già sopravvissuto ai trafficanti nel Sahara e alla polizia in Sudan. Dodici ore su un gommone si erano concluse con un'intercettazione della Guardia costiera libica. Haftom morì qualche giorno prima di Natale, quello stesso anno.[12]

Anche se gli amici erano convinti che Haftom a Zintan avesse sviluppato un problema cardiaco, non si capiva quale fosse stata la causa definitiva della sua morte. «Così tante persone si ammalano», mi scriveva un detenuto. «Le prendono e le [mettono] in una casa e non gli danno medicine». Haftom era stato trasferito nell'edificio in cui vivevano i malati di tubercolosi. Chi lo aveva visto in quel periodo racconta che lui sapeva di essere arrivato alla fine. «Tutti qui [pensano che ci] si ammala. Nessuno pensa che starà bene. Pensano solo: tocca a noi», disse un altro.

Dov'è l'umanità? La gente lì muore più che con i trafficanti.
*I trafficanti dicono siamo meglio dell'*UNHCR *perché vedono*
*i risultati. Sotto l'*UNHCR*, anche con i soldi non abbiamo cibo.*

Quando un detenuto di Zintan moriva non era prevista nessuna procedura formale per avvisare la famiglia. Anche perché non esisteva una lista ufficiale con i nomi dei rifugiati presenti. In certi casi qualcuno di loro postava online le foto dei defunti, che venivano condivise su Facebook più e più volte da utenti compassionevoli, con tanto di emoji piangenti e preghiere rivolte al Dio che si presumeva fosse in ascolto. «*Mengsti semayat ywarsoo*» significava «riposa in pace» in tigrino. Ogni tanto anche io condividevo quelle notizie.

Più avanti, alcune persone mi avrebbero criticata dicendo che pubblicare online informazioni sui morti era una cosa insensibile, perché si rischiava di turbare le famiglie che ancora non ne sapevano nulla. Ma sicuramente era la morte la cosa più disturbante, e alcuni di loro non avrebbero forse voluto essere informati?

Abel, un eritreo che era riuscito ad arrivare in Germania, venne a sapere della morte del fratello minore – Teddy – tramite Facebook. Durante una telefonata piena di fruscii e interferenze, mi disse che non si sentivano da due mesi quando aveva visto la foto di Teddy online, accompagnata dalla scritta «RIP». Abel aveva contattato l'autore del post. «Ho detto: come fai ad avere quell'informazione?».

L'autore del post si trovava in Svizzera, ma anche suo fratello era rinchiuso in Libia e a quanto pare era stato con Teddy nei suoi ultimi giorni. In seguito a quella conversazione, alla fine del 2018, Abel mi disse che io ero la prima persona in sette mesi ad averlo contattato per parlare della morte del fratello.

Teddy aveva lasciato l'Eritrea e aveva attraversato il confine con l'Etiopia, dove si era messo a lavorare illegalmente. Da lì era riuscito a raggiungere la Libia.

Ogni tanto, Teddy telefonava. «Diceva siamo in una brutta situazione, non abbiamo medicine, non abbiamo cibo». Aveva cercato di raggiungere l'Italia ma era stato catturato in mare. Era finito a Zintan ed era morto che non aveva nemmeno raggiunto i venticinque anni. «Non ho saputo che era malato, ma la maggior parte delle persone che sono in pericolo in Libia non ha la possibilità di parlare molto. Ti contattano una volta al mese o una volta ogni due. È stato proprio uno shock», mi confessò Abel. «Ci sono un sacco di storie brutte [come questa] in ogni famiglia in Eritrea».

All'inizio del 2020 incontrai Abel di persona. Mi propose di vederci in un bar di Kreuzberg, il quartiere trendy di Berlino. Era magro e indossava una maglia blu macchiata. Gli comprai una birra e lui ne comprò una a me. Nel locale pieno di fumo, clienti giovani e alla moda erano pigiati in poltrone di varie forme o appollaiati su sgabelli di legno con una sigaretta in mano.

Abel aveva sei fratelli in Europa e ancora uno che tentava l'attraversata. Era in Germania da qualche anno, ma continuava a condividere una stanza in un centro di accoglienza per rifugiati. Mi disse che c'era stata una settimana in cui tre persone lì si erano uccise.

Nel locale incontrammo per caso un altro eritreo. Ci disse che lavorava sette giorni su sette e che aveva diverse occupazioni; faceva anche il cassiere in un negozio di souvenir in un aeroporto di Berlino. Il suo obiettivo era quello di aprire un locale, con spazi al piano di sopra in cui gli eritrei male in arnese o appena arrivati potessero dormire in caso di bisogno. Sorrise ad Abel, entrambi consapevoli di quello che stavano passando i loro compaesani.

Anche Abel aveva cercato di raggiungere la Germania passando dalla Libia. Quel paese era «la madre del caso [...] sempre cattiva e anche peggio, come il demonio», mi disse. «Tutti noi eritrei siamo arrivati nello stesso modo [...]. Gli eritrei sono in tutto il mondo. Come un contadino sparge i semi sulla terra, gli eritrei sono come semi in tutto il mondo».

Quando la conversazione si spostava su Teddy, Abel pareva un uccello riluttante a posarsi su un ramo, incapace di trovarne uno che fosse abbastanza solido. Non voleva più pensare alla tragedia, ma la vita non era niente senza la famiglia, diceva. «Vivere vuol dire stare con tuo padre, tuo fratello, tua madre, la tua famiglia. Non era il mio sogno venire qui. Solo che non potevo restare nel mio paese».

All'inizio del 2019 c'erano già state così tante morti a Zintan che si creò un problema logistico. L'area refrigerata in cui erano conservati i corpi era piena, e la comunità musulmana locale non permetteva che i cristiani fossero sepolti nel suo cimitero. «Ragioni amministrative», mi spiegò un volontario. «I morti sono un peso».

Corpi morti. Fino a ora non li hanno seppelliti. Chiediamo così tante volte di farlo.

Così venne effettuata una selezione fra i vivi. Si decise di spostare i malati più gravi in un altro centro lontano, 110 km a nord-ovest da lì, che era meglio attrezzato per disporre dei cadaveri. I detenuti erano convinti che quelli che erano stati selezionati stessero andando a Tripoli per essere curati: glielo avevano detto i responsabili del centro di Zintan, avrebbero poi ricordato, ragion per cui avevano tutti acconsentito al trasferimento.[13] All'inizio del 2019, una cinquantina di persone venne portata a Garian.[14] In maggio, almeno otto di loro erano morte, secondo i detenuti.[15]

«Quando siamo arrivati ci hanno subito chiusi in un container», rivelò una persona a un volontario che più avanti si recò sul posto. Il centro di Garian aveva già una brutta fama perché circa 150 persone rinchiuse lì erano state vendute agli sfruttatori, i quali avevano preteso dalle loro famiglie un riscatto di 20 000 dollari, e perché cinque detenuti rimasti nel centro erano stati uccisi a colpi di pistola. Conoscendo questa storia, una dei nuovi arrivati tentò di impiccarsi.[16]

Nel frattempo, i detenuti di Zintan cominciarono a costruire una chiesa. L'alta struttura venne realizzata con cartoni per alimenti e spugna dei materassi e poi decorata di rosso con pezzi di asciugamani, di verde con strisce di lenzuola e di bianco con un po' del dentifricio Colgate distribuito nei pacchi di aiuti. Una stuoia blu dell'UNHCR venne posizionata di fronte alle croci ricavate dalla cera delle candele.[17] Ogni giorno, alle 11 di mattina, centinaia di detenuti si riunivano nella chiesa a pregare per i defunti. Continuarono a farlo per buona parte dell'anno, mentre i morti aumentavano. Tentarono anche di protestare: usando concentrato di pomodoro e peperoncino scrivevano le loro suppliche su materassi di spugna che alzavano di fronte alla telecamera di un telefono. Le scritte dicevano: «ci serve emergenza»; «siamo rifugiati innocenti»; «ci affamano a morte». Dopo qualche tempo, alcuni entrarono in contatto con attivisti e giornalisti. I messaggi che ricevevano da parte dei loro sostenitori fuori dal centro erano «come una candela nella notte», mi avrebbe poi detto un uomo che a Zintan si era ammalato di tubercolosi e aveva perso 25 kg.

Siamo vittime dell'UNHCR in Libia. Veniamo abusati dalle organizzazioni per i diritti umani.

Smettete di farci soffrire per la TB; migliorate le nostre medicine; l'UNHCR dovrebbe occuparsene.

Stiamo insistendo perché ci sia un funerale per chi è conservato nella cella frigorifera del centro di detenzione di Zintan al-Jabal.

Io cominciai a chiedere informazioni su International Medical Corps – un'organizzazione istituita nel 1984 con sede a Los Angeles, i cui operatori erano suddivisi in circa trenta paesi, fra cui l'Afghanistan e la Somalia – che in teoria era responsabile dell'assistenza medica a Zintan. Sul sito internet, che esibiva fotografie dei suoi «ambasciatori nel mondo» (Sienna Miller, Jude Law e la direttrice di «Vogue» Anna Wintour, fra gli altri), si leggeva che IMC aveva «ridefinito il significato delle operazioni di soccorso».[18]

La chiesa costruita dai detenuti a Zintan.

Le proteste dei detenuti a Zintan, che chiedono la sepoltura dei loro morti, medicine migliori e assistenza da parte dell'ONU.

Tuttavia sentii dire da più persone che nei centri libici in cui operava l'IMC la salute dei detenuti peggiorava rapidamente. Un rapporto che mi era arrivato di nascosto, compilato dalla stessa IMC nel 2018 e inviato all'UNHCR, diceva che l'organizzazione aveva esaurito rapidamente il proprio budget annuale e che da maggio di quell'anno aveva smesso di reindirizzare i detenuti alle cliniche private.[19] Spesso i centri della sanità pubblica rifiutavano di curare rifugiati e migranti, che così non avevano altro modo di ricevere assistenza medica d'urgenza. Nello stesso documento si descriveva anche un giorno del dicembre 2018 in cui i responsabili di Zintan si erano rifiutati di lasciar partire gli operatori dell'IMC dal centro se non avessero prescritto il ricovero ad alcuni dei detenuti più gravi; sul momento gli operatori accettarono, ma poi trasferirono due dei malati in un altro centro di detenzione.[20]

In termini di situazione sanitaria, Zintan sembrava essere il centro peggiore fra quelli di cui si occupava l'IMC: secondo un volontario, era «un enorme scandalo». Quando gli operatori visitavano effettivamente il centro, osservavano i detenuti rinchiusi nel grande hangar da una griglia nella porta, oppure lasciavano semplicemente che fossero le guardie di Zintan a selezionare i pazienti. Diverse persone, che avrebbero avuto bisogno di cure per la tubercolosi, varie infezioni respiratore, anemia, problemi ai reni, diarrea, scabbia e malnutrizione, riferirono

Pasqua 2020 nel centro di detenzione di Zintan.

che erano stati distribuiti paracetamolo e ibuprofene. «Credi che ci cureranno con questi metodi?» chiese scettico un detenuto eritreo.

All'IMC ci sono dottori molto stupidi, non hanno nessun senso della vita. Prendono un salario. La gente sta morendo.

Nell'ottobre 2018, cominciai a mandare email sia all'UNHCR sia all'IOM riguardo al crescente numero di morti a Zintan. Era passato un mese dal trasferimento dei detenuti nel centro, e quattro persone erano già morte; era chiaro che c'era qualcosa di tremendamente sbagliato.

Il lavoro dell'IMC in Libia veniva finanziato dall'UNHCR, dal Fondo fiduciario dell'Unione europea, dal Regno Unito e dalla Germania. L'organizzazione disponeva di un personale di oltre settanta persone, quasi tutte libiche, e di un budget annuale di 11 milioni di dollari,[21] dei quali più di 10 erano stati versati dall'UNHCR tra il 2018 e il 2020.[22] L'IMC si vantava di essere «una delle poche» organizzazioni internazionali a offrire assistenza alle popolazioni colpite dalla guerra in Libia, e una delle tre che avevano rimandato a casa i propri dipendenti expat in seguito all'aggravarsi del conflitto nel 2014.[23] Ma non intendeva ammettere che a Zintan c'era un problema.

Tentai di contattarli per la prima volta nell'ottobre 2018; un mese dopo, una portavoce di Washington DC mi rispose dicendo che non erano «nella posizione di poter aiutare».[24] Nel febbraio 2019 Todd Bernhardt, il Direttore delle comunicazioni globali dell'IMC, mi disse che non mi avrebbero parlato per «motivi di sicurezza e per via della delicata natura del nostro lavoro in Libia».[25]

A marzo altre email che avevo inviato, nelle quali riferivo le richieste di aiuto dei detenuti, rimasero senza risposta. Quando su Twitter dichiarai che l'IMC si rifiutava di parlare con me, Bernhardt mi mandò un'email per lamentarsi che stavo dando un'immagine sbagliata dell'organizzazione. «Avevo sperato che a un certo punto saremmo riusciti a parlarle della situazione in Libia, ma lei chiaramente non si attiene alle linee guida del giornalismo»,[26] mi scrisse. Tutto questo mentre a Zintan moriva in media un individuo ogni due settimane.

Quando mostrai il messaggio dell'IMC a Isaac, un eritreo di Zintan, lui mi rispose: «Oddio, perché dicono così. È disumano, incredibile. Non hanno tempo per noi. Nessuna organizzazione si prenderà la responsabilità».

Non era l'unico a sentirsi frustrato dal comportamento dell'IMC. «Se avessero detto che non potevano farcela, alcune persone avrebbero potuto essere salvate», commentò un operatore che conosceva i fatti. Ancora in un'email del maggio 2019, inviata ad altre agenzie umanitarie dopo che erano state espresse preoccupazioni in merito alla situazione a Zintan, l'IMC sosteneva che il suo personale e quello dell'IOM visitavano il centro ogni giorno, aggiungendo che l'unico motivo per cui Zintan era oggetto di discussione era che i detenuti che volevano essere evacuati e reinsediati avevano dato inizio a una «rivolta»[27] (è paradossale che Anil Kangal, la direttrice del programma dell'IMC nonché autrice di questa email, abbia scritto e parlato molto della sua passione per i viaggi di vacanza in giro per il mondo, che le consentono una «libertà illimitata» e che «hanno definito la persona che sono oggi»[28]).

Un altro funzionario – che partecipava alle riunioni di alto livello – riferì di aver sentito vari rappresentanti dell'UNHCR e dell'IOM difendere la loro gestione del centro, invece di ammettere che a Zintan erano stati commessi errori. Disse anche che un rappresentante dell'IOM aveva liquidato le notizie sulle morti di Zintan come «fake news» e che sia il personale dell'IOM sia quello dell'UNHCR avevano rimarcato che rifugiati e migranti tendevano a esagerare. Secondo lui, quelle agenzie stavano attivamente «impedendo» che la verità venisse fuori. In una successiva email di risposta, dopo che l'ONU aveva finalmente ammesso l'entità delle morti a Zintan, Leonard Doyle – il portavoce principale dell'IOM – dichiarò che l'agenzia aveva «sempre denunciato le tremende condizioni dei centri di detenzione» e che «insieme all'UNHCR, [aveva] pubblicamente esortato l'Unione europea e l'Unione africana ad adottare un nuovo approccio alla situazione in Libia [...]. Le sofferenze dei migranti in Libia sono intollerabili e motivo di grande preoccupazione per l'organizzazione. Qualunque affermazione attribuita all'IOM e al suo personale che suggerisca altrimenti è in contrasto con i principi fondamentali dell'organizzazione».[29]

Cercai di ottenere una risposta dalle autorità libiche, ma non ne ricevetti nessuna.

Nella settimana del 13 maggio 2019, Haben Dirar, un ventunenne eritreo, fu la ventesima vittima di Zintan dalla metà del settembre precedente.[30] «Era uno studente prima di scappare. Giovane, tranquillo, eccellente» lo definì Isaac, che aveva la stessa età. «Era pieno di passione e diceva agli amici che voleva continuare a studiare, una volta arrivato in un posto sicuro».

Medici Senza Frontiere cominciò a fare pressioni per avere accesso a Zintan, e alla fine parte del personale riuscì a entrare. Isaac mi riferì che un funzionario aveva menzionato il mio account di Twitter, dicendo che aveva visto le richieste di aiuto dei rifugiati online. Aveva girato per lo stanzone in cui erano rinchiusi tutti ed era rimasto all'incirca tre quarti d'ora. «Devo dire che non ho mai visto nessuno in un tale stato di abbandono come a Zintan e a Garian. Il livello di disperazione dei detenuti è indicibile», avrebbe poi scritto il funzionario in un'email indirizzata all'IOM, all'IMC e all'Organizzazione Mondiale della Sanità.[31] Quello stesso giorno, gli operatori di Medici Senza Frontiere distribuirono ai bambini latte e acqua e trasferirono cinque persone in ospedale, una delle quali venne subito ricoverata in terapia intensiva. I detenuti si sentirono meglio dopo quella visita, ma il giorno dopo tutto peggiorò. Venerdì 17 maggio i responsabili del centro staccarono l'elettricità e chiusero l'acqua. Non c'era cibo. «Non è cambiato nulla, stiamo piangendo chiusi nella stanza», mi scrisse Isaac.

Eppure siamo vivi.

Il mercoledì seguente ricevetti un video che mostrava quel che era successo quando le guardie avevano riaperto l'acqua per soli dieci minuti. Erano stati riempiti cinque secchi, ma c'erano centinaia di persone disperatamente assetate. Un detenuto riempiva una tazza e la passava a tutti quelli che a turno venivano avanti e la bevevano tutta d'un fiato. Gli altri rimanevano indietro a fissare la scena, ma dopo poco iniziavano a spintonare, rendendosi conto che i secchi erano ormai quasi vuoti e che chi era in fondo non avrebbe avuto nulla. Era la prima volta che bevevano da giorni, e forse sarebbe stata l'ultima (in un'email inviatami quello stesso mese, un dipendente dell'IMC spiegava che il responsabile del centro «chiude[va] l'acqua come misura punitiva»).[32]

Lo stesso giorno, Isaac disse che le finestre dello stanzone in cui erano rinchiusi erano state ricoperte di fili elettrici per impedire ai detenuti di scappare. Circa diciotto persone erano già riuscite a evadere e a percorrere in taxi la pericolosa strada che conduceva a Tripoli. Altre due erano state prese, e Isaac mi raccontò che erano state portate in isolamento. «Li hanno picchiati e spaventati, così la gente sta perdendo la speranza, così disperatamente [...]. Per favore, abbiamo sete, abbiamo fame, per quanto tempo possiamo restare così?».

È vero che la UE ci ha soccorso o salvato la vita? Ci stanno solo condannando a morte. È una vita orribile. È meglio morire che rimanere qui.
Perdiamo le speranze. Molti di noi hanno disturbi mentali perché siamo rinchiusi da un anno e sei mesi in queste condizioni tremende.
Siamo circa 620 rifugiati eritrei rinchiusi in una stanza. Un sacco di gente ha la TB, è affamata e muore ogni due o tre settimane [...]. La morte non è nulla, è solo il nostro destino.
Ci sono cose che non si sanno su Zintan. Siamo le vittime, abbiamo bisogno di una vita sicura. Abbiamo bisogno dei nostri diritti [...]. Cara Sally Hayden, vogliamo che tu conosca il nostro dolore [...]. Abbiamo bisogno del tuo aiuto e del tuo sostegno. Qualunque cosa puoi fare, falla. Per favore resisti per noi. Denuncia o scrivi un articolo, qualunque cosa.

Quante persone stavano morendo nei centri di detenzione? Centinaia? Migliaia? Chiesi a Federico Soda, il capo missione dell'IOM in Libia, perché l'ONU tenesse traccia del numero delle persone che affogavano in mare ma non di quelle che morivano nei centri di detenzione. Mi rispose che non c'era una ragione precisa, e che la mia osservazione lo aveva indotto a rifletterci sopra. «Mi piacerebbe vedere se [possiamo] contribuire in maniera più sistematica a [ottenere] questo tipo di informazioni [...]. È estremamente importante. Ma non ne siamo in possesso», disse. «Idealmente, dovrebbero averla le autorità responsabili dei centri».

L'IOM redigeva stime delle morti nel Mediterraneo in base alle prove e alle testimonianze fornite dai sopravvissuti, dalle organizzazioni internazionali, dalla Guardia costiera libica e da altre fonti, ma molti credevano che i numeri reali fossero più alti di quanto veniva riportato («È una cosa che odio. È così deprimente», commentò Soda).

Quando si trattava di informare le famiglie, Soda mi confermò che non c'era una procedura vera e propria. Nel caso dei morti in mare, i corpi si decomponevano, dunque era difficile identificarli; effettuare test del DNA era molto costoso; ed era raro che le famiglie si facessero avanti. Soda disse che i detenuti dei centri di detenzione libici «sono esattamente come tutte le altre persone. Hanno amici. Hanno conoscenti con cui hanno viaggiato. Quindi sospetto che in qualche modo le famiglie scoprano quel che è successo».

Sapevo che non era sempre così. Abel non era venuto a sapere della morte di Teddy finché non aveva visto quel post su Facebook. Altri, i cui amici erano morti nei centri di detenzione, mi dissero che non avevano idea di come contattare le famiglie per informarle. Via via che le vittime di Zintan aumentavano, i detenuti mi mandavano su WhatsApp una lista aggiornata con i nomi, le foto e le nazionalità di buona parte dei deceduti.

Per fortuna, alla fine, la visita di MSF portò davvero a qualcosa. Venne convocato un incontro urgente per il 27 maggio 2019, nel corso del quale le agenzie dell'ONU decisero di recarsi a Zintan la settimana successiva. Dopo la loro visita, 96 detenuti – principalmente donne e somali maschi – furono trasferiti nella Struttura di raccolta e partenza dell'UNHCR a Tripoli in vista di una possibile evacuazione.

Secondo il rapporto stilato poi dalle agenzie dell'ONU, di cui riuscii a ottenere una copia, la loro delegazione aveva incontrato Nasser En-Nakou'a, il capo del centro.[33] Questi disse loro che a Zintan erano rinchiuse 750 persone, fra cui 8 bambini, 57 femmine e 685 maschi. Nell'hangar più grosso c'erano 432 maschi eritrei, compresi 132 minori.

En-Nakou'a confermò che a quel punto erano morte 22 persone: diciotto uomini, tre donne e un bambino. Un membro dello staff dell'IMC riferì alla delegazione dell'ONU che secondo loro l'80% dei detenuti ancora vivi nel centro aveva la tubercolosi, ma che la maggior parte non stava ricevendo cure né era stata sottoposta ad alcun test.[34]

Il rapporto aveva un tono pragmatico che sfociava quasi nel macabro: «Il signor Nasser En-Nakou'a ha parlato delle difficoltà relative alla gestione dei decessi, compresa la sepoltura dei cadaveri, difficoltà dovute al fatto che gli ospedali di Zintan e Yafren non hanno più i mezzi necessari per disporne. Inoltre, la comunità locale ha rifiutato di seppellire i corpi dei non musulmani nel cimitero dei musulmani. La causa prevalente dei decessi è la tubercolosi. I migranti malati vengono trasferiti nel centro di Garian, dove la maggior parte muore». Quando il responsabile del centro di Zintan chiese aiuto al personale dell'UNHCR e dell'IOM per ricevere rifornimenti di cibo per rifugiati e migranti, gli fu risposto che quella era responsabilità delle autorità libiche.

Dopo la visita delle agenzie, le centinaia di uomini e ragazzi che erano stati ammassati in un unico hangar furono spostate e suddivise dalle guardie in stanze più piccole, che comunque rimanevano molto affollate. I detenuti cominciarono a dormire fuori, usando le lenzuola come riparo.

Alla fine l'ONU parlò. «Le condizioni di vita a Zintan sono gravi», si leggeva in una dichiarazione dell'UNHCR, che però in qualche modo riuscì a criticare un'altra volta il comportamento dei rifugiati. «Le tensioni fra i detenuti aumentano e loro sono sempre più agitati e disperati».[35] Naturalmente si sarebbero registrati pochi miglioramenti, e molti di coloro che erano sopravvissuti al primo anno a Zintan avrebbero dovuto sopportarne un altro.

L'Europa è responsabile delle morti delle nostre sorelle e dei nostri fratelli.

Nonostante lo sconvolgente numero di morti, non vi furono mai inchieste o indagini interne, né alcuna attribuzione di responsabilità per gli sbagli commessi. «È una cosa criminale [...] assolutamente disgustosa», mi disse una persona che aveva partecipato alle riunioni delle agenzie umanitarie a Tunisi, più di un anno dopo quella prima visita interagenzie a Zintan. «Nessuno è stato [ritenuto] responsabile [...]. È assurdo che finora l'abbiano fatta completamente franca».

E l'UNHCR? Si prende la responsabilità di quelli che sono morti nelle prigioni e che erano registrati?

All'inizio del 2020 l'UNHCR interruppe di nuovo le visite a Zintan, sostenendo di non potervi più accedere («È una vera stronzata», commentò la persona che aveva partecipato alle riunioni di coordinamento delle agenzie). Altri detenuti morirono: un ragazzo di ventiquattro anni con la tubercolosi, che non ce l'aveva fatta a scappare quando era scoppiato un incendio elettrico, e un padre di tre figli che aveva avuto un colpo di calore.[36] Gli amici mi raccontarono che quest'ultimo, Tewelde Andom – un baffuto trentanovenne con il sorriso pronto che prima di morire si era ricoperto di pomfi – spesso diceva per scherzo che dovevano essere stati tutti peccatori in passato, dato che erano stati condannati a fare quella vita. Per raggiungere l'Europa «il tuo cuore dev'essere immacolato», ironizzava.

Quel luglio, quasi due anni dopo il suo primo trasferimento a Zintan, Isaac scappò. Fuggì fino alla costa e si imbarcò con altre 94 persone, compreso un neonato. Ognuno di loro aveva pagato più di 2000 dollari per il viaggio. Dopo aver lanciato una richiesta di aiuto, rimasero alla deriva per trentacinque ore nella zona di ricerca e soccorso al largo di Malta; poi, finalmente, arrivarono in Europa.

17. La Struttura di raccolta e partenza dell'UNHCR: l'Hotel

«Se leghi un pollo con un filo lungo pensarà di essere libero».

Proverbio eritreo

I rifugiati lo chiamavano «l'Hotel», perché era il posto più bello che molti di loro vedevano da anni. Si trattava di un complesso sorvegliato nel centro di Tripoli, dall'altra parte della strada rispetto al centro di detenzione di Triq al-Sikka e a poca distanza in auto dall'ufficio del primo ministro della Libia. Era la Struttura di raccolta e partenza (Gathering and Departure Facility) gestita dall'UNHCR, che gli addetti ai lavori abbreviavano in «GDF».

C'è acqua, cibo e tutto il resto, cara. Non è un hotel, ma la gente, visto che lo trova adatto a viverci, lo chiama hotel. Cara, quando esci dal centro di detenzione potresti anche chiamarlo paradiso, «hotel» non basta.

L'UNHCR pubblicizzava la GDF come un'«alternativa alla detenzione» che offriva «la possibilità di salvare vite», «il primo centro del genere in Libia».[1] Già nel 2017, lo stesso anno in cui l'Unione europea aveva sottoscritto il suo accordo letale con la Guardia costiera libica, l'agenzia aveva cominciato a promuovere il complesso non ancora aperto definendolo «un'iniziativa che offre alternative accessibili ai pericolosi viaggi [dei rifugiati] lungo la rotta del Mediterraneo centrale».[2] L'idea era di riunirvi le persone prelevate dai centri di detenzione di tutto il paese e dalle strade di Tripoli, prima che venissero evacuate in Europa o trasferite in un altro stato africano per sottoporle a ulteriori test e indagini mediche e per valutare le loro richieste di asilo. I donatori internazionali contribuirono con circa 6 milioni all'apertura della GDF,[3] 2,1 milioni dei quali furono versati direttamente dalla UE.[4]

«Speriamo che migliaia fra i rifugiati più vulnerabili che al momento si trovano in Libia possano beneficiare di questo progetto innovativo», dichiarò Roberto Mignone, all'epoca rappresentante dell'UNHCR per la Libia.[5] «Adesso abbiamo bisogno che gli stati membri della UE e gli altri si facciano avanti e offrano spazi per il reinsediamento e altre soluzioni, inclusi luoghi in cui le famiglie potranno riunirsi. Tutto ciò andrà a costituire un'importante piattaforma da cui partire per risolvere la situazione di questi individui vulnerabili, sulla base della responsabilità condivisa».

Il personale delle altre organizzazioni internazionali considerava la GDF uno spreco di tempo, di soldi e di energie: nella migliore delle ipotesi, era una pezza incollata su un'area instabile controllata dalle milizie; nella peggiore, una tattica diversiva che permetteva all'agenzia di coprire la sua totale incapacità di proteggere i rifugiati. «Se si facevano pressioni sull'UNHCR [riguardo ad altri problemi], la risposta era che stavano aspettando l'apertura della GDF», disse un operatore. «Gli ci sono voluti anni per aprirla».

La GDF cominciò a essere menzionata con una certa regolarità nelle dichiarazioni dell'UNHCR e della UE, i cui toni ottimistici parevano suggerire che era nell'aria un cambiamento. Prima dell'apertura ci fu anche una visita del ministro dell'Interno italiano Matteo Salvini, il quale poi affermò pubblicamente che i centri di detenzione libici non erano tremendi come si diceva e che la nuova struttura disponeva degli stessi comfort dei centri per l'immigrazione in Italia. La GDF non sarebbe stata utilizzata prima di dicembre 2018, quando l'UNHCR annunciò che poteva contenere fino a mille rifugiati vulnerabili.[6] Sarebbe rimasta aperta per un anno soltanto.

Essey fu uno dei fortunati: riuscì a entrare. Fra i razzi, i bombardamenti e le notti insonni dell'aprile 2019, mentre la guerra echeggiava in tutta Tripoli, il personale dell'UNHCR arrivò ad Abū Salīm per gestire il tanto atteso trasferimento dei detenuti. Nel corso di due giorni vennero spostate circa 350 persone, compreso Essey;[7] rimasero indietro 475 uomini e ragazzi. Quel mese i combattimenti si inasprirono a tal punto che Amnesty International avrebbe poi richiesto un'indagine sui crimini di guerra a causa degli «attacchi indiscriminati» compiuti in quei giorni sul quartiere di Abū Salīm.[8]

Essey mi scrisse non appena salì sul pullman che lo avrebbe portato via dal centro, ma poi perdemmo contatto. Vidi il suo viso su Twitter più avanti quello stesso giorno, quando l'UNHCR pubblicò una sua fotografia accompagnata dal nome completo; nel post si leggeva che lo avevano aiutato a «trovare la salvezza». Rimasi sorpresa. Erano anni che Essey teneva segreta la sua identità per paura di eventuali ripercussioni, dunque mi chiesi se avesse dato il consenso a quel post. Più avanti mi disse che non lo aveva dato. Aveva creduto che lo stessero intervistando per scopi interni all'UNHCR, finché non aveva visto l'intervista trasmessa alla televisione libica. Non era neppure ancora entrato nella GDF quando lo avevano ripreso. L'unica cosa di cui voleva parlare era il suo timore per le persone che aveva lasciato indietro, ma la troupe gli aveva raccomandato di dire qualcosa di positivo.

Non sapevo che stavano filmando.

Mi descrisse la situazione. La struttura era costituita da un complesso situato all'interno di un altro complesso; l'area esterna era ancora sotto il controllo delle milizie, ma quella interna in teoria doveva essere uno spazio sicuro. Essey ipotizzava che ci fossero più di cento stanze, e in ognuna potevano dormire sei rifugiati. Fuori c'era un piccolo parchetto in cui i bambini potevano giocare, con tanto di panchine su cui i genitori potevano sedersi per tenerli d'occhio. Il prato era interrotto da passerelle di cemento. Le coppie condividevano la stanza con altre famiglie, ma era la prima volta che potevano stare insieme da anni, dopo la separazione forzata nei centri. Era quasi uno shock disporre di tutto il necessario dopo aver trascorso tanto tempo senza nulla, e qualcuno faticava ad adattarsi. Alcune famiglie finirono addirittura nei guai per aver lavato i propri abiti nei lavandini; un rifugiato si lamentò che gli altri rovinavano la mobilia. Ma erano tutti felicissimi di mangiare regolarmente e di poter comunicare con il personale dell'UNHCR, l'«organizzazione» che fino ad allora era parsa tanto distante. Qualcuno fece perfino conoscenza con i singoli operatori.

Oggi è un giorno speciale per me e gli amici perché abbiamo libertà dalle milizie del centro di detenzione di Tajoura. Quarantuno persone sono state chiamate dall'UNHCR. Ora siamo all'Hotel di raccolta. Tu stai soffrendo con noi e devi essere felice con noi.

Il Ramadan, il mese sacro dell'Islam, cominciò all'inizio di maggio. Di giorno i libici che gestivano la GDF digiunavano insieme ai rifugiati musulmani, ma i cristiani dissero che neppure loro ricevevano i pasti nelle ore di luce, e che di notte venivano discriminati perché ai musulmani veniva distribuito cibo migliore per l'*iftar*, l'interruzione del digiuno. Prima dell'alba soltanto i musulmani mangiavano di nuovo. I bambini in particolare cominciarono a patire. I genitori preparavano una miscela di acqua e zucchero e gliela facevano bere, in modo che si sentissero pieni.

*Danno solo ai musulmani. Ieri si mangia solo la cena. Quindi sorella, per favore, vogliamo che chiedi all'*UNHCR *adesso perché abbiamo tanta fame. Questa* GDF *è gestita dall'*UNHCR *ma guarda come pensano e cosa fanno [...] Stiamo ventiquattro ore senza cibo, sorella. Abbiamo bambini e donne incinte e gente malata, e se vogliamo comprare cibo coi nostri soldi non ci danno il permesso, quindi cosa facciamo?*

Una ventunenne incinta cominciò a vomitare sangue. Un medico del posto, che lavorava per l'agenzia governativa libica LibAid, le fece un'iniezione, ma lei poi disse che non era servita a nulla. I rifugiati sostenevano che la clinica medica era poco fornita e che gli operatori sanitari non mandavano i pazienti in ospedale. Un'indagine di Associated Press avrebbe poi dichiarato che quasi la metà del personale di LibAid che avrebbe dovuto fare base nella GDF era in realtà «personale fantasma» che veniva pagato ma non si presentava mai.[9]

Dopo le prime settimane che Essey trascorse all'Hotel venne indetta una riunione. Le regole sarebbero cambiate, annunciò il responsabile. Quella notte arrivarono guardie nuove e aggressive in uniformi blu. «Prendono a calci le persone, fanno quello che vogliono», si lamentava Essey. «Questo posto è uguale al centro di detenzione».

Sono entrati nelle stanze delle coppie, le hanno disturbate di notte. Siamo esposti al pericolo. I bambini piangono per la fame, alcuni non hanno mangiato fino ad ora. La crisi del cibo non è ancora risolta. Non c'è neanche dove comprare il pane. Non sappiamo cosa possiamo fare. Possa Gesù risolvere i problemi. La Libia è il posto del diavolo.

Venerdì 17 maggio 2019 una delle nuove guardie picchiò un ragazzino e gli ruppe i denti. I nuovi arrivati furono inoltre accusati di aver rubato due telefoni e del denaro, anche a una donna incinta, madre di due figli, che era scoppiata a piangere quando aveva scoperto che le sue cose erano sparite.

Alcuni rifugiati li riconobbero: venivano da Triq al-Sikka, il centro di detenzione dall'altra parte della strada. Io ricevetti conferma da varie fonti distinte che quegli uomini erano legati al Dipartimento per il contrasto alla migrazione clandestina, che aveva mantenuto la propria giurisdizione sulla GDF nonostante il coinvolgimento dell'ONU. Anche se i sorveglianti avrebbero dovuto restare lungo il perimetro della struttura, a quanto pareva il Ministero dell'Interno aveva deciso che, in certi casi, il regolamento poteva essere infranto. Le nuove guardie misero subito su un giro di affari vendendo cibo ai rifugiati affamati, che cucinavano di nascosto la pasta così ottenuta in bollitori di metallo. A volte, dopo quel commercio proficuo, venivano confiscati anche gli avanzi.

> *Non riescono neanche a darci abbastanza cibo. A volte ce lo danno una volta al giorno, e il cibo sul piatto è molto poco. Non basta. Abbiamo donne incinte e bambini, per questo ci serve più cibo e possiamo pagare con i nostri soldi.*
>
> *Due giorni fa hanno portato via il cibo che avevamo comprato coi nostri soldi, e ieri i soldati sono venuti a dirci di entrare, che non si poteva uscire fuori. I soldati sono ancora qui nel complesso e sparano in aria per spaventarci.*

Emanuel, un altro eritreo, disse che le nuove guardie gli facevano venire voglia di scappare. «Stiamo davvero morendo di fame. E abbiamo paura». Un giorno un sorvegliante lo chiamò e iniziò a insultarlo senza motivo. «Sono impazzito e gli ho urlato contro», mi raccontò Emanuel. «Non si aspettavano quel tipo di risposta da me. Gli ho detto che è solo di Dio che ho paura. Da quel giorno hanno iniziato a spiarmi».

Lo infastidivano mentre passava, oppure gli ordinavano di farli entrare nella sua stanza. «Hanno perquisito tutto. Cercavano droghe. Hashish nero e tramadolo, pensano che uso quelle cose. Stanno solo aspettando la volta che mi vedranno fare qualcosa di sbagliato». Disse che ormai era tutto «incasinato». «Non posso proprio restare in questo posto».

Emanuel e gli altri erano sempre più affamati. Se qualcuno faceva la spia poteva avere più cibo, dunque la tentazione di rivelare o inventare malefatte altrui si faceva più forte a ogni pasto negato.

Ci picchiano ancora. Siamo molto a rischio ora perché usano la forza su di noi. Ci picchiano senza motivo e ci portano via la roba dal cancello e oggi in cucina hanno detto «solo tre minuti per mangiare», e dopo hanno preso i piatti e li hanno buttati nel cestino.

I rifugiati stavano aspettando i colloqui con il personale dell'UNHCR. Quando quel momento alla fine arrivò, alcuni inserirono qualche bugia grande o piccola nei loro racconti: etiopi che si fingevano eritrei, giovani ventenni che dicevano di avere meno di diciotto anni, tutti tentavano disperatamente di migliorare la propria posizione. La procedura decisionale era molto opaca. «[È] se gli piace la tua faccia, giuro su Dio», sosteneva Essey a proposito del criterio con cui venivano scelti i candidati per l'evacuazione.

Sto solo aspettando il futuro. Che Dio possa aiutarmi con le impronte digitali in arrivo. Non so che ordine usano, non penso che hanno una procedura. Aspetti solo di sentire il tuo nome.

Essey cominciò a leggere la Bibbia con fervore, in cerca di un segno o di un po' di determinazione.

«Chi non ama non ha conosciuto Dio, perché Dio è amore», leggeva e meditava. «Chi teme non è perfetto nell'amore. Noi amiamo perché egli ci ha amati per primo. Se uno dice: "Io amo Dio" e odia suo fratello, è un bugiardo. Chi infatti non ama il proprio fratello che vede, non può amare Dio che non vede. E questo è il comandamento che abbiamo da lui: chi ama Dio, ami anche suo fratello».[10]

Nel 2015 avevo incontrato moltissimi rifugiati siriani che dicevano di aver perso la fede in Allah durante il viaggio verso l'Europa. Uno mi spiegò che gli era diventato impossibile credere nell'esistenza di un'entità superiore che vegliava su di lui. Era scappato da una nazione assediata, dove i suoi compaesani venivano affamati e bombardati e suo fratello era stato arrestato ed era rimasto storpio a causa delle torture. Aveva attraversato la Turchia lavorando gratis, poi il Mar Egeo, dove si correva il serio rischio di affogare, e infine era arrivato in Europa, i cui cittadini erano completamente ignari delle sue sofferenze. Grazie a Google Maps aveva attraversato i continenti da solo, senza l'aiuto di alcun potere divino. Il mondo è ingiusto, si era reso conto. Il mondo è iniquo.

Cristiani etiopi pregano nei pressi della chiesa Tsadkane Maryam, meta di pellegrinaggio.

A Essey era capitato l'opposto. I governi – quello africano e quello europeo – lo avevano deluso più e più volte, come anche le cosiddette organizzazioni umanitarie. Ne aveva concluso che l'unica cosa in cui ancora poteva credere era Dio, perché lui non aveva più alcuna libertà di scelta. Le decisioni destinate ad alterare il corso della sua vita sarebbero sempre state prese a sua insaputa. A decidere se avrebbe mangiato o sarebbe stato affamato, se avrebbe ricevuto medicine o una spinta verso un nuovo inizio, perfino se sarebbe vissuto o morto erano i funzionari negli uffici locali, gli operatori umanitari nei complessi sorvegliati o i diplomatici di capitali lontane. Anche in quel momento era del tutto possibile che gli avvoltoi opportunisti che volavano sulla Libia, come gli sfruttatori di esseri umani o gli uomini delle milizie, si presentassero alla struttura per reclamarlo.

Essey telefonò a sua madre, chiedendole di pregare per lui. Insieme al figlio minore, Yuel, un ragazzino snello identico a Essey, la donna si avviò verso il luogo più sacro che conosceva: la chiesa di Tsadkane Maryam. Dalla loro casa di Addis Abeba partirono alle sei del mattino a bordo di un pullman carico di pellegrini, per un viaggio di 200 km diretto a nord-est. Lo spazio del guidatore era stato decorato con le immagini di un leone e di Gesù, e in alto erano state appese foglie di plastica verde insieme a rose rosse, rosa e gialle. Accanto pendevano nappine blu e bianche e vasetti decorativi simili a quelli in cui gli *habesha* – gli etiopi e gli eritrei – facevano il formaggio.

La madre di Essey si appoggiò al finestrino, con la testa di Yuel sulla spalla e le loro braccia intrecciate, mentre ascoltavano le preghiere di un prete vestito di rosso, con una croce di gemme al collo, che incoraggiava tutti a battere le mani al ritmo del suo canto. Fuori dal finestrino scorrevano mercati, chiese e fattorie. Si vedevano asini, mucche, campi verdi e collinette cosparse di pietre.

La donna si era coperta i capelli scuri con un panno bianco chiamato *netela*, e al collo portava una croce. Quando il pullman si fermò, dopo quattro ore, le delicate figure della madre e del figlio si arrampicarono sulle colline ondulate; alla base, le alture erano ricoperte di uno strato di fango che era diventato completamente liquido durante la stagione delle piogge, tanto che i due, avanzando, erano costretti a tastare il suolo con un bastone.

La madre di Essey si tolse le scarpe e si mise in coda insieme ad altre donne che avevano un tumore o problemi alla vista, oppure non riuscivano a rimanere incinte. Ognuna a turno si metteva sotto un tubo da cui sgorgava acqua santa prelevata direttamente da un pozzo. Era tutta la mattina che digiunavano e avevano evitato di bere liquidi per essere pure. Alcune credevano di essere possedute dal demonio, e quando l'acqua fredda le colpiva si mettevano a urlare e a piangere.

Poi la madre di Essey si asciugò, raccolse le sue cose e tornò ad arrampicarsi con Yuel su un ripido sentiero di pietra, facendo qualche pausa per prendere fiato. Lungo il percorso i mendicanti – ciechi, anziani, malati – tendevano le mani per chiedere l'elemosina. In cima si ergeva un monastero, che occupava una serie di caverne nella roccia. L'aria era ferma ma carica di aspettative. Non era consentito parlare, né indossare scarpe o portare cellulari all'interno. L'odore dell'incenso si spandeva oltre le mura, tappezzate di immagini di Gesù. Il pavimento era ispessito dai tappeti intrecciati, sui quali la madre di Essey si inginocchiò fino a toccare il suolo con il viso, pregando perché il figlio maggiore venisse liberato. Chiese a Dio di portarlo via dalla Libia. Lo implorò in silenzio di permettere a Essey di raggiungere la salvezza, e promise di fare una donazione al monastero se così fosse accaduto.

Dopo mise un braccio intorno a Yuel e fecero il percorso a ritroso giù per la collina finché non risalirono sul pullman, vicini, per confortarsi a vicenda. Erano pronti per mangiare un po' di pane *injera*, il loro primo pasto della giornata, e per ripartire alla volta di Addis Abeba. Accanto ai loro piedi erano poggiate bottiglie piene di acqua santa. Nei giorni successivi, le avrebbero toccate come prima cosa ogni mattina; forse avrebbero rafforzato le loro preghiere.

Molto tempo dopo, in occasione di un mio viaggio in Etiopia, compii lo stesso pellegrinaggio insieme a loro. Vidi con i miei occhi quanto volevano bene a Essey e compresi la profondità della fede di sua madre e i sacrifici che era stata disposta ad affrontare. Trascorremmo la notte nei pressi del monastero, sdraiati su tappetini nel retro della casa di un contadino del posto, accanto a un altare illuminato dedicato a Gesù e alla Madonna. Nel modesto paesino in cui pernottammo si ergeva una chiesa, dove a volte gli abitanti si mettevano a urlare cose incomprensibili contro i pellegrini che acquistavano piccoli crocifissi in legno e testi religiosi dalle bancarelle. Un asino con una zampa ferita e sanguinante zoppicava in cerchio mentre il sole tramontava. Il mattino dopo ci svegliammo alle 5 per raggiungere una cascata di acqua santa giù a valle, accanto alla quale sorgeva un altro monastero. Uno per uno passammo sotto il getto gelido, con un arcobaleno che splendeva di fronte a noi e che si diceva fosse un segno della bontà di Dio. Quando toccò a lei, la madre di Essey fece un grande sorriso e lanciò un ululato.

Quella volta le sue preghiere furono ascoltate. Essey venne evacuato in Italia.

Pellegrini etiopi diretti a un monastero.

Intorno alla metà del 2019, più di due anni dopo il suo arrivo in Libia, Essey finalmente se ne andò. Mi telefonò da Roma per dirmi che tutto era «a posto».

«Posso chiederti una cosa? La vita in Italia è buona? Intendo, a confronto degli altri paesi europei», mi scrisse più avanti. «E l'economia? Molti mi hanno detto che non è un buon paese. Alcuni mi danno consigli stupidi».

La maggior parte del piccolo gruppo di rifugiati evacuati dalla Libia in Italia non sarebbe rimasta lì. Sapevano che l'Italia ospitava moltissimi rifugiati e migranti; era evidente, dato il gran numero di africani, mediorientali e asiatici che vedevano dormire per strada. Sentirono dire che nel sud del paese gli stranieri erano trattati sempre peggio e che decine di migliaia di neri venivano sfruttati come veri e propri schiavi nelle aziende ortofrutticole, spesso controllate dalla mafia.[11] Tutto ciò li convinse che l'Italia non era il posto giusto per loro. Così decisero di scappare e di spostarsi verso paesi come la Germania, il Belgio o la Francia, nella speranza di raggiungere il Regno Unito. I più fortunati riuscirono ad andarsene prima di essere registrati ufficialmente con le impronte digitali. Di quelli che erano rimasti indietro, chi avesse tentato di richiedere asilo altrove rischiava di essere rimandato in Italia; così prevedeva il Regolamento di Dublino, una legge che stabilisce che i rifugiati devono rimanere nel primo paese dell'Unione europea in cui arrivano. A quel punto, Essey doveva decidere se voleva anche lui correre lo stesso rischio e imbarcarsi in un altro viaggio clandestino, questa volta attraverso l'Europa, di nuovo in cerca di una prospettiva migliore.

18.
Tajoura: crimini di guerra e schiavi di guerra

> «Una volta avevo paura dei trafficanti in Libia, adesso ho paura delle organizzazioni che si dicono umanitarie».
> Un sopravvissuto al bombardamento di Tajoura, ottobre 2019

Una delle mie fonti all'ONU mi aveva riferito che, se i rifugiati avevano soprannominato Zintan «Guantanamo», la vera Guantanamo era però a Tajoura, un centro di detenzione nella zona orientale di Tripoli. Tajoura si trovava all'interno di un enorme complesso militare che fungeva anche da quartier generale della milizia Daman.[1] Era «una sorta di fortezza alla Gheddafi», come la definì in un'occasione un operatore. Diversamente che a Zintan, i detenuti venivano spesso mostrati ai visitatori.

Prendiamo per esempio il 18 dicembre 2018, la Giornata internazionale dei migranti indetta dall'ONU. Un pubblico composto da funzionari libici, diplomatici del Sudan, della Costa d'Avorio, del Mali, del Niger e del Bangladesh e operatori umanitari libici si presenta a Tajoura per assistere a una rappresentazione: ad alcuni detenuti è stato ordinato di inscenare il momento in cui stavano per annegare in mare.[2] Uomini e donne remano a ritmo, accovacciati su assi di legno disposte a forma di barca. Quando una voce dà il comando, si gettano a terra all'unisono. Da dietro arriva un'ambulanza della Mezzaluna Rossa libica. Un gruppo di medici che indossano abiti contrassegnati dalla mezzaluna accorre con aria preoccupata. Cominciano a curare le persone distese a terra. Queste finte cure le riportano in vita. Mentre i detenuti fingono di affogare e di essere salvati, è impossibile scorgere il bambino che siede solo e farfugliante in mezzo alla finta barca di legno, ma poi i medici lo sollevano in aria, mentre gli altri continuano a recitare la parte dei salvatori. Fra il pubblico ci sono anche altri detenuti, principalmente donne e bambini che nella prima parte dello spettacolo sono stati costretti a cantare e a ballare (altri prigionieri che quel giorno erano rimasti chiusi negli stanzoni mi spiegarono che erano stati selezionati quelli che non parlavano arabo, in modo che non potessero comunicare con le delegazioni presenti, e che almeno una persona era stata picchiata perché si era rifiutata di partecipare).[3]

Dopo ventiquattro ore di navigazione ci hanno riportato a Tripoli e ci hanno imprigionato nel centro di Tajoura.

L'intera scena venne registrata per la televisione libica. Quel giorno i detenuti di Tajoura non furono gli unici costretti a fingersi felici: ricevetti messaggi allarmati anche dal centro di Abū Salīm, dov'era arrivata un'équipe televisiva con tanto di biscotti, tè e grosse casse che mandavano musica.

Vogliono che ci divertiamo ma tutti si rifiutano. Diciamo no [...]. Prendono una telecamera, vogliono registrarci [...]. La gente è molto stressata ora. Come possiamo ballare e divertirci quando l'UNHCR ci prende in giro? Vogliamo l'evacuazione.[4]

Lo spettacolo più grande, però, si svolse proprio a Tajoura. A quel tempo vi erano rinchiusi circa mille rifugiati e migranti, i quali sapevano che avrebbero potuto essere letteralmente torturati a morte se avessero suscitato l'ira delle guardie.

Tajoura è la parte più pericolosa di Tripoli, dove trovi soldati mischiati con i terroristi. Non hanno nessun timore di Dio.

Le guardie pisciano e sputano sul cibo così nessuno si avvicina per mangiarlo. Ho chiesto al mio amico «perché mettono il cibo se non vogliono che nessuno lo mangi?». Mi ha detto che è perché così l'ONU vede che danno cibo ai prigionieri [...]. Devi concentrarti sulla prigione di Tajoura, ci sono morti non dichiarate.

Mentre la celebrazione proseguiva, i detenuti erano consapevoli del fatto che un loro compagno stava trascorrendo la giornata nella stanza delle torture per aver parlato a una delegazione internazionale venuta in visita tempo prima. Erano quasi due mesi che non lo vedevano. La stessa cosa sarebbe facilmente potuta accadere a uno di loro.

La polizia mi ha chiesto «chi ti ha dato il permesso di parlare con la delegazione?». Mi hanno picchiato sulla schiena, sulle gambe e sul petto. Mi hanno chiesto «sei un cristiano?». Ho detto sì. Allora mi hanno trattato peggio di prima. Mi hanno versato addosso acqua gelida e mi hanno lasciato al freddo senza coperte.

Nel marzo 2019 ricevetti un messaggio in cui si diceva che tre sudanesi di Tajoura erano stati puniti, questa volta per tentata evasione. Erano rinchiusi in una stanza nell'edificio dell'amministrazione; la mia fonte mi diede perfino una mappa del complesso. L'informazione era contenuta in una nota, una richiesta di aiuto scritta con inchiostro blu su un foglio a righe infilato in una pagnotta che era poi stata fatta uscire dal centro. Il biglietto non era destinato a me, ma un altro detenuto aveva scattato una fotografia e me l'aveva mandata.

Mia cara,
Come stai? Spero tutto bene. Ti ho già detto prima che voglio scappare da Tajoura. Sono scappato, ma hanno preso me e i miei tre amici e ne hanno ucciso uno. Hanno rotto la mia mano e le gambe di uno dei miei tre amici, e ci hanno anche messi in una stanza separata lontana dagli altri.
Ci puniscono ogni giorno: niente acqua, niente cibo, stiamo per morire. Devi fare del tuo meglio, mia signora, per farci uscire da qui. Ci ignorano. Nessuno sa che siamo qui.
La stanza in cui ci hanno messo è sottoterra. Devi aiutarci!
E racconta a mio fratello che cosa mi è capitato.
Per favore non condividere sulla tua pagina Facebook. Fai del tuo meglio.

Io passai l'informazione ad altre fonti, che ne verificarono la veridicità. L'edificio in cui si trovavano i prigionieri era famoso per la sua stanza delle torture. Un rifugiato che aveva lavorato lì insieme alle guardie sosteneva addirittura di essere stato costretto a trasportare i corpi dei detenuti che erano stati uccisi all'interno. Più avanti sarei venuta a sapere che almeno uno dei tre uomini sopravvissuti di cui parlava il biglietto alla fine era stato rilasciato e aveva raggiunto l'Europa, ma non scoprii mai che cosa fosse capitato agli altri.

Se sei morto buttano il corpo in mare, e nelle notizie dicono che un'altra barca è affondata. Torturano a lungo fino alla morte [...]. Ti mettono in un posto che nessuno conosce per nascondere i loro crimini. Le persone qui muoiono senza motivo e le loro famiglie non sanno se sono vive o morte o come sono morte, e non vedono i corpi.

L'edificio dell'amministrazione non era l'unico luogo di tormenti. Un funzionario che aveva visitato il centro di Tajoura descrisse una rete di celle sotterranee, collegate da tunnel, dov'erano rinchiusi «individui in cattive condizioni».[5] Un detenuto che era stato punito in una di queste celle mi rivelò che alcuni prigionieri si trovavano lì da anni; fra loro c'era un libico di Bengasi con i capelli incolti, una barba lunghissima e unghie simili ad artigli.

Quando Haftar lanciò il suo assalto contro Tripoli, ai rifugiati nei centri di tutta la città venne ordinato di aiutare le milizie che combattevano per il governo appoggiato dall'ONU. I detenuti di almeno cinque diversi centri mi dissero che erano stati costretti a spostare armi, pulire e cucinare nelle basi militari o perfino combattere in prima persona.[6]

I detenuti di Tajoura erano da tempo obbligati a presidiare i depositi di armi. Anche prima del conflitto, un giovane somalo mi mandava video in cui era circondato da bombe. Il suo film preferito era *Mission Impossible*, e quando rifletteva sul suo destino ripensava alle avventure di Tom Cruise. Nei messaggi audio la sua voce si alzava di tono quando era particolarmente agitato.

Quando raggiungerò l'Europa mostrerò al mondo la verità sulla Libia recitando in un film. La vera storia dei rifugiati innocenti in Libia.

Vedi queste armi? Se posti questo video sui notiziari mi ammazzeranno. Mi ammazzeranno e io morirò.

Nei giorni di guerra i combattenti passavano in rassegna gli stanzoni in cui erano tenuti i migranti e selezionavano gli uomini che parevano più forti. Non c'era grande scelta, dato che la mancanza di cibo aveva indebolito tutti. La paga quotidiana per gli uomini che venivano reclutati poteva essere di cinque dinari (un dollaro), oppure qualche verdura e un pacchetto di sigarette, o anche niente. Era uno scambio diabolico. La fazione opposta li avrebbe considerati pari agli altri combattenti, benché fossero effettivamente schiavi.

I soldati ci hanno dato uniformi militari. Io gli ho detto di riportarmi al centro di detenzione, ma si sono rifiutati. E mentre mi stavo lamentando uno dei soldati mi ha puntato una pistola alla testa.

Ho lavato un'ambulanza militare piena del sangue dei soldati che erano stati uccisi al fronte.[7]

I miei contatti cominciarono a mandarmi fotografie dalla base militare di Tajoura, a breve distanza dagli stanzoni di detenzione, che li raffiguravano vestiti in uniforme mimetica, mentre pulivano i carri armati o caricavano bombe o fucili sui veicoli. «La prima volta gli hanno detto che volevano gente per fare qualche lavoro e che gli avrebbero dato cibo e sigarette», mi spiegò un uomo del Darfur. «Li hanno portati al deposito per trasportare le armi. Dopo che avevano finito gli hanno detto che non potevano tornare al centro. Capita molte volte».

I soldati hanno costretto me e altri a caricare le armi e a scaricarle sulla linea del fronte. Mi hanno costretto, e visto che avevo paura di morire l'ho fatto. Non voglio essere obbligato a lavorare o a caricare armi. Non voglio vivere nella paura. Non so cosa posso fare in futuro perché vedo che il mio futuro è chiuso.

Tajoura è zona della milizia, ormai combattono da due mesi con l'esercito. Molti fratelli sono stati presi, in questo periodo sono sparite più di venti persone. Le hanno prese e vengono sempre a chiederne altre. Ho tanta paura adesso, di notte non riesco a dormire.

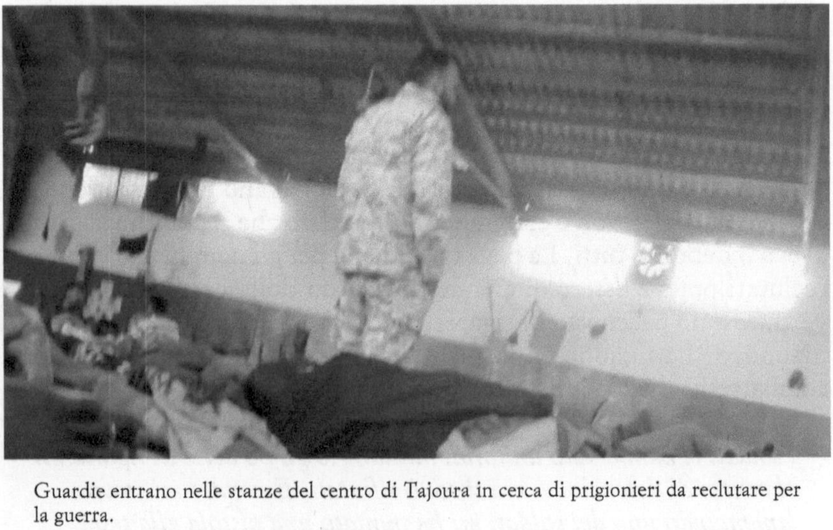

Guardie entrano nelle stanze del centro di Tajoura in cerca di prigionieri da reclutare per la guerra.

Alcuni finirono a combattere davvero. Un sudanese mi disse che un giorno era stato portato fuori dal complesso del centro e che gli era stato messo in mano un AK-47.[8] «Ci hanno dato tre AK-47, e a due di noi hanno dato degli RPG. Quindi eravamo in prima linea, sulla linea del fronte, e abbiamo combattuto», mi riferì al telefono. «Non te lo chiedono neanche. Non siamo affatto soldati». Alla fine riuscì a scappare.

Ho un amico adesso, è fuori a combattere in guerra perché l'hanno obbligato. Sono venuti a cercare dei meccanici. Il mio amico e altri quattro rifugiati pensavano che il lavoro era qui nel centro. Lo hanno portato nella zona di guerra. Mi ha chiamato due giorni fa e mi ha detto che due erano stati colpiti. Uno alla spalla e l'altro alla gamba. Adesso lui sta cercando di scappare, ma lo hanno minacciato dicendo «chi prova a scappare può considerarsi un uomo morto».

Uno di quelli che erano stati selezionati a Tajoura aveva quattordici anni, mi rivelarono altri contatti. Andò a lavorare al fronte come cuoco. Io inviai all'UNICEF il nome e la foto del ragazzo, le cui guance paffute lasciavano intuire la sua età, e chiesi che venisse fatto qualcosa; ma non sembrò portare a nulla.

Un giorno sentirai che i rifugiati della Libia moriranno tutti o si uniranno alle milizie o ad altri gruppi in Libia.

Nei primi mesi della nuova guerra, circa 400 persone vennero uccise e 50 000 furono sfollate. Haftar non si lasciò scoraggiare. «Agli ufficiali e ai soldati delle nostre forze armate e delle forze ausiliarie: vi rendo onore in questi giorni di gloria, e vi esorto a impartire al nemico una lezione ancora più grande della precedente con la vostra forza e la vostra determinazione», dichiarò il generale in un messaggio audio nel maggio 2019, giurando di «sradicare [il nemico] dalla nostra amata terra».[9]

Le scuole diventarono un rifugio per i civili sfollati. L'Esercito Nazionale Libico avanzava imperterrito. Amru Salahuddien, un fotoreporter che stava in prima linea, contò trentatré bombardamenti aerei in un solo giorno a Salah al-Din, nella zona sud di Tripoli. La definì una guerra indisciplinata, perché i giovani combattenti libici erano quasi convinti di trovarsi in un videogioco nel quale se venivano colpiti potevano tornare indietro e iniziare una seconda vita. Gli appartenenti alle due fazioni rivali vivevano vicini, anche a due case di distanza. I combattimenti si svolgevano da porta a porta, tra una finestra e l'altra. Molte persone fotografate da Salahuddien sarebbero morte pochi mesi dopo.[10]

Il primo ministro al-Serraj si recò in Europa per incontrare una serie di capi di Stato e chiedere il loro aiuto. L'appello dell'ONU a cessare il fuoco per una settimana, in modo che gli aiuti umanitari potessero raggiungere chi ne aveva bisogno, cadde nel vuoto.

In maggio, un attacco aereo colpì uno dei depositi di armi di Tajoura. Le schegge dei proiettili spaccarono il tetto della stanza in cui erano tenute le donne, mancando di poco un bimbo addormentato.[11] Un egiziano morì bruciato.

Stanotte hanno attaccato [...]. Hanno bombardato posti vicinissimi, e l'elettricità è sparita, non sappiamo cosa succederà e la porta è chiusa. Fa davvero molta paura. Sono tutti così preoccupati.

Parlando con i detenuti mi resi conto di qualcosa di incredibile. Forse c'era una spaventosa ragione per cui buona parte dei centri di detenzione stava fungendo anche da base militare, una ragione che andava al di là del fatto che erano gestite dalle milizie. All'improvviso mi parve chiaro che i rifugiati venivano usati come scudi umani; se era così, si trattava di un altro crimine di guerra.[12] Un contatto libico con cui ne parlai concordò con me, aggiungendo che per le forze affiliate al governo la situazione era vantaggiosa su tutta la linea. Se Haftar non avesse bombardato le basi per evitare di colpire i rifugiati, le armi sarebbero state al sicuro. Se le avesse bombardate, i rifugiati sarebbero morti e Haftar sarebbe stato condannato a livello globale: un pessimo risultato per un leader militare intenzionato a ingraziarsi la comunità internazionale.

La mia situazione fa molta paura. Siamo qui, più di quattrocento persone in una stanza. Le bombe volano a nord [...]. Siamo quelli più in pericolo perché siamo in mezzo ai depositi di armi.

Quel giorno, mentre mi rendevo conto di che cosa stava succedendo, avvertii un senso di orrore così forte che quando accadde il peggio, due mesi dopo, mi sembrò di averlo aspettato da sempre.

La prima bomba colpì il deposito di armi vicino al centro la notte del 2 luglio 2019. Un eritreo di nome Kit mi telefonò terrorizzato. Nella stanza più piccola, i detenuti di Tajoura si erano messi a correre verso le porte, ma erano chiuse. Si erano fiondati alle finestre, tentando di spaccare il vetro, ma le guardie all'esterno avevano cominciato a urlare e poi a sparare, intimando loro di tornare indietro. Un uomo che si era spinto in avanti era stato colpito al petto da un proiettile, avrebbero poi ricordato alcuni testimoni.

«Un momento terribile è capitato da tre minuti. Bombardamento aereo. Oh mio Dio, terribile», mi disse Kit. Non gli venivano le parole in inglese. Riuscì a chiedermi di pregare, prima che la linea si interrompesse. Un altro uomo cominciò a filmare. Nel video si vede la polvere e si sentono grida quasi celebrative, come se un mucchio di persone indebolite si fosse di colpo reso conto di essere vivo, grazie alla scarica di adrenalina e al sangue che scorreva nelle vene. Venticinque secondi dopo si sente un altro boato spaventoso, poi altra polvere e oscurità: erano stati colpiti in pieno. Quello che il filmato non aveva potuto registrare era l'odore di carne bruciata.[13]

Più di cento nuovi detenuti vennero stipati in una stanza più piccola. Erano un miscuglio di nazionalità: nigeriani, nigerini, egiziani, marocchini, bengalesi, sudanesi, gambiani, maliani, ghanesi. Alcuni, come Kosofo, erano stati catturati appena una settimana prima nelle strade di Tripoli dalle forze di sicurezza libiche, che avevano ordinato loro di pagare per essere rilasciati. Quando il bombardamento era iniziato, i detenuti provenienti dal Darfur non erano ancora riusciti a raccogliere abbastanza denaro.

Altri erano lì da sei settimane ed erano arrivati dal mare. Erano rimasti senza cibo e acqua per giorni interi e non erano stati registrati dall'UNHCR. Il giorno del solstizio d'estate, meno di due settimane prima, due persone erano state uccise mentre tentavano di fuggire e altre ancora erano state portate via in un posto sconosciuto. Questo forse, inaspettatamente, salvò loro la vita.

Stiamo qui da un anno e mezzo ad aspettare l'ONU e soffriamo di problemi seri. Nessuno ci vuole aiutare. Quando decidi di scappare ci uccidono. Non siamo criminali, siamo i figli di qualcuno. Attraversiamo il mondo illegalmente perché non abbiamo documenti.

I graffiti sui muri grigi della stanza recitavano: «Un giorno sarò libero»; «Fanculo la vita»; «Insegui il tuo sogno». Quel giorno, gli autori delle scritte respirarono per l'ultima volta. Il secondo attacco aereo infatti colpì la stanza più piccola. Era stipata di vite umane, stroncate all'istante. «L'altra cella già distrutta, la gente è perduta», mi scrisse Kit. Finalmente aveva potuto correre fuori insieme agli altri, ed erano andati tutti a nascondersi fra gli alberi e i cespugli.

Kosofo si era nascosto nel bagno della stanza colpita. «Tutto era silenzioso. Le urla della gente, i pianti, era silenzio totale», ricordò in seguito. «Così siamo rimasti nel bagno per cinque minuti più o meno. Dopo siamo usciti e abbiamo trovato corpi morti per terra, e le gambe e le teste degli uomini [...]». La voce gli si affievolì. «Era così strano. Abbiamo trovato i poliziotti, erano seduti sulle loro sedie. Non si sono mossi e non hanno detto niente. Erano seduti a chiacchierare».

«Ho visto l'inferno con i miei occhi. Ho visto cose che avevo visto durante la guerra nel Darfur», proseguì Kosofo.[14] «Poi hanno contattato l'ambulanza e l'ambulanza è venuta a prendere tutti i feriti, tutti i malati. Ci hanno portato in ospedale».

In una delle foto del disastro, scattate dal fotografo Mahmud Turkia di Agence France-Presse, si vede un uomo raggomitolato come se stesse dormendo. Il suo corpo è grigio, e ha un braccio allungato in avanti. Sembra che gli manchi una gamba. Un altro giornalista giunto sul posto trovò una carta da gioco per terra: un otto di cuori. Il bombardamento aveva aperto un profondo cratere.

«Siamo tutti dispiaciuti per quei giovani», affermò triste un altro detenuto sudanese. «Abbiamo raccolto pezzi dei loro corpi». Uno dei morti era un suo amico, un gambiano di nome Jabrill, e lui non aveva modo di contattare la famiglia per informarla di cosa gli era capitato. «Era un brav'uomo. Sono così triste per i suoi cinque anni perduti in Libia, a tentare di attraversare il mare. Lo prendevano ogni volta, era la sua ultima possibilità. [Jabrill] mi diceva sempre, "Credi nei tuoi sogni. Vogliamo un futuro migliore per i nostri figli. Ecco perché dobbiamo andare in Europa, per costruire famiglie e vita e felicità". Eravamo scappati dai nostri paesi in cerca di pace. Adesso so che riposa in pace».

Nei giorni seguenti vennero rilasciate diverse dichiarazioni. Il Segretario Generale dell'ONU, António Guterres, pretese un'indagine indipendente «per assicurarci che i responsabili vengano portati davanti alla giustizia, tenendo presente che le Nazioni Unite avevano fornito alle parti combattenti le coordinate precise del centro».[15] Inoltre «condann[ò] con decisione l'orribile incidente» ed espresse «le sue profonde condoglianze alle famiglie delle vittime e l'augurio ai feriti di riprendersi al più presto».

«Un tale attacco merita più di una semplice condanna», si leggeva in una dichiarazione congiunta dell'UNHCR e dell'IOM.[16]

«Questo attacco potrebbe chiaramente costituire un crimine di guerra, dal momento che ha provocato la morte improvvisa di persone innocenti costrette là dentro da situazioni terribili», disse Ghassan Salamé, all'epoca capo della Missione ONU in Libia.[17] L'ONU calcolò che le vittime dovevano essere «almeno quarantaquattro».

I sopravvissuti erano convinti che quel dato fosse falso. Ricevetti decine di messaggi che dicevano che probabilmente c'erano stati fra i 120 e i 200 morti, a giudicare dal numero di persone presenti nella stanza al momento dell'attacco. Più avanti, un somalo che faceva il traduttore mi disse che le guardie libiche gli avevano ordinato di riferire ai giornalisti che erano morte meno di cinquanta persone, anche se nell'hangar ce n'erano 185 e lui ne aveva viste morire più di cento. I corpi vennero sparsi fra diversi obitori e poi sepolti in tombe senza nome.[18] I tentativi di identificare i defunti non portarono a nulla e le famiglie non vennero mai contattate dai canali ufficiali.

Venerdì 5 luglio, il numero di vittime riportate dall'ONU salì a cinquantatré, e includeva sei bambini.[19] Mentre la cifra aumentava, il Consiglio di Sicurezza tenne una riunione a porte chiuse che durò diverse ore per discutere dell'attacco. In seguito non venne rilasciata alcuna dichiarazione, perché a quanto pareva gli Stati Uniti non erano d'accordo sul modo di formularla.[20]

In Libia, Maria Valle Ribeiro – coordinatrice degli aiuti umanitari dell'ONU – fece qualcosa di simile. Pose il veto a una dichiarazione stilata dall'ONU e da alcune ONG internazionali che criticava duramente il governo di Tripoli e l'Unione europea. Il testo proposto chiedeva il rilascio dei detenuti, la sospensione di ogni forma di sostegno diretto e indiretto alla Guardia costiera libica e la depenalizzazione delle operazioni di ricerca e soccorso nel Mediterraneo. Dopo averlo letto, Ribeira commentò che era un documento «senz'altro unico», ma che sarebbe stato necessario accorciarlo e mitigarne i toni, altrimenti non l'avrebbe firmato. L'ONU doveva ricordare che era importante mantenere l'accesso ai centri di detenzione, perché in quel modo si sarebbero potute effettuare altre evacuazioni, disse Ribeira. Una fonte mi passò la sua email.

Stiamo ancora dormendo accanto ai corpi morti.

Il ministro dell'Interno del Governo di accordo nazionale, Fathi Bachagha, riferì che le autorità libiche «al momento [stanno] valutando la chiusura dei rifugi e il rilascio dei migranti clandestini per garantirne la sicurezza e l'incolumità», aggiungendo che il governo di Tripoli non era in grado di proteggere i migranti dagli attacchi aerei.[21] Lo stesso governo bollò inoltre come «dicerie e false informazioni» le affermazioni dei rifugiati secondo cui le guardie avevano sparato contro chi aveva tentato di scappare.[22]

Mentre diplomatici e volontari discutevano di semantica, un'intera ala di ospedale a Tripoli venne occupata dai sopravvissuti con le ferite più gravi. Martedì 4 luglio, in occasione di un incontro con varie agenzie dell'ONU, Mohammed al-Shibani – Sottosegretario per la migrazione del Governo di accordo nazionale – annunciò che gli obitori non avevano più spazio.[23] Avrebbero sepolto chi era già morto, ma l'ONU doveva assumersi la responsabilità di chiunque fosse deceduto nei mesi successivi.

Jean-Paul Cavalieri, capo missione dell'UNHCR in Libia, si recò sul sito del bombardamento di Tajoura per girare un video che condannava gli attacchi aerei, ma a quanto pare non dedicò neanche un minuto a incontrare i sopravvissuti accampati lì. Più tardi un portavoce insinuò che a Cavalieri fosse stato negato l'«accesso» ai sopravvissuti.[24] A Tajoura però rimanevano centinaia di persone. Di giorno giacevano sotto il sole cocente e di notte portavano fuori i materassi e dormivano sull'erba. Le guardie libiche tentarono di costringerle a rientrare e di rinchiuderle, ma loro opposero resistenza, nonostante le minacce. Quella stanza era circondata da depositi di armi, dicevano i sopravvissuti. Entravano solo per usare i bagni. «È un posto così grande, c'è un grosso spazio vuoto dove possiamo stare, ma ci obbligano a rimanere vicino agli edifici», si preoccupava un sopravvissuto sudanese. «Ci sono tre edifici intorno a noi, tutti pieni di armi».

Quando ne parlai con altre persone, un operatore mi disse che le guardie stavano cercando di impedire che i detenuti venissero morsi da serpenti e scorpioni. «[I serpenti sono] meglio delle bombe», rispose Kit in modo sprezzante. «Nessuno deve entrare in quella cella, perché è un bersaglio. Qui a Tajoura stiamo morendo».

Per una volta, ricevevano attenzioni. Trecento detenuti si mettevano in fila per le razioni di cibo, vale a dire un sandwich e 1,5 litri di acqua, mentre le guardie agitavano le pistole per mantenere l'ordine. «Quelli dell'ONU sono venuti a vedere la situazione, poi sono andati via a riempire documenti, nel mondo non c'è umanità», commentò il sudanese. In cielo volavano droni.

Arrivarono anche i medici incaricati di offrire assistenza psicologica. I detenuti erano grati ma scettici, sapendo che i propri timori erano giustificati e che non sarebbero svaniti finché non se ne fossero andati da quel luogo. In lontananza si sentivano i rumori dello scontro, e loro erano depressi.

Adesso tutto il mondo sembra cattivo e sporco, e cercano di farci vedere che sentono il nostro dolore. Odio questa vita, davvero, spero di morire presto. Siamo troppo stanchi per vivere in questo mondo. Non puoi capire questa sensazione. Se vedi la gente qui, solo la forma del loro viso ti racconta una lunga storia.

Okot era un ragazzo sudanese che aveva soltanto ventiquattro anni. La maggior parte dei suoi parenti stretti era morta quando lui era bambino, tranne una sorella maggiore che aveva tre figlie e un figlio. Vedendo quanto fosse difficile la vita della sorella nel loro paese natio, Okot aveva deciso di andare in un posto in cui potesse immaginarsi un futuro. Mentre mi scriveva i suoi sentimenti, osservava i compagni che frugavano tra le macerie in cerca dei corpi.

Provo a trovare la mia strada in questa vita e a creare una famiglia in un posto in cui i miei figli non perderebbero mai i genitori senza motivo. Mi sembra impossibile. Per tutta la vita ho cercato di fare le cose che mi ha insegnato la mia mamma. Non ferire nessuno, non prendere mai qualcosa che non mi appartiene. Mi ricordo la sua voce. Mi sembra che è sempre con me, per salvarmi dalle cose brutte. Sto cercando di renderla orgogliosa da tutta la vita, ma è troppo difficile.

I portavoce dell'Esercito Nazionale Libico di Haftar inizialmente negarono di aver bombardato il centro, ma poi lo definirono un obiettivo legittimo.[25] Venne fuori che i detenuti si trovavano soltanto a cento metri dai depositi di armi.[26] In seguito, un'indagine presentata al Consiglio di Sicurezza dell'ONU rivelò che l'attacco era stato probabilmente condotto da un aereo proveniente da uno dei paesi sostenitori di Haftar, e i giornalisti furono informati da alcune fonti che si trattava degli Emirati Arabi Uniti.[27]

Mentre i sopravvissuti rimanevano in attesa, ai cancelli di Tajoura arrivò un gruppo di rifugiate. Pagarono per entrare, contando sul fatto che l'UNHCR avrebbe avviato un'evacuazione in seguito al bombardamento e sapendo che in genere le donne erano le prime a essere evacuate. Questo provocò grande sconforto fra i sopravvissuti, compreso un numero piuttosto elevato di individui rinchiusi a Tajoura da quasi due anni. C'era sempre qualche sanguisuga pronta ad approfittarsi di qualsiasi situazione, si lamentavano.

Sabato 6 luglio, quattro giorni dopo il bombardamento, i sopravvissuti di Tajoura iniziarono uno sciopero della fame.[28] Rifiutarono le offerte di cibo insolitamente buono da parte delle organizzazioni umanitarie giunte in visita nella speranza forse di scattare qualche foto, dichiarando che non avevano bisogno di sostentamento ma soltanto di sicurezza. Quando cominciarono a rinunciare al cibo, arrivò sul posto il personale dell'UNHCR, che per un'ora e mezza si chiuse in riunione con i responsabili del centro.

«Stiamo ancora aspettando sotto al sole», mi scrisse Okot, fuori dalle porte chiuse. «I nostri fratelli sono morti, perché nessuno risponde?».

Domenica 7 luglio, l'UNHCR propose di trasferire fino a 70 persone nella sua Struttura di raccolta e partenza, l'«Hotel». Un dipendente disse che era già stata effettuata una selezione, ma i detenuti temevano che nel gruppo sarebbero state incluse le donne che avevano pagato per entrare nel centro dopo il bombardamento.

In una rara dimostrazione di forza, respinsero in massa l'offerta, rifiutando perfino di ascoltare i nomi di chi era stato selezionato. Quando gli operatori dell'UNHCR iniziarono a esercitare pressioni, i sopravvissuti cominciarono ad agitarsi, ma non cedettero. «L'umanità è solo nei libri, non è per niente negli umani», disse un uomo dopo aver assistito alle discussioni.

L'UNHCR QUI È FINTO, PERCHÉ ANCORA ADESSO NON AGISCONO PER LA NOSTRA SITUAZIONE.

La mattina presto di martedì 9 luglio 2019 – una settimana dopo il bombardamento – un'area distante circa 500 metri dal centro venne colpita da tre attacchi aerei in rapida successione. Poi il personale dell'UNHCR convocò i leader dei rifugiati e riprovò, senza successo, ad accordarsi con loro. Alla fine, cinque rifugiati diversi mi riferirono che una funzionaria dell'UNHCR aveva detto di non poter fare nient'altro per loro, e che avrebbero dovuto semplicemente andarsene da Tajoura. Era un'idea quasi inconcepibile, qualcosa che non avrebbero mai osato tentare se lei non fosse stata presente. I responsabili del centro avevano l'aria furiosa, ma si arresero.

Diversi rifugiati esitarono, troppo spaventati per avventurarsi fuori dal complesso in cui avevano vissuto anche per due anni; erano spaventati all'idea che i combattenti, i trafficanti o i miliziani potessero ucciderli o malmenarli. Alcuni si allontanarono di poco e poi fecero dietrofront, sperando che l'ONU tornasse e si rendesse conto di quanto erano vulnerabili. Ma erano in minoranza.

Fu un momento memorabile. Centinaia di individui uscirono dal centro di detenzione in cui erano stati affamati, picchiati e bombardati per mettersi in marcia attraverso una zona di guerra, camminando fieramente per diverse ore.[29] Erano fragili e deboli, dopo tre giorni di sciopero della fame preceduti da mesi in cui avevano ricevuto un solo pasto al giorno. Si proteggevano sventolando una bandiera bianca e con le braccia magre stringevano i loro pochi beni: una maglietta di ricambio, una coperta, una Bibbia o un documento di identità. Erano impauriti ma anche eccitati. Stavano prendendo in mano le loro vite. Decisero la destinazione: l'«Hotel» dell'UNHCR.

Sui loro telefoni, altri rifugiati che avevano lasciato Tajoura nei mesi precedenti seguivano quell'avanzata da lontano. «È fantastico dopo due anni uscire dal centro di detenzione. Stavano vivendo nell'oscurità», commentò David, un ex detenuto che era stato evacuato in un campo profughi in Niger. Il cuore sembrava balzargli fuori dal petto. «Mentre stavo andando via da Tajoura non ci credevo, ero come rinato. Era così che mi sentivo. Non è facile sentire la luce del sole dopo due anni».

Era vero: gli occhi dei rifugiati in cammino bruciavano per il sole. «La nostra stanchezza per strada è tanta», mi scrisse un sudanese mentre si dirigevano verso il centro di Tripoli. «La mia mente non ci credeva che uscivamo. Ci aspettavamo di morire».

In un tweet pubblicato quasi subito, l'UNHCR «ringrazia[va] il Ministero dell'Interno libico per aver rilasciato i rifugiati e i migranti da Tajoura [...] 350 persone erano ancora a rischio a Tajoura e adesso [sono] libere».[30]

«Libere» non era proprio la parola giusta, e di certo era troppo presto per festeggiare. Ma tutti camminavano con grande determinazione, rischiando la vita, sapendo di dover percorrere almeno 40 km per raggiungere il centro dell'UNHCR, dove non avevano alcuna garanzia di accesso. Osservavano ogni veicolo con sospetto; ogni persona incontrata per strada era un potenziale nemico in grado di ucciderli impunemente. Poi, la polizia libica fece qualcosa di inaspettato.

Quegli agenti erano diversi dalle guardie di Tajoura, il cui sadismo era ormai familiare ai rifugiati. La polizia prese in carico la strada, fece largo al gruppo in marcia e diede perfino un passaggio ad alcuni dei rifugiati più deboli. «Alla fine erano pure orgogliosi di noi», mi raccontò Kit. «Perché non si aspettavano quella camminata a piedi. Immagina, eravamo stati tutti arrestati e imprigionati per uno o due anni».

Quando finalmente in centinaia arrivarono alla meta, accadde un altro miracolo: vennero lasciati entrare. Una dichiarazione dell'ONU rilasciata in fretta e furia ribadiva che non avrebbero potuto restare a lungo. «Oggi, un gruppo di circa 260 rifugiati e migranti è riuscito a partire dal centro di Tajoura e a raggiungere la Struttura di raccolta e partenza. Benché la Struttura abbia una capacità limitata, ai rifugiati è stato permesso di trascorrere la notte lì e sono state somministrate cure di emergenza, cibo e acqua».[31] Nella dichiarazione si chiedeva alle autorità libiche di identificare un altro «rifugio aperto» per i sopravvissuti, «affinché la nostra struttura possa rimanere un centro di transito, destinato ai rifugiati più vulnerabili per i quali è già stata individuata una soluzione al di fuori della Libia». Soltanto che non esisteva nulla del genere, e loro lo sapevano.

I sopravvissuti stesero i materassini per terra. Si sorrisero a vicenda, di colpo intimiditi, pregustandosi la prima notte di sonno vero da oltre una settimana.

Speriamo che l'organizzazione non ritarderà con l'evacuazione fino a che non ci dimenticano di nuovo e perdiamo altra gente. Dobbiamo accelerare il processo. La Libia non è sicura.

Nei giorni seguenti i sopravvissuti vennero criticati e le loro esperienze furono riportate in maniera falsata. Charlie Yaxley, portavoce dell'ONU, asserì che tutti sopravvissuti di Tajoura erano stati «evacuati [...] in sicurezza» dall'agenzia.[32] Giovedì 11 luglio, in risposta al servizio sulla grande marcia dei rifugiati condotto dall'emittente internazionale Voice of America, Vincent Cochetel, l'inviato speciale dell'UNHCR per il Mediterraneo, pubblicò un tweet in cui criticava i rifugiati per non essere stati «pazienti» e perfino per aver raggiunto la Libia. «Nessuno può fingere di non [sapere] che non è sicuro andare in Libia, ma continuano ad andarci. Chi corre un rischio simile in Libia non ha automaticamente diritto al reinsediamento né gode di qualche priorità».[33]

Nel giro di poco tempo, Cochetel sarebbe tornato a provocare di nuovo rifugiati e attivisti. «Sono molto preoccupato dalla radicalizzazione dei sogni migratori e dalle pretese di alcuni migranti e rifugiati in Libia e nei paesi vicini», scrisse in un tweet il 18 agosto 2019.[34] Stava commentando gli ultimi eventi che avevano coinvolto la nave di soccorso *Open Arms*, rimasta bloccata nel Mediterraneo. L'equipaggio della nave si era rifiutato di arrivare fino in Spagna, sostenendo che i migranti e i rifugiati soccorsi che si trovavano a bordo avrebbero dovuto sbarcare nella più vicina Italia perché bisognosi di cure di emergenza. «Radicalizzazione dei sogni migratori? Wow», replicò Alessandro Siclari, consulente per le comunicazioni di Medici Senza Frontiere.[35]

Il 22 agosto, dopo un'osservazione della stampa in merito alle «polemiche» scatenate da quel tweet, Cochetel rincarò la dose. «Non c'è nessuna polemica, semplicemente non è normale che alcuni rifugiati rifiutino di seguire corsi di lingua e di formazione professionale o l'inserimento lavorativo in alcuni paesi perché esigono di andare soltanto nell'Unione europea e insistono che l'UNHCR ha l'obbligo di reinsediarli!».[36] In origine, però, Cochetel aveva parlato della Libia. Dov'erano i corsi di lingua e di formazione professionale? Dov'era l'inserimento lavorativo?

L'Unione europea cominciò a utilizzare il bombardamento del centro di detenzione di Tajoura come scusa per non rilasciare informazioni e documenti sulle sue operazioni in Libia. Quando presentai alcune richieste di accesso alle informazioni come previsto dalla normativa FOIA, in cerca di dettagli relativi alle discussioni interne alla UE sui centri di detenzione, mi venne risposto che si trattava di informazioni troppo delicate e che l'incidente di Tajoura aveva dimostrato che «i rischi descritti» nel paese «non [erano] ipotetici».[37] L'uccisione di decine di rifugiati e migranti – comprese le persone condannate a morire dai rimpatri previsti dalle politiche UE – diventava ora una giustificazione per evitare le indagini esterne.

I sopravvissuti di Tajoura conservarono i ricordi del bombardamento nella mente e nelle fotografie scattate con i cellulari, che tennero da parte come prove da esibire il giorno in cui qualcuno avesse mostrato interesse. Una mano con le dita serrate su un gradino di pietra. Un sacco della spazzatura nero pieno di pezzi di corpo. Un tronco umano con le braccia ancora attaccate e levate in alto, come in un gesto di supplica a un potere superiore, la bocca spaccata da un blocco di cemento caduto dal cielo. Una massa di carne che un tempo era stata una persona con i propri sogni. Un uomo morto con il viso rivolto a terra e indosso un paio di boxer blu. Un altro cadavere con il mento puntato in alto che distoglieva l'attenzione dal cranio mancante, la pelle imbiancata dalle macerie, più bianca ancora del colore che gli europei avrebbero forse giudicato degno di soccorso; sotto la sua barella, spuntavano le gambe insanguinate di altri due corpi.

Più avanti un sopravvissuto mi raccontò che, quando era riuscito finalmente ad arrivare nel Regno Unito, si era rifiutato di dormire in un letto in memoria dei suoi amici di Tajoura, che non avevano mai avuto quell'opportunità.

19. Ruanda: una nuova rotta verso la salvezza

> «La UE e l'ONU sono partner naturali!»[1]
> Nicola Bellomo, ambasciatore dell'Unione europea in Ruanda, in occasione di una visita di Filippo Grandi, Alto Commissario dell'UNHCR, aprile 2011

Se vi trovaste a sorvolare il Niger, una nazione senza sbocchi sul mare che confina con la Libia, rimarreste colpiti dalla distesa secca e marrone sotto di voi. Più di due terzi del territorio nigerino sono infatti occupati dal deserto.

Poiché era raro che i paesi occidentali fossero disposti ad accogliere i rifugiati che arrivavano direttamente dalla Libia, in parte anche a causa delle limitate valutazioni che l'UNHCR e le sue ambasciate potevano effettuare all'interno dei centri di detenzione, si era resa necessaria una zona di transito. A partire dal dicembre 2017, i pochi fortunati scelti per l'evacuazione furono trasferiti in Niger, dove la loro richiesta di reinsediamento sarebbe stata esaminata e gestita, una volta analizzate e vagliate le loro storie e sofferenze.[2] Rimanevano lì per mesi, o perfino anni: magari nella capitale, Niamey, o negli aridi, spogli e remoti campi profughi del deserto, dove le temperature toccavano i 40 °C.

Quando siamo saliti sull'aereo per il Niger, il padrone dell'aeroplano, [un libico], ci ha detto che avevamo un cattivo odore. Ci ha spruzzato della roba addosso.

Presto emersero alcuni problemi. Non c'erano abbastanza rifugiati che soddisfacessero i criteri previsti dall'Occidente (per esempio che fossero donne sole, famiglie, o che non avessero mai prestato servizio nell'esercito, benché in Eritrea quest'ultima cosa non fosse possibile). Alcuni rimanevano bloccati in Niger a tempo indeterminato. Si era creata una strozzatura. I nuovi posti disponibili cominciarono a scarseggiare. Le proteste si intensificarono e i rifugiati che vivevano nei campi contrassero la malaria o altre malattie potenzialmente letali. A maggio 2019, 2782 persone erano state evacuate dalla Libia al Niger, ma soltanto 1378 erano state reinsediate altrove.[3]

L'ONU doveva trovare un altro stato disposto a farsi avanti e a collaborare alle evacuazioni. Migliaia di chilometri a sud-est del Niger, si fece avanti il Ruanda, una piccola nazione di circa 12 milioni di persone, tristemente famosa per il sanguinoso genocidio del 1994, durante il quale 800 000 fra tutsi e hutu moderati rimasero uccisi in soli cento giorni.[4]

Nel novembre 2017, sulla scia dell'indignazione internazionale scatenata dalle recenti notizie sui mercati di schiavi libici, diffuse da un reportage realizzato sotto copertura dalla CNN, il governo del Ruanda si era già offerto di ospitare fino a 30 000 rifugiati dalla Libia.[5] Il ministro degli Esteri ruandese aveva rilasciato una dichiarazione nella quale si definiva «sconvolto» all'idea che «uomini, donne e bambini africani sulla via dell'esilio siano stati catturati e resi schiavi [...]. Forse non saremo in grado di accoglierli tutti, ma la nostra porta è spalancata».[6]

«La situazione in Libia è disperata e inquietante, e noi siamo pronti a offrire sostegno e riparo ai nostri fratelli africani che sono bloccati lì a causa del fallimento delle politiche migratorie e che sono disposti a trasferirsi in Ruanda», ribadì il presidente Paul Kagame l'anno dopo.[7] Il 10 settembre 2019, il governo del Ruanda sottoscrisse un accordo con l'UNHCR e con l'Unione africana, con il quale confermava che avrebbe accolto un primo gruppo di 500 persone.[8] La UE accettò di finanziare l'operazione con 10,3 milioni di euro.[9]

In Libia, i rifugiati erano in ansia. Alcuni di coloro a cui era stato offerto un posto sull'aereo diretto in Ruanda rifiutarono di spostarsi. Pensavano di avere migliori prospettive ritentando la via del mare. «La gente vuole andare. Vogliamo andare», disse un detenuto con una leggera disperazione nella voce, prima di chiedermi se il Ruanda era un buon posto in cui vivere. «Per favore, se sai qualcosa del Ruanda, dimmelo».

«Abbiamo sentito parlare del piano di evacuazione in Ruanda, ma abbiamo molte domande», mi scrisse un altro detenuto da Zintan. «Forse lì possono dimenticarsi di noi», si preoccupava.

In precedenza, il Ruanda era stato accusato di aver partecipato a un progetto volto a rimuovere i rifugiati da Israele. Nel 2017, un'indagine di un anno condotta dalla rivista «Foreign Policy» aveva rivelato che gli eritrei incamminatisi sulle pericolose rotte migratorie che attraversavano Israele erano stati subito rinchiusi in centri di detenzione legati al governo e poi mandati in Ruanda.[10] I funzionari del governo avevano promesso di fornire ai rifugiati visti e permessi di lavoro, ma quelli che avevano accettato di partire erano stati invece convinti con l'inganno a entrare illegalmente in Uganda, dove le loro richieste di asilo erano state respinte.

C'erano stati altri casi di paesi in via di sviluppo che avevano accettato di occuparsi di richiedenti asilo o apolidi in cambio di denaro da parte di stati più ricchi. A partire dal 2008, il Kuwait e gli Emirati Arabi Uniti avevano stretto accordi con le Comore, uno stato insulare povero dell'Oceano Indiano al largo della costa africana, in base ai quali le Comore si impegnavano a fornire passaporti ai gruppi di individui apolidi e spesso nomadi, chiamati *bidoon*, che vivevano negli stati del Golfo ma a cui i vari governi non riconoscevano la cittadinanza. Pare che le Comore, che nel 2021 avevano un reddito annuale di 1402 dollari a persona,[11] abbiano ricavato fino a 200 milioni di euro da questo schema.[12] Nel 2014 l'Australia aveva siglato un accordo da 40 milioni di dollari con la Cambogia per trasferirvi i suoi rifugiati (ma soltanto dieci persone avevano accettato).[13]

I funzionari che lavoravano al nuovo accordo tra Libia e Ruanda mi dissero che era stato negoziato con buone intenzioni e che loro stavano cercando di assicurarsi che i rifugiati trasferiti non venissero abbandonati. Il programma sarebbe costato 10 milioni di dollari soltanto per i primi quattro mesi, una cifra che includeva alloggi, assistenza minima e servizi.[14]

*Abbiamo paura, soprattutto per quanto dura. Perché siamo rimasti in Libia più di due anni e siamo stati registrati dall'*UNHCR *quasi due anni fa. Ci vorrà un tempo simile in Ruanda? È difficile per i richiedenti asilo.*

Il Ruanda ospitava già circa 150 000 rifugiati, in gran parte provenienti dal Burundi e dalla Repubblica Democratica del Congo.[15] Per il presidente Kagame, partecipare all'iniziativa di evacuazione dalla Libia rappresentava un'opportunità per mostrare al mondo i progressi del suo paese. Nel corso di un discorso rivolto all'Assemblea Generale dell'ONU a New York, Kagame annunciò che il Ruanda era pronto a «ricevere e proteggere» i rifugiati, e definì l'accordo «un chiaro segno del fatto che siamo in grado di cooperare per risolvere problemi complessi».

«L'Africa è anche una fonte di soluzioni», dichiarò ai delegati dell'assemblea il magro e austero presidente del Ruanda, la cui passata esperienza a capo di un esercito di ribelli era intuibile dallo sguardo tagliente.[16]

Alla fine del settembre 2019, un primo gruppo di 66 nuovi arrivati scese dall'aereo; i loro volti sorridenti e ansiosi furono immortalati da un fotografo dell'ONU.[17] Fra loro c'erano un bimbo di due mesi nato in un centro di detenzione e altri 25 bambini, molti dei quali non accompagnati. Tutti i passeggeri erano sudanesi, eritrei o somali.

Penso che sono felici.

Hanno accettato di andare in Ruanda perché tutti hanno bisogno di scappare dalla Libia in qualsiasi paese per salvarsi la vita. In questo momento la vita in Libia sta peggiorando.

Il mese successivo, un altro gruppo di 123 persone compì lo stesso viaggio.[18] A bordo di quel volo c'erano molti dei miei contatti, compreso Samuel di Triq al-Sikka, il detenuto che mi aveva tenuta aggiornata sull'epidemia di tubercolosi, che aveva partecipato alla protesta e che era stato minacciato di sparizione. Ci scambiammo alcuni messaggi durante il suo viaggio, e io decisi che appena possibile avrei dovuto incontrarlo di persona.

Non sarebbe stato il mio primo viaggio in questo piccolo paese africano situato nella regione dei Grandi Laghi. Nel 2014, poco dopo essere entrata nel mondo del giornalismo, avevo lavorato a un servizio sul ventesimo anniversario del genocidio; era previsto un mese di eventi in ricordo di alcuni dei peggiori crimini contro l'umanità e di guerra che il mondo avesse mai visto.

Nei decenni seguiti a quel tremendo periodo, il Ruanda è cambiato drasticamente. Le strade sono pulite, i sacchetti di plastica sono vietati in tutta la nazione e l'industria tecnologica è in pieno sviluppo.[19] Il paese è diventato uno dei beneficiari prediletti dai donatori di tutto il mondo, e la capitale, Kigali, viene attivamente promossa come destinazione ideale per le conferenze internazionali.

In occasione del mio primo viaggio avevo trascorso un po' di tempo vicino al presidente Kagame, l'ex leader del gruppo di ribelli chiamato Fronte Patriottico Ruandese (FPR), che aveva combattuto per prendere il potere nel paese e che aveva poi messo fine alla carneficina della guerra civile. A Village Urugwiro, il quartier generale del presidente, fotografai la stretta di mano tra quest'ultimo e il Segretario generale dell'ONU Ban Ki-moon dopo un incontro privato. Quando ero entrata mi era stato confiscato il cellulare: per ragioni di sicurezza, nessuno poteva avvicinarsi a Kagame con un cellulare.

L'evento principale delle commemorazioni si tenne in uno stadio che poteva ospitare fino a 30 000 persone.[20] Seduto nella fila destinata alle personalità più importanti, Kagame era affiancato dall'ex primo ministro britannico Tony Blair e dall'ex Alto Commissario delle Nazioni Unite per i diritti umani Mary Robinson, oltre al Segretario Generale dell'ONU. Yoweri Museveni – da tempo dittatore del vicino Uganda – tenne un discorso sull'eredità del colonialismo, ricordando ai presenti quanto fosse pericoloso fidarsi dell'Occidente. Davanti ai nostri occhi, alcuni attori inscenarono l'abbandono dei tutsi al loro destino da parte dei corpi di pace dell'ONU e la violenza e la carneficina che ne seguivano, nelle quali amici e vicini si ammazzavano sistematicamente fra loro con il machete o la zappa; poi altri attori, vestiti come soldati dell'FPR, accorrevano sul prato e riportavano in vita le vittime. In tutto lo stadio, i sopravvissuti nel pubblico collassavano gemendo, sopraffatti dai ricordi. Io pensai al loro trauma, a come siano i potenti a stabilire in che modo presentare la storia e commemorare le atrocità, a quanto possa essere difficile per i sopravvissuti sopportarlo e a come tutto ciò possa rappresentare anche uno strumento di controllo della popolazione.

Sapevo che il Ruanda aveva una cattiva reputazione per quanto riguardava la libertà di stampa: in questo senso era uno dei diciotto paesi peggiori al mondo nell'Indice compilato da Reporter Senza Frontiere.[21] Quella stessa sera un noto giornalista, Cassien Ntamuhanga, scomparve mentre tornava a casa dallo stadio, e soltanto una settimana dopo i servizi di sicurezza ammisero che era stato imprigionato.[22] Venne arrestato anche Kizito Mihigo, il cantante di gospel sopravvissuto al genocidio dei tutsi: aveva registrato una canzone che sembrava accusare l'esercito di Kagame di essersi a lungo macchiato di omicidi per vendetta (più avanti, dopo essere rimasto nel mirino delle autorità per diversi anni, durante i quali venne perdonato, rilasciato e di nuovo arrestato, Mihigo sarebbe morto in cella in una stazione di polizia ruandese in circostanze poco chiare).[23]

Anche se il paese era senza dubbio pacifico, quegli arresti erano un piccolo segno delle continue difficoltà che i cittadini dovevano affrontare. Kagame si era chiaramente rivelato un dittatore autoritario, e veniva accusato di malmenare i suoi sottoposti, di annientare qualunque forma di protesta e di opposizione e di ordinare l'assassinio dei suoi oppositori all'estero.[24] Il presidente inoltre ricorreva alle agenzie di pubbliche relazioni occidentali per rafforzare l'immagine sua e della nazione che stava plasmando a suo piacimento.[25] Il Ruanda era un paese tranquillo, ma era anche uno stato di polizia; di certo non era un posto in cui si potesse parlare liberamente.

Arrivare in Ruanda era facile, ma ottenere l'autorizzazione per visitare di persona il campo di Gashora, dove vivevano i rifugiati evacuati dalla Libia, fu impossibile. Per prima cosa mi recai al Consiglio Superiore per la Comunicazione a Kigali, per ritirare il mio accredito giornalistico, già approvato online e pagato.

Poi richiesi il permesso necessario al Ministero della Gestione delle Emergenze. Era un venerdì, e il personale amministrativo alla reception del piano terra mi disse di ritornare il lunedì seguente. Il lunedì mattina mi venne detto di tornare il martedì pomeriggio. Il martedì pomeriggio mi rimandarono a mercoledì mattina. Il mercoledì rimasi ad attendere diverse ore in un corridoio, poi mi arresi.

Il giovedì alla fine mi comunicarono che non avrei avuto il permesso di andare a Gashora. Un uomo di nome Claude Twishime, incaricato delle comunicazioni, mi spiegò che non avrei mai dovuto aspettarmi di poter visitare il campo da sola.

Twishime aggiunse che era stato in ferie fino a quel giorno, benché per tutta la settimana mi fosse stato detto che la persona che doveva concedermi l'autorizzazione era in riunione. «Le hanno dato l'accredito perché crediamo che scriverà buone storie su di noi», disse, dopo aver guardato il mio tesserino. «Ad alcune persone l'accredito viene negato, immagino che lo sappia».

Twishima mi consigliò di lasciare il paese per il momento, ma disse anche che sarei potuta tornare il mese successivo insieme a un gruppo di almeno dodici giornalisti accompagnati da funzionari governativi e dell'UNHCR. Era tutta un'elaborata tecnica di sabotaggio? «Stanno prendendo tempo», commentò un eritreo quando gli raccontai la vicenda.

L'invito di Twishime era anche uno stratagemma per impedirmi nel frattempo di pubblicare materiale poco lusinghiero? Avevo già osservato tattiche simili durante altri viaggi di lavoro: funzionari che ritardavano il rifiuto dei permessi in modo che non mi fosse possibile pensare a un'altra strategia; o che promettevano più facile accesso la volta successiva, proprio quando ero sul punto di andarmene (sottintendendo che qualunque articolo avessi scritto nel frattempo avrebbe dovuto essere lusinghiero).

Nonostante ciò, naturalmente, incontrai molti rifugiati fuori dal campo di Gashora. Ci eravamo scambiati messaggi e parlati al telefono per molto tempo, da ben prima che lasciassero la Libia, e mi avevano suggerito di andare là, perché nessuno avrebbe potuto impedire loro di uscire per venirmi incontro. Da Kigali mi ci vollero due autobus e due corse in motocicletta per raggiungere Gashora, e ne valse la pena. In un ristorante aperto da poco da un uomo d'affari eritreo che viveva in Ruanda, il quale vi aveva visto la possibilità di vendere cibo tradizionale del proprio paese, mi ritrovai circondata da ex detenuti dei centri di Zintan, Ain Zara, Abū Salīm e Triq al-Sikka. Poter associare così tanti volti ai nomi che conoscevo, ricordando nel frattempo quel che aveva passato ciascuno di loro, fu travolgente. Ci scattammo qualche selfie, con le donne che arricciavano le labbra e gli uomini che facevano grandi sorrisi. Mangiammo *injera* e carne e bevemmo birra. Parlammo di tutto e di niente. Mi sentivo così grata all'idea che fossero tutti finalmente usciti dalla Libia.

È cosa nota che in Ruanda gli informatori del governo siano ovunque.[26] Per ragioni di privacy, e per poter parlare liberamente, organizzai qualche incontro a distanza dal campo con alcuni dei contatti con cui ero in maggiore confidenza. A Nyamata, una cittadina raggiungibile in mezz'oretta di macchina dal campo, mi sedetti a un tavolo in legno un po' isolato accanto a una strada polverosa del centro. Ero insieme a Samuel ed Eyob, che erano stati rinchiusi a Triq al-Sikka, e a Milion, che era stato sia a Kohms Souq al-Khamis sia a Saaba, un altro centro di detenzione dove i detenuti venivano affamati per punizione e i responsabili utilizzavano l'area circostante come terreno di lancio dei missili.[27] Dopo oltre un anno di contatti segreti per telefono con tutti e tre separatamente, non riuscivo a credere che fossimo lì insieme, che fossero vivi e sembrassero stare bene. C'erano così tante cose da dire.

L'esterno del campo di transito di Gashora, in Ruanda, dove vivono i rifugiati evacuati dalla Libia.

Per prima cosa ordinammo del tè e parlammo del Ruanda. I ragazzi erano meravigliati dal fatto che la gente del posto mangiasse le banane (platani, *matoke*) a cena o a pranzo come pietanza salata. Pensavano che i ruandesi fossero educati, «civilizzati», accoglienti e «umili». Ma temevano di essere stati attirati lì con l'inganno, che fosse stato un trucco per allontanarli ancora di più dall'Europa senza alcuna garanzia di opportunità per il futuro. In effetti, avevano buoni motivi per essere timorosi. Quella settimana Vincent Cochetel, l'inviato speciale dell'UNCHR per il Mediterraneo centrale, pubblicò un tweet in cui suggeriva che i migranti avrebbero dovuto mostrarsi riconoscenti. «I rifugiati africani in Ruanda non vogliono restare lì», scrisse, «[ma] alcuni di loro hanno aspettative sbagliate, noi non abbiamo alcun obbligo di reinsediare tutti i rifugiati in/dalla Libia. Questa è soltanto una soluzione fra altre per chi viene evacuato dalla Libia».[28] La sua affermazione era in contrasto con le assicurazioni dei funzionari dell'ONU, i quali dicevano ai rifugiati in partenza dalla Libia che il Ruanda sarebbe stato un luogo di transizione. Le comunicazioni ufficiali dell'UNHCR erano un po' più vaghe, perché vi si leggeva che i rifugiati selezionati per l'evacuazione avrebbero potuto beneficiare del reinsediamento in paesi ricchi, ma che sarebbero anche potuti rimanere in Ruanda a lungo; oppure ritornare in posti in cui in precedenza avevano ricevuto asilo; oppure ancora essere riportati nei paesi d'origine, se fossero stati ritenuti zone sicure.

La settimana precedente, la Guardia costiera libica aveva intercettato più di 430 persone, ma alcuni amici di Eyob erano stati recuperati dalle navi di soccorso nel Mediterraneo dirette in Europa; lo sapeva grazie ai loro post esultanti su Instagram. Quelle notizie lo portarono a dubitare ancora della sua situazione. Perché lui si trovava in Ruanda, si chiedeva, quando avrebbe potuto essere uno di loro? Cominciò a ripetere che avrebbe potuto «scegliere» di non andare in Ruanda; anche lui avrebbe potuto ritentare la via del mare.

«Siamo rimasti nei centri di detenzione per più di due anni perché volevamo seguire il percorso legale», disse. «Sono venuto in Ruanda perché mi hanno detto che mi avrebbero portato [in Europa] in maniera legale. Ma nessuno sente o capisce che cosa abbiamo passato noi [...]. Resistiamo a tutta la sofferenza e alle torture solo per ottenere quello che vogliamo. Resistiamo a tutto solo per raggiungere i nostri obiettivi».

Per Eyob non si trattava semplicemente di andare in Europa, ma di ottenere la libertà e la sicurezza di un cittadino europeo. «L'Africa è l'Africa», rifletteva pensieroso. «Oggi è OK, ma fra un po' non sarà più OK».

Come gli altri, si era indebitato enormemente. Doveva 16000 dollari a sei parenti, di cui circa 10000 alla sorella maggiore. «Le nostre famiglie hanno venduto l'oro, la casa, tutto quello che avevano per noi», mi spiegò. «Questa cosa è sempre con noi».

A Tripoli era diventato uno schiavo di guerra. «Ero uno di loro, mi coinvolgevano nell'esercito. Caricavamo le armi», mi raccontò. «Non ho ucciso o niente del genere, ma ci davano da lavorare, da pulire o cose così. Ci portavano in guerra a lavorare. Ci portavano con la forza [...]. Mi ha fatto capire che non c'è vera umanità in questo mondo». Allungò una mano per mostrarmi un'unghia che si era spaccata mentre sollevava armi pesanti sotto il controllo delle guardie di Triq al-Sikka.

«Quando eravamo in Libia eravamo strumenti di un gioco politico», proseguì. «Quindi soffrivamo».

Se siamo venuti in Ruanda non vuol dire che abbiamo lasciato i nostri sogni. I nostri obiettivi per il futuro? [...] I nostri fratelli sono in Europa, continuano a dirci che l'Europa ha i paesi e i governi più sicuri, che ti danno i diritti umani. Ma non sappiamo niente del Ruanda, non abbiamo assicurazioni.

[I funzionari] ci dicono che se vogliamo stare qui faranno come in Europa, ci daranno tutto quello che ci darebbero in Europa. Ma se vedi la realtà, questi governi non preparano queste cose neanche per i loro popoli [...]. Abbiamo visto la gente nel villaggio, come vive, quindi non posso aspettarmi che ci daranno le stesse cose che in Europa. A questo governo piace solo la diplomazia, vogliono solo sembrare i buoni.

Eyob voleva completare gli studi di elettrotecnica. Milion voleva diventare insegnante e Samuel infermiere. Provavano rabbia perché erano intrappolati in un sistema in cui chiunque sembrava approfittarsi di loro: i paesi ospiti, le agenzie dell'ONU, le ONG. «Quando arriviamo in un paese, l'Europa fa un patto con il governo, gli dà soldi e il governo ne tiene un po'», disse Eyob. «Siamo come una proprietà [...]. Ci sembra che in ogni paese in cui andiamo il governo [ricavi] un guadagno da noi [...]. Tutta l'UNHCR, tutte le organizzazioni, sono tutti coinvolti negli schemi politici. Ecco perché soffriamo troppo». Gli altri annuirono.

I tre ragazzi eritrei portavano croci intorno al collo, sotto le magliette. Milion aveva intagliato la sua nel centro di detenzione, ricavandola da un pezzo di legno color sabbia. Quella di Samuel veniva dall'Eritrea; la portava da quattro lunghi anni.

«Voglio la mia casa, la mia privacy», disse Eyob. Al centro di detenzione e nei depositi dei trafficanti non c'era mai un momento privato. «Sarò un uomo libero [...]. Possiamo iniziare una nuova vita, sarà come nascere di nuovo. Tutta la sofferenza e le torture ci rendono solo più forti».

Quando chiesi cosa ne pensavano della possibilità di essere reinsediati in paesi diversi, a dispetto della loro amicizia, Milion mi rispose che quella era la maledizione degli eritrei. Aveva visto nei film le riunioni del liceo, dove gli adulti si incontrano con i compagni di classe anni dopo il diploma, e sapeva che a lui non sarebbe mai accaduta una cosa del genere. I suoi compagni erano sparsi in giro per il mondo, con le vite bloccate in campi profughi che non offrivano la minima opportunità o con i corpi danneggiati dal coraggioso tentativo di allontanarsi dal dolore che li segnava. Non c'era nemmeno modo di sapere quanti di loro erano già morti.

Non possiamo fidarci di nessuno.

Rimanemmo seduti a quel tavolo di Nyamata per ore, a bere tè e a parlare. I ragazzi dicevano che lo stesso Albert Einstein era stato un rifugiato, che i politici occidentali avrebbero dovuto capire che loro, come Einstein, avrebbero potuto contribuire in maniera significativa alla società se non avessero dovuto perdere tempo e se il loro temperamento non fosse stato distrutto. «La nostra mente per la maggior parte è completamente rovinata», osservò Milton. «Abbiamo paura delle motociclette. Degli elicotteri. La mente diventa creativa quando sei al sicuro».

Il nostro destino era di cercare la serenità. Nel nostro paese non c'è serenità, c'è paura della prigione, i nostri fratelli e le nostre sorelle ci dicono che in Europa c'è sicurezza e diritti umani. Se hai sicurezza e diritti umani avrai serenità. Questo è il mio pensiero.

Ancora adesso non sappiamo come trovare pace [...]. È un tipo diverso di colonizzazione.

In maniera indiretta, parlammo del tempo che passava, degli anni che loro consideravano sprecati e di come avrebbero potuto recuperare. Eyob aveva trascorso all'incirca un anno a Triq al-Sikka, e per due volte era stato mandato fuori a lavorare con le munizioni o nelle strutture destinate alle milizie. Nel centro era riuscito a vedere *Un amore all'improvviso*, un film sulla relazione tra un uomo che si ritrovava senza volerlo a viaggiare nel tempo e una donna innamorata che (in maniera poco probabile) rimaneva ad aspettarlo. Di notte, nascosto sotto una coperta, Eyob aveva dovuto strizzare gli occhi per guardare il video scaricato che tremolava sul cellulare condiviso con gli altri.

Milion tirò fuori l'equazione $E=mc^2$ e la teoria secondo cui sarebbe stato possibile muoversi alla velocità della luce, sfrecciando attraverso lo spazio, con il corpo che non invecchiava mentre la Terra andava avanti. Non si sarebbe mai potuti tornare al luogo che ci si era lasciati alle spalle, riconobbe.

Io raccontai loro una delle storie con cui crescono i bambini in Irlanda, quella di Tír na nÓg. Un giorno, un guerriero di nome Oisín incontra una bellissima donna soprannaturale, Niamh, e insieme a lei cavalca fino a un luogo di eterna giovinezza. Ma quando comincia a struggersi di nostalgia per la sua terra, finisce nei guai. Oisín infatti torna in Irlanda, dove si rende conto che tutti quelli che conosceva e amava sono morti da centinaia di anni. E quando scende a terra dal suo magico cavallo bianco, anche lui invecchia rapidamente, rovinato dal desiderio di tornare in patria.

Per i rifugiati, il tempo e la casa e la famiglia sono questioni con cui faranno i conti per il resto della loro vita.

Non lo rivelai mai agli eritrei, ma oltre a essere il posto più comodo in cui incontrarci tra Gashora e Kigali, Nyamata ospitava anche uno dei memoriali del genocidio più macabri dove sono sepolte circa 50 000 persone.

Un giorno, dopo aver incontrato un altro dei miei contatti, andai a visitarlo da sola.

Entrai in quella che un tempo era stata una chiesa cattolica nonché teatro di un massacro, dove una pioggia di granate aveva preannunciato gli assassini che poi avevano finito i sopravvissuti con il machete. All'interno dell'edificio c'erano scatole di plastica piene degli abiti ammuffiti dei morti. Il vestitino bianco e svolazzante di una ragazzina era stato steso fuori, come se una madre lo avesse preparato per il prossimo giorno di scuola. Sopra un'altra panca c'era un maglioncino da bimbo con la scritta «skate actor» e il disegno di un personaggio dei cartoni animati. C'erano coperte lavorate a mano con amore. I colori – rosa confetto, verde lime, blu scuro, arancione brillante – erano sbiaditi e coperti di polvere marrone.

Sull'altare erano stati appoggiati i tutori ortopedici appartenuti a persone disabili, insieme a cumuli di corone di rosario. Pipe, bracciali, fazzoletti erano tutti vegliati da una statua della Vergine Maria con le mani giunte in preghiera.

Una guida del posto di nome Rachel rimase fuori ad aspettarmi e poi mi condusse alle sepolture di massa sul retro della chiesa, dove è ancora possibile vedere i resti di alcune delle decine di migliaia di vittime del genocidio. La prima volta che era arrivata lì, mi raccontò, non era riuscita a dormire per tutta la notte, ma trovava che fosse importante che quel tipo di memoriale restasse aperto e accessibile. «È una sorta di cura», mi spiegò. Come mostra anche la storia, è importante ricordare le atrocità che sono avvenute, perché possono facilmente avvenire di nuovo.

Intanto, a Gashora, i minori non accompagnati che erano stati evacuati là stavano cominciando a sfogarsi. Iniziarono ad andare a letto con le prostitute ruandesi, che sembravano essersi trasferite nei dintorni in previsione di nuovi affari. Samuel temeva che potessero contrarre l'HIV o altre malattie sessualmente trasmissibili. Si trattava di ragazzini gravemente traumatizzati, che per anni non avevano ricevuto la minima forma di istruzione, ed era difficile per chiunque farli ragionare. «I minorenni hanno stress», mi disse Samuel.

La vita nel campo divenne più complicata. I rifugiati si ricordavano l'un l'altro che avevano il dovere di comportarsi bene, in modo che altri potessero essere evacuati in Ruanda dopo di loro. Era estenuante. Quando tutti si resero conto che avrebbero dovuto di nuovo aspettare per chissà quanto tempo caddero in depressione, colti da un senso di inerzia. Nei centri di detenzione libici, i rifugiati avevano organizzato «congregazioni» in cui si riunivano per prendere le decisioni comuni e ascoltare chiunque volesse dire la sua, ma in Ruanda quegli incontri erano vietati.

Nel marzo 2020, quando la pandemia di Covid-19 si diffuse nel paese, fu introdotto il coprifuoco. Poco dopo, un ragazzo minorenne, rientrato nel campo oltre l'orario designato, accusò un alto ufficiale di polizia di aver cercato di violentarlo. L'ufficiale non venne mai trasferito, neppure durante le cosiddette indagini annunciate dalle autorità. Online, le forze di polizia del Ruanda accusarono il ragazzo di essere un bugiardo, e l'UNHCR riferì ai media che la successiva protesta dei rifugiati era scoppiata a causa delle restrizioni legate alla pandemia, e non a causa della mancata risposta all'accusa di tentato stupro.[29] Quando riportai la vicenda in un articolo pubblicato da un giornale britannico, Yolande Makolo, la portavoce del governo del Ruanda mi accusò di aver scritto «pornografia sui rifugiati», cosa che venne poi ripresa dal giornale governativo «New Times».[30] «Non [c'è] nessuna cazzo di giustizia in questa società», commentò una persona che aveva visto il ragazzo angosciato la notte dell'aggressione. «Vogliono sopprimere del tutto la nostra voce. Faranno sparire l'incidente e non possiamo farci nulla perché siamo rifugiati».

Sarebbero passati quasi due anni prima che Samuel venisse trasferito in Canada. Eyob a quel punto aveva raggiunto la Norvegia e Milion la Svezia, dove aveva cominciato a scrivere un libro in cui raccontava la sua faticosa fuga da un regime dittatoriale, la sopravvivenza nei centri di detenzione libici e infine la raggiunta serenità. Erano stati fortunati; molti dei loro amici non erano ancora stati assegnati a nessun paese. La sosta in Ruanda era diventata un altro limbo, un altro purgatorio.

20.
Tripoli: viene chiusa la Struttura di raccolta e partenza

«In questo mondo caotico solo pochi hanno umanità».
Un padre eritreo evacuato in Svezia
dopo essere rimasto per anni in Libia

Ora che la Struttura di raccolta e partenza dell'UNHCR – «l'Hotel», o GDF – ospitava centinaia di sopravvissuti al bombardamento di Tajoura, il personale dell'agenzia non sapeva bene che cosa fare di loro. Fuori da lì, a Tripoli, la guerra continuava. Entrambe le fazioni lanciavano attacchi indiscriminati con razzi Grad, mortai e artiglieria, colpendo vari ospedali da campo e una scuola e uccidendo i civili nelle loro abitazioni.[1]

Nonostante ciò, all'interno dell'UNHCR si iniziò a discutere di come spingere il gruppo di rifugiati traumatizzati ad andarsene, adducendo come motivo il fatto che la Struttura era ormai sovraffollata. Un dipendente dell'ONU, che nel luglio 2019 aveva assistito a un incontro con i rappresentanti dell'Unione europea e altri operatori e diplomatici, in seguito ricordò che il personale dell'UNHCR sosteneva che i rifugiati e i migranti rimasti a Tajoura per non più di due anni avrebbero potuto «mescolarsi facilmente» alle comunità di Tripoli. «La cosa non mi convinceva», mi disse l'operatore in questione. «Il problema principale era: Che cosa sarebbe successo dopo? Dove sarebbero andati? Dove avrebbero dormito? Chi li avrebbe nutriti? Era una decisione prematura che si stava prendendo senza un'adeguata pianificazione e che avrebbe provocato altro caos. Sarebbero finiti nelle mani dei trafficanti per essere rinchiusi un'altra volta».

Stando ai racconti dei sopravvissuti di Tajoura, nel settembre 2019 vennero presentate loro due opzioni: accettare una piccola quantità di denaro per andare a vivere nelle cosiddette aree «urbane» di Tripoli, dove avrebbero dovuto trovare un lavoro e prendersi cura di loro stessi, oppure essere riportati in un altro centro di detenzione dalle autorità libiche e dalle loro milizie.[2] In ogni caso, non sarebbero stati presi in considerazione per l'evacuazione o il reinsediamento fintanto che fossero rimasti nella struttura dell'UNHCR.

Ci lasceranno a un destino sconosciuto nel mezzo della guerra di Tripoli. Non sappiamo dove siamo. Siamo prigionieri da due anni.[3]

Ho paura di uscire.

Alcuni portavoce dell'UNHCR mi dissero che nessuno aveva minacciato di usare la forza, ma in un video girato da uno dei rifugiati si vedeva l'allora assistente capo missione dell'UNHCR nel paese, Lucie Gagné, dire ai sopravvissuti di Tajoura che se non avessero accettato di andarsene «verranno qui a riportarvi in detenzione». La donna aveva l'aria esasperata e faceva il gesto dell'*halas*, per indicare che se ne sarebbe lavata le mani.[4]

In realtà, molti rifugiati che avevano lasciato il loro paese in cerca di asilo avrebbero preferito restare nei centri di detenzione, per quanto terribili, piuttosto che vivere per strada. Avevano paura di essere rapiti o di finire in schiavitù, soprattutto quelli che non erano musulmani e non parlavano arabo. Non sapevano come prendersi cura di sé dopo aver passato tanto tempo in prigione. Non potevano permettersi di pagare un affitto e temevano di perdere l'accesso all'ONU.

«Sono sicuro che da parte dell'ONU non c'è preparazione. Dicono che istituiranno centri di comunità dove i migranti potranno usufruire di vari servizi, ma non sono sicuro che sia fattibile», disse un operatore che all'epoca partecipò agli incontri di pianificazione. Esisteva già un centro diurno di accoglienza gestito dall'UNHCR in un'area chiamata Gurji, ma i rifugiati di Tripoli mi raccontarono di aver aspettato ore e ore senza riuscire a entrare o di aver ricevuto scarsa assistenza da parte dello staff.

Quello stesso mese, la Germania annunciò che avrebbe donato altri due milioni di euro all'UNHCR per aiutare i rifugiati in Libia.[5] «Chi ci guadagna lo si sa già», si lamentò un detenuto in un gruppo di Facebook. «Il 75% andrà ai corrotti, forse il 25% verrà offerto alle vittime. Perché non c'è una gestione giusta [...]. Offrire tutti quei soldi non è la soluzione. I rifugiati hanno bisogno, soprattutto adesso, di essere evacuati con urgenza».

Perfino i rifugiati che l'ONU aveva trasferito direttamente alla Struttura di raccolta e partenza, e che si aspettavano di essere evacuati da un momento all'altro, vennero messi ben presto sotto pressione perché se ne andassero.

Il 17 ottobre, nel corso di uno scrutinio segreto, la Libia venne eletta stato membro del Consiglio dell'ONU per i diritti umani con l'87% dei voti.[6] Quello stesso giorno, le donne rifugiate nella GDF ricevettero una cattiva notizia: la loro richiesta di evacuazione era stata respinta.

Fra di loro c'era Hibaq, una somala di vent'anni che si trovava in Libia da due e che aveva già tentato due volte di attraversare il mare. Poco prima del bombardamento di Tajoura, dopo nove estenuanti mesi di gravidanza senza il cibo e i prodotti di igiene personale di cui avrebbe avuto bisogno, Hibaq venne operata in ospedale. Il bambino non respirava; lei poi mi avrebbe spiegato che era stato a causa della scarsa assistenza medica ricevuta al centro di detenzione. Dopo la morte del neonato, Hibaq ritornò subito a Tajoura. La cicatrice del cesareo non si era ancora rimarginata quando iniziò il bombardamento, né quando lei si incamminò nella lunga marcia verso la Struttura di raccolta e partenza. Insieme a lei c'era il marito: un somalo che aveva sposato nel magazzino dei trafficanti, in parte per evitare di essere violentata. «Non sapevamo dove andare», avrebbe ricordato Hibaq. «Eravamo in trappola».

«Torna al tuo paese o rimani in Libia», si sentì dire un'altra somala con un figlio di tre anni dal personale dell'UNHCR. Era stata trasferita alla GDF da Zintan, il centro di detenzione in cui tanta gente moriva per l'incuria. Dichiarò che le erano stati offerti 500 dollari per tornare in Somalia. «Come possono respingere donne e bambini? Sono in prigione da due anni [...]. In tutto questo tempo mio figlio cresce, giorno dopo giorno», mi disse. «In Libia è come in Somalia, tutti combattono. Se esci c'è molta violenza. Ti fanno male, ti chiedono soldi. Quando ci hanno portati via da Zintan ci hanno dato del cibo, la nostra vita è cambiata, pensavamo che è tutto OK, ma ora veniamo respinti. I nostri cuori si spezzano sorella, non puoi immaginare come ci sentiamo».

Ci fanno sperare perché ci registrano, poi, tre o quattro anni dopo, dicono che siamo respinti.

Il personale dell'UNHCR sosteneva che gli individui respinti non erano considerati «priorità».[7] «Nella maggior parte dei casi, la mancata priorità è dovuta a questioni di credibilità (per esempio, problemi con l'identità dei soggetti, con il loro paese o la loro zona di origine, particolari eventi avvenuti nel loro paese di origine o legati al loro viaggio ecc. [...])», mi scrisse il portavoce Charlie Yaxley in un'email. «Comprendiamo le frustrazioni di coloro a cui non è stata riconosciuta priorità per il reinsediamento [...]. Tuttavia, la realtà della situazione è che semplicemente non c'è un numero sufficiente di luoghi disponibili per l'evacuazione e il reinsediamento».[8]

Alcuni somali decisero di non attendere nemmeno la piccola somma di denaro che l'UNHCR aveva offerto loro perché lasciassero la Struttura, dato che non sarebbe stata distribuita tutta in una volta e che non avrebbe compensato tutte le difficoltà di quella partenza. Si accordarono invece per un'altra soluzione: avrebbero ritentato la via del mare. Sapevano che rischiavano di affondare, ma anche se fossero rimasti a Tripoli avrebbero potuto morire. Pagarono a un trafficante 2000 dinari a testa (circa 500 dollari) per un posto sulla sua barca. Verso la fine del 2019, il gruppo venne soccorso da una nave e portato in Europa.[9] Una donna dell'equipaggio mi scrisse dicendo che li aveva incontrati e che le avevano parlato di me. Le avevano raccontato che in Libia c'erano «ostacoli più grandi» della guerra in Somalia da cui erano fuggiti.

Altri rifugiati furono informati che l'UNHCR non li avrebbe neppure registrati se non avessero lasciato la Struttura di raccolta e partenza. Per farli uscire vennero offerti loro 450 dinari a testa (grossomodo 115 dollari secondo i tassi di cambio del mercato nero)[10], insieme a cibo, prescrizioni mediche e assistenza sanitaria di base, ma molti dubitavano che quelle promesse si sarebbero mai concretizzate.

Protesta dei rifugiati nella Struttura di raccolta e partenza dell'UNHCR, dopo che le loro richieste di evacuazione sono state respinte.

A quel punto la Struttura avrebbe potuto diventare un facile bersaglio di guerra. L'area circostante veniva utilizzata come deposito di armi e come centro di addestramento militare. Alcuni detenuti di Triq al-Sikka – il centro dall'altra parte della strada in cui erano stati torturati i prigionieri che avevano avviato le proteste – furono portati alla Struttura a lavorare per il capo del Dipartimento per il contrasto alla migrazione clandestina, Mohammed al-Khoja.[11] In seguito i rifugiati avrebbero ricordato di aver scaricato varie armi (alcune delle quali vennero nascoste in un'ambulanza), fra cui lanciarazzi RPG, fucili e bombe F1, e di aver costruito una stalla per i sette cavalli di Khoja. Rimasero a dormire alla Struttura per quasi quattro mesi. Sembrava terribilmente paradossale che la tanto attesa «alternativa alla detenzione» annunciata dall'ONU fosse diventata un luogo di schiavitù. Quanto alle armi custodite nella Struttura, un portavoce dell'UNHCR asserì che loro non ne sapevano nulla. «La GDF rimane sotto la giurisdizione del Ministero dell'Interno, [che è] responsabile della sicurezza», disse.

Sally, dentro alla GDF *hanno così tante armi. Sottoterra e fuori.*

Al-Khoja era un personaggio particolare: pur collaborando con la UE, era anche un famigerato leader miliziano. Aveva partecipato ad almeno un incontro sulla migrazione promosso dalle Nazioni Unite a Roma.[12] Un ex detenuto di Triq al-Sikka ricordava di aver visto alcuni funzionari italiani in visita al suo ufficio a Tripoli. Un operatore che conosceva al-Khoja descrisse lui e Naser Hazam, il responsabile di Triq al-Sikka, come una «banda», a dispetto dei loro titoli ufficiali. Stando all'Associated Press, un'azienda di catering legata ad al-Khoja, chiamata Ard al-Watan, o «Terra della Nazione», riceveva milioni di dollari in contratti di ristorazione e assistenza relativi alle operazioni della GDF.[13]

Ogni giorno [al-Khoja] veniva a vedere i cavalli. Mi sa che ama i cavalli. E ci diceva che tipo di cibo e servizi dovevamo dare ai cavalli [...]. Quando vedeva che avevamo finito di lavorare e stavamo chiacchierando ci diceva parole brutte: «Mi scoperò vostra madre». Ogni libico aveva paura quando lo vedeva. È pericoloso, Sally.

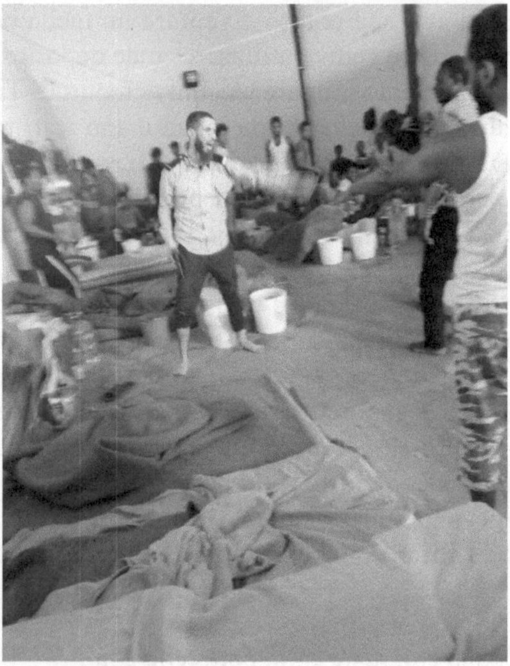

Una lite scoppiata dopo che un miliziano ha tentato di reclutare i detenuti di Abū Salīm per portarli a lavorare al fronte.

Esplorai il suo profilo Facebook.[14] «Nemici ovunque, amico mio», aveva scritto un giorno. In un altro post ironizzava sulla mancanza di servizi pubblici in Libia: «Quando [Thomas] Edison, l'inventore dell'elettricità, è morto nel 1931, tutta l'elettricità del mondo è stata spenta in suo onore, e le città libiche continuano a rendergli onore» (quando gli scrissi per chiedergli un'intervista, non mi rispose).

La Struttura di raccolta e partenza stava per diventare più affollata. Le centinaia di uomini e ragazzi rimasti ad Abū Salīm dopo l'evacuazione di Essey e degli altri restarono lì ancora sei mesi, per la maggior parte del tempo senza acqua corrente ed elettricità. Era passato più di un anno da quando le distribuzioni ufficiali di cibo erano state interrotte.[15] Almeno altri tre detenuti morirono per le pessime condizioni di salute, due dei quali avevano soltanto venti e diciassette anni. I casi di tubercolosi aumentarono di quasi quaranta volte.[16] Le guardie libiche puntavano le pistole contro alcuni detenuti pretendendo che andassero «a lavorare», ma i rifugiati sospettavano che sarebbero stati costretti ad aiutare al fronte.[17] Sempre più persone pagavano le guardie perché le facessero uscire e tornavano dai trafficanti sulla costa.

Oggi tutta la notte e ancora adesso [stiamo] sentendo i rumori delle armi pesanti più vicine di prima. Continua ancora adesso e stanno sparando dalla zona qui intorno.[18]

Ciaoooo Sally, ieri e oggi non c'è acqua ed elettricità per tutto il giorno tranne per qualche ora di notte. Quindi è difficile stare tutto il giorno senza acqua perché a quest'ora la temperatura va sopra i 36 gradi Celsius. Nell'hangar si soffoca di più ed è pieno di persone, soprattutto per i malati è molto pericoloso.

1) Siamo rinchiusi nei centri di detenzione da più di due anni, dal 2017, in condizioni disumane, in hangar sovraffollati, con diverse malattie trasmissibili come la TB, che è facile da trasmettere in questa situazione affollata, e abbiamo perso molti fratelli per queste malattie. 2) La Libia non è un paese sicuro per i rifugiati. Ora siamo in trappola e vicini alla zona degli scontri, alla linea del fronte, e nessuno si prende la responsabilità di portarci cibo e le cose di cui abbiamo bisogno. 3) Dobbiamo essere evacuati d'urgenza fuori dalla Libia e in posti sicuri.[19]

Il 29 ottobre 2019, centinaia di detenuti uscirono dal centro di Abū Salīm per l'ultima volta dopo essersi scontrati con i responsabili, che non erano mai riusciti a riportarli tutti a forza negli stanzoni chiusi.[20] Io inviai un'email all'UNHCR allegando la fotografia dei giovani uomini magri con gli zaini in spalla che, spiegai, si stavano dirigendo verso la Struttura di raccolta e partenza. All'arrivo il gruppo chiese protezione, ma i cancelli rimasero chiusi. In un tweet, l'UNHCR dichiarò che la situazione era «tesa».[21] Quella notte dormirono tutti per strada, fuori dalla Struttura. Il giorno dopo, quattro rappresentanti del gruppo furono invitati a incontrare il personale dell'UNHCR che però, stando al racconto dei quattro, consigliò loro di ritornare semplicemente nel centro di detenzione.

Gli diciamo di farci entrare nella GDF e di aiutarci. Altrimenti rimarremo qui.

Alla fine, nella notte di Halloween del 2019, gli ex detenuti di Abū Salīm furono autorizzati a rimanere nel perimetro esterno della Struttura, controllato dalle milizie. Nelle fotografie di quella notte si vede tutto il gruppo accovacciato nel buio. Verso il bordo dell'immagine, un uomo regge una pesante e veneratissima immagine di Gesù capovolta.

Nella Struttura alloggiavano ormai 1200 persone; l'UNHCR sosteneva che superavano del doppio la capienza del luogo, anche se, quando la Struttura era stata aperta, era stato dichiarato che poteva ospitare 1000 individui.[22] Per gli ex detenuti di Abū Salīm, separati da tutti gli altri, cominciò un periodo di fame: ricevevano acqua da una conduttura, qualche biscotto dall'IOM e dall'UNICEF e poco altro.

Ciaoooo Sally. Per favore di' a UNHCR, IOM, MSF *di portare cibo. Da sei giorni non abbiamo cibo.*

Ancora niente cibo. Brutta sensazione, non so spiegarlo.

Altre persone si indeboliscono.

Il 4 novembre 2019, e poi di nuovo l'11 novembre, mandai due email all'UNHCR per chiedere quando sarebbe stato distribuito cibo al gruppo. «Mi domando se questa sia una strategia intenzionale da parte dell'UNHCR? Sembra che stiano morendo di fame»,[23] scrissi, ma nessuno mi rispose.

L'IOM stilò un documento di valutazione. Era scritto in un inglese zoppicante, ma circolò in diverse agenzie umanitarie. La situazione dei 400 ex detenuti di Abū Salīm era definita «penosa» e il documento riferiva che un quarto del gruppo era costituito da minorenni: «Stanno morendo di fame, solo ogni tanto ricevono di nascosto qualcosa da mangiare dai loro amici all'interno della GDF». La nota aggiungeva anche che molti presentavano tosse, raffreddore e infezioni cutanee e non avevano alcun accesso alle strutture sanitarie. «La mancanza di cibo sul posto impedisce ai malati di migliorare e mette in pericolo la salute degli altri, che sono a rischio di malattie e malnutrizione; in inverno il bisogno di calorie del corpo aumenta e quando non ci sono abbastanza fonti di calorie giornaliere il corpo perde peso più velocemente, e la malnutrizione insieme ai raffreddori sarà una combinazione perfetta per la diffusione delle malattie fra i migranti [...]. Non è possibile garantire che l'acqua del posto non sia contaminata, viene trasportata con un camion e conservata in grandi contenitori di plastica; al momento non si registrano casi di diarrea, ma c'è il rischio di contaminazione se terminano le pastiglie di cloro fornite dall'UNICEF».

Naturalmente era prevedibile che i rifugiati, nel loro disperato bisogno di sicurezza, avrebbero rischiato il tutto per tutto pur di raggiungere un centro associato all'UNHCR e pubblicizzato in lungo e in largo, ma a quanto pareva l'amministrazione dell'UNHCR non ci aveva pensato. «La Struttura di raccolta e partenza è stata un errore, perché è ovvio che, se si forniscono servizi molto limitati all'1% della popolazione [di rifugiati], anche tutti gli altri vorranno stare lì per riceverli, e ne hanno il diritto», ha ammesso un ex dipendente dell'UNHCR. «L'ONU non ha mai preparato alcun piano di emergenza», mi ha rivelato un altro operatore che aveva partecipato a molte riunioni indette dall'ONU sulla Libia. «L'ONU in Libia è inefficiente. Prende soldi. Discute. Ma non è interessata. Le interessa solo ottenere altri finanziamenti».

A quel punto venne presentato un nuovo, drastico piano d'azione. Il 26 novembre, tre giorni dopo la valutazione dell'IOM, l'UNHCR fece circolare un documento intitolato *Piano per le nuove modalità di coinvolgimento dell'UNHCR/ONU nella GDF*.[24] Vi si leggeva che circa mille degli individui alloggiati nella Struttura non risultavano idonei all'evacuazione o non potevano essere presi in considerazione fintanto che rimanevano lì. A queste persone erano stati offerti soldi per andarsene, ma si erano rifiutate di accettarli (i rifugiati mi dissero che temevano di essere aggrediti e rapiti o trattenuti ai posti di blocco, dove le autorità avrebbero potuto chiedere loro documenti che non possedevano). Di conseguenza, la distribuzione di cibo sarebbe stata completamente sospesa a partire dal 31 dicembre fino a che gli ultimi rifugiati non avessero lasciato la Struttura. Le operazioni di pulizia sarebbero proseguite, si leggeva ancora, in parte «per prevenire il rischio reputazionale derivante dalla presenza di bagni e docce difettosi/rotti in una GDF abitata». Venivano inoltre ipotizzati cinque possibili scenari futuri: uno prevedeva che le autorità libiche «entra[ssero] nella Struttura e rimuov[essero] con la forza tutti i migranti/richiedenti asilo ancora presenti per trasferirli nei centri di detenzione»; un'altra possibilità era che le autorità libiche trasformassero direttamente la GDF in un centro di detenzione.

Vivere nella città è come giocare a nascondino.

L'email con il relativo documento mi fu inoltrata da un operatore preoccupato. «Stanno affamando le persone dentro [la struttura]. Stanno cercando di affamarle per spingerle ad andarsene», mi scrisse. «Stanno deliberatamente negando loro l'assistenza per metterle sotto pressione».

Quello stesso giorno ricontattai gli addetti dell'UNHCR: li avvisai che stavo preparando un pezzo in cui avrei riferito che l'agenzia stava affamando volontariamente i rifugiati in modo da costringerli ad andarsene, e li invitai a commentare. Ancora una volta, nessuno rispose.[25]

Ci stanno obbligando a uscire. Non conosciamo nulla fuori quindi come possiamo uscire da qui? È una condanna a morte per noi. Non sappiamo cosa fare.

Il mio pezzo venne pubblicato sul «Guardian» il 28 novembre.[26] Poco dopo, l'UNHCR rilasciò una dichiarazione con la quale annunciava che avrebbe incrementato gli aiuti destinati ai rifugiati di un centro diurno di accoglienza a Tripoli, ma che stava anche «rivalutando il ruolo e la funzione della GDF».[27] Poi, dopo settimane di silenzio da parte del suo staff, l'Alto Commissario dell'UNHCR, Filippo Grandi, rispose direttamente al mio pezzo. «Trovo questa accusa offensiva», disse ai giornalisti in una riunione ad Atene.[28] «Noi staremmo affamando rifugiati e migranti? Quando i miei colleghi, giorno dopo giorno, rischiano la vita per raggiungere individui spesso prigionieri di bande criminali?».

La scarsa considerazione mostrata da Grandi per quel che stavano passando i rifugiati contrastava con le sue pubbliche dichiarazioni di apprezzamento nei confronti dell'Unione europea. Il giorno seguente, il 29 novembre, postò su Twitter un «saluto alla Commissione uscente e alla sua leadership, con la mia riconoscenza per essere stata al fianco dei rifugiati nei momenti difficili». Ringraziò il presidente della Commissione europea Jean-Claude Juncker, l'Alta rappresentante dell'Unione per gli Affari esteri e la politica di sicurezza Federica Mogherini, il Commissario per le migrazioni Dimitris Avramopoulos e altri colleghi «per il vostro sostegno e la vostra amicizia».[29]

Come sai, ci hanno buttato fuori da[lla] GDF [...]. Hanno bestemmiato e mi hanno picchiato e mi hanno buttato a terra come un sacco [di] spazzatura perché mi rifiutavo di uscire.

Il 30 novembre fu Avramopoulos a pubblicare su Twitter il suo messaggio di congratulazioni per l'UNHCR.[30] «Incontro ad Atene con il mio buon amico Filippo Grandi, Alto Commissario delle Nazioni Unite per i Rifugiati», scrisse. «Grazie per la cooperazione cordiale e costruttiva degli ultimi quattro anni». La foto che accompagnava il tweet mostrava due uomini con i capelli grigi, l'uno in piedi accanto all'altro in completi formali con tanto di cravatte, rispettivamente azzurra e blu scuro. Avramopoulos, che quasi rideva, teneva un braccio intorno a Grandi, sorridente e con le guance arrossate, davanti a uno scaffale pieno di libri rivestiti in pelle. La somiglianza tra i due era notevole.

Intanto, nella Struttura di raccolta e partenza – l'«alternativa alla detenzione» finanziata dall'Unione europea in Libia – la strategia della fame andava avanti.

Nelle settimane seguenti altre due notizie postate sui social mi rimasero impresse, mentre continuavo a ricevere messaggi da rifugiati che chiedevano disperatamente cibo.

Il 3 dicembre 2019 António Guterres – Segretario generale dell'ONU – annunciò che Federica Mogherini, l'ex Alta rappresentante dell'Unione per gli Affari esteri e la politica di sicurezza che aveva presieduto alla firma dell'accordo con la Guardia costiera libica, sarebbe stata co-presidente di un nuovo Comitato ONU sugli sfollamenti interni.[31] Il Comitato sarebbe stato costituito da otto persone in totale, e il suo compito sarebbe stato quello di «presentare indicazioni concrete su come evitare, rispondere e trovare soluzioni alla crisi globale degli sfollamenti interni»; a Mogherini quindi veniva nuovamente assegnato un ruolo chiave nello sviluppo di politiche che riguardavano individui vulnerabili costretti a lasciare le proprie case.

Tre giorni dopo, venerdì 6 dicembre, l'ufficio stampa dell'ONU a Ginevra assegnò all'UNHCR il premio «migliore squadra per le comunicazioni».[32] Nelle foto dei festeggiamenti si vedono i portavoce dell'UNHCR esultare: un uomo tiene i pollici alzati, un altro si lancia in avanti, tre persone su sette tengono in mano un bicchiere di vino.[33] «Molto orgoglioso di lavorare a fianco di colleghi così fantastici. Riconosciuti come la migliore agenzia dell'ONU nell'ambito delle comunicazioni per il secondo anno di fila. Sono tutti superstar», scrisse Yaxley, lo stesso portavoce che aveva ignorato le mie email sui rifugiati ridotti alla fame.[34]

Venne costruito un muro. Separava i 400 rifugiati di Abū Salīm dal resto del complesso; ora gli ospiti della Struttura non potevano nemmeno lanciare loro gli avanzi di cibo. Quattro degli ex detenuti, che avevano tentato di uscire dai cancelli della Struttura per comprare del pane, vennero portati via dalle guardie libiche.[35] Come poi mi raccontarono i loro amici, agli altri venne detto che i quattro sarebbero stati rilasciati soltanto se tutti avessero accettato di andarsene.[36] Invece, gli ex detenuti trascorsero il Capodanno del 2020 a protestare, ammassati insieme contro il nuovo muro di mattoni. «Niente cibo, niente vita» recitava uno dei poster che avevano preparato. «La nostra vita è a rischio. Dobbiamo evacuare in un posto sicuro». «La fame è il nostro regalo per l'anno nuovo, ma perché succede questo?». I malati di tubercolosi smisero di prendere le medicine, perché non riuscivano a trattenerle nello stomaco vuoto.[37]

Quattro persone prese dalla polizia [...]. Non sappiamo dove sono ora [...]. Il loro telefono non funziona. Lo diciamo alle guardie ma a loro non importa e hanno detto «non siamo responsabili di voi finché non ve ne andate dal centro».

C'è acqua ma tanta, tanta fame. Niente cibo. Abbiamo finito i biscotti settimane fa.

Alcuni eritrei alla fine accettarono di uscire in città. Due di loro furono uccisi nel giro di due settimane, a quanto pare da libici che stavano cercando di rapinarli.[38]

Sono venuti qui, poi dopo che non gli hanno dato cibo e acqua se ne sono andati dalla GDF, è questa la realtà. L'UNHCR stava portando la gente nelle aree urbane e ha detto che sono posti sicuri e che c'è protezione, quindi dove sono la sicurezza e la loro protezione? La verità è che l'UNHCR sta cercando di coprire la sua colpa [...]. Non vogliono ammettere che queste persone sono andate in città perché il cibo mancava.[39]

I ragazzi e gli uomini di Abū Salīm tornarono a protestare, questa volta con le candele. «Abbiamo perso i nostri fratelli, chi è responsabile di queste morti?» recitava un cartello bianco, brandito da alcuni rifugiati con le teste abbassate.

Vincent Cochetel, l'inviato speciale dell'UNHCR per il Mediterraneo centrale, venne poi interrogato sulle morti e sugli ex detenuti di Abū Salīm rimasti senza cibo. Lui asserì che la maggior parte di loro voleva tornare nei paesi d'origine.

«Se un rifugiato viene colpito dai proiettili non è soltanto perché se n'è andato da quello che definite centro dell'UNHCR, cosa che peraltro non è più», dichiarò di fronte a una folla di attivisti riuniti a Berlino. «Noi siamo un'agenzia che si occupa di protezione, e vi sto dicendo che non possiamo proteggere le persone in Libia. Non possiamo. Non possiamo proteggere le persone in Libia».[40]

Diversi operatori mi dissero che erano angosciati da quello che stava succedendo, ma che non riuscivano a immaginare come l'UNHCR potesse cambiare posizione al riguardo. Si aspettavano che da un momento all'altro le guardie libiche sarebbero entrate nella Struttura e avrebbero costretto quelli che erano rimasti dentro a uscire.

Non importa se ci uccidono. È una soluzione. Non abbiamo paura della morte ma di una vita dolorosa.

Alla fine, in una sorta di resa collettiva e sfinita, i rifugiati accettarono di andarsene. Nei mesi successivi si sarebbero lamentati che era diventato quasi impossibile prendere appuntamento con l'UNHCR e che spesso nessuno rispondeva alle loro telefonate al numero di emergenza.

Gli abbiamo detto che ce ne andiamo perché non abbiamo altre opzioni [...]. La fame e lo stress vanno oltre le nostre capacità quindi tutto il gruppo di Abū Salīm ha deciso di uscire. Sappiamo che stiamo andando a morire, non è una scelta nostra. Il destino non si può cambiare, devi solo accettarlo.[41]

Molti pagarono i trafficanti per riprovare ad attraversare il Mediterraneo. Gli altri, con i pochi soldi che avevano, affittarono stanze in zone degradate stipandosi insieme in piccoli spazi; avevano così paura di uscire che la loro esistenza non era poi molto diversa da quella che avevano condotto nei centri di detenzione. Il denaro che avevano veniva rubato o estorto loro dai miliziani o perfino da padroni di casa armati che di tanto in tanto li sfrattavano. Un quindicenne rimase ucciso sotto i colpi di un tiratore sconosciuto.[42] La tubercolosi continuava a diffondersi, e i rifugiati che non potevano permettersi cure mediche morivano in quelle stesse stanze; se gli amici non avevano modo di portarli in clinica, i padroni di casa buttavano i corpi in strada.

Anche i sopravvissuti al bombardamento di Tajoura rimasti nella GDF – sudanesi, eritrei, yemeniti, nigeriani, siriani e un nigerino, diversi bambini e un neonato di cinque mesi – se ne andarono. Per commemorare i sei mesi trascorsi dal bombardamento avevano dato inizio a una protesta, ma erano rimasti sconvolti quando, quello stesso giorno, tre granate avevano colpito la zona vicino alla Struttura.[43]

La gente stanotte ha paura di dormire dentro all'edificio. Ma fa molto freddo e piove.

È troppo difficile, siamo bombardati dalle granate e dai razzi, sparano qui intorno al cancello della GDF *[...]. Come è possibile, come può accadere questo? [...] È un posto di civili questo, la* GDF *è il centro dei civili quindi la maggior parte della gente qui sono civili. Per questo abbiamo bisogno che questo posto sia sicuro dagli altri.*

Il 30 gennaio 2020, l'UNHCR annunciò di aver sospeso tutte le operazioni all'interno della Struttura «dopo aver appreso che, a pochi metri di distanza dalle unità in cui alloggiano i richiedenti asilo e i rifugiati, si svolgono le esercitazioni della polizia e delle forze militari», come riferì Jean-Paul Cavalieri, il capo missione dell'Agenzia.[44] Il sogno di un'«alternativa alla detenzione» in Libia era svanito.

«A Tripoli non esiste ancora nessuna alternativa praticabile alla detenzione», avrebbe poi commentato un osservatore che aveva partecipato agli incontri a Tunisi mesi dopo la chiusura della GDF. «Semplicemente non esiste una risposta da parte della città. È incredibile».

Non ho molta speranza adesso, ma dimmi che cos'hai tu, sorella mia.

Molti di quelli che se n'erano andati non ricevettero mai il denaro promesso dall'UNHCR; i portavoce dissero che l'agenzia stava avendo problemi di «liquidità» che le impedivano di mantenere nei tempi le promesse fatte. Mentre tentavano con fatica di restare al sicuro e di cavarsela in qualche modo, i rifugiati rimanevano in attesa di essere convocati per i colloqui o di sapere chi erano i candidati all'evacuazione. I loro telefoni venivano rubati regolarmente, il che li privava dell'unico mezzo tramite il quale l'UNHCR avrebbe potuto contattarli. Di fronte al centro diurno di accoglienza si riunivano folle di persone, ma alla maggior parte di loro non veniva permesso di entrare. L'ansia non li abbandonava mai.

«Sono andato lì per un colloquio», mi raccontò un rifugiato, che poi attese nove mesi per una telefonata di aggiornamento:

*Mi hanno fatto [domande] per due ore e io ho risposto a tutte le domande con onestà. Alla fine del colloquio hanno detto ti chiamiamo noi per dirti i risultati del colloquio. Da quel momento è diventato come un incubo. A ogni squillo del telefono penso che è l'*UNHCR *che mi chiama. Quando dormo mi sveglio troppo in fretta per non perdere la telefonata e la mia possibilità di cambiare la mia vita triste. Quindi sono distrutto fisicamente e mentalmente pensando a quando mi chiameranno, che risultato ci sarà e come posso rimanere forte fino a quel momento.*

Lo stato di incertezza perdurava, con sofferenze continue intervallate da sporadici eventi ritenuti degni dell'attenzione internazionale. Venne nominato un nuovo governo libico appoggiato dall'ONU, ma non vi fu alcun miglioramento. Nell'ottobre 2021, coloro che erano stati costretti a uscire dalla Struttura di raccolta e partenza – insieme ai detenuti «rilasciati» da centri come Khoms Souq al-Khamis – furono fra gli oltre cinquemila rifugiati e migranti catturati a Tripoli nel corso di una violenta operazione di rastrellamento avviata dalle autorità libiche; queste ultime sostennero che si era trattato di un'operazione di sicurezza per dare un giro di vite allo spaccio di droghe e alla prostituzione in vista delle elezioni imminenti. Alcuni rimasero uccisi, mentre circa 600 donne, 30 delle quali incinte, e grossomodo 250 bambini, neonati compresi, furono minacciati, legati e imprigionati o sottoposti ad abusi sessuali. In tutti i centri della città, il numero dei detenuti triplicò.[45] Il fatto che molti fossero in possesso di documenti emessi dall'UNHCR, che li riconoscevano come richiedenti asilo, non fece la minima differenza.[46]

Più del 90% di tutti i migranti sono arrestati. Adesso sembra di giocare a nascondino con la polizia o altre forze.

A quel punto, centinaia di uomini, donne e bambini che erano riusciti a sfuggire ai primi arresti si riunirono al centro di accoglienza dell'UNHCR. Due giorni dopo l'inizio dei rastrellamenti, l'UNHCR annunciò che pure lì avrebbe sospeso ogni attività per motivi di «sicurezza». Alla fine dell'anno, anche quel centro era stato chiuso.[47]

Gli abbiamo chiesto dove dovremmo portare [i prodotti per l'igiene personale], non abbiamo case. Ci hanno detto, «Prendeteli e state fuori». La vita ci fa del male. In questo mondo non c'è pietà. È diventata la sopravvivenza del più adatto.

La settimana seguente, quando migliaia di persone vennero rilasciate o scapparono dal centro di Al Mabani, uno dei più recenti, almeno sei di loro – ma forse anche decine – furono colpite a morte dalle guardie; il personale dell'IOM disse di aver visto i corpi che giacevano in pozze di sangue.[48]

Non abbiamo un posto dove andare. Non sappiamo cosa fare e dove scappare. Cosa vogliono che facciamo? Ci catturano in mare, ci catturano nelle nostre case. Cosa gli serve che siamo? Qual è la nostra colpa in questa vita?

21.
Il Mar Mediterraneo: Fortezza Europa

«Chi salva una vita, salva il mondo intero».

Versione di una frase presente nel Talmud,[1]
il libro sacro dell'ebraismo, e nel Corano,[2]
il testo sacro dell'Islam

«Il mare ha inghiottito molti grandi uomini e ragazzi».

La madre di un ragazzino eritreo che è morto
tentando di raggiungere l'Europa

Nel dicembre 2019, poco prima di Natale, atterrai a Palermo. Vidi la nave di soccorso *Alan Kurdi* per la prima volta il pomeriggio seguente al mio arrivo, dal sedile passeggeri di un'auto presa a noleggio e guidata da Matthias Wiedenlübbert. Matthias aveva cinquantadue anni ed era un autista di pullman e paramedico che portava il kilt e lavorava come volontario con i rifugiati in Grecia e in Serbia dal 2015. Era la sua seconda missione su una nave di soccorso, ed era felice di essere lì. «Per me i confini sono una forma di razzismo istituzionale. Non mi piacciono i confini, penso che tutti debbano avere la possibilità di essere liberi», mi disse. «Noi bianchi, con un passaporto europeo, possiamo fare quello che vogliamo e loro non possono fare quello che vogliono, e trovo che nelle ultime centinaia di anni il nostro sistema industriale...». Gli si spense la voce. «C'è un motivo se la situazione ora è questa».

Ci eravamo incontrati all'ingresso del porto, un edificio dall'aria malmessa nonché la soglia un po' deludente dell'eccitante nuovo mondo che ci attendeva dall'altra parte. Avevo mostrato il mio passaporto a un funzionario con una barba nera e appuntita, che aveva grugnito quando non ero riuscita a capire il suo italiano.

Il porto di Palermo era lungo e tortuoso, e terminava in una serie di banchine di cemento che si gettavano in mare. Oltrepassammo uffici, laboratori, gru, navi container e mucchi di metallo arrugginito; poi svoltammo dietro a un ultimo angolo e l'*Alan Kurdi* spuntò di fronte a noi. La riconobbi dalla forma e dalla pittura bianca e nera che ormai conoscevo bene grazie ai notiziari televisivi, ma era più piccola di quanto mi aspettassi. Da una finestra su un lato della nave splendeva un alberello di Natale con le lucine verdi e rosse, a ricordarci che per altri era già vacanza. Quella nave sarebbe stata la nostra casa per un mese.

L'*Alan Kurdi* era gestita da un'organizzazione non governativa tedesca, la Sea-Eye. La nave portava il nome di un bimbo siriano di tre anni annegato nel 2015 mentre cercava di raggiungere la salvezza. L'immagine del suo corpo senza vita – riverso a faccia in giù sul bagnasciuga di una spiaggia turca, con le braccia lungo i fianchi – era finita sulle prime pagine di tutti i giornali internazionali, sollevando un'ondata di compassione e di rabbia.[3]

La nave avrebbe dovuto prendere il mare all'inizio dell'anno nuovo (il 2020) con l'obiettivo di monitorare la costa libica e salvare vite. Tra il 2014 e il 2019, più di 19 000 uomini, donne e bambini erano annegati nel Mediterraneo.[4] Mi ricordai per l'ennesima volta che il tratto del Mediterraneo centrale tra la Libia e Malta o l'Italia era la rotta di migrazione più pericolosa al mondo.[5]

L'*Alan Kurdi* pesava soltanto 300 tonnellate; era molto più piccola di altre navi di soccorso, come per esempio la *Ocean Viking*, su cui operavano Medici Senza Frontiere e sos Méditerranée, che invece ne pesava 2000. Era lunga 38,6 metri, larga 7,2 e viaggiava a una velocità di 7,6 nodi: meno di quattordici km all'ora. L'equipaggio era composto da una decina di volontari, che si erano pagati il volo fino in Sicilia, e da un gruppo di professionisti che li avrebbero affiancati. Il risultato era un variegato assortimento di individui provenienti dai paesi più disparati, dalla Norvegia alla Spagna al Ghana. Alcuni confessarono di non aver mai incontrato un rifugiato prima.

Io ero finita lì un po' per caso. Avevo trascorso più di un anno a indagare su quello che stava accadendo in Libia, dopo aver lavorato a vari servizi sul tema delle migrazioni in Europa, in Africa e nel Medio Oriente. A volte la questione del Mediterraneo mi pareva quasi una distrazione, come fosse il sintomo di molte altre crisi meno comprese, ma era la parte che faceva più scalpore. Volevo credere che tutta questa attenzione fosse dovuta al grande numero dei morti in mare, ma sospettavo che contribuisse anche il fatto che gli europei bianchi vi potevano fare la parte degli eroi.

Sapevo che le imbarcazioni su cui viaggiavano i rifugiati continuavano a sparire, e che le stime pubbliche delle vittime probabilmente erano assai inferiori ai numeri reali. Le grandi organizzazioni umanitarie avevano in buona parte sospeso le operazioni di soccorso a causa delle forti pressioni da parte delle autorità, ed erano soprattutto le organizzazioni minori – con vari livelli di esperienza e professionalità – che continuavano a monitorare il mare. Senza dubbio le loro intenzioni erano nobili, e le iniziative di soccorso erano assolutamente necessarie, ma mi chiedevo se il loro ruolo non fosse più complesso di quanto appariva.

Le navi delle organizzazioni umanitarie operavano in un ambiente sempre più ostile. I politici contrari all'immigrazione le avevano tacciate di offrire un «servizio taxi» ai trafficanti e di fungere da «fattore di richiamo» che incentivava i migranti a intraprendere viaggi pericolosi. Quando intervistai il comandante della Guardia costiera libica, Reda Essa, questi accusò le organizzazioni umanitarie di incoraggiare i rifugiati a tentare la via del mare. Oltre a denunciare alcuni equipaggi, i magistrati italiani inviavano agenti sotto copertura sulle navi affinché spiassero le varie operazioni, intercettavano le telefonate dei giornalisti che si occupavano delle migrazioni per ottenere informazioni e addirittura seguivano i movimenti degli stessi giornalisti mediante localizzatori satellitari.[6] Qualche nave era stata sequestrata e i soccorritori che avevano lavorato con Save the Children e Medici Senza Frontiere e sulla nave *Iuventa* – acquistata da volontari grazie a una campagna di raccolta fondi – rischiavano fino a vent'anni di prigione per favoreggiamento del traffico di esseri umani.[7]

Era venuto il momento di esaminare anche quella parte della storia.

Cominciai a contattare le organizzazioni di soccorso nel settembre 2019. Il principale portavoce di Sea-Eye, Gorden Isler, fu il primo a rispondermi e disse che potevo partecipare a una missione.

Cara Sally,
so benissimo chi è lei. La seguo su Twitter da un po' ormai [...].
Può salire a bordo senza riserve da parte mia. Sarebbe disponibile?
:)
Un saluto,
Gorden

In seguito le cose si complicarono. Gorden disse che l'organizzazione era «in difficoltà finanziarie», ma mi confermò che avrei potuto partecipare a una missione in dicembre, se non fosse capitato «nulla di imprevisto». Poi smise di rispondere. Eccezion fatta per una strana email inviata il 2 novembre, non ricevetti altri aggiornamenti. Alla fine di novembre scrissi un messaggio privato al profilo Twitter di Sea-Eye chiedendo che cosa dovessi fare. Fu così che mi dissero di andare in Italia.

Al mio arrivo scoprii che non ero l'unica a essere rimasta disorientata da quei primi approcci. Fin da subito, la missione sull'*Alan Kurdi* si rivelò caotica. I volontari ci raggiunsero con una settimana di ritardo, ma – anche quando tutti erano ormai arrivati – non era stato assunto nessun secondo ufficiale, e la nave non poteva partire senza. Era difficile trovare qualcuno sotto Natale. Inoltre mancavano pezzi di motore. Nel frattempo l'equipaggio, i volontari e io vivevamo sulla *Alan Kurdi* attraccata, abituandoci agli spazi ristretti e al dolce rollio della nave.[8] I volontari si concentrarono sull'addestramento, prepararono un calendario per ripartire i vari compiti e impararono a conoscersi. Facevano esercitazioni di primo soccorso, simulavano le operazioni di salvataggio e le procedure da seguire nel caso in cui fosse stato portato a bordo qualcuno privo di conoscenza. Familiarizzai con parole come cambusa (cucina), mensa (dove si mangiava e si socializzava), poppa (la parte posteriore della nave) e tribordo (il lato destro quando si guarda avanti).

Il sito internet di Sea-Eye diceva che l'organizzazione aveva contribuito a salvare più di 14 000 persone in soli tre anni.[9] Ogni missione, della durata di un mese, costava circa 60 000 euro. Molti di quei soldi arrivavano dalle chiese protestanti tedesche, ma non mancavano le donazioni online. Un volontario era stato incaricato di creare in continuazione contenuti – video e fotografie dei preparativi in vista della partenza, del panorama, una volta che la nave fosse salpata, e delle operazioni di soccorso – da postare sui social media per richiedere donazioni. Io sapevo, avendone parlato con alcuni dei miei contatti in Libia prima di unirmi alla missione, che talvolta anche loro li guardavano.

Da subito sembrò esserci una certa confusione riguardo al mio ruolo a bordo, tanto che il capo della missione, René Stein, cercò di farmi indossare abiti con il logo dell'organizzazione e di fotografarmi in posa. Io gli dissi che ero una giornalista, quindi non potevo raccogliere fondi per conto loro e non avrei contribuito attivamente alle operazioni di soccorso, a meno che non fosse stata una questione di vita o di morte. Ero lì per documentare, non per partecipare.

Giovedì 19 dicembre 2019, mentre eravamo ancora nel porto, papa Francesco invocò pubblicamente la chiusura dei centri di detenzione libici. Mostrando una croce realizzata con un giubbotto salvagente regalatagli da una nave che operava nel Mediterraneo, il papa lodò il lavoro delle organizzazioni di soccorso. «Come possiamo non ascoltare il grido disperato di tanti fratelli e sorelle che preferiscono affrontare un mare in tempesta piuttosto che morire lentamente nei campi di detenzione libici, luoghi di tortura e schiavitù ignobile?», chiese il pontefice.[10] «Bisogna impegnarsi seriamente a svuotare i campi di detenzione in Libia, valutando e attuando tutte le soluzioni possibili» (otto mesi dopo, il pontefice avrebbe paragonato i centri di detenzione ai campi di concentramento, chiamandoli «lager»:[11] «Nessuno può immaginare l'inferno che si vive lì», avrebbe detto. «Questa gente veniva solo con la speranza»).

Chiesi a Essey come secondo lui mi sarei dovuta comportare se avessimo trovato gente in mare. «Come prima cosa fagli le congratulazioni», mi rispose. «E noi eritrei, una volta che siamo usciti dalla Libia, cominciamo a pensare al futuro, non al passato».

Un albero di Natale illuminato a una finestra dell'*Alan Kurdi*.

Purtroppo siamo annegati per quasi dieci ore. Io nuotavo, ho visto la morte centinaia di volte finché i pescatori non ci hanno salvato.

Ignaro del fatto che il viaggio dell'*Alan Kurdi* sarebbe iniziato con una falsa partenza, il sindaco di Palermo venne a salutarci. Leoluca Orlando era un uomo di settantadue anni dai marcati lineamenti italiani. Era celebre per la sua lotta alla mafia, ma la sua ultima battaglia era contro le politiche migratorie europee.[12] «Si ricorda che al primo processo di Norimberga gli imputati del genocidio erano italiani e tedeschi?», mi chiese, mentre eravamo in piedi a fianco della nave ammainata. «In questo momento sta avvenendo un altro genocidio in Libia e nel Mar Mediterraneo [...]. Non potremo dire ai nostri nipoti che non ne sapevamo nulla».

Mi disse che in futuro si aspettava un processo di massa simile a quello svoltosi a Norimberga dopo la seconda guerra mondiale. «Lasciare che queste persone rimangano nei campi di concentramento significa finanziare la criminalità [...]. Penso che quel che sta accadendo in Libia sia una vergogna per il governo italiano, una vergogna per l'Unione europea, una vergogna per tutti gli stati europei. Stanno pagando i criminali, danno loro diritto sulla vita, sulla morte di migliaia e migliaia di persone».

Gli chiesi se era preoccupato per il numero di rifugiati e migranti che sarebbero arrivati in Italia se tutti fossero stati autorizzati a entrare in Europa. «Un milione, due milioni, tre milioni, quattro milioni?», replicò lui. «Crede che l'Europa non sia grande abbastanza per accogliere tutti? Io dico che abbiamo bisogno di loro, stiamo morendo, l'Europa sta morendo [...]. Dobbiamo mostrare che l'Unione europea non è soltanto un'unione di banche, ma anche un'unione di diritti umani. Io sono completamente contrario all'Unione europea se l'Unione europea non rispetta i diritti umani».

Salimmo a bordo, e lui rimase a salutarci mentre la nave si allontanava.

Era ora di bloccare tutto. Le ante di armadi e armadietti vennero chiuse con giri di spago. Le stoviglie tenute ferme da tovagliette da tavolo adesive. I vari beni personali finirono nelle scatole. Tutti gli oggetti pesanti nelle cabine furono poggiati a terra. Dal punto più alto della nave mi misi a osservare il porto che si allontanava. Era tutto bellissimo: la luce, il cielo, le onde. Quella sera, a quanto pareva, ci fu un guasto all'impianto elettrico; l'equipaggio venne svegliato dagli allarmi attivati dal fumo. Eravamo lontani dalla zona di ricerca e soccorso. Tornammo in porto.

Mentre tornavamo verso l'Italia, il 21 dicembre, ricevetti un messaggio. Il mio numero di cellulare era da tempo reperibile online.

Sono un fotografo e vivo in Francia da rifugiato [...] sei ancora sulla nave ALAN KURDI*? Perché c'è una barca che oggi è partita dalla città libica di Zuara con trenta persone a bordo, fra [loro ci sono] donne, bambini e giovani [...] voglio chiederti se la nave sarà vicina alla costa libica o no [...] per aiutare quelle persone. Ho parlato con una di loro. Grazie.*

Risposi che io non potevo aiutarli, e gli inviai il numero di Alarm Phone – una linea di emergenza – dicendo che chiunque si trovasse in mare poteva telefonare in caso di necessità. Sapevo già che dal punto di vista legale era una procedura accettabile.

La barca è tornata a terra dopo che non hanno trovato aiuto [...]. Penso che presto riproveranno. Grazie ancora.

Ripartimmo al primo mattino del giorno di Natale. Qualche ora dopo, il mal di mare cominciò a farsi sentire. Lo stomaco mi si torceva, e sentivo la testa leggera. Dormii venti ore delle ventiquattro successive. Quando non dormivo rimanevo sdraiata nella mia cabina ad ascoltare.

Pensavo alle parole che avrei potuto usare per descrivere il suono del mare. Migliaia di altre persone, con una conoscenza assai più approfondita in materia, ne hanno scritto meglio di quanto possa fare io. Mi chiedevo anche se fosse possibile descrivere appieno i continui dondolii di cui era in balia un corpo umano sdraiato sulla cuccetta di una cabina affollata, circondato da pannelli di legno, mentre tentava di non cascare giù durante una brutta tempesta. Avrei potuto descrivere le ondate di nausea, il calpestio dei volontari che cercavano di portare a termine compiti minori come prendere da bere o andare in bagno. I suoni dell'interno di una nave: gorgoglii, ruggiti, balzi, colpi, ronzii e docili brontolii. I contenuti di un armadietto che si spostavano. La mobilia che cigolava. Ogni cosa è sigillata con nastro adesivo, fissato o legato, ma nulla può reggere del tutto agli effetti del mare.

Là fuori, lontano da noi, c'erano persone che prendevano il mare senza poter contare sulla protezione di una nave, per quanto vecchia di settant'anni. Magari non proprio quel giorno, ma negli ultimi sei anni l'avevano fatto quasi quotidianamente. Stipate, infreddolite, con i volti esposti al vento, avrebbero pregato di riuscire a sopravvivere alla notte. Magari sarebbe stato buio quando si fossero avvicinate, e noi non avevamo nessuna tecnologia di sorveglianza avanzata, soltanto binocoli. Avremmo potuto non vederle.

Quando mi svegliai, il mattino dopo, mi sentivo meglio.

Il capitano Uwe Doll, da piccolo, giocava con le navi giocattolo. Eravamo seduti sul ponte di comando, dove c'è il timone, quando me lo raccontò. Doll era un cinquantunenne di Saarbrücken, in Germania, e quando l'avevo raggiunto lì l'avevo trovato seduto a guardare l'acqua che scorreva, con *Dirty Old Town* dei Pogues sparata a tutto volume come sottofondo. Il sole splendeva e le onde scintillavano.

«Amo le navi da quando ero bambino», mi raccontò. «Il mio primo gioco preferito era una nave della Playmobil. Non ho mai smesso di giocare con le navi. *L'isola del tesoro* e *Robinson Crusoe*, i libri di quel genere erano i miei preferiti».

La nave *Alan Kurdi*.

Per nove anni Doll aveva lavorato su navi container, rimorchiatori, tender di appoggio e traghetti. Conosceva bene il Mar Mediterraneo, e mi elencò una lunga serie di momenti della sua vita che lo avevano spinto a diventare capitano di una nave di soccorso. Uno era stato quando aveva visto il film tedesco *Styx*, tanto che all'inizio di quella missione aveva esortato anche l'equipaggio a guardarlo.[13] Il film racconta la storia di una donna che, durante una traversata in solitaria al largo dell'Africa occidentale, si imbatte in un'imbarcazione piena di migranti morti o in fin di vita e si dimostra all'altezza della situazione.

«È qualcosa che è dentro di me, devo seguire questa vocazione», mi disse il capitano. Non era sposato e non aveva figli. Era soltanto la sua seconda missione. Durante la prima aveva soccorso 84 persone. «Questo tipo di lavoro mi rende felice. La volta scorsa ho provato emozioni che non avevo mai provato finora. Possiamo aiutare queste persone. Non ho mai provato questo sentimento prima».

Doll non era mai stato in Libia, ma le descrizioni che gliene venivano fatte erano sempre le stesse. «[Nel corso dell']ultima missione, uno [di quelli che avevamo soccorso] ha detto che non è un paese, è un inferno», mi riferì il capitano. «Raccontano storie orribili sulla Libia. Tornare lì non è mai un'opzione».

Il capitano Uwe Doll sul ponte dell'*Alan Kurdi*.

Quando ancora lavorava sulle navi mercantili, se si imbattevano in un gruppo di rifugiati ci si aspettava che Doll non facesse nulla, anche se ciò significava infrangere le leggi internazionali. «Le compagnie [ci] mettevano sotto pressione», mi spiegò. «Puoi perdere il posto, e oggigiorno non è così facile trovare lavoro ovunque. Quindi per un capitano effettuare un salvataggio è una scelta molto difficile».

Giovedì 26 dicembre, verso le 16, entrammo finalmente nell'area di ricerca e soccorso al largo della Libia. Sul ponte, mentre stavamo osservando il tramonto – una distesa di viola e arancio dall'altra parte delle onde punteggiate di nero – due volontari mi chiesero se pensavo che qualcuno stesse partendo dalla Libia proprio in quel momento. Era chiaro che stavano immaginando di trovarsi già vicino ai rifugiati, e che temevano di non riuscire a vederli tutti attraverso il binocolo con cui scrutavano l'orizzonte.

Prima di salire sull'*Alan Kurdi*, avevo discusso insieme ai portavoce di Sea-Eye di quello che avrei e non avrei potuto fare a bordo. Volevo essere la più cauta possibile, vista la facilità con cui le autorità sembravano accusare le organizzazioni umanitarie di collaborare con i trafficanti. Secondo i portavoce, fintanto che non scrivevo ai rifugiati dalla zona di ricerca e soccorso, non avremmo corso alcun rischio dal punto di vista legale. Io temevo anche che i miei pezzi o i miei post online potessero incoraggiare la gente a tentare di imbarcarsi in un viaggio pericoloso che non offriva la minima garanzia, a prescindere da chi stesse monitorando la zona. Quando comunicai a quelli di Sea-Eye che stavo pensando di non pubblicare o postare niente finché non fossi tornata dalla missione, il responsabile delle comunicazioni mi disse che tutti i giornalisti pubblicavano articoli e post su Twitter mentre erano a bordo, che il punto dell'operazione era proprio quello. Se i migranti o i trafficanti volevano rintracciare le navi da soccorso, quelle informazioni erano comunque pubbliche, non avevano bisogno di seguire gli account sui social o i notiziari.

Ero convinta che nei giorni successivi avremmo incontrato individui in fuga dai centri di detenzione, ma ero destinata a rimanere sorpresa. Alla fine, a bordo non sarebbero saliti rifugiati provenienti dal resto dell'Africa, ma cittadini libici.

A decine di chilometri di distanza, i libici avevano caricato due grosse scatole piene di brioche su un'imbarcazione in vetroresina lunga otto metri. C'erano anche datteri, Nescafé e sigarette; sarebbero bastati per quattro giorni. Avevano paura, «ma quello è normale», mi avrebbe poi raccontato uno di loro. Per qualcuno era la prima volta in mare.

Si misero a cercare le navi di soccorso sull'app Marine Traffic, che permette a chiunque di vedere quali imbarcazioni si trovano in mare e dove. Con l'*Alan Kurdi* ebbero fortuna, videro che stavamo arrivando. Era la loro occasione.

Khaled, un ventenne di Tripoli dal viso largo e infantile, aveva controllato Twitter. Dopo aver scrollato le pagine di MSF Sea, di Open Arms e di Sea-Eye trovò la mia bacheca. Vide una foto della cena di Natale organizzata dall'equipaggio dell'*Alan Kurdi* il 24 dicembre, la notte prima della partenza, e un video di delfini che saltavano fuori dall'acqua. Sapeva com'era fatta la nave ed era sicuro che sarebbe riuscito a riconoscere il grosso radar che girava sull'albero. Mentre l'*Alan Kurdi* avanzava verso sud si prepararono. Quando calò il buio, intorno alle 20, salparono.

Ogni persona a bordo aveva pagato 10 000 dinari, circa 2000 dollari al tasso di cambio sul mercato nero, senza sconti per neonati e bambini. Circa 150 000 dinari erano andati per l'imbarcazione, il resto era finito al trafficante. Alcuni dei trentadue passeggeri lì ammassati erano già amici; si erano stancati tutti quanti della Libia e avevano dibattuto a lungo su come salvarsi. Altri si erano incontrati nelle settimane precedenti alla partenza.

Un anno prima, Khaled aveva spedito il suo laptop e la sua fotocamera Sony in Francia, dove vivevano la madre, il fratello e la sorella. Aveva tentato di attraversare il mare dalla Tunisia, ma era stato preso. Quando poi il padre era morto, nel maggio precedente, il suo senso di urgenza era cresciuto: aveva bisogno di ricongiungersi con quel che restava della famiglia. Al momento di imbarcarsi per la seconda volta, Khaled pensò ai loro volti.

Gli uomini sedevano fuori, di sopra, alternandosi al timone. Le donne rimasero dentro insieme ai bambini. Era tutto tranquillo, tranne quando qualcuno ogni tanto vomitava. Nel silenzio della notte percorsero 32 km in cinque o sei ore, accertandosi di essere fuori dalle acque territoriali libiche prima di chiamare Alarm Phone, la linea di emergenza per imbarcazioni in difficoltà gestita da un'organizzazione umanitaria. Tareq non sapeva neppure se la chiamata fosse partita. Aveva le cuffie in testa ed era convinto che sarebbero morti tutti.

La prima volta, la persona che rispose all'altro capo del telefono disse che non poteva garantire alcun aiuto, ma che avrebbe richiamato per controllare la situazione ogni quarto d'ora o mezz'ora. La seconda volta aveva notizie migliori: stava arrivando l'*Alan Kurdi*.

22:37 imbarcazione di soccorso segnalata da AlarmPhone nella zona di ricerca e soccorso della Tunisia
00:24 individuata luce di segnalazione
00:35 individuata seconda luce di segnalazione
00:57 invio del gommone Charlotti

Per quella prima notte nella zona di ricerca e soccorso, l'equipaggio dell'*Alan Kurdi* era andato a dormire presto; era rimasta una sola persona di guardia. Poi partirono lunghi segnali assordanti che svegliarono tutti. Con gli occhi assonnati, l'equipaggio e i volontari si riunirono nella mensa. Ci venne comunicato che era stata avvistata un'imbarcazione di rifugiati. Le stavamo andando incontro.

Salii sul ponte. Si vedevano luci che lampeggiavano in lontananza, prima forti e poi tenui. Un segno di vita. Mentre l'*Alan Kurdi* virava per dirigersi verso il suo obiettivo, a poco meno di 10 km di distanza, il segnale di luce si fece più regolare. Proveniva da quello che sembrava un piccolo motoscafo bianco, con una striscia rossa sul fianco. Poi, di colpo, ci raggiunsero i suoni: grida, richieste di aiuto, le loro voci.

Durante tutto quel tempo i gabbiani, i primi migranti su lunghe distanze, continuarono a volarci intorno. I membri dell'equipaggio dell'*Alan Kurdi* stavano indossando le tute di protezione arancioni e gli elmetti, con i giubbotti di salvataggio legati intorno alla vita e tra le gambe per tenersi a galla nel caso fossero caduti in acqua. Le scialuppe di salvataggio vennero calate in mare con una gru. I volontari incaricati di manovrarle si misero in posizione. Un'operazione di soccorso è allo stesso tempo rapida e lenta. Rapida perché tutti hanno il cuore che batte all'impazzata, ma lenta perché è importante fare le cose con calma. Il panico costa vite umane.

Io rimasi ad aspettare sul ponte finché la prima scialuppa non tornò indietro. Trasportava quattro bambini, una donna e un uomo. I volontari li tirarono su, un bambino dopo l'altro. Una volta a bordo, il padre ne prese in braccio uno e se lo avvicinò al volto, ne respirò a fondo l'odore e scoppiò a piangere. Poi abbracciò un ragazzino un po' più grande, ricominciò a piangere e si mise a vomitare. La scialuppa si allontanò di nuovo.

«Grazie, grazie», disse una donna che salì a bordo incespicando, con un paio di pantaloni aderenti e un velo intorno alla testa. «No problem», rispose uno della squadra di soccorso.

«Mamma, mamma», gridò un bimbo. I presenti si guardarono intorno confusi, finché una madre incinta venne tirata su e lo strinse a sé. La scialuppa fece ritorno ancora una volta, e i nuovi arrivati si salutarono sconvolti, intimoriti e chiaramente sollevati. «*Salam*», si dicevano l'un l'altro sorridendo. Una donna fece il segno della pace allungando un braccio da sotto la coperta che le avevano avvolto intorno alle spalle. Si sedettero tutti vicini, per tenere lontano il freddo della notte. Vennero distribuiti i sacchetti per il vomito.

Gli ultimi a essere trasportati dai gommoni furono gli uomini più giovani. Piegavano la schiena per salire sulla scala e scendere dai piccoli gradini di legno, alcuni tentando un accenno di spavalderia, altri esausti o forse rassegnati di fronte all'enorme cambiamento che li attendeva. Io rimasi seduta a guardarli e a scattare qualche foto. Di fronte a me c'era un ragazzo con una felpa arancione. Mi osservò da vicino. «Sei Sally?», mi chiese. «Ti seguo su Twitter». Più avanti avrei scoperto che era lui Khaled. In effetti era stato suo fratello a scrivermi su WhatsApp la settimana precedente, quando il gruppo aveva tentato per la prima volta di attraversare il mare.

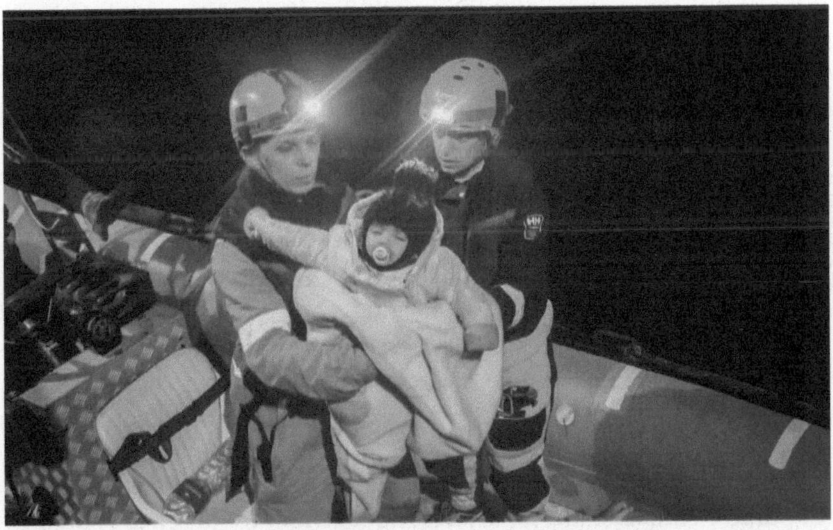

Due membri dell'equipaggio dell'*Alan Kurdi* issano un bambino sulla nave.

I volontari indirizzarono gli uomini verso il ponte superiore, a prua. I nuovi arrivati si sedettero sui giubbotti di salvataggio per tenersi caldi. Uno accese una sigaretta, chiedendomi scusa per il fumo. Io risposi che non mi dava fastidio.

Rimanemmo a guardare mentre il motoscafo in cui erano stati stipati esplodeva in lontananza fra le fiamme: secondo le direttive dell'Unione europea, le squadre di soccorso dovevano distruggere le imbarcazioni che trovavano, in modo che i trafficanti non potessero riutilizzarle. «Amo quella barca, amica», disse Tareq, il più espansivo del gruppo. «Sto solo scherzando», rise, vedendomi sorpresa.

Il forte vento ci spruzzava acqua addosso, e io dissi che mi dispiaceva che loro dovessero rimanere lì fuori mentre le gru e le scialuppe venivano sistemate. «Lasciali fare, ci hanno salvati», mi disse Tareq.

Alle 4:30 di mattina, il capo della missione dell'*Alan Kurdi*, Stein, convocò tutto l'equipaggio. Annunciò che avevano deciso di virare subito a nord, per uscire dalla zona di ricerca e soccorso e dirigersi verso l'Italia. «Abbiamo gente a bordo, ospiti che abbiamo soccorso. Dobbiamo portarli a un approdo sicuro, qualunque esso sia», ci disse. Ipotizzò che, in caso contrario, la Guardia costiera libica avrebbe potuto tentare di riprendersi i migranti. Le ricerche di altre imbarcazioni in difficoltà andavano immediatamente sospese. «Non ci sono grandi probabilità di riuscita», rispose più tardi, quando gli chiesero di spiegare quella decisione.

Era difficile non pensare a tutti i rifugiati che l'*Alan Kurdi* stava forse lasciando indietro: quelli che navigavano senza un localizzatore GPS, senza un telefono satellitare o senza passeggeri un po' scafati che avessero account di Twitter e app in grado di seguire i percorsi delle imbarcazioni e che riuscissero a capire dove farsi soccorrere. Magari là fuori c'erano gommoni blu o grigi impossibile da avvistare di notte.

«Sono stanco, davvero stanco. Non riesco proprio a descrivere questa sensazione», mi disse più tardi uno dei paramedici volontari. «Non capisco perché non potevamo rimanere là fuori ancora un giorno».

Il mattino seguente, tre dei libici soccorsi portarono qualche sedia sul ponte e ci mettemmo a parlare. Indossavano tre identiche tute blu scuro distribuite dall'equipaggio.

Innanzitutto c'era Tareq, l'espansivo ventisettenne di Tripoli. Si allungò contro lo schienale e mi osservò. «Ci sono civili che muoiono per strada, giovani ragazzi che muoiono per strada, ragazzi della mia età con le pistole in mano», mi spiegò, quando gli feci una domanda scontata ma essenziale: perché aveva deciso di andarsene dalla Libia. «Non capisco nulla di politica. Chi ha cosa, chi rifornisce chi? Quando si comincia a rifornire la gente con le pistole sono tutti armati, ed è difficile che le cose si stabilizzano. Io vedo persone che dormono in edifici vuoti senza porte, senza finestre. Ci sono persone che dormono nei giardini, tutte insieme di notte perché non hanno altro posto dove andare». Mi disse che i miliziani reclutavano soprattutto gli adolescenti, dopo averli riempiti di alcolici e droghe. «Giocano con loro, gli danno soldi, li coinvolgono. Io vedo solo gente con le pistole. Alcune vengono uccise in strada. Chi rifornisce chi non lo so. Non puoi parlarci [...] Sono ovunque. Se hai una bella macchina ti rapiscono, e ti portano pure via la macchina. Ammazzare per loro è un gioco».

Aveva una piccola borsa con qualche indumento, una sigaretta elettronica e un libriccino leggero di racconti brevi di Sherlock Holmes. Prima di partire lo stava leggendo, ma le onde lo avevano inzuppato e le pagine si erano incollate.

Mi raccontò che in Libia «devi tenere la testa bassa, fare molta attenzione. Prima di andare da qualche parte devi pensare a dove andrai, pianificare cosa farai. È davvero difficile lavorare lì, un sacco di persone della mia età lavorano nelle milizie quindi è molto difficile trovare un lavoro normale. È difficile studiare. Molte scuole adesso stanno chiudendo perché c'è la guerra». Non sapeva quante possibilità avesse di ottenere asilo in Europa. «So solo che non tornerò mai indietro», disse.

Mentre Tareq parlava, uno dei libici si mise a vomitare e un altro si accovacciò, in preda ai conati. I sacchetti con il vomito venivano regolarmente gettati in mare.

Khaled, che aveva ventiquattro anni, la pensava in maniera simile a Tareq. «La guerra, ogni giorno, è peggio di prima». Aveva cercato di scappare per sei anni, ma la sua richiesta del visto era sempre stata respinta.

Eman, un ventitreenne dal viso sottile e gli occhi grandi, concordò. «Quando c'era Gheddafi [al potere] non vedevamo mai bambini morire. Non c'è umanità. Sono tutti corrotti. È come vivere con i mostri, le milizie. Non c'è amore».

In quella che era soprannominata la cucina degli ospiti (il personale di Sea-Eye chiamava i migranti soccorsi «ospiti» una volta che salivano a bordo), Muftah aveva preso posto come chef. Era un uomo robusto di ventotto anni, figlio di una nota famiglia tripolina. In passato aveva lavorato in un ufficio legale, dal quale aveva potuto assistere in prima linea alla dissoluzione della legge in Libia. «Adesso ci sono le leggi delle milizie. Non c'è speranza in questo paese di merda», mi disse. «Quando ti svegli la mattina senti bombe, bombe. Ho visto con i miei occhi bombe che cadevano dal cielo. Ho visto case esplose per questa guerra. Mio nipote è stato ucciso. Volevano rubargli la macchina, gli hanno sparato un colpo nella schiena». Si girò, per mostrarmi sulla schiena il punto in cui i proiettili avevano lacerato carne, ossa e organi del ragazzo.

«Abbiamo diritto alla salvezza. Sto parlando di sicurezza. Libertà. Non sto parlando di soldi. I soldi li ho», proseguì. «Non si può vivere in Libia come vivi tu». Mi indicò. «Ho bisogno di vivere come gli altri. Sono passati otto anni in Libia, guerra dopo guerra, guerra dopo guerra. Ti chiudi in te stesso. Ho deciso di fare il grande passo verso l'Europa. Ho chiesto un visto. Me l'hanno rifiutato. Ho deciso di attraversare il mare. Non c'era scelta, solo attraversare il mare. Non è facile. Non è una mossa da poco, è una grande mossa».

«Spero di vivere una buona vita», aggiunse ancora Muftah, ormai distratto dalle pentole. «Tutti su questo pianeta hanno il diritto di fare quello che vogliono, basta che non fanno male a nessuno. Questa è la mia vita, quella è la tua vita. Io non ti faccio male, tu non mi fai male».

Molti combattenti in Libia erano ormai morti, mi disse Muftah, quindi le milizie offrivano agli abitanti più poveri 1000 dinari alla settimana per sostituirli. A causa dell'afflusso di nuove reclute, il comportamento dei miliziani stava diventando più imprevedibile. «Per il momento non c'è modo di fermare le milizie, perché hanno un sacco di pistole. Quando hai le pistole fai quello che vuoi. C'è una pistola qui, una pistola qui, una pistola qui, non si può vivere così», Muftah gesticolò con le dita unite in avanti a mo' di pistola. «Magari un giorno la prendo e me la porto alla testa».

Muftah prevedeva che dopo di lui sarebbero arrivati molti altri libici. Avrebbero cercato i trafficanti, come aveva fatto lui, affidandosi a voci e passaparola, e avrebbero attraversato il mare.

All'interno dell'«ospedale» della nave, ossia una stanza angusta dotata di attrezzature mediche, Eisha giaceva su uno stretto lettino. Aveva già tre figli e stava per partorire il quarto; voleva raggiungere la Svizzera. Mi confidò che la sua paura più grande era quella di non riuscire a integrarsi in Europa.

«Sono spaventata e felice», mi spiegò Halima, una ventisettenne dagli occhi incredibilmente scuri seduta lì accanto. «Sono preoccupata per il prossimo passo. Sarà un paese diverso, una lingua diversa, una cultura diversa». A Tripoli, dove «la guerra è di fianco a casa mia», suo figlio piangeva sempre, mi raccontò. «Non puoi immaginare la situazione [in Libia]». Adesso era sollevata. Lo erano tutti.

Le autorità permisero all'*Alan Kurdi* di dirigersi verso Pozzallo, in Sicilia. Fummo invitati ad attraccare alle 8:30 del mattino del 29 dicembre, dopo che tutto era stato preparato per l'arrivo dei libici.

Quando vennero a sapere la notizia, gli uomini cominciarono a cantare *Bella Ciao*, le uniche parole italiane che conoscevano grazie alla serie di Netflix *La casa di carta*. Le donne strinsero a sé i figli. Un volontario di Sea-Eye filmò tutta la scena per pubblicarla sui social.

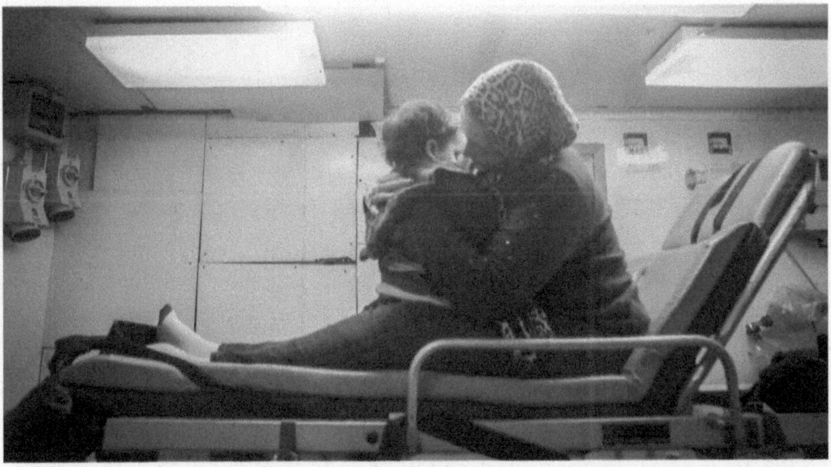

Eisha, una donna incinta proveniente dalla Libia, tiene il suo bimbo fra le braccia a bordo dell'*Alan Kurdi*.

La Sicilia scintillava in lontananza. «Vediamo le luci, vediamo la vita», disse uno dei giovani. I libici offrirono dinari all'equipaggio. Continuavano a tirare fuori banconote dalle tasche e a guardarle, commentando che ormai erano inutili. Un volontario ne mise qualcuna in un tupperware sul quale c'era scritto «birra».

Khaled mi chiese di scattargli una foto sullo sfondo della costa italiana. Riuscivamo ormai a vedere i singoli edifici, le montagne e gli alberi, tutto sbiancato sotto il sole splendente e il cielo limpido. «Scrivici sotto: Finalmente», disse Khaled sorridendo, mentre la brezza ci accarezzava. A furia di salire la scala per raggiungere la prua avevamo le mani macchiate di sale.

Un'imbarcazione della Guardia costiera italiana, con le stelline simbolo dell'Unione europea dipinte su un lato, affiancò l'*Alan Kurdi* mentre entrava nel porto. Gli uomini che la manovravano indossavano giacche scure, occhiali da sole e cappelli. Si avvicinarono accelerando, sbirciando le persone a bordo. «È una questione di potere», disse uno dei libici, un padre di famiglia, voltando la testa dall'altra parte e appoggiandosi a un lato della nave.

La Guardia costiera italiana naviga a fianco dell'*Alan Kurdi* mentre questa arriva in Sicilia.

Al porto di Pozzallo si era riunita parecchia gente. Erano presenti anche la Croce Rossa, l'IOM, la polizia e i militari. Due medici, un uomo e una donna, con maschere e tute protettive bianche salirono a bordo della nave. L'uomo portava una cuffia simile a quelle degli anestesisti ma con disegni di fenicotteri, quasi volesse fare ironia sul suo abbigliamento piuttosto ridicolo. Stava cercando «*mama pregnant*», la «mamma incinta». La donna sarebbe stata portata in ospedale senza il marito, ma poteva andare con lei il figlio più piccolo (senza contare il quarto bimbo nella pancia). Quando il medico si rese conto che i bambini erano tutti maschi, gridò «*papa, papa*», facendo ridere tutti.

Vennero fatte sbarcare prima le famiglie, poi gli uomini soli. Scesero dal ponte uno per uno e salirono alcuni gradini di un autobus delle «Autolinee Cipolla». Nonostante i finestrini scuri, riuscimmo a intravedere le silhouette dei migranti che ci salutavano mentre l'autobus si dirigeva verso i centri di accoglienza. Augurai il meglio a tutto il gruppo. Che strani giorni avevamo condiviso.

Il capitano Doll e Caterina Ciufegni, la dottoressa della nave, si avvicinarono ai giornalisti italiani confinati dietro a un cordone a lato della scena, telecamere alla mano.

«Da cosa scappano?» chiese educatamente il primo giornalista.

«Chi sono?» ringhiò un po' più forte un inviato di La7.

«Famiglie?» chiese un reporter del TG regionale, incoraggiante.

Le mie fotografie dell'operazione di soccorso vennero scelte dall'Associated Press e furono pubblicate sui giornali di tutto il mondo. Ne postai anche un paio su Facebook, fra cui una di Khaled che teneva in mano il suo passaporto libico con il mare sullo sfondo. Quelle foto provocarono un'ondata di compassione e di rabbia. Altri libici mi scrissero all'istante, dicendo che anche loro volevano andarsene. Alcuni erano arrabbiati. «La casa non è una scarpa che si butta via quando fa male», commentò qualcuno.

Una giovane donna di nome Asma mi inviò un messaggio in cui diceva che la casa della sua famiglia a Tripoli si trovava sulla linea del fronte. «Vorrei avere il coraggio di fare come le famiglie che hai trovato in mare», scriveva. «Almeno proverei paura una volta, non ogni singolo giorno. Il mio sogno per questi giorni è solo di avere un futuro. L'atmosfera è piena di tristezza e dell'odore del sangue. Questa mattina, invece del suono degli uccelli, c'è il suono dei bombardamenti».

Dell'intero mese che Sea-Eye aveva previsto per la missione, l'*Alan Kurdi* aveva trascorso soltanto 12 ore nella zona di ricerca e soccorso, e tutte quante nel buio più completo. Trentadue nuove persone erano arrivate in Italia. I finanziamenti dei donatori tedeschi alla missione erano grossomodo pari alla quantità di denaro pagato dai libici al loro trafficante.

Alcuni a bordo non erano contenti. Il 2 gennaio, la notte prima che io ripartissi, un membro dell'equipaggio si lamentò apertamente con Stein, il capo della missione di Sea-Eye. Accusò l'organizzazione di offrire a europei non qualificati un'«esperienza» in cui il soccorso dei rifugiati era un intrattenimento, più che l'obiettivo.

«Sembra tutto organizzato per massimizzare il numero dei partecipanti all'operazione, quando invece bisognerebbe fare in modo di massimizzare il numero di vite che possiamo salvare», aggiunse gettando a terra una lattina di birra per la frustrazione. Altri annuirono o presero un'aria imbarazzata mentre lui continuava: «C'è gente che muore per colpa di queste decisioni».

Poco più di un mese dopo ricevetti un'email da Sea-Eye, con la quale mi veniva comunicato che non sarei più potuta salire a bordo dell'*Alan Kurdi*. Benché non avessi in programma di tornare, rimasi sconcertata. Poco dopo venni a sapere che Sea-Eye mi aveva indicata alle autorità giudiziarie tedesche come complice nel traffico di esseri umani. Non fui mai più contattata dall'organizzazione né mi venne chiesta alcuna dichiarazione in proposito, ma decisi comunque di assumere un'avvocatessa in Germania (la quale, molto gentilmente, accettò un compenso ridotto) per scoprire che cosa stava succedendo. Le indagini si conclusero dopo più di un anno per mancanza di prove; io non seppi mai con certezza quali fossero i dettagli degli accertamenti, né se avrei potuto essere effettivamente arrestata in aeroporto nel caso in cui fossi andata in Europa (per buona parte del tempo ero rimasta in Africa).

Soltanto al termine delle indagini scoprii quali accuse mi erano state rivolte, perché furono consegnate alla mia avvocatessa. Una donna dell'equipaggio di Sea-Eye aveva dichiarato al pubblico ministero che io avevo comunicato ai libici le coordinate e il percorso della nave (nonostante non sapessi nulla di navigazione né conoscessi le coordinate o il percorso). La donna riferì inoltre che le avevo detto di essere in contatto con i rifugiati in Libia (cosa che comunque si poteva chiaramente evincere dai lavori che avevo pubblicato) e che a spingermi a partecipare all'operazione era stato il compenso che avrei ricevuto dai giornali se avessi consegnato un pezzo su un soccorso andato a buon fine (la cifra che avevo guadagnato con gli articoli e le fotografie su quell'operazione era inferiore a quanto avevo speso per andare e tornare dall'Italia). Nella dichiarazione conclusiva, il pubblico ministero tedesco asseriva che il fatto che uno dei libici mi avesse riconosciuta, «come comunicato dalla stessa accusata senza che ce ne fosse bisogno, [rappresentava] una coincidenza improbabile che però al momento non [era] sufficiente a sostenere l'ipotesi del crimine».

Che cosa significava questo? Ancora oggi non mi sono chiare tutte le ragioni della denuncia di Sea-Eye. Forse avevano a che fare con l'inquietudine dell'equipaggio riguardo alla cattiva organizzazione della missione; o con il fatto che i libici avevano cercato l'*Alan Kurdi* online prima di lasciare il paese; oppure con le difficoltà finanziarie di Sea-Eye e con quello che le sarebbe costato se le autorità avessero sequestrato la nave? Era forse un altro segno della paranoia che stava montando fra le organizzazioni umanitarie a causa della crescente criminalizzazione del loro operato? Le autorità italiane sequestrarono l'*Alan Kurdi* per buona parte dell'anno seguente, per motivi del tutto indipendenti.[14] Verso la metà del 2021, quando stava già utilizzando un'altra nave, Sea-Eye vendette l'*Alan Kurdi* per 400 000 euro.[15]

Un mio amico giornalista, con una mezza battuta, disse che forse ero stata presa di mira perché in quanto freelance non avevo le spalle coperte da una grande organizzazione mediatica e avevo l'aria di «non poter[mi] permettere un avvocato».

Il fatto di muovere accuse penali contro una giornalista dimostrava quanto Sea-Eye fosse un'organizzazione «amatoriale», mi rassicurò un altro avvocato. «Lei è il capro espiatorio perfetto. Credo fosse ragionevole per loro presumere che quando i libici erano stati intervistati avessero detto di avere avuto contatti con qualcuno sulla nave. Sea-Eye avrebbe potuto dire che l'affermazione era veritiera ma che lei non faceva parte del personale e che era innocente. Quello che hanno fatto invece è più pericoloso. Stanno dando l'impressione che i migranti possano essere usati per orchestrare i salvataggi».

L'intera disavventura mi parve l'ennesimo, bizzarro tentativo di distrarre dagli orrori di massa che avevano luogo ogni giorno in Libia. In effetti non ero neppure sicura di inserire qui l'intera storia, ma poi ho pensato che se altri l'avessero resa pubblica si sarebbe potuto pensare che l'avevo lasciata fuori intenzionalmente perché avevo qualcosa da nascondere.

Quella fu l'ultima occasione in cui venni coinvolta nelle missioni di ricerca e soccorso nel Mediterraneo, eccezion fatta per una mezza giornata trascorsa sul *Moonbird*, un aereo a quattro posti dell'organizzazione umanitaria tedesca Sea-Watch, all'inizio del 2020. Insieme sorvolammo per ore la distesa blu del Mediterraneo centrale, avvicinandoci a sufficienza a Tripoli da riuscire a intravederne lo skyline fra le nuvole mentre scrutavamo il mare a occhio nudo o con i binocoli in cerca di gommoni in difficoltà. L'equipaggio era costituito da attivisti molto seri; alcuni indossavano perfino pannoloni per poter rimanere più a lungo in volo: non c'erano bagni, e se l'aereo si fosse imbattuto in un naufragio non volevano essere costretti ad andarsene. Quando iniziavano ad avvertire la stanchezza prendevano compresse di caffeina. Ma il mare quel giorno era mosso e non trovammo nulla.

L'area che il piccolo velivolo tentava di coprire era davvero estesa, e Sea-Watch non aveva la possibilità di far volare il *Seabird* tutti i giorni, mi rivelò il pilota. Quando i membri dell'equipaggio riuscivano a individuare le imbarcazioni dei rifugiati, contattavano le autorità e le navi di soccorso nel caso si fosse reso necessario un intervento. Restare in zona per monitorare le intercettazioni e gli eventuali reati della Guardia costiera libica stava diventando una parte sempre più essenziale del loro lavoro: quando nelle vicinanze non erano presenti altre navi pronte a soccorrere i migranti, non c'era molto altro che potessero fare.

22.
Addis Abeba: i trafficanti a processo

> «Salvare vite è un obbligo internazionale. Ma siamo anche tenuti a impedire che trafficanti criminali approfittino delle speranze altrui».[1]
>
> Ylva Johansson, Commissaria europea per gli affari interni, dopo un naufragio dell'aprile 2021 in cui morirono 130 persone

> «Ciao, come stai? Senti, tutti hanno pagato e sono usciti [...]. Io sono rimasto solo a soffrire. Per favore fai del tuo meglio per versare i soldi in una settimana, anche in due giorni se possibile. Mi picchiano ogni giorno, ci puniscono [non dandoci] il cibo e con un sacco di altre cose, non penso di riuscire a sopportare ancora, ci puniscono in un sacco di modi. La situazione in cui mi trovo ora è tra la vita e la morte. Per favore fammi uscire, fai quello che puoi nei prossimi due giorni. Non riesco a reggere più».
>
> Messaggio audio inviato alla sorella da Daniel Tilahun, vittima dei trafficanti, intorno alla metà del 2018

Nell'ottobre 2020 mi trovavo in un'aula di tribunale di Addis Abeba e cercavo di non voltarmi a guardare il grosso uomo dallo sguardo truce che sedeva dietro di me. L'uomo era Kidane Zekarias Habtemariam, il trafficante tristemente noto per la gioia che sembrava provare nel malmenare i detenuti del suo complesso di Bani Walid. Per una volta non era lui ad avere il controllo della situazione. Kidane era stato condotto nell'aula da alcune guardie armate, ammanettato e vestito di un'uniforme arancione da prigioniero con una mascherina coordinata (era periodo di Covid).

Il suo arresto era avvenuto otto mesi prima in maniera del tutto casuale. Una delle vittime di Kidane, il ventiquattrenne Fuad Bedru, lo aveva riconosciuto in una strada del suo quartiere, Bethel, nella zona nord-occidentale della capitale etiope. Fuad non riusciva a credere alla sua fortuna. Dopo un veloce ragionamento, era corso dai poliziotti che stavano pattugliando i dintorni e li aveva informati che la persona che si trovava vicino alle bancarelle di elettronica era uno dei trafficanti di esseri umani più ricercati al mondo. Quando uno dei poliziotti aveva tentato di arrestarlo, Kidane aveva tirato fuori dalla tasca 500 dollari in contanti, dicendogli che poteva usarli per comprarsi «del caffè». Durante la sua testimonianza in tribunale, il poliziotto raccontò che Kidane aveva tentato di scappare, ma che era caduto a terra. Poi aveva detto di essere diabetico e di aver bisogno di comprare qualcosa di dolce; avvicinatosi al banco di un negozio, vi aveva gettato dietro il cellulare (che poi era stato recuperato). Anche Fuad aveva rifiutato ogni offerta di denaro, nonostante il suo debito di oltre 10 000 dollari risalente al periodo in cui era stato detenuto in Libia; nella cifra erano inclusi i 6000 dollari con cui aveva pagato lo stesso Kidane (il quale, ricordava Fuad, gli aveva detto: «Ti darò tutto quello che vuoi»). «Il mio lato morale, il mio lato umano non poteva farlo», mi avrebbe spiegato Fuad mesi dopo, mentre stavamo bevendo un paio di bibite in un bar del centro città. «Lui è un criminale».

Così l'arresto riuscì, e accadde qualcosa che prima era sembrato impossibile. Kidane – che si era sempre comportato da monarca invincibile e che in Libia aveva spadroneggiato sulle migliaia di detenuti in suo potere – venne rinchiuso in prigione mentre le autorità raccoglievano prove e formulavano le accuse.

Fuad Bedru, la vittima che individuò Kidane Zekarias Habtemariam per strada e chiamò la polizia.

Due giorni dopo aver visto Kidane, mi ritrovai faccia a faccia con il suo ex socio Welid, il famigerato trafficante basso e pelato che aveva violentato un impressionante numero di donne. Quella mattina, Welid sedeva fuori dall'aula ammanettato a Shishay Godefay Demoz, un altro eritreo che secondo le sue vittime era arrivato in Libia come rifugiato, ma che ben presto era diventato uno dei «capi» e si era dato alle percosse, alle violenze e alle estorsioni al comando di Welid.

Ero partita per l'Etiopia grazie ai fondi di una borsa di studio per giornalisti quando mi ero resa conto che né i media locali né quelli internazionali stavano pubblicando granché sui processi. A quel punto avevo già parlato con molte delle vittime di Welid e di Kidane. Continuavo a cercare aggiornamenti online, ma non c'era quasi nessuna informazione disponibile che spiegasse come stavano procedendo i casi, così richiesi un visto giornalistico di un mese e andai in Etiopia di persona.

Assistetti a sette udienze in totale, seduta dietro a Kidane, Welid e Shishay, mentre i testimoni parlavano di fronte a una giuria di tre giudici. Diversi giovani uomini descrissero le promesse di un rapido passaggio per l'Europa, il viaggio attraverso il deserto del Sahara e il momento in cui avevano oltrepassato il confine con la Libia, quando avevano capito che tutte quelle promesse non sarebbero state mantenute. Rinchiusi insieme a centinaia di altre persone, erano stati costretti a telefonare ai parenti mentre venivano sottoposti a torture e la cifra richiesta aumentava sempre di più. Alcuni testimoni cercavano perfino di non voltarsi a guardare gli accusati, anche quando il pubblico ministero chiedeva loro di identificarli: i ricordi erano troppo dolorosi. Fuori dall'aula correva un binario sopraelevato sotto il quale passava una strada trafficata. Le tendine di una finestra aperta erano mosse dall'aria che entrava nella stanza, portando con sé il sottofondo dei clacson e dei vari rumori della vita.

Tra tutti e due, Kidane e Welid avevano portato in Libia fino a 30 000 rifugiati e migranti; alcuni di questi erano stati imbarcati in mare, altri erano rimasti a morire in prigione, mi dissero le vittime. Nonostante ciò, non furono ammesse le deposizioni a distanza, dunque la maggior parte dei testimoni, sparsi tra l'Europa e l'Africa, non poté parlare. Le accuse mosse contro Kidane riguardavano soltanto otto vittime,[2] quelle contro Welid cinque.[3] In tutti i casi si trattava di etiopi che erano ormai tornati nel loro paese d'origine.

Pian piano mi abituai alla routine. Spesso le udienze cominciavano con un'ora di ritardo. Le guardie armate facevano entrare i prigionieri e io osservavo i loro volti, sui quali si alternavano l'evidente disagio e la spacconeria. Quei due uomini, che si erano macchiati di tremendi abusi e avevano affamato e violentato migliaia di persone, ora si trovavano dietro le sbarre. Ma sembrava che a livello internazionale non vi fosse alcun interesse per questi processi, a parte una richiesta di estradizione da parte dei Paesi Bassi, che però non aveva alcun fondamento legale, e una domanda informale dello stesso genere da parte dell'Italia, che stando all'ufficio del Procuratore generale etiope finì in un nulla di fatto. I magistrati del pubblico ministero mi rivelarono che l'Italia si era rifiutata di condividere le informazioni che aveva raccolto su Kidane, perché in teoria l'Etiopia può infliggere la pena di morte. Dissero anche che non erano in contatto con altri gruppi che si occupavano di diritti umani, con le ambasciate o con la Corte penale internazionale, la quale in precedenza aveva annunciato di voler indagare sui crimini commessi contro rifugiati e migranti in Libia.

Nel corso delle udienze ad Addis Abeba continuai a pensare a tutta la retorica anti-trafficanti che i politici europei ci avevano propinato negli ultimi anni. Eppure, ora che due dei più importanti trafficanti del Nord Africa erano stati catturati grazie al coraggio di una delle loro vittime, la situazione era questa: un'aula silenziosa e una manciata di testimoni. Oltre al giornalista etiope che traduceva per me, ero l'unica osservatrice indipendente.

Chiesi ai diplomatici, agli operatori dell'ONU e al personale delle organizzazioni umanitarie come mai quei casi non stessero ricevendo l'attenzione che meritavano. Alcuni citarono l'ultimo processo europeo di alto profilo contro i traffici umani. Il contadino Medhanie Tesfamariam Berhe era rimasto rinchiuso per tre anni in Italia dopo essere stato espulso dal Sudan nel 2016 con l'accusa di traffico di esseri umani in Libia. Ma c'era stato un errore: Berhe era stato confuso con Medhanie Yehdego Mered, accusato di aver fatto arrivare clandestinamente 13 000 persone in Europa.[4] Uno dei motivi di quella confusione era che a un certo punto Berhe aveva mandato un messaggio su Facebook alla moglie del trafficante, che non aveva mai incontrato, per dirle che nelle foto la trovava molto attraente.[5] Anche dopo che i giornalisti avevano rivelato la verità, i magistrati italiani si erano incaponiti, ribadendo di aver preso la persona giusta, e Berhe era stato rilasciato soltanto nel 2019.

Fu un episodio vergognoso per i magistrati italiani, i quali, senza dire nulla, invece di puntare ai grossi trafficanti cominciarono a prendere di mira i singoli migranti e rifugiati. Gli investigatori vagliavano attentamente le fotografie e interrogavano i sopravvissuti dei viaggi in mare in cerca degli scafisti – che guidavano le imbarcazioni fino in Italia – benché in genere si trattasse di persone innocenti coinvolte nell'operazione all'ultimo momento.[6] I nuovi arrivati in Europa riferivano che la Guardia costiera italiana prometteva permessi di residenza in cambio di informazioni incriminanti sui compagni di viaggio.[7] Così i veri capi, i responsabili delle operazioni in tutto il Nord Africa e nel Medio Oriente, che non avrebbero mai rischiato la vita su quei gommoni, potevano proseguire indisturbati.

«È un caso molto grosso», commentò un pomeriggio Temesgen Lapiso, direttore generale del Dipartimento per il crimine organizzato e transnazionale di Addis Abeba, seduto alla sua scrivania nell'edificio del Procuratore generale. Nonostante ciò, prevedeva che i due trafficanti avrebbero scontato meno di dieci anni di prigione, anche se in seguito a quei processi fossero state presentate nuove accuse. Non ci sarebbe stata nessuna estradizione, neppure una volta scontata la pena, mi disse Lapiso; sembrava quasi una questione di orgoglio nazionale. «Abbiamo le prove, possiamo occuparci dei due imputati e adesso stiamo gestendo la situazione. Non c'è nessuna buona ragione per consegnarli a un altro paese».

Lapiso disse che la sua squadra stava collaborando con l'Interpol per tentare di recuperare il denaro occultato dai due trafficanti in modo da poterlo restituire alle vittime, ma pensava che difficilmente l'avrebbero trovato. I vari riscatti erano depositati in molti paesi, dagli Emirati Arabi e Israele al Regno Unito, l'Etiopia e il Sudan. I fondi venivano poi trasferiti in altri stati quali il Canada e la Svezia attraverso una rete di parenti e soci dei trafficanti. Anche se fosse stato ordinato un risarcimento, la maggior parte delle vittime non avrebbe mai ricevuto nulla.

C'erano diverse irregolarità nella maniera in cui erano stati istruiti i casi. Secondo le vittime, Welid – il cui vero nome era Tewelde Goitom – era sotto processo con un altro nome: Amanuel Yirga Damte. Quando chiesi spiegazioni, i magistrati mi risposero che quello era il nome che lui aveva dato alla polizia al momento dell'arresto. Era stato scritto inoltre che Kidane aveva cinquantun anni, ma le vittime –

compresa una persona che era andata a scuola con lui in Eritrea – dicevano che aveva come minimo dieci anni di meno. «È tutto corrotto», dichiarò l'ex compagno di scuola, che alla fine era riuscito ad arrivare in Europa. «Stanno rischiando grosso».

Entrambi i trafficanti avevano assunto degli avvocati privati, mentre i testimoni avevano soltanto i magistrati del pubblico ministero, che spesso spiegavano loro le procedure appena prima della deposizione. Feci leggere i documenti con le accuse ad alcuni praticanti legali indipendenti del posto, i quali li trovarono poco chiari e redatti in maniera grossolana. Fuad, il giovane la cui prontezza aveva portato all'arresto di Kidane, non venne chiamato a testimoniare, e il suo caso non compariva nell'elenco delle accuse.

Nei giorni precedenti alle udienze, i testimoni furono sottoposti a forti pressioni che avevano lo scopo di convincerli a non partecipare. Mi raccontarono di aver ricevuto telefonate da uomini sconosciuti, i quali avevano promesso di ricompensarli se in aula avessero fornito soltanto testimonianze vaghe. Prima di un'udienza, la prima a cui assistetti, le vittime mi dissero anche che fuori dal tribunale alcuni uomini avevano offerto loro del denaro, e che Welid – in attesa dell'arrivo dei giudici – le aveva esortate ad accettarlo (i magistrati poi confermarono che quello era il motivo per cui quel giorno tre dei contatti di Welid erano stati obbligati a uscire dal tribunale). I tentativi di corruzione non risparmiarono nessuno. «In Etiopia c'è un proverbio: "*Genzeb kale bezemay menged ale*". Significa: "Se ci sono soldi, c'è un modo per attraversare il cielo"», mi spiegò una vittima, preoccupata che i trafficanti riuscissero a evitare la sentenza a furia di bustarelle.

Mentre i casi venivano esaminati, avvicinai gli avvocati di Kidane e di Welid chiedendo di poterli intervistare, ma né loro né gli accusati accettarono.

Prima delle udienze evitai i testimoni, temendo di essere accusata di interferenze, ma subito dopo tornammo a comunicare. Fuori dall'edificio si tiravano su le gambe dei pantaloni e le magliette per mostrarmi le loro cicatrici e farmi capire che cosa avevano passato. «Rivederlo in questa situazione mi ha reso felice, anche se non sono mai riuscito ad arrivare in Europa», mi disse Salih, un uomo di trentadue anni con tre figli, che sulla testa aveva ancora le cicatrici delle botte ricevute nel magazzino di Welid. «Infestava i miei sogni». Salih avrebbe preferito che il processo si fosse svolto al di fuori del paese. «[Welid] ha soldi. Se riesce a uscire di prigione anche dopo dieci o dodici anni non avrà alcuna pietà per noi. Non ci lascerà vivere».

Come gli altri, anche Salih era povero e pieno di debiti. Serviva una grande forza di volontà per rifiutare quelle offerte di denaro, ma tutti volevano che giustizia fosse fatta. Salih progettava di ripartire, una volta che i processi si fossero conclusi; avrebbe scelto una rotta clandestina che portava in Arabia Saudita, dove sperava di guadagnare abbastanza da riuscire a mantenere la sua giovane famiglia.

Tutti i testimoni erano rientrati in Etiopia grazie al programma di ritorno volontario dell'IOM (per quanto, come altri beneficiari, anche loro sostenevano che «volontario» non fosse il termine adatto, dal momento che in Libia non avevano più opzioni). Dal 2017 questa organizzazione dell'ONU – che ogni anno riceveva circa 45 milioni di dollari dall'Unione europea per le sue operazioni in Etiopia[8] – aveva riportato 316 persone nel paese. Si trattava di una cifra relativamente bassa, il che dimostrava quanto fossero pochi gli etiopi disposti a tornare. Chi rientrava riceveva soltanto 60 dollari. I portavoce dell'IOM sostenevano che ad alcuni ex migranti erano stati offerti corsi di formazione o assistenza per avviare qualche attività commerciale, ma nessuna delle persone che intervistai me lo confermò.

I testimoni di fronte al tribunale federale di Addis Abeba, dopo aver deposto contro Welid.

Prima e dopo le udienze tenevo aggiornate le altre vittime sparse per il mondo. Ero i loro occhi e le loro orecchie nel tribunale di Addis Abeba, la loro garanzia del fatto che ogni tanto i cattivi vengono puniti per le loro azioni. «Tutto ha i suoi tempi», disse Aaron, una ex vittima di Kidane. Aveva ormai ventidue anni e viveva una vita a metà in Tunisia: non poteva far valere i suoi diritti di asilo e doveva sopportare la crescente ostilità della gente del posto. Chiamava i trafficanti «selvaggi» e quasi non riusciva a credere a quegli arresti.

«Molte vite sono finite per colpa loro, e molti hanno sofferto in Libia per più di tre anni, quindi la mia idea è che dopo tre anni di punizione devono essere buttati nel Mar Mediterraneo. Questi tipi di esseri umani dovrebbero sparire completamente dalla Terra e non dovrebbero essere seppelliti quando muoiono, se tutti vogliono vivere in pace», mi scrisse.

Uno dei miei ultimi giorni in Etiopia presi un taxi fino a Kirkos, un quartiere povero nella zona centrale di Addis Abeba, per andare a incontrare la famiglia di un adolescente di nome Daniel Tilahun. La madre, Yestihareg Tefera, e il fratello, Temesgen, avevano testimoniato in tribunale e poi assistito a molte delle udienze successive, durante le quali erano rimasti seduti a fissare Kidane in silenzio. Ora, nel piccolo salotto di casa loro, sedevano una di fianco all'altro di fronte a me. C'era una grande fotografia incorniciata di Daniel, grande quasi quanto il televisore sul quale scorrevano muti alcuni video musicali. Nella foto Daniel sorrideva e indossava una maglietta bianca, teneva le mani in tasca e portava uno zaino su una spalla. «Daniel era solo un ragazzino», disse Temesgen desolato, guardando l'immagine.

Daniel era stato un tranquillo diciottenne che si teneva le cose per sé, ma la famiglia aveva capito che qualcosa non andava quando aveva cominciato a perdere interesse nel lavoro. Sedeva nel salottino scuro a guardare *National Geographic* in TV come se stesse studiando, nel tentativo di imparare cose sugli altri paesi e di capire come sopravviverci. Daniel installava antenne paraboliche insieme a un altro fratello maggiore e stava risparmiando per aprire un proprio negozio di elettronica. Come avrebbe poi scoperto la famiglia, via via che i suoi guadagni aumentavano, Daniel era stato preso di mira da una donna del posto, una «trafficona» e «spiritualista» chiamata Rainbow, che lavorava come agente per conto dei trafficanti. Cercava giovani uomini con un po' di denaro e grandi sogni.

La madre e il fratello di Daniel Tilahun con la sua fotografia, nella loro casa di Addis Abeba.

Migliaia di persone avevano intrapreso il viaggio verso ovest dal quartiere di Kirkos. Da lì proveniva anche un gruppo di cristiani etiopi che in Libia, nel 2015, erano stati decapitati pubblicamente dall'ISIS; la cosa però non aveva scoraggiato la gente del posto.[9]

Daniel era riuscito a risparmiare ben 100 000 *birr* (2628 dollari). Credeva che sarebbero bastati per l'intero viaggio, che sarebbe dovuto durare qualche settimana. Soltanto il giorno della partenza, il 6 maggio 2017, aveva detto alla famiglia che se ne andava: «Serve un cuore forte per tentare quel viaggio», mi spiegò la madre. Era sempre sul punto di scoppiare a piangere.

A Bani Walid il ragazzo era finito nelle mani di Kidane, il quale gli aveva detto che doveva pagare altri 5500 dollari. «L'accordo era cambiato, non era più per attraversare il mare ma per comprarsi la vita», ricordava il fratello Temesgen. Non lo avrebbero mai più rivisto.

Daniel era rimasto con i trafficanti per almeno due anni, anche dopo che Kidane sembrava aver lasciato definitivamente la Libia. In un messaggio audio che aveva mandato alla sorella, diceva con tristezza che i suoi amici erano stati finalmente rilasciati, e la implorava di mandargli più soldi. Nell'ottobre 2018 la sua famiglia versò un ultimo pagamento di 180 000 *birr* (4731 dollari), racimolati grazie a una raccolta fondi via radio e ai contributi di vicini e amici e chiedendo l'elemosina a uno dei mercati cittadini. I trafficanti promisero che Daniel sarebbe partito presto, ma non fu così.

Il suo ultimo messaggio alla sorella, inviato tramite un'app il 30 luglio 2019, diceva: «Non preoccuparti per la mia assenza, solo prega per me». Alla fine, la famiglia venne a sapere che Daniel era morto, ma le informazioni erano confuse e ancora oggi non si sa che cosa gli sia successo. Forse è annegato in mare, o è morto per gli abusi e le torture subite per anni nel magazzino in cui era stato rinchiuso. Suo fratello Temesgen disse che non era davvero importante scoprire la causa, perché «non lo riporterà indietro».

I parenti di Daniel stavano rischiando la vita per testimoniare in tribunale. Trovavano che fosse importante. «Voglio che tutta la catena [dei trafficanti] venga distrutta dal primo all'ultimo, che tutti i livelli vengano riconosciuti responsabili», disse ancora Temesgen.

«Speriamo di cuore che con l'aiuto di Dio giustizia sarà fatta», aggiunse sua madre, con la voce che tremava. Stava pregando affinché Kidane venisse giudicato colpevole e dovesse scontare una lunga pena. Alla fine, le sue preghiere non servirono a nulla.

Quattro mesi dopo, Kidane riuscì a scappare.[10] Giovedì 18 febbraio 2021 entrò in un bagno in un'ala dell'edificio del tribunale federale, si cambiò i vestiti e semplicemente se ne andò. Gli agenti di polizia che erano incaricati di sorvegliarlo vennero arrestati e interrogati, con il sospetto che lo avessero aiutato a fuggire. Com'era possibile che uno dei più famigerati trafficanti del Nord Africa fosse sparito tanto facilmente? La corruzione locale aveva fatto la sua parte, ma anche le organizzazioni umanitarie, i diplomatici europei e le agenzie dell'ONU erano in parte responsabili. Non avevano fatto nulla per monitorare il processo né per segnalare chiaramente che i casi esaminati erano importanti.

Toccò a me riferire la notizia alle vittime, che ne furono devastate ma non sorprese. «Sai, non cambia quello che ci è successo se lui va in prigione, ma almeno potevamo essere sollevati mentalmente», mi scrisse Aaron dalla Tunisia. «È l'Africa. Ero sicuro che l'avrebbe fatto», commentò la persona che da giovane era andata a scuola con Kidane.

Nel frattempo, il processo andava avanti. Kidane venne giudicato colpevole *in absentia* di tutti gli otto capi d'accusa relativi alla tratta di esseri umani e condannato all'ergastolo senza condizionale. Welid fu giudicato colpevole di cinque capi d'accusa (quando venne pronunciata la sentenza, gli occhi gli si riempirono di lacrime; poi calciò una sedia contro il pubblico ministero). In seguito alla fuga di Kidane le forze di sicurezza erano state rimpolpate, e al momento della sentenza di Welid, che rimase in piedi ad ascoltare con l'aria distante e confusa, erano presenti venti poliziotti. Welid fu condannato a diciotto anni di prigione.

È troppo facile. È molto poco. Quante persone sono morte in Libia per colpa sua? Quanti soldi ha raccolto? Dovrebbe stare in un posto molto brutto.

Non mi trovavo più in Etiopia quando Welid venne condannato, ma per una strana coincidenza stavo trascorrendo la giornata insieme a un uomo che era stato una sua vittima e al quale stavo facendo visita in Svezia. Gli chiesi se volesse fare qualcosa per celebrare l'annuncio della sentenza. Mi rispose pacato. C'era poco da celebrare, disse; diciotto anni non erano nulla in confronto alle atrocità che erano state commesse. Kidane era già sparito, e lui non era affatto convinto che Welid sarebbe rimasto in prigione. Altri espressero lo stesso sentimento: non era stata fatta giustizia.

Più avanti Kidane sarebbe stato inserito dai Paesi Bassi nella lista dei criminali «più ricercati», il che significava che i magistrati olandesi avrebbero varato una serie di provvedimenti per tentare di catturarlo, fra cui l'apertura di una linea telefonica che gli eritrei avrebbero potuto chiamare, ovunque si trovassero, per rivelare gli spostamenti dell'ex trafficante.[11] Ma non bastava, ed era troppo tardi. Dopo la fuga di Kidane i testimoni avevano paura. Avevano rifiutato offerte di cifre enormi che avrebbero potuto garantire la loro sicurezza, e le vittime di Kidane in particolare non ne avevano ricavato nulla.

23.
Parigi e Berlino: l'Europa sotto accusa

> «Sono profondamente allarmato dai racconti sulle migliaia di migranti vulnerabili, compresi donne e bambini, rinchiusi nei centri di detenzione in tutta la Libia, spesso in condizioni disumane. Ci è stato riferito che vengono commessi regolarmente crimini, quali uccisioni, violenze e torture [...] Sono altrettanto sconcertato dagli attendibili resoconti secondo i quali la Libia sarebbe diventata un mercato per la tratta di esseri umani [...]. Dobbiamo agire».[1]
>
> Fatou Bensouda, procuratore capo della Corte penale internazionale, in una dichiarazione al Consiglio di Sicurezza dell'ONU, 9 maggio 2017

Da tempo mi era chiaro che i diritti umani non rappresentavano linee rosse invalicabili e che nessuno era costretto ad accorgersene quando venivano violati. Il mondo non era governato dai nobili ideali in cui credevo quando ero una giovane studentessa di legge. Semmai, i diritti umani erano un concetto sovrimposto a una situazione a fatto compiuto, di solito da parte di persone molto lontane che avevano poca esperienza di che cosa significasse soffrire. Queste persone sceglievano su che cosa concentrarsi in base ad alcune considerazioni, non da ultimo in base a quale ambito potesse ottenere finanziamenti.

Nonostante ciò, nel giugno 2019 venni a sapere qualcosa che mi sorprese. Due avvocati di Parigi, Omer Shatz e Juan Branco, avevano presentato un esposto alla Corte penale internazionale che denunciava l'Unione europea per crimini contro l'umanità. Il documento, lungo 245 pagine, sosteneva che la UE avesse volontariamente sacrificato le vite dei migranti alla deriva in mare con l'unico obiettivo di «dissuadere» altri in situazioni simili «dal cercare rifugio in Europa» e di fermare «a ogni costo» le migrazioni dalla Libia. Inoltre, riferiva che la UE stava disponendo «una politica di trasferimento forzato nelle strutture di detenzione, dove sono stati (e sono tutt'ora) commessi crimini».[2]

La Corte penale internazionale venne istituita nel 1998 con lo Statuto di Roma, che le riconosceva la competenza di processare i crimini rilevanti per la comunità internazionale, compresi i crimini di guerra e i crimini contro l'umanità. In media vengono presentati alla Corte

800 documenti all'anno, ma soltanto il 5% supera le fasi preliminari, per cui le possibilità che l'esposto dei due avvocati di Parigi avesse un seguito erano scarse.[3]

Nel 2011 il Consiglio di Sicurezza dell'ONU aveva deferito la Libia alla Corte penale internazionale, dunque i suoi investigatori stavano già cercando individui da perseguire ben prima che Shatz e Branco presentassero il loro documento. Io ero stata addirittura contattata direttamente da alcuni investigatori della Corte, e all'inizio del 2019 ne avevo incontrati due in un anonimo ufficio nella zona nord di Londra. Erano stati cortesi con me, e mi erano parsi pieni di entusiasmo, ma si erano detti interessati soltanto alle accuse formulate contro le persone che lavoravano in Libia, in particolare i trafficanti e gli sfruttatori. Quando avevo accennato alle responsabilità della situazione più in generale e alle politiche migratorie che vi contribuivano, mi avevano risposto che le azioni degli stati europei non ricadevano sotto la loro giurisdizione.

Nel febbraio 2020 ricevetti un'email direttamente da Shatz, il quale mi invitava a intervenire a una giornata di conferenze che aveva organizzato a Sciences Po, l'Istituto di studi politici dell'università di Parigi. Decisi di cogliere quell'opportunità; comprai il biglietto aereo e accettai l'offerta di ospitalità della madre di un amico, che viveva un po' fuori città. Stava arrivando il giorno di San Valentino, e nelle fredde strade di Parigi tutte le vetrine erano illuminate di lucine rosse.

Chiesi a Shatz e a Branco di poterli intervistare, e loro mi diedero l'indirizzo di un ufficio nel sesto *arrondissement*, un quartiere esclusivo a circa quindici minuti a piedi dalla Senna e dal Louvre. Shatz era un israeliano magro dall'aria tormentata, attivista per i diritti dei migranti e docente universitario; Branco, un francese più giovane dai modi garbati, aveva rappresentato Julian Assange, WikiLeaks e il movimento francese dei *gilets jaunes*, oltre a lavorare per il ministero degli Esteri francese e per la stessa Corte penale internazionale.[4] Mi raccontò che nel 2018, durante un incarico in Africa centrale, era stato licenziato dall'ONU per aver accusato i corpi di pace ruandesi di aver massacrato i civili.[5] Mi disse anche che l'ONU lo aveva pagato 8000 euro a settimana: una tariffa «scandalosa».

Salimmo al piano di sopra, e superato uno scricchiolante pavimento in legno ci sedemmo attorno a un ampio tavolo nero in una stanza ariosa. A quel punto tirai fuori i miei registratori e chiesi ai due avvocati di spiegarmi che cosa li aveva portati a presentare il loro esposto.

Tutto era cominciato nel 2016, dopo che erano stati contattati da alcuni membri di Forensic Oceanography, un gruppo di ricerca con sede a Londra che utilizza l'architettura forense per indagare sulle violazioni dei diritti umani in tutto il mondo. L'organizzazione, che analizzava le testimonianze e i dati relativi alle imbarcazioni affondate e ribaltate nel Mediterraneo, voleva sapere che cosa si potesse fare per perseguire legalmente coloro che non avevano soccorso i rifugiati a bordo.[6] Shatz e Branco avevano selezionato una classe di studenti di Sciences Po perché li assistessero nel lavoro.

Branco si era convinto molto presto di trovarsi di fronte a crimini contro l'umanità; una convinzione che si era rafforzata alla luce di come erano state sviluppate le politiche migratorie europee nel corso degli anni seguenti. «Voglio che certa gente finisca in prigione», mi disse con il viso acceso.

Le sofferenze patite da rifugiati e migranti in Libia dovevano essere considerate crimini internazionali, aggiunse Shatz. «Questa è roba seria. Stiamo assistendo alla più grave crisi umanitaria dalla seconda guerra mondiale». Era già difficile per chiunque concepire che l'Unione europea stesse commettendo atrocità in tempo di pace, disse, ma il numero dei morti annegati equivaleva «più o meno a un genocidio in termini di entità delle perdite»; inoltre, decine di migliaia di persone erano state riportate nei centri di detenzione libici, dove veniva perpetrato qualunque crimine contro l'umanità, eccezion fatta per l'apartheid: «schiavitù, stupri, torture, esecuzioni, deportazioni, incarcerazioni [...], assassini».

I due avvocati mi illustrarono un altro elemento fondamentale della loro tesi, e cioè che i migranti dovrebbero essere riconosciuti come gruppo perseguitato ai fini del diritto penale internazionale, anche se non condividono la medesima etnia. Infatti, se un gruppo di «turisti» si trovasse in difficoltà in mezzo al mare, senza dubbio si farebbe di tutto per salvarli, cosa che invece non accade con i «migranti».

«Prendiamo di mira un gruppo specifico, lo disumanizziamo, lo criminalizziamo e gli impediamo di oltrepassare i nostri confini, e alla fine lo sterminiamo, è così che si scivola verso [il genocidio]», affermò Shatz. «Non [succede] tutto in una volta. Ci si arriva pian piano».

Branco disse che il discorso pubblico aveva progressivamente riunito in un unico gruppo e demonizzato «i migranti», nonostante provenissero da contesti del tutto diversi. Questo aveva prodotto una separazione artificiale tra loro e il resto della società, che le autorità potevano poi sfruttare per giustificare la violenza nei loro confronti. «Non è un caso che all'improvviso nella sfera pubblica sia comparso il termine "migranti". È servito per creare questa separazione».

I due avvocati accusavano l'Unione europea di ricorrere a tattiche dilatorie, di evitare lo scrutinio pubblico e di manipolare il discorso «in tutto e per tutto». Compreso il gergo utilizzato nelle comunicazioni ufficiali, che contribuiva efficacemente a distanziare il pubblico dall'impatto delle politiche migratorie sugli esseri umani. Con i crimini contro l'umanità, continuò Branco, controllare il linguaggio è una tattica necessaria, perché altrimenti la maggior parte dei civili non tollererebbe quello che sta accadendo. «Ci chiediamo sempre come sia potuta succedere questa o quella cosa, come sia potuta capitare la seconda guerra mondiale [...]. Lo stiamo vivendo. Siamo nel bel mezzo di uno di quei casi», concluse.

Branco era molto critico anche nei confronti della comunità umanitaria e legale internazionale, che accusava di non fare nulla, di limitarsi a parlare dei rifugiati e di ciò che stava accadendo in mare senza realizzare un vero cambiamento, accontentandosi di raccogliere fondi e di guadagnare denaro «sostanzialmente sui corpi di queste persone».

«Questa crisi dei migranti dà da mangiare a tantissima gente», rimarcò Branco, il che «crea uno stato di inerzia in cui tutti vogliono preservare il proprio capitale». Secondo entrambi gli avvocati, le persone che lavoravano per le agenzie umanitarie e le organizzazioni non governative, come i professionisti legali, gli studiosi o i dipendenti e gli operatori dell'ONU, erano riluttanti a prendere posizione perché ne andava del loro futuro professionale.

Io avevo già chiesto ad altri legali un'opinione su quella deposizione alla Corte penale internazionale. La maggior parte l'aveva liquidata come una mossa pubblicitaria utile alla carriera ma priva di fondamento giuridico, perché soltanto i singoli individui erano perseguibili dal diritto penale internazionale, non un colosso come l'Unione europea, e Shatz e Branco non avevano fatto alcun nome specifico.

«Che cosa credono, che siamo al primo anno di università?», ribatté Shatz innervosito quando gli riferii quelle risposte. Branco affermò che il loro lavoro era un invito rivolto alla Corte penale internazionale perché avviasse una propria indagine, raccogliesse altre prove e inchiodasse i colpevoli. Fare nomi sarebbe stato «irresponsabile» in quella fase di un lungo processo che avrebbe dovuto includere uno studio delle strutture istituzionali della UE (per capire anche a che livello esattamente venissero prese le varie decisioni), cosa che era difficile effettuare dall'esterno. In mancanza di ulteriori azioni da parte della Corte penale, Shatz e Branco intendevano proseguire da soli le indagini: stavano stilando una lista di sospettati e raccogliendo prove contro di loro.

«Io penso che dovremmo evitare i nomi più in vista», disse Branco. L'obiettivo erano probabilmente i funzionari pubblici, che per via di come funzionano i processi decisionali in Europa erano sconosciuti alla maggioranza della gente e anche ai media.

I due avvocati cominciarono a discutere della possibilità di una seconda Norimberga, in cui impiegati statali e politici europei sarebbero stati tutti processati pubblicamente, ma poi Shatz tornò con i piedi per terra. La Corte penale internazionale era un'organizzazione politica ed era assai improbabile che prendesse posizione contro l'Unione europea, disse. «Se la Corte non fa nulla, sacrifica la propria legittimità per la UE. E se persegue la UE come dovrebbe [...] ci sarà un terremoto in termini di relazioni internazionali».

L'esposto presentato alla Corte non sembrò dare risultati, ma più avanti Shatz fondò insieme ad altri un'organizzazione legale chiamata Front-Lex, con l'obiettivo di portare in tribunale l'agenzia di frontiera europea Frontex. L'organizzazione intentò diverse cause, una delle quali presso la Corte di giustizia dell'Unione europea («Non si tratta davvero di un'azione legale. È il progetto di un gruppo di attivisti travestito da azione legale, che intende sminuire la volontà della UE nel proteggere i propri confini»,[7] dichiarò in tutta risposta il portavoce di Frontex Chris Borowski davanti ai giornalisti). Sul suo sito internet, Front-Lex annunciava che avrebbe convocato un tribunale della società civile a Bruxelles, dove rifugiati e attivisti avrebbero testimoniato e dove sarebbero stati valutati gli eventuali capi d'accusa contro la UE: «mancata assistenza, complicità in omicidio, violazione dei diritti dei mare, violazione dei diritti umani e così via».[8] Il modello sarebbe stato il processo intentato contro la Monsanto nel 2016 all'Aia, dove vittime, esperti e legali avevano denunciato le violazioni dei diritti umani commesse dalla multinazionale.[9] La giuria era composta da cinque giudici, guidati dall'ex presidente della Corte europea dei diritti umani Françoise Tulkens, la cui sentenza alla fine chiedeva che nel diritto internazionale venisse introdotto il termine «ecocidio», inteso come la distruzione dell'ambiente naturale.[10] Pur non essendo una sentenza giuridicamente vincolante, gli organizzatori speravano che avrebbe contribuito a far avanzare il processo legislativo internazionale.

Contattai Forensic Oceanography, il collettivo che aveva ispirato Branco e Shatz. Al telefono da Londra, dove lavorava presso la Goldsmith University, l'architetto italiano Lorenzo Pezzani mi spiegò che il suo gruppo utilizzava tecniche quali la modellazione tridimensionale, la fluidodinamica e il telerilevamento per produrre mappe, video, installazioni e rapporti sui diritti umani che ricreavano le scene dei naufragi e degli annegamenti dei migranti. L'obiettivo era quello di rendere meno «opaco» ciò che stava accadendo nel Mediterraneo centrale.[11] Negli ultimi dieci anni era arrivato a considerare il suo lavoro una «lotta quotidiana», che lo portava a combattere per «quella che alcune persone potrebbero chiamare giustizia della mobilità e che altri chiamano libertà di movimento».

«Non mi pare che siamo vicini alla fine. L'unico modo in cui la situazione potrebbe cambiare radicalmente è se ci fosse un completo ripensamento delle politiche migratorie», disse Pezzani. «È una lotta molto lunga e l'obiettivo è lontano. Stiamo ripensando il ruolo dei confini nelle nostre società, e questo significa anche mettere in discussione il colonialismo, l'imperialismo; è un cambiamento enorme per la società in cui viviamo al momento. Ma è la sfida di tutti i movimenti progressisti ed emancipatori: Black Lives Matter, il movimento per la giustizia climatica e così via». Nonostante tutto, aggiunse, lui non era pessimista. «Le cose cambiano, e a volte il cambiamento è sorprendentemente veloce».

Fu proprio quello che accadde nell'estate 2020, tre mesi dopo il mio incontro con Shatz e Branco, quando il mondo all'improvviso sembrò inclinarsi leggermente. La morte di George Floyd, un afroamericano di quarantasei anni ucciso dalla polizia statunitense, scatenò un'ondata di proteste in tutto il mondo. Di colpo, persone che non avevano mai riflettuto granché sulle disuguaglianze razziali cominciarono ad abbattere le statue di colonialisti e schiavisti e a contestare il suprematismo bianco. Il Parlamento europeo approvò perfino una risoluzione di denuncia contro il razzismo. Le testate dei giornali recitavano: «Il Parlamento europeo dichiara che "le vite dei neri contano"».[12]

Tuttavia, per chiunque fosse al corrente di ciò che accadeva nel Mediterraneo centrale e in Libia era chiaro che si trattava di una posa.

«È abbastanza ipocrita sostenere le iniziative Black Lives Matter negli Stati Uniti e poi praticare la persecuzione razziale e lo schiavismo ai confini esterni dell'Europa», osservò con tipico *understatement* Alexandra Lily Kather, avvocatessa esperta di crimini di guerra, quando la incontrai a Berlino quello stesso anno.

Era un freddo pomeriggio autunnale e i ristoranti erano chiusi a causa della pandemia, così comprammo due caffè da asporto e ci sedemmo in un parco, circondate dalle foglie cadute a terra. Kather, una donna minuta ed educata, lavorava per il Centro europeo per i diritti umani e costituzionali, un'organizzazione non profit fondata da un gruppo di avvocati specializzati in diritto umano e protezione internazionale che si occupava della «tutela dei diritti civili e umani in tutto il mondo».[13] Mi spiegò che anche loro stavano preparando un esposto da presentare alla Corte penale internazionale, in collaborazione con la Federazione internazionale dei diritti umani – la seconda tra le più vecchie organizzazioni umanitarie al mondo – e con Lawyers for Justice, un gruppo libico che operava tra Londra e Tripoli. Volevano legare il loro esposto al movimento Black Lives Matter.

La prima difficoltà era capire come inserire la situazione libica in un quadro di crimini contro l'umanità penalmente perseguibili. Si erano quindi concentrati sulla questione della schiavitù.[14] Per avvalorare il loro caso stavano cercando testimoni attendibili che fossero disposti a fornire prove e a rimanere coinvolti in un processo che avrebbe potuto durare anni; Kather sapeva che era una richiesta non trascurabile. «Tutte le parti in gioco, gli investigatori, i magistrati, i giudici, gli avvocati e soprattutto i sopravvissuti devono davvero impegnarsi perché questa cosa funzioni», disse.

Eravamo a due passi da un parco giochi in cui alcuni bambini stavano ridendo e gridando mentre i genitori cercavano di tenerli buoni. La scena era in totale contrasto con le atrocità di cui stavamo parlando e mi fece ripensare ancora una volta al rapporto tra l'Europa e il Nord Africa, tra la comodità e l'ignoranza informata, e a come fosse possibile costruire per decenni un sistema in cui i più potenti non rispondevano mai delle loro malefatte. A differenza di Shatz e Branco, ma al pari degli investigatori della Corte penale internazionale che avevo già incontrato, Kather disse che non riusciva a immaginare che la responsabilità delle istituzioni o dei politici europei sarebbe mai stata riconosciuta. Ecco perché, sosteneva, gli stati europei dovevano impegnarsi di più a indagare e perseguire gli altri.

«Trovo sia molto importante rimarcare che i crimini in Libia vengono davvero commessi nel nome dell'Unione europea, a suo beneficio e per i suoi privilegi», proseguì Kather, dopo che avevo espresso il mio punto di vista. «E che, al contempo, non esiste nessun meccanismo che costringa l'Unione europea a rispondere delle sue azioni in quanto attore e complice attivo dei crimini contro l'umanità commessi nei confronti dei migranti neri subsahariani. E trovo che sia responsabilità di chi vive in Europa combattere per la giustizia».

In tutto il continente, molti altri avvocati stavano valutando che cosa si potesse fare a livello cittadino, regionale e internazionale; intentare cause, presentare esposti e reclami. Alcuni mi contattarono. In genere volevano ascoltare le testimonianze di vittime che si trovassero già in paesi sicuri, idealmente proprio in Europa, perché, in base all'«obbligo di protezione delle fonti» previsto dalla loro professione, non potevano assumersi la responsabilità di eventuali ritorsioni contro un testimone.

«Ci stiamo davvero ingegnando per trovare nuove angolazioni legali per poter perseguire i responsabili. Stiamo cercando di estendere il campo di applicazione degli strumenti legali di cui disponiamo», mi spiegò verso la metà del 2021 Itamar Mann, un avvocato dei diritti umani e della protezione internazionale che collaborava con la Global Legal Action Network (GLAN), un'organizzazione non profit.[15] Mann, al telefono da Haifa, in Israele, definì il trattamento di migranti e rifugiati «la principale questione umanitaria del nostro tempo». In quanto israeliano si sentiva coinvolto personalmente, perché gli attacchi del suo paese contro la Striscia di Gaza stavano costringendo i palestinesi a cercare rifugio altrove, in maniera molto simile a quella dei migranti africani. Le decine di migliaia di morti nel Mediterraneo «sono qualcosa di incredibile», disse. «Il fatto che questo stia avvenendo praticamente sulla soglia dell'Unione europea e dell'Europa è ancora più paradossale, visto che l'Europa viene ancora percepita come la patria di questa idea dei diritti umani».

Mann mi spiegò che dal punto di vista legale c'erano state alcune piccole vittorie, ma risalivano a quasi dieci anni prima. Nel 2012, in quello che poi era diventato il caso «Hirsi», la Corte europea dei diritti dell'uomo aveva stabilito che l'Italia non poteva riportare in prima persona i migranti in Libia.[16] Quando ci incontrammo, Mann era in attesa di conoscere gli ultimi sviluppi di un nuovo caso – *S.S. e altri contro l'Italia* – presentato dalla GLAN alla Corte europea dei diritti dell'uomo. La GLAN sosteneva che l'Italia era responsabile del destino delle persone intercettate in mare per via del sostegno economico, materiale e operativo che forniva alla Guardia costiera libica.[17] «Se il caso alla fine avrà successo [...] avrà un impatto molto, molto forte», disse Mann. «Imporrà ai governi di ripensare tutto lo schema di coinvolgimento con la Libia». Tuttavia, c'era anche il timore di ciò che un eventuale insuccesso avrebbe potuto legittimare.

Una parola citata da Mann attirò la mia attenzione: «apartheid». Benché l'avvocato convenisse che la definizione strettamente legale del termine prevedeva l'istituzione di una gerarchia all'interno di un popolo da parte del suo stesso governo o regime in carica, riteneva che in senso meno formale quel termine potesse essere applicato anche alle politiche migratorie europee. Il trattamento dei rifugiati era direttamente legato a una «discriminazione razziale sistematica, oltre che ad apartheid e a una violenza di tipo coloniale», sosteneva. Nel rapporto tra i governi europei e africani esistevano chiari «modelli di dominazione coloniali» in base ai quali ci si aspettava ancora che i leader africani opprimessero in qualche modo le popolazioni che governavano.

In seguito la GLAN intentò un'altra causa insieme ad alcune organizzazioni partner.[18] Questa volta la presentò alla Corte dei conti europea, che ha il dovere di garantire che il budget dell'Unione europea venga speso in maniera corretta. Il documento accusava la UE di abuso e gestione impropria dei fondi, e chiedeva la sospensione dei futuri pagamenti fino a che non fossero stati soddisfatti determinati criteri, quali il rilascio di rifugiati e migranti dai centri di detenzione e la creazione in Libia di un sistema di asilo efficace.[19]

Venne anche presentato un reclamo presso il Comitato per i diritti umani delle Nazioni Unite a proposito di una nave mercantile battente bandiera panamense, la *Nivin*, che a novembre 2018 aveva riportato in Libia 93 persone contro la loro volontà.[20] Quel gruppo di rifugiati e migranti – che quando era salito sulla *Nivin* aveva già trascorso diciotto ore in mare – si era tenuto in contatto con me tramite telefonate e messaggi su WhatsApp, e io avevo riportato le loro richieste in una serie di articoli per Al Jazeera e la CNN.[21] Si erano tutti rinchiusi nella stiva della nave, dicendo che avrebbero preferito morire piuttosto che ritornare in detenzione. Dieci giorni dopo erano stati fatti uscire con gas lacrimogeni e proiettili. A quel punto i contatti si erano interrotti, anche se più avanti un membro della Guardia costiera libica aveva risposto a uno dei loro telefoni. «Va tutto bene», mi aveva detto, ma si era rifiutato di fornirmi dettagli sul trattamento riservato ai rifugiati e di specificare dov'erano stati portati. «Questo telefono lo butto via. Per ora non posso dire altro».

Oggi odio tutto. Qual è il nostro posto nel mondo? Nessuna fine a questa vita, solo attesa.

Mesi dopo, uno dei giovani rifugiati riuscì a ricontattarmi. Disse che gli avevano sparato contro. Sarebbe rimasto altri due anni in detenzione, per poi ritentare senza successo di attraversare il mare. Fui anche contattata da alcuni legali che stavano cercando i sopravvissuti dell'imbarcazione su cui aveva viaggiato lui, ma alla fine mi dissero che probabilmente non avrebbero potuto usarlo come testimone perché si trovava ancora in Libia.

Quello che mi serve è uscire da qui. Sono cinque anni, comincia il sesto in questo paese. Ma il mio destino era così. Sono ancora nelle loro mani.

Tutti quei processi sarebbero potuti durare anni, e anche se fosse stato raggiunto un verdetto significativo, per quel momento le politiche migratorie della UE avrebbero potuto cambiare ancora e presentare un'ennesima scappatoia. Un verdetto negativo, d'altro canto, avrebbe potuto avere conseguenze terribili. «Come si fa a trovare un caso solido che possa essere presentato con garanzie di vittoria al 100%?», mi chiese Marwa Mohamed, portavoce principale dell'organizzazione Lawyers for Justice in Libya. «Se la sentenza non è a favore della vittima si stabilisce un precedente molto, molto pericoloso [...]. Dev'essere un caso davvero solidissimo».

Come tanti altri con cui avevo parlato, anche Mohamed era sconfortata dagli ultimi sviluppi. Nonostante ciò, riteneva più probabile che i cambiamenti nelle politiche migratorie avvenissero passando attraverso il sistema giuridico internazionale che «parlando o pubblicando libri e articoli o mostrando video», cose che a suo dire avevano un impatto limitato. Secondo lei, non essendoci ancora stata una sentenza chiara pronunciata da una corte internazionale rilevante, l'interpretazione delle leggi che avrebbero dovuto proteggere gli individui si era ormai annacquata. «La verità è che i concetti di asilo e di protezione dei rifugiati non significano nulla [adesso].

Le leggi del mare sono state messe da parte, violate e infrante in molte occasioni».

Mohamed al contempo invocava giustizia per gli stessi libici. «Stiamo parlando di quasi mezzo secolo di atrocità di cui non ci si è mai occupati, a partire dal periodo di Gheddafi fino a oggi. Si tratta di quasi cinquant'anni di crimini commessi senza un sistema di giustizia e senza attribuzioni di responsabilità, senza iniziative di riconciliazione o azioni di risarcimento, quindi direi che è proprio ora che la comunità internazionale affronti seriamente la situazione».

Da tempo Mohamed chiedeva che venissero resi pubblici i risultati di una missione di inchiesta indipendente voluta dal Consiglio per i diritti umani delle Nazioni Unite. Nell'ottobre 2021, il rapporto della missione venne pubblicato. Fra le altre cose riferiva che vi erano «buone ragioni di credere che gli omicidi, l'asservimento, le torture, l'imprigionamento, gli stupri, le persecuzioni e le altre azioni disumane commesse contro i migranti facciano parte di un attacco sistematico e diffuso condotto contro questo gruppo di persone per portare avanti una politica di stato», cosa che «potrebbe sfociare in crimini contro l'umanità».[22]

Il rapporto inoltre descriveva i migranti come «un gruppo identificabile di singoli civili definiti dalla loro vulnerabilità e dal mancato riconoscimento di una loro posizione giuridica in Libia». Questo era in linea con la tesi di Shatz e Branco, secondo i quali i migranti avrebbero dovuto essere considerati un gruppo soggetto a persecuzione ai fini del diritto penale internazionale.

Il documento della missione citava espressamente la Guardia costiera libica, accusandola di compiere intercettazioni «violente» e «pericolose» e di riportare rifugiati e migranti nei centri di detenzione, dove vigevano «condizioni intollerabili, studiate per provocare sofferenza e suscitare il desiderio di ricorrere a qualunque mezzo pur di sfuggirvi, compreso il pagamento di grosse somme di denaro alle milizie, alle bande criminali, agli sfruttatori e ai trafficanti che hanno legami con lo Stato e che traggono profitto da tale pratica».

«Tutti i migranti – uomini e donne, ragazzi e ragazze – sono rinchiusi in condizioni durissime, alcuni muoiono [...]. La tortura (come gli shock elettrici) e la violenza sessuale (stupri e prostituzione forzata) sono diffuse».

Veniva anche descritto il ciclo infernale in cui si ritrovavano intrappolati rifugiati e migranti. «Diversi intervistati [hanno detto] di aver subito la medesima serie di violenze, in alcuni casi fino a dieci volte: i pagamenti alle guardie per poter uscire, [i] tentativ[i] di attraversare il mare, l'intercettazione e il successivo ritorno in detenzione, in un contesto difficile e violento, tutto sotto il controllo assoluto delle autorità, delle milizie e/o delle reti criminali».

Veniva quindi evidenziato un legame diretto tra la Guardia costiera libica e le accuse di crimini contro l'umanità. Ma, ancora una volta, a saltare all'occhio era soprattutto il dettaglio omesso: il ruolo dell'Unione europea.

Oltre agli avvocati e alla loro ricerca di giustizia, c'erano attivisti e volontari che dedicavano il proprio tempo libero a prestare aiuto in maniera più immediata. Lidiya, per esempio, era un'eritrea di ventun anni che viveva in Canada e che aveva raccolto decine di migliaia di dollari per le famiglie dei rifugiati bisognosi a Tripoli. Giulia Tranchina invece era una gentile avvocatessa italiana che lavorava nel Regno Unito e che aveva messo insieme testimonianze, inviato richieste alle organizzazioni umanitarie e pianto al telefono insieme ai rifugiati che dalla Libia le raccontavano le loro traversie.[23] Poi c'era Abrham Fa, un eritreo di Bologna che aveva raggiunto quasi 50 000 follower con i suoi post in lingua tigrina, nei quali descriveva le condizioni delle rotte migratorie dal Nord Africa all'Europa, tenendosi in contatto con i migranti in tutte le fasi del loro viaggio. E c'erano gli attivisti europei di AlarmPhone, che a turno, a tutte le ore del giorno e della notte, rispondevano alle richieste di aiuto sui loro telefoni personali per cercare di tranquillizzare i migranti in preda al panico sulle barche nel Mediterraneo, inoltrando i dettagli sulla loro posizione alle autorità e alle navi di soccorso.[24]

In Europa vennero organizzate tantissime proteste e manifestazioni, ma per la maggior parte sembravano attirare pochi partecipanti e suscitare scarse reazioni. In alcuni casi furono gli stessi rifugiati a lanciare iniziative, fra cui una biciclettata da Francoforte a Bruxelles a maggio 2019, terminata con una serie di interventi di fronte alla sede della Commissione europea.[25]

Un avvenimento che destò notevole indignazione fu l'arresto di Carola Rackete, la capitana trentunenne della nave di soccorso *Sea-Watch 3* che nel giugno 2019 aveva contravvenuto agli ordini delle autorità attraccando a Lampedusa con 40 migranti e rifugiati a bordo. Migliaia di persone in tutta Europa scesero in strada al grido di «*Free Carola*».[26] In seguito, la stessa Rackete osservò che il motivo per cui aveva ricevuto tanto sostegno era che lei era un'europea bianca (le accuse che le erano state rivolte caddero in breve tempo). Ritrarre una donna tedesca come un'eroina distoglieva l'attenzione dalle persone soccorse, sosteneva. «Non è necessario che una donna bianca occupi la scena come presunta "voce dei senza voce"», affermò un anno dopo il suo arresto.[27] Ma la verità era che in genere gran parte dell'opinione pubblica europea non si interessava granché alla questione.

24.
Europa: casa dolce casa

> «Chi è stato torturato resta tale».
>
> Jean Améry, sopravvissuto ad Auschwitz

> «Nulla può essere dato per scontato. Le nostre libertà individuali non sono dati di fatto. La democrazia non è qualcosa che possiamo dare per scontata, come non lo sono la pace e la prosperità».[1]
>
> La Cancelliera tedesca Angela Merkel in un discorso all'università di Harvard, 30 maggio 2019

Quando i rifugiati arrivano in un paese sicuro, di solito per qualche tempo sono irraggiungibili. Non hanno modo di utilizzare i telefoni nei centri di accoglienza, nei campi profughi o nei luoghi di quarantena. Le loro famiglie temono che siano morti. Spesso anche io mi preoccupavo. Ma poi tornavano a farsi sentire, ringraziando Dio o Allah e rassicurando i parenti che da allora in avanti tutto sarebbe andato meglio, anche se magari in cuor loro covavano già qualche dubbio.

Ero in contatto con centinaia di rifugiati e migranti provenienti dai contesti più disparati. Alcuni sparivano, altri mi mandavano aggiornamenti sulle loro nuove vite in Europa. Che avessero attraversato il Mediterraneo in barca o fossero stati evacuati e reinsediati tramite i programmi delle Nazioni Unite, tutti avvertivano lo stesso sollievo iniziale, seguito dallo shock della nuova esistenza. Dov'era possibile, mi organizzavo per andare a incontrare le persone che avevano rischiato la vita per mandarmi informazioni dai centri di detenzione libici.

Uno dei primi che riuscii a trovare fu Aaden, un ragazzo somalo gay che era scappato di casa dopo aver sentito dire ad alcuni parenti che bisognava torturare gli individui LGBT+ fino a che non fossero diventati etero. Aaden aveva tentato di attraversare il mare due volte. Quando era stato registrato dall'ONU in Libia aveva mentito sui motivi che lo avevano spinto a scappare dalla Somalia, per paura che il personale informasse le autorità libiche, notoriamente omofobe, e che queste potessero decidere di farlo fuori. Nel centro di detenzione era terrorizzato all'idea che gli altri rifugiati scoprissero il suo orientamento sessuale, quindi aveva approfittato del caos scatenatosi allo scoppio di uno dei conflitti a Tripoli per scappare. In città aveva trovato lavoro, ma ogni giorno era pericoloso. Due suoi amici erano stati raggiunti dai proiettili, uno per strada e uno nella stanza che affittavano.

Nel 2019 Aaden aveva viaggiato fino a Malta su un barcone di legno insieme ad altre 229 persone. Era periodo di Ramadan, quindi durante la traversata aveva digiunato. «Tanto cosa c'era da mangiare? Stavo digiunando per il mio futuro, la mia sopravvivenza», mi disse. In cielo volava un elicottero maltese, e via via che la barca si avvicinava alla costa dell'isola, i passeggeri lo interpretarono come un saluto.

Una volta arrivato a Malta, Aaden era rimasto per tre mesi in un centro di detenzione, poi era stato portato in un altro campo, Hal Far. A quel punto mi ricontattò.

Mi hanno portato in un campo aperto che è lontano dalla città. E mi hanno detto che devo andare a lavorare in qualunque modo, cercare un lavoro e poi risparmiare i soldi. Quando finisce un anno devo affittare una casa in città. Come sai, sono venuto in Europa per prima cosa per avere protezione, poi per studiare. Se non so fare nulla come faccio a trovare un lavoro e a lavorare? Devo imparare a fare qualcosa o sapere qualcosa per lavorare. Puoi dirmi qualche movimento per i diritti LGBT *a Malta così posso contattarli? Perché a Malta sono uno straniero e non conosco bene le cose, quindi ho bisogno di aiuto da fuori.*

Il giorno in cui arrivai a La Valletta, la capitale di Malta, fuori dalla Corte di giustizia era stata organizzata una protesta in ricordo di Daphne Caruana Galizia, la giornalista freelance che per anni, con grande determinazione, aveva scritto articoli di denuncia contro la corruzione del paese, e che nel 2017 era stata assassinata con un'autobomba. Galizia si era detta «orripilata» dal trattamento riservato ai migranti da parte di Malta, e in una delle sue indagini si era occupata del programma dei «passaporti d'oro» con cui il governo vendeva a tutti gli effetti la cittadinanza maltese, e quindi europea, a stranieri facoltosi che potevano permettersi di versare 650 000 euro in un fondo per lo sviluppo nazionale.[2]

A breve distanza dal sito delle proteste, presso la fontana dei Tritoni, vidi Aaden. Era un ragazzo snello e sottile, sembrava che fosse cresciuto di colpo in altezza senza irrobustirsi. Aveva gli stessi tratti giovanili e gli occhi stanchi che avevo osservato in altri rifugiati scappati dalla Libia; sedeva curvo, intento a osservare la scena, con indosso una felpa rossa con cappuccio e un berretto della Adidas, e reagì soltanto quando mi avvicinai. Eravamo in contatto da più di un anno.

Quando raggiungemmo il campo di Hal Far, il sole era calato e si era alzato un vento freddo. «Eccoci. È qui che stiamo», mi disse Aaden con un sorriso sardonico. Le stanze simili a container erano disposte in una lunga fila, circondate da un recinto con tanto di filo spinato. Avevo letto online che un tempo il complesso era stato una caserma dell'esercito britannico.[3] Diverse persone si sporsero dalle finestre. I residenti del campo erano liberi di andare e venire, ma dovevano firmare quando uscivano e quando rientravano. Fra loro comunicavano a malapena, mi raccontò Aaden, che non imparò mai i nomi dei suoi compagni di stanza.

Alcuni eritrei, arrivati a Malta sulla stessa barca con cui aveva viaggiato lui, erano in piedi fuori dai cancelli. Avevano passato la giornata a cercare lavoro, ma il fatto di parlare solo tigrino rendeva impossibile trovare un impiego. «Non vogliamo più stare qui, vogliamo andare avanti», disse Grimai, che si era indebitato di 10 000 dollari per pagare il viaggio. «Il container è troppo freddo, non buono», aggiunse Guesh. Aveva poco più di vent'anni e voleva fare il meccanico.

Poiché parlava correntemente l'inglese, Aaden aveva trovato lavoro in un pub irlandese rivestito di legno scuro e pieno di fusti di birra in acciaio, uno di quelli che avevano mazze da hurley firmate appese al di sopra del bancone e «Guinness» come password del Wi-Fi. Quando entrai nel pub il giorno dopo, salutando con un sorriso gli avventori di una certa età che bevevano in un angolo, dalle casse usciva *Parklife* dei Blur. Aaden guadagnava cinque euro all'ora; in seguito mi mostrò con orgoglio un mazzo di banconote da cinquanta dollari che aveva tenuto da parte e che portava con sé ovunque andasse. Una volta guadagnato abbastanza, intendeva spendere 450 euro per acquistare un finto documento di viaggio e un biglietto per Bruxelles. Aveva sentito dire che da lì avrebbe potuto raggiungere il Regno Unito di nascosto, viaggiando sul retro del camion di un trafficante. A Londra voleva fare amicizia con una comunità LGBT e studiare per diventare oculista.

Gli altri baristi erano tutti inglesi e irlandesi. Da quando era arrivato sull'isola, otto mesi prima, Aaden non aveva parlato con nessun maltese, eccezion fatta per le guardie e i funzionari del campo profughi. «Non ci vogliono qui», mi disse.

L'autobus che prendeva ogni giorno per andare al lavoro percorreva serpeggiando tutta la costa dell'isola. Superava l'ambasciata libica, la cui insegna in arabo si rifletteva sui finestrini, e poi crêperie, saloni per unghie e pizzerie, un negozio di attrezzature per immersioni, uno di articoli per yacht e una chiesa in arenaria, di fronte alla quale era stata allestita una natività. Uomini in sella a scooter elettrici oltrepassavano sfrecciando i motoscafi attraccati che ondeggiavano sull'acqua e gli asciugamani da spiaggia appesi ai balconi. A Malta i rifugiati erano la classe inferiore, sosteneva Aaden. Ignoravano le varie attività di svago a cui si dedicavano i cittadini locali e pensavano soltanto a come guadagnare soldi. «Se sei minorenne o maggiorenne è uguale, devi andare a lavorare. Niente scuola, niente studio, niente di niente», mi spiegò. «Cercano tutti di sopravvivere, vanno a caccia di soldi, come potrebbero creare una comunità?».

Nel 2021, con 492 voti contro 141, il Parlamento europeo proclamò l'Unione europea «zona di libertà» per gli individui LGBTIQ, con una mozione di condanna verso gli attacchi e le discriminazioni a cui era soggetta la comunità LGBT+ in Polonia e in Ungheria.[4] «I diritti LGBTIQ sono diritti umani», recitava la mozione. Quando venni a saperlo, mi chiesi quanti rifugiati LGBT+ che avevano tentato di raggiungere l'Europa fossero stati respinti e riportati in Libia grazie alle politiche della UE. E che dire di quelli che, come Aaden, pur trovandosi in Europa, avevano l'impressione di vivere una vita a metà, trattati come cittadini di seconda classe a causa delle loro origini e della loro etnia e costretti a temere perfino gli altri rifugiati con cui erano stati raggruppati in maniera arbitraria, i quali magari avevano posizioni omofobe o provenivano da società conservatrici, poco abituate ad accettare le persone LGBT+?

Come stai, Sally? Grazie davvero. Io sto bene. Come sai, sono qui in Italia. La situazione, da quando sono arrivato intendo, non è adeguata. Non c'è lavoro, sono obbligato a imparare una nuova lingua, c'è discriminazione ovunque, solitudine, problemi di salute [...] ma faccio del mio meglio. Come stai tu? Sei ancora in Africa? Come va il tuo lavoro? Seguo i tuoi aggiornamenti e stai facendo un buon lavoro. Ti auguro tutto il meglio nella vita. Fai attenzione.

Nel 2020 la pandemia di Covid-19 si diffuse in tutto il mondo. Ancora una volta era impossibile incontrarci di persona, ma i rifugiati con cui ero in contatto e che avevano raggiunto l'Europa mi tenevano aggiornata. Eyob, che se n'era andato da Triq al-Sikka passando per il Ruanda, mi mandò alcune fotografie in cui dava da mangiare alle anatre sulla sponda di un lago in Norvegia, e anche un video dove lo si vedeva palleggiare di ginocchio, circondato da una spessa coltre di neve. Filmon, che durante il suo anno ad Abū Salīm aveva fatto parte del comitato organizzativo del centro insieme a Essey, era stato evacuato in Niger ed era poi arrivato a Manchester prima della pandemia. «Mi sento molto felice perché i miei sogni si sono avverati», mi scrisse. Quando iniziò il primo lockdown, seguì l'esempio dei suoi vicini britannici e fece scorta di cibo, una cosa che non aveva mai potuto fare nel centro di detenzione. «Quasi tutti i supermercati sono vuoti, la gente ha cominciato a portare tutto a casa. Anche io ho cominciato a prendere tutto, come gli altri», mi disse. Questa volta non aveva paura. La moglie, che aveva incontrato in Libia, avrebbe partorito il loro secondo figlio l'anno seguente. Il bimbo sarebbe stato un cittadino britannico ed era improbabile che sarebbe mai stato costretto a lottare come avevano fatto i suoi genitori, ma forse non si sarebbe neppure mai reso davvero conto di quello che avevano dovuto passare loro per garantirgli un futuro.

Sto benissimo, vivo in Francia e mi va tutto bene. Sono qui da otto mesi. Lo adoro. Digione è una città bellissima, gente simpatica, tutto qui è molto bello. Un giorno spero che ci vieni a trovare.

La pandemia accelerava, e i paesi ricchi acquistarono buona parte dei vaccini appena messi a punto. Verso la metà del 2021, la nuova variante Delta del Covid provocò un picco di casi in tutta l'Africa, i cui sistemi sanitari, a causa della mancanza di fondi e di personale, non erano in grado di occuparsi del nuovo afflusso di pazienti e presto esaurirono le scorte di ossigeno.[5] Nel frattempo i vari lockdown, in un continente dove la maggioranza degli abitanti viveva alla giornata senza poter contare su una rete di assistenza sociale, stavano mettendo in ginocchio la popolazione. Entro l'ottobre 2021, tre quarti degli europei sarebbero stati completamente vaccinati, a fronte di meno del 4,5% degli africani.[6]

Tutto ciò coincise con un incremento delle intercettazioni da parte della Guardia costiera libica. Nella sola giornata del 12 giugno 2021, i libici catturarono e riportarono indietro mille persone che stavano tentando di attraversare il mare per raggiungere l'Europa: un nuovo record.[7] A metà agosto fu calcolato che nel Mediterraneo centrale erano state intercettate più persone in otto mesi che in qualsiasi anno intero da quando l'Unione europea aveva iniziato a finanziare la Guardia costiera libica.[8] Fu in quel contesto che viaggiai fino in Svezia per andare a incontrare altri miei ex contatti.

La Svezia si era impegnata ad accogliere 5000 rifugiati all'anno, il che significava che molte persone evacuate dalla Libia al Ruanda o al Niger poi venivano portate lì.[9] Nella città sud-occidentale di Göteborg incontrai David, l'ex detenuto di Tajoura, che ora lavorava in una casa di riposo. Mi regalò un grande mazzo di rose. Insieme a noi c'era un suo amico di mezza età dal viso pieno di rughe, che David aveva visto l'ultima volta nel deserto libico. Mentre ci pigiavamo dentro un ascensore di uno dei tanti caseggiati identici della città, i due dissero scherzando che quello spazio li faceva pensare ai turni di sonno nei centri di detenzione, dove varie persone rimanevano in piedi affinché un'altra potesse dormire. Esattamente due anni prima, ricordava David, mi aveva scritto dall'«Hotel» dell'UNHCR per dirmi che stavano morendo di fame e chiedermi se potevo avvisare le organizzazioni umanitarie (poco tempo dopo, al centro era arrivato un furgone carico di cibo). Adesso David stava per riabbracciare la moglie e il figlio, che sarebbero arrivati in Svezia dall'Etiopia con un visto di ricongiungimento familiare. Non li vedeva da sei anni.

Nella stessa città, nel suo appartamento al quinto piano di un altro caseggiato, Teklia faceva fatica a dormire. Era un uomo gentile di una trentina d'anni, con la risata pronta e un grande rispetto per la disciplina, sviluppato in quasi dieci anni di lavoro come insegnante in Eritrea. Teklia e sua sorella erano arrivati in Svezia nel marzo 2020, viaggiando su uno degli ultimi voli di evacuazione prima che la pandemia bloccasse tutto il mondo. Vivevano in appartamenti separati a mezz'ora di distanza; l'affitto era stato pagato per i primi quattro anni. Quello di Teklia era piccolo, con un bagno, un armadio e una cucina con zona pranzo. Il suo letto era sempre in ordine e occupava un'estremità della stanza più grande, nella quale trovavano spazio anche due divani gialli decorati con fiori e uccelli. Per terra, accanto all'ingresso, c'era una copia in svedese del *Cardellino* di Donna Tartt.

I tre figli di Teklia erano rimasti in Eritrea con la madre, di cui lui si era innamorato ai tempi della scuola. Teklia aveva richiesto il ricongiungimento familiare, ma era un processo lento: prima del suo, ne erano previsti altri quaranta per i quattordici mesi successivi. Quando lo raggiunsi in Svezia, portavo con me un carico prezioso: i documenti, ricevuti da un amico di Teklia in Uganda, che attestavano che i suoi figli erano suoi. Teklia aveva bisogno di quei documenti perché la sua richiesta avesse un esito positivo, ma nulla poteva accelerare i vari passaggi burocratici, e quando contattò gli avvocati che gli erano stati assegnati dallo stato, loro non poterono assicurargli che le cose stavano andando avanti.

Ogni mese Teklia trasferiva metà del suo assegno di 4000 corone svedesi alla famiglia. Un giorno telefonò a casa davanti a me, da un cellulare che aveva come sfondo una foto della moglie vestita di un abito bianco. La linea crepitava, e le voci dei tre bambini di Teklia che gli parlavano a turno si sentivano male. Sembravano timidi. Il più piccolo aveva appena undici mesi quando il padre aveva lasciato il paese, cinque anni prima.

Poiché aveva del tempo libero e desiderava migliorare il mondo, Teklia si era offerto di trascorrere ore in videochiamata con alcuni avvocati di Berlino che stavano raccogliendo prove contro coloro che avevano violato i diritti umani in Libia. Nel corso di una di queste sessioni, rivelò disperato che stava pensando di ritornare in Eritrea, perché desiderava ardentemente rivedere la moglie e i figli; dopo tutto, era per loro che aveva intrapreso quel viaggio. Se anche fosse finito in prigione, forse sarebbe stato rilasciato dopo qualche anno. I suoi figli sarebbero stati ancora giovani.

Teklia aveva passato più di un anno a Tripoli, nel centro di detenzione di Triq al-Sikka, dove aveva contratto la tubercolosi. Era rimasto senza cure per mesi, finché la sorella, anche lei rinchiusa nel centro, non aveva implorato che venisse visitato. A quel punto Teklia era stato ricoverato in ospedale, da dove aveva telefonato alla moglie, gravato dall'angoscia, per dirle addio. Una volta tornato nel centro, ogni mattina alla stessa ora aveva diligentemente preso le pillole che gli erano state prescritte. Pur essendo guarito, in Svezia era grato di poter avere regolare accesso alle visite di controllo.

A causa della pandemia, le lezioni quotidiane di svedese si tenevano online. Teklia aveva incontrato una sola volta i suoi vicini di casa, che avevano due figli: gli avevano detto «ciao» ed era finita lì. «In Eritrea i tuoi vicini sono come la tua famiglia. Pranzo, cena, condividiamo tutto. Siamo socievoli nel nostro paese», mi spiegò. La mancanza di interazioni umane lo deprimeva. «La vita svedese è stare da soli. Puoi mangiare, puoi bere, ma non puoi dormire». Di notte, quando non riusciva a calmare la mente, Teklia andava a camminare nel parco vicino a casa per stancarsi.

Dopo sette mesi chiese di poter seguire le lezioni di lingua in presenza. Durante la settimana Teklia viaggiava per 45 minuti per andare a seguire lezioni di due ore che parevano mondiali di calcio, frequentate com'erano da studenti che venivano da tutta l'Africa, l'Asia e il Medio Oriente. Un pomeriggio facemmo una passeggiata nel giardino botanico di Göteborg insieme ai suoi compagni di classe e a due allegri insegnanti – uno svedese, uno francese – ammirando rododendri di ogni sfumatura di arancione, viola e rosa, camassie, anche dette «candele blu», e un «albero dei fazzoletti» cinese. Incontrare gente di persona rallegrava Teklia, ma non bastava.

Rimasi con lui due settimane. Trascorrevamo i pomeriggi passeggiando per la città, bevendo caffè speziato e mangiando cibi eritrei come pane *injera*, un piatto di lenticchie chiamato *addis* e *gat* – un porridge molto ricco che tradizionalmente viene cucinato per gli sposi in luna di miele. Per colazione Teklia preparava sandwich all'uovo. Guardammo su YouTube un'infinità di video di musica eritrea, molti dei quali avevano come temi la migrazione, le sofferenze in mare e nel deserto e il generale abbandono del popolo eritreo. Guardammo anche gli europei di calcio, e Teklia mi mostrò Alexander Isak, un giocatore svedese di origini eritree.

«Mi piace qui. Ci sono i diritti umani. Posso vivere come un cittadino svedese», disse un pomeriggio un suo amico, il cui nome significava «onda», che era passato a trovarlo a casa. Onda aveva attraversato il mare nel maggio 2017. Mi mostrò un video, girato prima del viaggio, di un gruppo di rifugiati che ballavano vicino ai camion e a miliziani armati di pistole. «Non sapevamo cosa sarebbe successo, quindi dovevamo goderci quel giorno», mi disse Onda. Per tutta la settimana precedente non avevano mangiato altro che maccheroni secchi inzuppati in acqua fredda. Indicò una donna che ballava accanto a lui nel video con indosso un *hijab* blu acceso. Era una delle cinquanta persone che erano morte durante la traversata di maggio.

Ieri sono arrivato a Toronto. Il Canada è un paese grande e pacifico e puoi trovare lavoro facilmente. Un giorno spero che mi farai visita.

A Stoccolma, la capitale della Svezia, gli ex detenuti di Zintan continuavano a vedere cose che risvegliavano in loro macabri ricordi. In testa ai treni della metropolitana lampeggiava la scritta «*mot*», che indicava la direzione di viaggio. In svedese significa «verso», ma in lingua tigrina significa «morte». «*Resa*» in svedese vuol dire «viaggio», mentre in tigrino indica un corpo morto, mi spiegò Fesseha, un uomo molto educato che intorno al collo portava una croce di legno appesa a un laccio nero.

Incontrai Fesseha insieme a Teo. Erano entrambi eritrei che avevano contratto la tubercolosi a Zintan. Erano usciti vivi dal centro per miracolo. Un pomeriggio, subito dopo il solstizio d'estate, mi portarono in un ristorante arioso che serviva cibo eritreo. Via via che i camerieri ci portavano *injera*, carne e verdure, i due mi spiegarono che cosa significava soffrire davvero la fame. Fesseha pesava 72 kg, ma a Zintan, la «Guantanamo» dei centri di detenzione, era sceso a 47 kg. Tirò fuori il telefono per mostrarmi una foto del suo viso scheletrico di allora, quasi irriconoscibile. Ricordava che in quel momento aveva tentato di sorridere; i suoi amici dicevano che avrebbe dovuto essere felice, dato che stava per essere evacuato. Io vedevo una smorfia, una fila di denti scoperti. Poco dopo, alcuni addetti dell'UNHCR avevano detto a Fesseha che avrebbe dovuto attendere ancora un anno per l'evacuazione, perché prima doveva rimettersi completamente dalla tubercolosi. Era dunque rimasto in detenzione un altro anno, chiedendosi se sarebbe morto prima della partenza.

Quando ho avuto la TB *non potevo stare in piedi, tremavo e basta.*

Teo era passato da circa 67 kg a 42. Ricordava che, durante l'intero anno trascorso a Zintan, la sua pelle era «diventata bianca» per la mancanza di sole. Era un'immagine così diversa da quella dell'uomo che mi stava davanti, intento a bere una birra in jeans e maglietta a maniche corte con disegni di angurie, mentre io faticavo a mandare giù il cibo a causa di quei racconti.

Fesseha si guardò intorno, cercando di calcolare quante persone avrebbero potuto dormire in quel ristorante di Stoccolma se fosse stato un centro di detenzione libico: circa 400 disposte su tre file, secondo lui. Ogni tanto i detenuti dividevano il materasso. «Dormiamo affollati. Non va bene per la diffusione dei microrganismi».

Parlammo anche dei tanti morti di Zintan: Fatima, che aveva perso il marito e il figlio a causa delle scarse cure mediche; Haftom, il dentista che amava scherzare; Teddy, il cui fratello era venuto a sapere del suo destino tramite Facebook. Gli occhi di Fesseha si riempirono di lacrime, disse che pensare alla Libia lo faceva «impazzire». Io chiesi scusa e dissi che potevamo parlare d'altro, ma lui ribatté che gli faceva bene, in qualche strano modo. Si era abituato a non parlare del passato perché gli svedesi non lo capivano. «La gente come loro vede solo il bicchiere, non va oltre», cercò di spiegarmi, indicando un bicchiere d'acqua posato sul tavolo di legno tra di noi. «Tutti i miei amici sono ancora in Libia. Non è solo la mia storia, è la storia dei rifugiati. Sono fortunato perché sono...». La voce gli si affievolì, e lui accennò al cibo che ci stava di fronte. «Ancora adesso sono rinchiusi nelle celle scurissime della Libia. Anche in Europa non sarebbe facile stare quattro anni chiusi in una casa. Stare in Libia è come stare in un obitorio e dormire vicino alla *mot*, perché sei pronto a morire».

La Norvegia è fredda, Sally. Troppo fredda. Ma va bene. Qui in Norvegia devi aspettare sette anni per avere la cittadinanza. La Norvegia è un buon paese, Sally, ma tutti i loro sistemi sono nella loro lingua madre. Anche la scuola. Hvordan har du det. In norvegese ci si saluta così.

Mustafa, l'infelice eritreo sudanese di Abū Salīm il cui padre aveva permesso alla fidanzata di sposare un altro per evitare il reclutamento forzato, era finito a Umeå, nel nord della Svezia. In estate lassù il sole non tramontava mai del tutto, e in inverno, con la neve che ricopriva la terra, sembrava quasi non sorgere. Mustafa aveva ormai ventisei anni, ed era tanto bello di persona quanto lo era nei selfie che mi aveva inviato. Lo vidi aspettare alla fermata dell'autobus con in mano un mazzo di garofani rosa; sull'autobus, mi confessò poi, ne aveva tirato fuori uno e l'aveva offerto a una signora più anziana con cui si era messo a chiacchierare; immagino che lei fosse rimasta incantata.

Mustafa trascorreva lunghe giornate a studiare nella più grande biblioteca del centro, dove trovava incredibile l'idea di poter prendere a prestito i libri senza pagare. Ci portò anche me, e insieme camminammo nelle sezioni dedicate al farsi, all'arabo, al somalo e alle altre lingue che ormai si potevano udire in tutta la città. In un angolo era stata allestita una mostra che celebrava le donne nel corso della storia; Mustafa ne era affascinato. La Svezia gli aveva aperto la mente a molte cose, mi disse. Stava addirittura pensando di diventare vegetariano.

Quando Mustafa era arrivato in Svezia da un campo di transito in Niger, era stato ricoverato per una settimana in ospedale perché aveva la malaria. Il personale era così gentile che aveva deciso che in futuro voleva studiare per diventare infermiere.

Ora stava di nuovo bene. Tre volte alla settimana correva per undici chilometri nei boschi, accanto al fiume che divideva in due la città. Mi portò con lui e io riuscii a resistere per tre chilometri, poi ci mettemmo a camminare e a parlare. «A volte i miracoli sono semplicemente persone buone con cuori gentili», scrisse poi su Facebook sotto una foto di noi due che sorridevamo. L'hashtag recitava «mi sento felice».

Come Teklia, anche Mustafa di notte camminava nel suo quartiere. «Non ho problemi di sonno, ho problemi di pensiero», mi disse. Insieme camminavamo molto: nelle alte foreste di abeti, o nei pressi di un lago circondato da tavoli da picnic, parchi gioco e pescatori. Mustafa voleva una ragazza, ma aveva paura di soffrire di nuovo. Un giorno mi raccontò che era diventato una persona diversa perché non riusciva più a ballare. In Sudan, nel centro di detenzione libico di Abū Salīm e anche nel campo di transito in Niger aveva ballato con gli amici, per celebrare le notizie sulle evacuazioni o per distrarsi dalle preoccupazioni sulla loro situazione. In Svezia, quando ci provava, sentiva il corpo troppo pesante.

In Libia Mustafa stava spesso in silenzio e aveva imparato a giudicare le persone in fretta: un'abilità necessaria per sopravvivere. In Europa questo lo aveva spinto a tagliare velocemente i rapporti con potenziali amici. Allora aveva cominciato ad andare da uno psicologo, pagato dal governo svedese, che gli insegnava una serie di tecniche con cui gestire le situazioni in cui si sentiva a disagio o in ansia. Stava anche reimparando quanto fosse importante dare una seconda possibilità alle persone («magari hanno una giornata storta», mi spiegò).

In una strada del centro illuminata dal sole estivo, Mustafa si imbatté in un altro eritreo di Abū Salīm. Nel centro non si conoscevano per nome ma si erano scambiati i numeri, dicendosi che un giorno avrebbero potuto incontrarsi. Sembrava una straordinaria coincidenza che fossero finiti nella stessa città della Svezia per ricominciare le loro vite, ma quel genere di incontri fortuiti era comune fra i rifugiati, che passavano tanto tempo in viaggio incontrando molte persone diverse ed erano abituati a riconoscersi in qualsiasi ambiente.

La Svezia pareva un paese accogliente, ma si notavano segni di tensione. Nella scuola di lingue, un edificio imponente del centro città, io e Mustafa ci mettemmo a chiacchierare con il suo insegnante, il quale temeva che il partito di estrema destra avrebbe guadagnato terreno nelle elezioni che si sarebbero tenute l'anno successivo.[10] Al solito, la questione dell'immigrazione veniva usata come terreno di scontro politico. «Non tutti qui vogliono i rifugiati», disse l'insegnante. Più tardi quello stesso giorno, mentre ero a una fermata dell'autobus, mi misi a parlare con un politico locale, un uomo dai capelli grigi proveniente dalla Somalia, che espresse preoccupazioni simili.

Molti svedesi citavano la vicina Danimarca, il cui parlamento aveva appena approvato una legge per poter deportare i richiedenti asilo in un altro paese – tendenzialmente in Africa – dove la loro richiesta sarebbe stata valutata.[11] L'UNHCR definì quella legge «una spaventosa corsa al ribasso», e alla fine anche l'Unione africana l'avrebbe condannata, dichiarando che «simili tentativi di arrestare l'immigrazione dall'Africa all'Europa [sono] xenofobici e del tutto inaccettabili».[12] Il ministro danese per l'Immigrazione e l'Integrazione, Mattias Tesfaye, lui stesso di origini etiopi, giustificò le azioni del suo governo dicendo che si trattava di un tentativo di contrastare il traffico di esseri umani, ma la prima ministra danese, Mette Frederiksen, dichiarò che voleva vedere «zero richiedenti asilo» in futuro.[13]

La Danimarca non era certo l'unico paese europeo a stringere le morse di sistemi studiati per risultare ostili ai rifugiati e tenerli alla larga. Quando i talebani ripresero il controllo dell'Afghanistan, nell'agosto 2021, i discorsi contro i rifugiati presero ancora più piede. Mentre sui social si diffondevano le immagini virali degli afghani che morivano cadendo dalle ruote degli aerei militari a cui si erano aggrappati, spinti dal disperato desiderio di farsi trasportare in un luogo sicuro, il presidente francese Emmanuel Macron parlò della necessità di «prevenire e proteggere [la Francia] da un'ondata di migranti».[14] Il giorno dopo, la Commissaria europea per gli affari interni Ylva Johansson disse che, fermo restando il suo invito agli stati europei a incrementare le rispettive quote per i reinsediamenti, era importante «impedire che le persone si dirig[esser]o verso l'Unione europea percorrendo rotte pericolose, irregolari e incontrollate gestite dai trafficanti».[15] Si tornò anche a richiedere l'intervento dei paesi più poveri. Gli Stati Uniti addirittura chiesero all'Uganda di ospitare 2000 afghani per conto loro, assicurando che sarebbe stata una sistemazione temporanea.[16] E mesi dopo essersi impegnato ad accogliere 20 000 afghani, il governo del Regno Unito ammise di non sapere quando sarebbe iniziato il proprio programma di reinsediamento.[17]

Una nuova legge approvata dallo stesso governo britannico stabiliva che chiunque fosse entrato nel paese senza permesso avrebbe commesso un reato, cosa che avrebbe costituito un fattore decisivo nella valutazione della successiva richiesta di asilo.[18] Le organizzazioni umanitarie accusarono le nazioni occidentali di seguire l'esempio dell'Australia, che da tempo rinchiudeva in via definitiva i rifugiati in strutture di detenzione inospitali situate al largo della costa.[19]

Mi sono trasferito in Finlandia quattro mesi fa. Ohh, fa tanto freddo, cara, ma sto cercando di adattarmi. All'inizio ho passato un brutto momento. Neanche riuscivo a dormire per il cambiamento di clima.

Sulla Bachelors Walk, il lungofiume nel centro di Dublino, mi sedetti su una panchina di legno insieme a Hibaq. In una carrozzina nera accanto a noi c'era la sua bimba di otto mesi, Maida, che gorgogliava felice nella sua tutina a strisce con un copricapo di perline in testa. Alla nostra destra vedevamo l'Ha'penny Bridge, il celebre ponte pedonale che compare in tante cartoline irlandesi. Di fronte a noi, sul Liffey, pagaiavano file di uomini in kayak arancioni. Il sole picchiava.

Hiqab era scappata da al-Shabaab in Somalia e aveva trascorso due anni in Libia. Era sopravvissuta al bombardamento del centro di Tajoura e aveva partecipato alla grande marcia verso la Struttura di raccolta e partenza dell'UNHCR; poi, la sua richiesta di evacuazione era stata respinta. Alla fine del 2019, mentre io mi trovavo sulla *Alan Kurdi*, lei e il marito erano stati salvati da un'altra nave di soccorso. Era la terza volta che tentavano di attraversare il mare. L'anno seguente erano stati curiosamente trasferiti dall'Italia all'Irlanda.

Quando ci incontrammo, nell'agosto 2021, la sua famiglia alloggiava in una stanza singola di un ostello che occupava una serie di edifici.

Secondo Hibaq c'erano circa duecento residenti, il che aveva reso piuttosto difficile rispettare le disposizioni emanate nel periodo di massima diffusione del Covid, quando erano stati tutti invitati a limitare i contatti con gli altri ospiti. Dal momento che di recente la loro condizione di rifugiati era stata ufficialmente riconosciuta, Hibaq e la sua famiglia volevano cercare una nuova sistemazione, ma, a causa della crisi immobiliare che aveva colpito Dublino, trovare un posto adatto era quasi impossibile. Hibaq – che aveva le unghie dipinte di rosso e indossava una mascherina con la scritta «balla tutti i giorni» – aveva piccoli obiettivi. Voleva cominciare a frequentare un corso di lingua inglese, iscriversi in una palestra per mettersi in forma, e magari, in futuro, studiare per assistere le donne durante la gravidanza e il parto. Mentre parlavamo, accennò diverse volte al dolore che aveva provato quando aveva perso il suo primo bambino, che era nato morto in Libia. Nei centri di detenzione, mi spiegò, l'assistenza medica per le donne incinte era quasi inesistente. Nonostante tutto quello che aveva passato, ora la aspettava una lunga vita. Aveva soltanto ventidue anni.

Via via che incontravo gli ex detenuti dei centri libici, loro mi raccontavano che cosa era capitato alle altre persone con cui ero entrata in contatto. Helen e Birhan, che nel 2018 avevano avuto una figlia – Ikram – ad Abū Salīm, mentre fuori infuriava la guerra, erano poi stati trasferiti in Canada. La neonata era diventata una bimba sana che faceva grandi sorrisi e amava ballare di fronte alla televisione. Qualcuno mi diede il numero di Birhan, e parlammo al telefono. «Mi ha cambiato la vita», disse lui con orgoglio mentre Ikram faceva versi in sottofondo. «È più intelligente della media. Gioca con me tutto il tempo [...]. Ti voglio bene, tesoro», aggiunse, rivolto alla figlia. Una volta cresciuta le avrebbero raccontato la storia di come era venuta al mondo; di com'era stata coraggiosa sua madre; e di quante persone avevano pregato per la sua sopravvivenza.

Per ogni risvolto positivo, ce n'era uno negativo. Mi ricordai delle traversie di un'altra detenuta di Abū Salīm, a cui erano state inferte scosse elettriche su un seno perché si era ribellata alla tentata violenza di un trafficante e che da allora si era lamentata di dolori fortissimi. Era annegata nel 2020, nel corso dell'ennesimo tentativo di attraversare il mare.

Non è fortunata, è morta l'anno scorso.

Venni anche a sapere che erano morte almeno due delle ventidue persone imprigionate nei sotterranei di Triq al-Sikka in seguito alle proteste del febbraio 2019.

Come i viaggi, neppure gli arrivi erano semplici. Cominciai a notare alcuni schemi fissi. I rifugiati che arrivavano in Europa spesso si sentivano tremendamente soli e soffrivano di depressione. C'erano giornate in cui non si alzavano mai dal letto, e dovevano fare notevoli sforzi per cominciare a interagire con le società poco familiari di cui ormai facevano parte.

Molti riducevano al minimo i contatti con gli amici rimasti in Libia, perché erano dolorosi e perché ascoltare le storie dei continui abusi li sfiancava. I social media contribuivano a quell'angoscia. Ogni tanto, chi arrivava in Europa cancellava tutti i suoi account o cambiava il nome del profilo, in modo da diventare introvabile. Qualcuno non ce la faceva a mantenere i rapporti con le persone che aveva conosciuto in passato, mentre altri si sentivano in dovere di pubblicare foto che mostravano com'era bella la loro nuova vita, per rassicurare i parenti che avevano fatto tanti sacrifici per loro. Qualcuno mi confessò preoccupato che controllava in maniera ossessiva gli aggiornamenti dai luoghi che si era lasciato alle spalle.

Tantissime persone passano il tempo a guardare TikTok, YouTube, Facebook, così non riescono a gestire il tempo come si deve e non dormono abbastanza.

Tutti quelli che incontravo di persona dicevano di fare fatica a rapportarsi con i nuovi concittadini, perché sentivano che nessuno di loro aveva davvero idea di che cosa fossero le difficoltà. Molti rifugiati in Svezia erano stupiti dal grande riguardo che gli svedesi mostravano verso i cani, e da come questo fosse in netto contrasto con la scarsa considerazione riservata agli esseri umani ai confini dell'Europa. «Un passo dopo l'altro», si ripeteva sempre Mustafa quando pensava a integrarsi nel suo nuovo paese.

Sono in Svizzera. Sono davvero depresso qui. Appena risolvo la questione del lavoro me ne vado da questo paese. Vorrei dire alla gente: non lasciatevi ingannare dalla bellezza esteriore, perché alla fine non importa quello che fate, siete solo un ingranaggio in una macchina.

Mi informai meglio sul trauma e sui suoi effetti a lungo termine. Secondo gli esperti, i sopravvissuti possono avere difficoltà a vivere nel presente, perché dedicano ogni energia a far tacere il proprio tumulto interiore. Ciò accade soprattutto se non hanno potuto intraprendere azioni decisive per proteggersi al momento dell'esperienza traumatica,[20] per esempio perché rinchiusi in un centro di detenzione, come i rifugiati e i migranti in Libia, o perché alla mercé di uomini armati che li trattavano come un gregge di pecore. Il trauma condiziona la capacità di funzionare del cervello. I ricordi sono compromessi, così come la facoltà dell'immaginazione. Le persone particolarmente traumatizzate possono avere l'impressione che il legame tra mente e corpo sia stato interrotto del tutto. La vita non è facile per chi ha patito così tante traversie. Era evidente per tutti quelli a cui facevo visita.

Niente è peggio del passato.

La manifestazione più ovvia del trauma erano i disturbi del sonno. Non so di nessun rifugiato che riesca a dormire bene. In tutta Europa si trascorrono notti insonni, con incubi, occhi rossi e pensieri intrusivi. All'impatto del trauma si aggiunge il cambiamento di cultura. Le società africane sono incentrate sulla comunità, dunque era possibile che i sopravvissuti della Libia non avessero mai mangiato un pasto da soli o vissuto senza la loro famiglia. Perfino il clima può essere motivo di shock: la maggior parte dei rifugiati è abituata al sole e durante gli inverni europei rischia di risentire gravemente del disturbo affettivo stagionale. I casi di suicidio sono frequenti, ma in genere non fanno notizia. Tra il 2017 e il 2019, il Regno Unito fu teatro di una serie particolarmente devastante di morti quando quattro amici eritrei, tutti adolescenti, si uccisero nel giro di sedici mesi dal loro arrivo nel paese.[21]

Durante i lunghi viaggi verso la salvezza, i migranti devono coltivare la speranza, perfino l'illusione, che la vita sarà più facile una volta arrivati a destinazione. La realtà dell'arrivo, però, è spesso diversa.

I rifugiati possono rimanere anni in attesa di un permesso di soggiorno in Europa. Il processo di richiesta di asilo è estenuante. E li blocca nella posizione di vittima, costringendoli a riferire tutte le brutture, le peripezie e le difficoltà, le violenze e gli abusi. Rivivono ogni cosa durante le valutazioni e gli appelli, quando devono affrontare l'incredulità e le domande invasive degli altri, mentre invece preferirebbero andare avanti con la loro vita. La stessa parola «rifugiato» non piace a molte delle persone che riescono a mettersi in salvo. L'avvocato britannico Simon Cox ha suggerito che le prime convenzioni internazionali avrebbero dovuto parlare di «individui o persone nella condizione di rifugiato».[22] Nessuno dovrebbe essere definito per sempre dalla cosa peggiore che gli o le è capitata.

Al di là del processo legale, i nuovi arrivati devono scontrarsi con razzismo e xenofobia, confusione sulle abitudini locali e problemi di linguaggio, perché anche chi parla correntemente la lingua d'adozione fa fatica a coglierne i sottotesti e lo slang. E poi ci sono continui segnali – reali e presunti – che ricordano loro come potrebbero perdere tutto in qualunque momento.

Chi si costruisce una vita in Europa si chiede che impatto avranno le sue esperienze sui suoi discendenti. La questione della trasmissibilità del trauma è ancora oggetto di studio, ma le ricerche suggeriscono che fra i figli e i nipoti dei rifugiati i meccanismi di gestione delle crisi e i disturbi mentali – fra cui la difficoltà a fidarsi delle persone, la bassa autostima, l'ansia, i problemi di concentrazione e i timori riguardo al futuro – siano presenti in misura maggiore rispetto alla media.[23] Inoltre, la storia dimostra che le persone che migrano dopo essere sopravvissute a qualcosa di terribile spesso non rivelano nulla del proprio passato. È necessario assimilarsi, integrarsi e dimenticare.

Epilogo
Lussemburgo: Essey

«Non ha senso cercare rifugio in una caverna dopo la pioggia».
Proverbio eritreo

Essey non aveva avuto vita facile da quando era arrivato in Italia. Cominciò quindi a domandarsi se quello fosse il posto giusto per lui. Mi chiese diverse volte che cosa avrebbe dovuto fare, e io rispondevo che non ero autorizzata a dare consigli; stava a lui prendere le decisioni. Altri rifugiati gli avevano scritto per messaggio che in Italia avevano visto immigrati e neri che dormivano per strada; Essey non voleva che quella diventasse la sua vita. Dopo qualche giorno di visite mediche, se ne andò dalla casa in cui lo avevano sistemato.

Trascorse qualche giorno a Roma, in un edificio abbandonato che era stato occupato da un gruppo di eritrei. Gli consigliarono tutti un percorso diverso, a seconda della destinazione che si erano prefissati: il Regno Unito, la Germania, la Scandinavia.

Essey aveva scelto la Francia. Prese un autobus per Ginevra, poi un treno per Parigi, dove venne ospitato da un amico di un amico. Poi cambiò idea e decise di andare in Lussemburgo, perché aveva sentito dire che lì i rifugiati venivano trattati bene.

Chiedi a tutti quelli che incontri «dov'è migliore la vita? Com'è la vita qui, dovrei richiedere asilo qui?»

Quando arrivò in Lussemburgo, si avvicinò a un gruppo di persone nei pressi della stazione e domandò dove doveva andare per richiedere asilo nel paese. Due uomini gli indicarono un autobus e gli dissero a quale fermata scendere e in quale edificio entrare per registrarsi e richiedere la protezione internazionale.

Poco tempo dopo, salii su un volo Ryanair da Dublino. Partimmo in leggero ritardo, e scrissi a Essey dall'aereo. Mi mandò una foto in cui sorrideva con le braccia spalancate, in piedi in un campo d'erba con alle spalle quello che sembrava un castello. Mi avvisò che lì faceva caldo, «come in Libia». Almeno 36 gradi, disse qualcuno sull'aereo.

Parlammo di che cosa avremmo fatto al mio arrivo, e lui disse che poteva andare ovunque, a patto di rientrare per mezzanotte. Mi chiese se avevo altri amici in Lussemburgo con cui visitare le attrazioni principali. «Ci sono molti turisti in questo paese. Ma io non sono un turista. Sono un rifugiato, non posso fare queste cose».

I bambini seduti in fondo si misero a gridare quando l'aereo decollò al di sopra dei campi irlandesi, ingialliti da un'estate insolitamente calda. Ci lanciammo in avanti, oltrepassando il mare d'Irlanda. Pensai, come sempre, a quanto eravamo fortunati noi che avevamo libertà di movimento grazie al luogo in cui il destino ci aveva fatto nascere.

Mentre l'aereo si sollevava in aria, arrivò la conferma che Boris Johnson era il nuovo primo ministro britannico; durante la sua campagna elettorale, Johnson aveva promesso di usare il pugno di ferro contro gli immigrati che «abusavano» dell'«ospitalità» del Regno Unito.[1] Nei giorni seguenti i leader anti-immigrazione di tutto il mondo si congratularono con lui, e l'allora presidente degli Stati Uniti Donald Trump lo definì «duro e intelligente [...] il Trump britannico», destinato a fare «un ottimo lavoro».[2]

Mi tornò in mente quello che mi aveva detto Essey. Anche se lui ormai era in Europa, pensava ancora agli amici deceduti e alle loro illusioni. Gli orrori a cui aveva assistito lo avrebbero accompagnato per sempre. Essey sentiva che quelle morti erano state inutili; non capiva perché la politica europea stesse contribuendo a quel livello di sofferenza, quando l'Europa avrebbe dovuto rappresentare i diritti umani. Non comprendeva perché le Nazioni Unite non potessero entrare nei centri di detenzione nei momenti critici, visto che avrebbero dovuto proteggere i rifugiati.

Più che all'ONU, attribuiva la sua fuga dalla Libia a Dio e agli auguri di sua madre. «Mamma mi ha detto che ha visto un sogno per me», mi aveva scritto un giorno. «Sai che la maggior parte delle volte che mi capita qualcosa di bello o di brutto lei lo vede nei sogni. E l'ultima volta quando ha visto questo sogno è andata in chiesa e ha pregato molto per me. Lo ha visto prima che sono uscito. E adesso è molto felice».

Lo vidi fuori dal mio hotel mentre premeva il campanello per entrare.

Era la prima volta che ci incontravamo di persona e parlammo per più di dieci ore. Essey era un ragazzo snello con i capelli scuri e ricci che stava lasciando crescere. Aveva una presenza calma e un sorriso lento ma ampio. Girammo per la città di Lussemburgo e nei dintorni, passeggiando in un enorme parco verde circondato da scarpate e antichi castelli. Ci mettemmo a sedere su una panchina, osservando i bambini che giocavano su una grossa nave di legno incuneata nella sabbia e la gente del posto lì intorno che prendeva il sole in costume. Poi tornammo alla reception dell'hotel, che aveva l'aria condizionata, e poi ancora al centro di accoglienza in cui alloggiava lui. Verso sera ordinammo una birra piccola a testa e ci sedemmo a un tavolo in strada, sotto a due uomini dai capelli ingrigiti che si sporgevano dalla ringhiera di un balcone, osservando distrattamente la vita.

Guardai il viso di Essey, a volte così infantile da cogliermi alla sprovvista, pronto a sorridere ma con lo sguardo che in un istante diventava tagliente. Si comportava come qualcuno che fosse capace di rendersi invisibile. Essey era chiaramente un pacificatore, anche se lui diceva di essere irascibile. Sapeva già muoversi nella città e se la cavava benissimo con il sistema dei trasporti pubblici, il Wi-Fi gratuito e le cartine.

Non gli piaceva più andare in macchina. Camminava nel parco per avvertire lo spazio aperto intorno a sé. Era una conseguenza degli anni di prigionia. Quando sentiva il rumore di una porta che sbatteva o un cane che abbaiava, sobbalzava. Qualche giorno prima del nostro incontro c'erano stati i fuochi d'artificio in occasione di un festival cittadino, e lui era corso fuori, pensando che fossero armi pesanti e cercando di calcolare quanto potesse essere distante il missile.

Essey non mangiava molto. Gli mancava l'accalcarsi dei compagni ad Abū Salīm, dove sei persone condividevano un'unica ciotola e ognuno arraffava tutto il cibo che riusciva a inghiottire prima che finisse.

Non raccontava agli amici che erano ancora nei centri di detenzione come andava la sua vita. Si sarebbero depressi, chiedendosi perché loro stavano ancora soffrendo, perché non era ancora arrivata la loro occasione. «Sono umani, hanno sentimenti. Siamo arrivati lì insieme, dalle stesse città, abbiamo la stessa età. Uno ha avuto fortuna», mi disse.

Nella settimana in cui ci incontrammo, un rifugiato eritreo che viveva in Lussemburgo si uccise; chi lo conosceva ipotizzava che fosse caduto in depressione dopo che la moglie lo aveva lasciato. Mentre camminavamo per la città, sembrava che Essey conoscesse molte persone. In Libia aveva smesso di parlare con i nuovi arrivati, perché provava troppo dolore quando poi se ne andavano o sparivano. In Lussemburgo stava di nuovo diventando socievole, ma la vita rimaneva difficile. Aveva perfino fatto amicizia con un vicino libico, che preparava una buona torta di biscotti. «Ho molti amici che vengono dalla Libia», mi disse. «Non voglio incolparli di tutto. Anche il mio amico [dice per scherzo] che sono libico, perché parlo arabo con l'accento libico».

Il mio ultimo giorno, Essey mi accompagnò all'aeroporto e mi aiutò a fare il check in. Un'ora dopo, mentre salivo sull'aereo che mi avrebbe riportata a casa, lessi che altre 150 persone erano annegate in un naufragio al largo della costa libica.

Durante quel viaggio in Lussemburgo scoprii qualcosa di nuovo: anche se i primissimi messaggi che avevo ricevuto dalla Libia erano stati firmati da qualcun altro, era stato Essey a comporli. In detenzione aveva aiutato gli amici che parlavano tigrino a scrivere in inglese e aveva tenuto nascosto il cellulare, controllando le risposte. In occasione di uno degli anniversari della prima volta che mi avevano contattata, Essey mi scrisse: «Non è un brutto ricordo», riflettė. «Tutto, quando passa, è solo una bella storia che ti insegna tante cose. Forse oggi proverò a scrivere qualcosa su quel giorno e dopo te [lo] manderò. Perché quello è stato il primo giorno in cui abbiamo cominciato a lottare e a sperare».

La coscienza umana è piena di racconti di viaggio epici. Oggi assistiamo a dimostrazioni di eroismo, coraggio e sacrificio senza precedenti. Ma che cosa succede dopo? Nella Bibbia, Mosè muore alla vista della Terra Promessa, il luogo in cui il suo popolo potrà finalmente sentirsi al sicuro.

Per mesi o anni, i corpi dei migranti vengono stipati gli uni contro gli altri, e le loro vite dipendono da altre vite. Ognuno diventa merce, un pezzo di carne, un essere che perde umanità quando non riesce più a riconoscere l'umanità di chi gli sta intorno. Al termine di quell'esperienza traumatica e totalizzante, tutti si disperdono; qualcuno approda in un paese sicuro, qualcuno si ritrova in un campo profughi o in prigione, altri tornano nei paesi da cui avevano tentato di scappare e altri ancora finiscono sepolti. Questo produce una particolare forma di isolamento che è inimmaginabile.

«Non c'è nessun posto dolce come la casa», diceva Essey. «Per me la casa non è solo un posto, è la società, la famiglia, gli amici. Nella vita della migrazione incontri ogni giorno nuove persone con nuovi comportamenti, quindi non riesci ad avere amici veri. Non mi sento solo, perché conosco tante persone, ma il problema è la separazione. Alcuni di noi sono in Europa. Alcuni in Niger, negli USA, in Libia, e alcuni, come Meri, sono sottoterra. Te l'ho detto, sorella, prima in Libia stavo per morire. Grazie ai miei amici che erano con me sono qui, vivo. È molto buffo quando parliamo del passato. Parliamo due o tre volte alla settimana. Anche io che sono libero, la mia mente non ha ancora raggiunto la sua meta».

Un giorno Essey mi mandò su Messenger un'immagine di Heath Ledger nei panni del Joker, il cattivo di Batman, accompagnata da una scritta che diceva: «Sorridi. Sei vivo. Hai delle opzioni». L'immagine faceva paura. «Anche la vita faceva paura», mi rispose Essey quando glielo dissi. «Sai quanto ringrazio Dio che sono uscito vivo? Questa è la mia frase oggi».

La storia è scritta dai vincitori. Le vittime che sopravvivono spesso non hanno la forza di prendere la parola e riscrivere le narrazioni, oppure non hanno le giuste conoscenze per assicurarsi che le loro voci vengano ascoltate. Ci sarà mai un museo che ricorderà tutti quelli che sono morti nel Mar Mediterraneo o in Libia? E dove verrà costruito? In Europa? In Africa?

Le storie sono qualcosa di molto potente. Alcune ingiustizie vengono amplificate e utilizzate per legittimare futuri orientamenti, per giustificare una visione del mondo. Altre vengono messe a tacere. Se i rifugiati in Europa devono integrarsi, non possono esprimere in continuazione il loro risentimento, devono nasconderlo. Quali falsità li stiamo costringendo a ripetersi perché possano continuare a vivere? Che cosa significa questo per il futuro delle nostre società?

Per un certo periodo sembrò che il numero di rifugiati diretti in Libia, pronti a rischiare la propria vita, fosse diminuito. Poi, alla fine del 2020, scoppiò la guerra nel Tigray, nel nord dell'Etiopia. Dal Lussemburgo, Essey passava in rassegna le notizie sul suo telefono, sconvolto, mentre il primo ministro etiope Abiy Ahmed, già vincitore del premio Nobel per la pace, lanciava un'offensiva militare contro il governo regionale. Anche l'Eritrea venne coinvolta, e i leader del paese ordinarono alle reclute di riversarsi oltre il confine. I soldati eritrei ed etiopi vennero accusati di stupri di massa, carneficine e altri crimini di guerra, al pari dei ribelli contro cui combattevano.[3] Decine di migliaia di civili etiopi scapparono nel Sudan orientale. I campi profughi del Tigray, che avevano offerto un rifugio precario a tutti gli eritrei in fuga da una coscrizione simile alla schiavitù, vennero saccheggiati e distrutti. Quasi 100 000 rifugiati furono catturati o nuovamente dislocati.[4] Sette mesi dopo l'inizio della crisi, almeno 350 000 etiopi erano stati colpiti dalla carestia.[5] I trafficanti riferirono che un numero di persone mai visto prima si stava dirigendo verso la Libia; erano così tante che il paese sarebbe riuscito a malapena a contenerle.[6]

Adesso era Essey a monitorare da una comoda distanza le violazioni dei diritti umani. «Prima lo vivevo, adesso lo osservo», mi disse. Toccava a lui rendersi conto dell'entità dell'abisso che separa gli inconsapevoli privilegiati da chi è sotto attacco, il divario tra chi presta attenzione e chi non ha bisogno di farlo.

Nota dell'autrice

Quando ero ancora una studentessa, visitai il campo di concentramento di Auschwitz, in Polonia. Mentre camminavamo fra i mucchi di pettini, scarpe e capelli e le altre tracce di persone brutalmente uccise,[1] chiesi alla guida se trovava difficile doversi scontrare giorno dopo giorno con la crudeltà umana. Mi rispose che la cosa difficile non era vedere i segni della sofferenza, ma fare attenzione a non diventarne immune.

In Europa veniamo continuamente aggiornati sui naufragi nel Mediterraneo e sulle torture e gli abusi perpetrati ai confini del mondo ricco. Quanto spesso avete cliccato da un'altra parte, chiuso la pagina, cambiato canale? Fino a che punto siamo diventati immuni alla distruzione della vita e al costante fallimento dell'umanità nel porvi rimedio?

Credo di aver sempre voluto diventare una giornalista. Quando ero ragazzina mi interessavano le storie di paesi lontani. Storicamente, gli irlandesi sono migranti, e quando mi laureai, nel 2013, lo diventai anch'io. La recessione globale aveva colpito duramente l'Irlanda, così mi trasferii a Londra – che mi pareva una città aliena in un luogo ignoto – sperando di trovare lavoro.

All'epoca non capivo che c'erano diverse categorie di stranieri. C'erano i migranti economici (come me), i rifugiati, i richiedenti asilo e i residenti stranieri (o «expat», una parola che ho sentito pronunciare in parecchi paesi africani, dove indica invariabilmente un bianco). Di solito a fare la differenza è il livello di privilegio immeritato. Non posso immaginare che cosa significhi emigrare in seguito a un trauma estremo e collettivo, o lasciare all'improvviso il luogo in cui la propria famiglia ha sempre vissuto, sapendo che forse non si tornerà mai più.

Ho cominciato ad appassionarmi e a scrivere di migrazioni e rifugiati nel 2015, l'anno in cui più di un milione di persone ha attraversato il Mar Mediterraneo per arrivare in Europa.[2] All'epoca, il direttore del giornale per cui lavoravo a Londra mi suggerì di andare a Calais, nella Francia settentrionale; a detta di David Cameron, allora primo ministro del Regno Unito, «sciami» di migranti si stavano radunando laggiù «sperando di raggiungere la Gran Bretagna in cerca di una vita migliore».[3] Chi erano queste persone?, ci chiedevamo noi. Quando arrivai a Calais trovai uomini, donne e bambini che avevano già fatto sacrifici impensabili e dovevano proseguire il viaggio per ragioni facilmente comprensibili. Un uomo di cui mi ricorderò sempre aveva una malattia terminale. I suoi parenti vivevano a Manchester, e lui sapeva che gli sarebbe servita l'assistenza quotidiana che loro potevano offrirgli. Non stava viaggiando per ottenere una qualche prestazione previdenziale, ma per raggiungere una comunità di cui aveva un disperato bisogno: un gruppo di persone che poteva evitargli di diventare un «peso» per lo stato.

La migrazione forzata è un'esperienza di grande solitudine. Le famiglie possono finire divise per caso, oppure scegliere di separarsi dopo aver valutato gli eventuali rischi e i costi. Tutte vogliono assicurarsi maggiori possibilità di raggiungere insieme un posto sicuro, ma non sempre possono permetterselo, e non sempre ci sono i presupposti legali per una riunificazione. Chi si sposta da solo deve prendere decisioni difficili in continuazione, sapendo che alla fine, nel mondo, tutto dipende dalla fortuna e dai soldi. Queste persone devono sopportare una fortissima pressione, perché sono consapevoli che la riuscita del viaggio potrebbe cambiare per sempre la vita delle loro famiglie, mentre il fallimento potrebbe distruggerla completamente.

Il fatto di possedere un determinato passaporto è un privilegio che mi permette di spostarmi con una facilità inconcepibile per la maggior parte delle persone che intervisto. Quando ho cominciato a scrivere questo libro mi ero appena trasferita dal Regno Unito all'Uganda. Anche in Africa, in Medio Oriente e in Asia, un europeo di solito può muoversi più facilmente rispetto a un abitante del posto. Ho potuto visitare famiglie lacerate dalla guerra o dalle persecuzioni, trascorrendo del tempo in paesi diversi con persone imparentate che magari non si vedevano di persona da anni. Rimango sempre molto colpita dalla loro cortesia. Ricordo la madre che mi ha preparato un banchetto di *fatoush* e *warak enab* a Damasco mentre chiacchieravamo su Skype con il figlio che si trovava a Londra; il fratello di un eritreo, rinchiuso in un centro di detenzione in Libia, che mi ha offerto una birra a Kampala; le sorelle di Addis Abeba, che mi hanno riempita di dolci e regali. Ero stupita dalla loro gentilezza e dal calore che mi dimostravano, perché sapevo che avrebbero dato qualunque cosa perché al posto mio ci fosse il loro congiunto.

Ho incontrato anche risentimento. Via via che i mesi diventavano anni, alcuni dei contatti che mi fornivano prove concrete di quanto accadeva nei centri di detenzione notavano giustamente che io stavo ricevendo premi, inviti a conferenze o altre onorificenze. La mia carriera avanzava, e loro rimanevano bloccati nello stesso posto senza ottenere grandi vantaggi. È qualcosa che ha tormentato anche me. Ho scritto diversi articoli, ma ho anche aiutato qualche detenuto a pubblicare i suoi pezzi. E spero che nei prossimi anni molti altri avranno l'opportunità di raccontare la loro storia.

In alcune occasioni, il rapporto che si instaura tra i giornalisti e le persone in difficoltà mi ha messa a disagio. Nel 2015, a Calais, dopo un appostamento durato diverse ore, un fotografo inglese mi chiese di lanciare dolci ai rifugiati che erano nascosti fra i binari del treno sotto di noi, sperando che corressero fuori per poterli fotografare (mi rifiutai). Nella medesima occasione, un altro giornalista mi raccontò di essere stato uno dei primi stranieri a documentare la situazione in Africa occidentale durante l'epidemia di ebola del 2014. Ricordo di essermi indignata quando disse di aver «banchettato» su quel servizio.

Ho letto *The Bang-Bang Club*, il libro che descrive le varie questioni etiche con cui dovettero confrontarsi i fotoreporter negli anni del regime di *apartheid* in Sud Africa. Vi si racconta anche la storia di Kevin Carter, il quale si uccise poco dopo aver vinto il Premio Pulitzer per una fotografia che raffigurava un bimbo sudanese mezzo morto di fame e un avvoltoio che, sullo sfondo, lo stava puntando.[4] Gli stessi giornalisti possono essere avvoltoi. Credo davvero nella mia professione, e sono convinta che sia importante rendere pubbliche le informazioni fattuali, ma mi chiedo di continuo se sto facendo la cosa giusta. Cerco di procedere con attenzione e di mostrarmi rispettosa verso le persone con cui parlo, ma esiste sempre uno squilibrio di potere.

Ci sono storie che non ho potuto inserire in questo libro, anche se avrei voluto, e persone che non ho mai nominato ma che avrebbero meritato di essere ricordate. In alcuni casi me lo hanno chiesto le famiglie, che magari stavano nascondendo la verità ad altri parenti. In tutta l'Africa orientale e occidentale ci sono madri e padri che non sapranno mai che i bambini a cui hanno dato vita, che hanno cresciuto e amato, sono morti; o nonni che vengono falsamente rassicurati a proposito delle vite appaganti e felici di nipoti lontani, i quali sarebbero semplicemente troppo impegnati per chiamarli.

Anche quando gli intervistati sono disposti a parlare, il dialogo con qualcuno che ha vissuto esperienze strazianti è sempre complicato. Ci sono cose che queste persone non si sentono in grado di raccontare perché non vogliono riviverle. Ci sono cose che non vogliono raccontare perché se ne vergognano. E poi ci sono cose che non hanno capito neppure loro, ai tempi in cui le hanno vissute o perfino anni dopo.

Da parte mia avvertivo la pressione di dover rendere questo reportage «digeribile» ai lettori occidentali con una bassa soglia di attenzione. Quando cominciai a parlare con gli agenti letterari, le loro risposte furono sconfortanti. Mi dicevano che dovevo scrivere un saggio polemico in cui mi dichiaravo a favore dell'apertura dei confini già dai primi paragrafi, oppure volevano che romanzassi tutte le vicende perché fossero più facili da seguire. Un agente mi spiegò che la narrazione non era «avvincente» e che non avrei mai potuto competere con Netflix e con opere come *Gone Girl*, il romanzo bestseller da cui è stato tratto un film; mi suggerì poi di creare un «personaggio composito» e di concentrarmi su un unico centro di detenzione in Libia senza fare nomi, altrimenti il pubblico non avrebbe voluto leggere il libro. Io invece volevo scrivere un pezzo di giornalismo, per documentare questo specifico periodo di tempo e questo vergognoso episodio della storia europea.

Una delle maggiori sfide che l'umanità dovrà affrontare nel XXI secolo sarà la gestione delle migrazioni. E non è tanto una questione di spazio, quanto di avidità umana. Al momento, i paesi in via di sviluppo ospitano circa l'87% dei rifugiati del mondo.[5] Più di mezzo secolo dopo che la maggior parte dei paesi africani ha ottenuto l'indipendenza, il mondo è ancora diviso, e lo spettro del colonialismo continua ad aleggiare. Le fatiche quotidiane con cui gli abitanti di una larga parte del pianeta devono cimentarsi per potersi procurare del cibo contrastano grottescamente con gli standard di vita di altre regioni.

Perché agli europei importa così poco, quando i bambini neri muoiono nel Mediterraneo? Quante sofferenze deve patire un essere umano per poter essere considerato uguale agli altri? Mentre i testi di storia europei sorvolano sull'eredità del colonialismo, molti africani crescono sentendo parlare degli ex coloni che li hanno derubati della loro ricchezza.

Nel corso del XX secolo la popolazione mondiale è esplosa, passando da 1,6 miliardi a 6 miliardi di persone. I paesi occidentali al momento stanno invecchiando, perché i loro abitanti fanno meno figli. Di questo fatto i media hanno scritto e parlato moltissimo; un articolo del 2021 apparso sul «New York Times», per esempio, prevedeva che molti reparti di maternità in futuro sarebbero stati chiusi, che non ci sarebbero stati abbastanza studenti nelle università e che «i primi compleanni [sarebbero diventati] molto più rari dei funerali».[6] D'altro canto, si calcola che per il 2050 la popolazione africana sarà raddoppiata. Eppure i dibattiti sulla fertilità che coinvolgono i paesi più ricchi in genere considerano l'Africa come una nota a margine, tanto da suggerire che i governi occidentali dovrebbero introdurre incentivi per la maternità, invece di riesaminare le politiche sulla migrazione, che potrebbero concedere a un maggior numero di giovani africani l'accesso alle opportunità che tanto desiderano.

Anche il cambiamento climatico provocherà nuove migrazioni. Secondo uno studio del 2020 firmato da un gruppo internazionale di scienziati, nel 2070, a meno che non si saranno spostate prima, dall'uno ai tre miliardi di persone sperimenteranno temperature superiori a quelle a cui sono stati abituati finora gli esseri umani.[7] Un terzo del pianeta avrà una temperatura annuale media di oltre 29 gradi Celsius, un livello che al momento si registra in meno dell'1% del territorio mondiale, principalmente nel deserto del Sahara. È dunque possibile che centinaia di milioni di persone cominceranno a spostarsi in cerca di posti migliori in cui vivere. E chi potrebbe biasimarle?

Malgrado i miei privilegi, c'è stato un posto in cui non ho potuto viaggiare mentre scrivevo questo libro.

Durante il primo anno in cui riportai quello che stava succedendo ai rifugiati in Libia, dall'agosto 2018 al 2019, non potei visitare il paese per motivi di incolumità. Ricevevo minacce di morte online, alcuni rifugiati detenuti mi dissero che il mio lavoro era conosciuto e le agenzie di sicurezza mi avvertirono che avrei fatto meglio a non mettere piede in Nord Africa.

Alla fine del 2019, pensando che la situazione si fosse calmata, feci richiesta di un visto giornalistico per la Libia. Nei mesi seguenti, a causa della pandemia di Covid-19, tutte le procedure di approvazione vennero bloccate. Nel marzo 2021, un nuovo funzionario capo del Dipartimento per la stampa estera del governo libico di Tripoli mi comunicò che avrei ricevuto il visto a breve. Poi il rilascio venne ritardato ancora, senza che me ne venisse spiegato il motivo. Nel momento in cui scrivo, non ho ancora ottenuto il visto.

Nel gennaio 2020, in occasione di un evento a cui partecipavo insieme a Vincent Cochetel – inviato speciale dell'UNHCR per il Mediterraneo centrale – lui mi sfidò davanti a tutti, dicendo che sarei dovuta andare in Libia a vedere di persona le difficoltà del posto; si offrì perfino di portarmici lui («Sally, vai in Libia e basta. Vieni con me domani»).[8] Fuori dai riflettori, gli dissi che mi sarebbe piaciuto accettare la sua offerta; mi rispose che neppure lui era riuscito a ottenere il visto.

Naturalmente è sempre meglio vedere tutto con i propri occhi, ma in Libia il campo di azione dei giornalisti era enormemente limitato, anche per chi riusciva ad aggirare ogni ostacolo burocratico o relativo alla sicurezza, a procurarsi i rari permessi e a entrare nei centri di detenzione. Varie volte i detenuti mi scrivevano subito dopo le visite dei giornalisti, magari della BBC o di un canale televisivo tedesco.[9] Elencavano tutto quello che non avevano potuto dire perché temevano di essere puniti, e descrivevano le migliorie che erano state apportate al centro appena prima dell'arrivo dei visitatori. Io guardavo gli importanti servizi che venivano trasmessi e sapevo di avere qualcosa che molti di quei reporter non avevano: il contatto diretto e senza filtri con chi viveva nei centri.

Ho rimandato fin troppo la stesura di questo libro, perché riflettere su ciò che era accaduto in quegli anni mi turbava. Se ci ripenso, mi dico che non mi sono mai impegnata abbastanza. Dopo un po' qualunque cosa finisce per essere accettata come normale. Via via che il tempo passava senza che vi fossero grandi cambiamenti, io stessa cominciai a rispondere più lentamente, diventando complice. Il giornalismo è un mestiere che può indurire e, se non si fa attenzione, distrugge ogni forma di empatia. Detesto pensare a tutte le persone con cui potrei essere stata maleducata. E detesto l'arroganza che a volte accompagna questo lavoro, la sensazione di essere importanti soltanto perché si è al corrente di quello che accade. Ho senz'altro fatto degli errori. Mi sono anche spaventata per le minacce di morte, le minacce legali, le email aggressive e tutte le altre conseguenze che questo tipo di inchiesta comporta.

Per i giornalisti freelance inoltre è impossibile farsi pubblicare all'istante, ed è per questo che all'inizio postavo i messaggi dei rifugiati su Twitter. Ma molte cose hanno impiegato troppo tempo a diventare pubbliche, e questo mi dispiace. Per esempio il mio reportage sui processi ai trafficanti di Addis Abeba. Partii per l'Etiopia nell'ottobre 2020. Il direttore di un quotidiano di fama internazionale mi aveva detto di essere interessato a pubblicare un reportage, salvo poi non rispondere alle mie email per i due mesi successivi. Un altro editore ci mise settimane. Quando la mia storia finalmente uscì, nel febbraio 2021, Kidane Zekarias Habtemariam era evaso di prigione. Sarebbe stato sorvegliato con maggiore attenzione, sarebbe stata esercitata maggiore pressione in questo senso, se la storia fosse stata pubblicata prima? Ci sarebbe stata giustizia? Probabilmente no, ma pensarci è doloroso.

I giornalisti dovrebbero limitarsi a osservare senza interferire, ma non c'è dubbio che fare luce su qualcosa possa determinare piccoli cambiamenti, anche se non si verificano mutamenti strutturali. In quel periodo ero felice di qualunque impatto anche minimo potesse avere il mio lavoro, ma continuavo a sentirmi in colpa per molte delle cose che facevo e che non facevo.

Quando parlo in pubblico delle politiche migratorie europee e delle sofferenze dei rifugiati ai confini del nostro continente, mi viene sempre posta la stessa domanda. «Come fai a prenderti cura della tua salute mentale in tutto questo?», mi chiede qualcuno. «Dev'essere molto difficile».

In genere evito di rispondere o borbotto qualcosa di incoerente. I miei sentimenti non sono nulla in confronto a quelli delle persone che intervisto. In realtà non posso fare a meno di pensare che questa domanda sia un altro modo per evitare di occuparsi delle questioni più importanti. La gente – giornalisti occidentali, singoli volontari e operatori o attivisti – si concentra su di me perché fa fatica a concepire l'entità di quegli orrori. Ma chiunque goda di determinati privilegi dovrebbe prestare attenzione.

Detto questo, è stato un lavoro difficile. Di notte avevo gli incubi e facevo fatica a dormire. Mi accorsi che stavo diventando rabbiosa e irritabile. «Nulla cambia», protestavano le mie fonti, e a un certo punto iniziai a essere d'accordo con loro.

Una domanda importante che non mi viene mai rivolta è: come possiamo evitare di diventare immuni alle disuguaglianze del mondo ed essere sicuri di sentire le grida di aiuto? Ci sono stati momenti in cui io stessa prendevo troppo le distanze, e magari intervistavo qualcuno sulla morte di un amico o di un parente quasi con indifferenza. Nel gennaio 2019, cinque mesi dopo che avevo iniziato a ricevere i messaggi dai rifugiati in Libia, capitò qualcosa che mi aiutò a scuotermi da quell'atteggiamento distaccato: un mio amico in Irlanda morì. Ricordo che avvertivo dolore in tutto il corpo e non riuscivo a respirare, e le immagini di lui continuavano ad annebbiarmi all'improvviso la mente e i pensieri. La sofferenza mi restituì l'empatia verso i miei contatti e verso le loro esperienze. Quelle persone rispondevano alle mie domande nonostante fossero circondate da morte e sparizioni; ma che dovessero farlo è un'ennesima vergogna. Ogni persona perduta è una nuova tragedia, un altro dolore straziante.

I giornalisti di tutto il mondo dovrebbero sapere che, nei prossimi anni, molti altri faranno la mia stessa esperienza. Già ora non sono l'unica a dover gestire le costanti vibrazioni del telefono, le chiamate di aiuto e la connessione ultrarapida con una crisi lontana. Sempre più persone verranno contattate da gente disperata che chiederà loro assistenza. Il fatto che l'accesso agli smartphone sia sempre più diffuso a livello globale significa che anche voi potreste ricevere un messaggio da chiunque, ovunque siate, in ogni momento. Come vi comporterete allora?

Nel frattempo, una cosa è chiara: mettere a tacere le persone sta diventando più difficile. L'impatto della colonizzazione, come abbiamo detto, viene spesso lasciato fuori dai libri di storia occidentali. Allo stesso modo, i ricchi e i potenti plasmano e rimodellano di continuo il nostro presente; ma, con Internet, tutti coloro che da sempre sono esclusi da queste narrazioni hanno ora un nuovo mezzo per esprimersi. Spero che il mondo comincerà ad ascoltarli.

Nota sulla terminologia

Si discute sempre molto di come chiamare le persone che si spostano dal proprio paese. Certo, «persone» sarebbe la scelta migliore: è quello che siamo tutti, a prescindere.

Un «richiedente asilo» è chiunque cerchi rifugio, e «rifugiato» è chi è scappato dal proprio paese a causa della guerra, delle violenze o delle persecuzioni.[1] Secondo il manuale di emergenza dell'Agenzia dell'ONU per i rifugiati, chi corrisponde a questa definizione è da considerarsi rifugiato finché non viene stabilito altrimenti,[2] anche se nella pratica lo status di «rifugiato» viene riconosciuto soltanto dopo che la richiesta di protezione è stata valutata e accolta, e a volte, in attesa della conferma, si può parlare di «richiedenti asilo».[3] Il riconoscimento della condizione di rifugiato spesso dipende da criteri ambigui stabiliti dall'ONU, aperti all'interpretazione o anche soggetti a corruzione.

Tendenzialmente ho usato il termine «rifugiati» per indicare chiunque avesse già fatto richiesta di asilo in Libia e ottenuto lo status di rifugiato in un altro paese: gli eritrei, per esempio, riescono sovente a ottenere lo status di rifugiati in Sudan, ma per svariati motivi, comprese le persecuzioni continue, non possono rimanere lì. Chiamo «rifugiati» anche coloro che sarebbe ragionevole riconoscere come tali – al pari di tanti altri che provengono dal medesimo contesto – ma che per un periodo insolitamente lungo si sono visti negare questo riconoscimento. Uso invece «migranti» per descrivere, più in generale, chi si sposta dal proprio paese e può richiedere o non richiedere asilo.

Legalmente, «tratta» e «traffico» di esseri umani sono due cose diverse: nel secondo caso, la persona in questione paga per essere portata illegalmente in un altro paese ed è consenziente. Si parla invece di tratta quando la persona non ha acconsentito a spostarsi, oppure, convinta da false promesse, si ritrova sfruttata per denaro. In Libia questa distinzione non è così evidente; le due situazioni possono essere intercambiabili, o l'una può trasformarsi rapidamente nell'altra.

Parte della terminologia del libro non segue il vocabolario della legge, dei politici o delle organizzazioni mondiali, perché questa storia racconta come i diritti garantiti a livello internazionale vengano erosi mentre le voci delle vittime vengono ridotte al silenzio. Voglio essere sicura che la terminologia non abbia modo di trasferire le responsabilità, permettendoci di evitare la realtà di ciò che sta accadendo. Come sempre accade con il linguaggio, dobbiamo chiederci chi lo plasma e perché. Altrimenti è impossibile comprendere la portata del fallimento dell'umanità che si sta consumando ai confini dell'Europa. Scegliere di chiamarla «crisi europea dei migranti», invece di sottolineare che è una crisi – una questione di vita o di morte – per le persone che hanno bisogno di protezione, ha delle conseguenze. Parlare di «sommossa» invece che di «protesta» dei detenuti, descriverli come «migranti» invece di «rifugiati» e suggerire che qualunque cosa accada a persone impotenti, denutrite, destinate a ricevere notizie traumatiche e costrette ad assistere a continue violenze possa essere colpa loro cambia la maniera in cui interpretiamo questa storia.

Acronimi

ONU Nazioni Unite

UNSMIL Missione di sostegno dell'ONU in Libia (UN Support Mission in Libya)

Agenzie dell'ONU (lista non esaustiva)

UNHCR Agenzia delle Nazioni Unite per i rifugiati, o Alto Comissariato delle Nazioni Unite per i rifugiati

IOM Organizzazione Internazionale per le Migrazioni

OMS Organizzazione Mondiale della Sanità

WFP World Food Programme

UNICEF Fondo delle Nazioni Unite per l'infanzia (UN Children's Fund)

UNFPA Fondo delle Nazioni Unite per la popolazione (UN Population Fund)

Altre agenzie di assistenza attive in Libia (lista non esaustiva)

IRC International Rescue Committee

MSF Medici Senza Frontiere

IMC International Medical Corps

Il governo libico con sede a Tripoli

GNA Governo di accordo nazionale (il governo libico appoggiato dall'ONU e con sede a Tripoli)

DCIM Department for Combatting Illegal Migration, il Dipartimento per il contrasto alla migrazione clandestina che risponde al Ministero dell'Interno e gestisce i centri di detenzione «ufficiali»

In Sudan

RSF Rapid Support Forces (precedentemente note come Janjawid), forze incaricate di pattugliare il confine occidentale del Sudan con la Libia

Altri

LNA Esercito Nazionale Libico, affiliato al generale Khalifa Haftar, attivo nella zona orientale del paese

UE Unione europea

EUBAM EU Integrated Border Management Assistance Mission in Libya, la missione UE di assistenza alla gestione integrata delle frontiere in Libia

NATO Organizzazione del Trattato dell'Atlantico del Nord / Patto Atlantico

CPI Corte penale internazionale con sede all'Aia, nei Paesi Bassi, istituita per processare gli individui accusati dei più gravi crimini di interesse internazionale: genocidio, crimini di guerra, crimini contro l'umanità e crimine di aggressione

GLAN Global Legal Action Network, organizzazione non profit costituita da avvocati, giornalisti investigativi e studiosi

ONG Organizzazione Non Governativa

Ringraziamenti

Nel corso dei tanti anni in cui ho lavorato a questo libro e alle questioni qui documentate, ho potuto godere del sostegno e della gentilezza di diverse persone, ma per ragioni di spazio e di sicurezza non mi è possibile nominarle tutte.

Vorrei ringraziare ancora una volta le persone in Libia, e in tutta l'Africa e l'Europa, che hanno condiviso con me le loro storie, così come le numerose fonti che mi hanno aiutata fornendomi informazioni o aiutandomi a verificarle.

Grazie al mio agente Patrick Walsh e a John Ash, Margaret Halton e al resto della squadra dell'agenzia letteraria PEW, che hanno creduto in questo libro quando io stavo perdendo le speranze. Grazie alle editor Helen Garnons-Williams e Jo Thompson di 4th Estate, e ad Athena Bryan di Melville House, per la loro guida e il loro sostegno incrollabile. Ringrazio anche il resto delle due squadre di entrambe le case editrici, fra cui Patrick Hargadon, Alex Gingell, Matt Clacher, Emma Pidsley, Graham Holmes e Anne O'Brien di 4th Estate, Conor Nagle e Patricia McVeigh di HarperCollins Ireland e Mike Lindgren, Maya Bradford, Beste Miray Doğan, Kathleen Krumpak, Sammi Sontag, Amelia Stymacks, Dennis Johnson e Valerie Merians di Melville House.

I miei caporedattori all'«Irish Times», Chris Dooley e Dave McKechnie, hanno pubblicato i miei primi reportage sul trattamento dei rifugiati in Libia e sono stati incredibilmente pazienti mentre io lavoravo a questo libro.

Altri direttori che mi hanno commissionato lavori sulla Libia sono stati Naina Bajekal, Leah Feiger, Stephanie Busari, Teo Kermeliotis, Harriet Grant, Annie Kelly, Tracy McVeigh, Liz Ford, Basharat Peer, Helen Nianas, Anne Gulland, Sasha Polakow-Suransky, Polly Hope, Joe Kent, John Burke, Conor Goodman e Campell MacDiarmid. Grazie al gruppo di Channel 4 News, in particolare a Darius Bazargan, Liliane Landor e Paraic O'Brien; agli esperti di *visual investigation* del «New York Times», soprattutto Malachy Browne e Barbara Marcolini; e al gruppo di IRIN News (attualmente The New Humanitarian), che ha pubblicato la mia inchiesta sull'UNHCR in Sudan.

Vorrei ringraziare anche le tante persone che hanno scommesso su di me quando ero ancora agli inizi, fra cui Becky Anderson alla CNN; Hannah Strange, che mi ha dato il mio primo lavoro fisso; e infine Ed Upright, che mi ha aiutata con il mio primo reportage sul tema delle migrazioni.

Molti scrittori ed editori esperti si sono dovuti sorbire le mie domande su come pubblicare un libro; fra loro ci sono Eoin McHugh, Alex Perry, Ros Russell, Paola Totaro, Robert Wainwright, Samira Shackle, Clive Stafford-Smith, Peter Geoghegan e Mark Tighe.

Grazie alla Society for Authors e alla Authors' Foundation per il finanziamento quanto mai necessario a una parte delle mie indagini. Un immenso ringraziamento va anche al Logan Nonfiction Programme del Carey Institute for Global Good, che mi ha offerto tempo, spazio e molti incoraggiamenti per scrivere, e ai compagni del Logan per la loro amicizia. I miei viaggi in Sudan e in Etiopia sono stati finanziati dalle sovvenzioni del collettivo Journalists for Transparency; vorrei ringraziare Paula O'Malley, Roberto Perez-Rocha e Franziska Dienst per avermi concesso i finanziamenti e per aver creduto in me, e Diana Schemo e Ricardo Sandoval-Palos di 100Reporters per la loro guida e i loro consigli. La mia gratitudine va anche ad altre organizzazioni che sostengono i giornalisti freelance, fra cui il Frontline Freelance Register, l'International Women's Media Foundation e il Rory Peck Trust, la cui borsa di studio mi ha permesso di seguire un corso di formazione sulla sicurezza.

In Etiopia sono stata affiancata dai giornalisti Luel Estefanos e Kaleab Girma; in Sierra Leone, da Mohamed Saidu Bah e Salifu Bai Kamara; in Sudan, da Ahmad Mahmoud. Jenna Corderoy mi ha assistita con le richieste FOIA. Sono grata anche a Rónan Hennigan, che si è occupato del *fact-checking* e ha corretto le note a pie' di pagina.

La prima lettrice di ogni mia pagina è stata Sheila de Courcy, e sarò sempre grata a lei e a Bill Hayden. Altre persone che hanno letto la proposta editoriale o i paragrafi o le stesure iniziali del libro sono Jessie Hayden, Cath, Mer, Nan e Brigie de Courcy, Kevin McGee, Maddy Crosti, Phoebe Hurst, Sumy Sadurni, Julia Flier, Ruairi Casey, Seán Columb, Anna Lekas Miller e Maeve Hoban-Logan.

Mia nonna, Sheila de Courcy, mi ha gentilmente ospitato a casa sua mentre terminavo la stesura del manoscritto.

Oltre alle tante persone citate nel testo, ce ne sono altre che devo ringraziare per svariate ragioni: James Rippingale, Salem Rizk, Kathi Dettar, Emmanuel Freudenthal, Jake Hanrahan, Rajiv Golla, Mohammed «Mimo» El-Ali, Patrick, Alice McCool, Thomas Lewton, Gerald Raldy, Otim Alpha, Edna O'Brien, Nine Glangeaud, Fahmy Igwiann, Will Pollard, Barry Singleton, Daniel Howden, John Sweeney, Matthew Turner, Christina Lamb, Sarah Giaziri, Tom Warren, Elly, Max Edwards, Cormac Sheedy, Rachel Meagher, Andrea Gagne, Alexandra Elek e gli amici di Freetown. Sono anche grata per il lavoro di molti altri giornalisti che hanno raccontato la Libia, da dentro e da fuori: trovate i riferimenti ai loro lavori nelle note.

Parti di questo libro sono state pubblicate da organi di stampa quali «The Irish Times», VICE, Al Jazeera e «Foreign Policy».

Note

Cronologia degli eventi importanti e delle statistiche rilevanti

1. Commissione Europea, *A European Union Emergency Trust Fund for Africa*, cfr. https://trust-fund-for-africa.europa.eu/index_en (ultimo accesso 12 novembre 2015).
2. Il «sostegno a una gestione integrata dei confini e delle migrazioni in Libia» previsto dal piano di azione T05-EUTF-NOA-LY-04 per la fase uno consisteva in 46,3 milioni di euro: EU, *Action fiche of the* EU *Trust Fund to be used for the decisions of the Operational Committee*, Annex IV to the Agreement establishing the European Union Emergency Trust Fund for Stability and Addressing the Root Causes of Irregular Migration and Displaced Persons in Africa and Its Internal Rules, p. 1, cfr. https://ec.europa.eu/trustfundforafrica/sites/default/files/t05-eu-tf-noa-ly-04_fin_5.pdf (ultimo accesso 15 agosto 2021); *Italy-Libya Sign Agreement to Curb Flow of Migrants to Europe*, «Euronews», 2 febbraio 2017, cfr. https://www.euronews.com/2017/02/02/italy-libya-sign-agreement-to-curb-flow-of-migrants-to-europe (ultimo accesso 26 agosto 2021).
3. Organizzazione Internazionale per le Migrazioni (IOM), *Shipwreck Off Coast of Libya Pushes Migrant Deaths on the Mediterranean Past 20,000 Mark*, cfr. https://www.iom.int/news/shipwreck-coast-libya-pushes-migrant-deaths-mediterranean-past-20000-mark (ultima modifica 5 marzo 2020).
4. *Pope Compares Libya's Detention Centers with Concentration Camps*, Al Jazeera, 8 luglio 2020, cfr. https://www.aljazeera.com/news/2020/7/8/pope-compares-libyas-detention-centers-with-concentration-camps (ultimo accesso 26 agosto 2021).
5. Operational Data Portal – Refugee Situations, «Mediterranean Situation: Italy», cfr. https://data2.unhcr.org/en/situations/mediterranean/location/5205 (ultimo accesso 13 novembre 2021).
6. Amnesty International, *Lybia: European governments complicit in horrific abuse of refugees and migrants*, cfr. https://www.amnesty.org/en/latest/press-release/2017/12/libya-european-governments-complicit-in-horrific-abuse-of-refugees-and-migrants/ (ultima modifica 12 dicembre 2017).

7. Alto Commissario delle Nazioni Unite per i diritti umani (UNHCR), *Overview 2018: Lybia*, cfr. File:///D:/UNHCR%20Lybia%20Activities%20in%202018.pdf (ultimo accesso 26 agosto 2021).
8. UNHCR, *Lybia: Activities at Disembarkation, monthly update*, cfr. File:///D:/2019_12_LBY_UNHCR_Disembarkation.pdf (ultimo accesso 26 agosto 2021).
9. IOM Lybia, post su Twitter, 16 agosto 2021, 17:08. https://twitter.com/IOM_Lybia/status/1427286189246226433
10. IOM Lybia, post su Twitter, 4 gennaio 2022, 14:18. https://twitter.com/IOM_Lybia/status/1478370201385283590
11. Ufficio dell'Alto Commissario delle Nazioni Unite per i diritti umani (UNHCR), *«Lethal Disregard». Search and rescue and the protection of migrants in the central Mediterranean Sea*, 2021, p. 7, cfr. https://www.ohchr.org/en/documents/reports/lethal-disregard-search-and-rescue-and-protection-migrants-central-mediterranean (ultimo accesso 26 agosto 2021).
12. Missing Migrants Project, «Central Mediterranean», cfr. https://missingmigrants.iom.int/region/mediterranean?migrant_route%5B%5D=1376 (ultimo accesso 29 novembre 2021).

Prologo

1. Il «sostegno a una gestione integrata dei confini e delle migrazioni in Libia» previsto dal piano di azione T05-EUTF-NOA-LY-04 per la Fase Uno consisteva di 46,3 milioni di euro: Unione europea, *Action fiche of the EU Trust Fund to be used for the decisions of the Operational Committee*, Annex IV to the Agreement establishing the European Union Emergency Trust Fund for Stability and Addressing the Root Causes of Irregular Migration and Displaced Persons in Africa, cfr. https://neighbourhood-enlargement.ec.europa.eu/action-fiche-eu-trust-fund-be-used-decisions-operational-committee-t05-eutf-noa-reg-01_en; per la Fase Due, si veda il piano di azione T05-EUTF-NOA-LY-07. Nel 2020 la seconda fase è stata riorganizzata e rivista, passando da 45 milioni di euro a 15 milioni di euro (dato confermato all'autrice da un portavoce UE): Unione europea, *Action Document: The European Union Emergency Trust Fund for Stability and Addressing the Root Causes of Irregular Migration and Displaced Persons in Africa*, cfr. https://docplayer.net/144772392-Action-document-reference-t05-eutf-sah-gh-01-strengthening-border-security-in-ghana-policy-objectives-targeted.html (ultimo accesso 15 agosto 2021).
2. Sally Hayden, post su Twitter, 27 agosto 2018, 2:31. https://twitter.com/sallyhayd/status/1034070998734331904

1. *Dove finisce e dove inizia*

1. William Butler Yeats, «Aedh Wishes for the Cloths of Heaven» [«Egli desidera il tessuto del cielo»], traduzione di Bianca Bertola.

2. *The Central Mediterranean Route: Migrant Fatalities January 2014-July 2017*, Relief Web, cfr. https://reliefweb.int/report/world/central-mediterranean-route-migrant-fatalities-january-2014-july-2017 (ultima modifica 2 settembre 2017).
3. Fred Harter, *Dissenters Tortured in «North Korea of Africa»*, «The Times», 12 giugno 2021, cfr. https://www.thetimes.co.uk/article/dissenters-tortured-in-north-korea-of-africa-dpvm7wpc8 (ultimo accesso 6 agosto 2021).
4. Reporter Senza Frontiere, 2021 World Press Freedom Index, cfr. https://rsf.org/en/ranking (ultimo accesso 6 agosto 2021).
5. Michaela Wong, *I Didn't Do It for You. How the World Betrayed a Small African Nation*, HarperCollins, London 2005, p. 198.
6. Samuel Ghebhrehiwet, *Eritrea viewpoint: I fought for independence but I'm still waiting for freedom*, BBC News, 24 maggio 2021, cfr. https://www.bbc.com/news/world-africa-57187736.amp (ultimo accesso 6 agosto 2021).
7. Justin Hill, *Dateline Eritrea: Ciao Asmara*, «The Globalist», 25 agosto 2005, cfr. https://web.archive.org/web/20070625120615/https:/theglobalist.com/storyid.aspx?StoryId=4668 (ultimo accesso 6 agosto 2021).
8. UNHCR, *Europe Refugees & Migrants Emergency Response Nationality of Arrivals to Greece, Italy and Spain January–December 2015*, p. 2, cfr. https://reliefweb.int/report/world/europe-refugees-migrants-emergency-response-nationality-arrivals-greece-italy-and-spain (ultimo accesso 6 agosto 2021).
9. Sahan Foundation and IGAD Security Sector Program (ISSP), *Human Trafficking and Smuggling on the Horn of Africa-Central Mediterranean Route*, 12 febbraio 2016, cfr. https://igadssp.org/index.php/documentation/3-human-trafficking-and-smuggling-on-the-horn-of-africa-central-mediterranean-route/file (ultimo accesso 6 agosto 2021).
10. FRONTLINE PBS, *Escaping Eritrea (full documentary)*, video di YouTube, 53:16, 5 maggio 2021. https://youtube.com/watch?v=jquCbpLYw7Q [non disponibile in Italia]; UNHCR, A/HRC/29/CRP.1, *Report on the detailed findings of the commission of inquiry on human rights in Eritrea*, 29a sessione, 2015, p. 239, cfr. https://www.ohchr.org/Documents/HRBodies/HRCouncil/CoIEritrea/A_HRC_29_CRP-1.pdf (ultimo accesso 6 agosto 2021).
11. Ufficio dell'Alto Commissariato delle Nazioni Unite per i diritti umani (OHCHR), *UN Inquiry finds crimes against humanity in Eritrea*, cfr. https://www.ohchr.org/EN/NewsEvents/Pages/DisplayNews.aspx?NewsID=20067&LangID=E (ultimo accesso 8 giugno 2016).
12. *Ibid.*
13. Tim Katlic, *Understanding Eritrea's Exceptionally Limited Internet Access*, ICTworks, 1 agosto 2014, cfr. https://www.ictworks.org/understanding-eritreas-exceptionally-limited-internet-access/#.YQ1YWohKhPY; Caroline Winter, *Eritrea's Communications Disconnect, Bloomberg*, 26 giugno 2014, cfr. https://www.bloomberg.com/news/articles/2014-06-26/eritrea-worlds-least-connected-country-tech-wise (ultimo accesso 6 agosto 2021).

14. Tiru Berihun Tessema, Michael Jungmeier e Michael Huber, *The relocation of the village of Arkwasiye in the Simien Mountain National Park in Ethiopia: an intervention towards sustainable development?*, «eco mont», IV (2), 2012, pp. 13-20, doi: 10.1553/eco.mont-4-2s13.
15. UNHCR, «Refugees and Asylum Seekers from Eritrea in Ethiopia», cfr. https://reporting.unhcr.org/node/15848 (ultimo accesso 6 agosto 2021).
16 Caffè. [*N.d.T.*]

2. *Sudan: attraverso il deserto*

1. Human Rights Watch, *Eritrea. Events of 2019*, cfr. https://www.hrw.org/world-report/2020/country-chapters/eritrea (ultimo accesso 12 agosto 2021).
2. Simon Allison, *Africa's Most Authoritarian School*, «Mail & Guardian», 16 agosto 2019, cfr. https://mg.co.za/article/2019-08-16-00-africas-most-authoritarian-school/ (ultimo accesso 12 agosto 2021).
3. Human Rights Watch, *They Are Making Us into Slaves, Not Educating Us*, 8 agosto 2019, cfr. https://www.hrw.org/report/2019/08/08/they-are-making-us-slaves-not-educating-us/how-indefinite-conscription-restricts#__ftn51 (ultimo accesso 27 agosto 2021); «La violenza sessuale contro donne e bambine è diffusa e tristemente nota nei campi di addestramento militari. Non solo: il servizio domestico imposto con la forza a donne e bambine sottoposte ad abusi sessuali costituisce una forma di schiavitù sessuale. La commissione ritiene inoltre che tali violazioni costituiscano una forma di tortura. Per quanto in misura minore, vengono commesse anche all'interno dei ranghi militari, a ulteriore esempio dell'incapacità del governo di adempiere ai suoi obblighi di diligenza relativi alla protezione, prevenzione, punizione e riparazione delle azioni di violenza nei confronti delle donne», Rapporto della Commissione d'inchiesta ONU sui diritti umani in Eritrea, 4 giugno 2015.
4. Commissione europea, EU Emergency Trust Fund for Africa, *Sudan*, cfr. https://ec.europa.eu/trustfundforafrica/region/horn-africa/sudan__en; Commissione europea, *Declaration of the Ministerial Conference of the Khartoum Process (EU-Horn of Africa Migration Route Initiative)*, Roma 2014, cfr. http://italia2014.eu/media/3785/declaration-of-the-ministerial- conference-of-the-Khartoum-process.pdf; Jérôme Tubiana, Clotilde Warin e Gaffar Mohammud Saeneen, *Multilateral Damage: The impact of the EU policies on central Saharan routes*, CRU Report, Clingendael, 2018, cfr. https://www.clingendael.org/sites/default/files/2018-09/multilateral-damage.pdf (ultimo accesso 12 agosto 2021); Commissione europea, *The European Union's cooperation with Africa on migration*, cfr. https://ec.europa.eu/commission/presscorner/detail/en/MEMO__15__4832 (ultima modifica 22 aprile 2015).
5. Carol Giacomo, *U.S. Imposes New Sanctions on Sudan*, Reuters, 4 novembre 1997, cfr. https://reliefweb.int/report/sudan/us-imposes-new-sanctions-sudan (ultimo accesso 1 settembre 2021).

6. *Sudan women in trousers: No indecency charges*, BBC News, 10 dicembre 2017, cfr. https://www.bbc.co.uk/news/world-africa-42300218 (ultimo accesso 1 settembre 2021).
7. Si veda anche il capitolo sul campo profughi di Shagarab in Yikealo Neab e Kenneth James Howe, *I Will Not Grow Downward – Memoir of an Eritrean Refugee: My Long and Perilous Flight from Africa's Hermit Kingdom*, Brinestone Press, California 2018, da p. 228.
8. Vivek Shah, *EU Funds for Sudan may worsen fate of refugees*, EU Observer, 10 aprile 2017, cfr. https://euobserver.com/migration/137489; Caitlin L. Chandler, *Inside the EU's flawed $200 million migration deal with Sudan*, New Humanitarian, 30 gennaio 2018, cfr. https://www.thenewhumanitarian.org/special-report/2018/01/30/inside-eu-s-flawed-200-million-migration-deal-sudan; Hiba Morgan, *Sudan's RSF unit accused of abuses against migrants*, Al Jazeera, 17 novembre 2017, cfr. https://www.aljazeera.com/features/2017/11/17/sudans-rsf-unit-accused-of-abuses-against-migrants; Jason Burke, *Hemedti: the fear commander pulling the strings in Sudan*, «Guardian», 29 maggio 2019, cfr. https://www.theguardian.com/world/2019/may/29/hemedti-the-feared-commander-pulling-the-strings-in-sudan (ultimo accesso 12 agosto 2021).
9. Aziz Alnour *et al.*, *Pakt mit den Teufeln*, «Der Spiegel», 14 novembre 2020, cfr. https://www.spiegel.de/ausland/eu-plaene-fuer-sudan-pakt-mit-den-teufeln-a-997a76d8-fbee-4806-ab46-a410805c9327 (ultimo accesso 12 agosto 2021).
10. Tom Wills, *EU stops Sudan border control projects amid repression fears*, Deutsche Welle News, 22 luglio 2019, cfr. https://www.dw.com/en/eu-suspends-migration-control-projects-in-sudan-amid-repression-fears/a-49701408 (ultimo accesso 12 agosto 2021).

3. *Libia: la tratta degli schiavi del XXI secolo*

1. ONU, *International Criminal Court may investigate migrant-related crimes in Libya, Security Council told*, cfr. https://news.un.org/en/story/2017/05/556872-international-criminal-court-may-investigate-migrant-related-crimes-libya (ultima modifica 8 maggio 2012).
2. *Migrant being sold as slaves*, video della CNN, 06:49, cfr. https://edition.cnn.com/videos/world/2017/11/13/libya-migrant-slave-auction-lon-orig-md-ejk.cnn; si veda anche Monica Mark, *Inside The Country Where You Can Buy A Black Man For $400*, BuzzFeed News, 15 dicembre 2018, cfr. https://www.buzzfeednews.com/article/monicamark/slavery-nigeria-libya (ultimo accesso 12 agosto 2021).
3. Hassen Boubakri (a cura di), *Migration in North Africa. An Uncomfortable Position between Sub-Saharan Africa and Europe?*, Konrad Adenauer Stiftung, 2021, cfr. https://www.kas.de/documents/282499/282548/Migration+in+North+Africa+-+KAS+PolDiMed+Study.pdf/a6f8947-078a-80f6-0230-75fcasssf341?t=1623168963317; *France calls UN Security Council emergency meeting over Libya slave-trading*, Deutsche Welle News, 22 novembre 2017, cfr. https://www.dw.com/en/france-

calls-un-security-council-emergency-meeting-over-libya-slave-trading/a-41491723 (ultimo accesso 12 agosto 2021).

4. Naimul Karim, *After Libyan bombing, Bangladeshis wait for injured migrants' return*, Reuters, 18 luglio 2019, cfr. https://www.reuters.com/article/us-bangladesh-trafficking-libya-idUSKCN1UD2HM (ultimo accesso 12 agosto 2021).
5. *This Call May Be Recorded... To Save Your Life*, This American Life, 9 agosto 2013, cfr. https://www.thisamericanlife.org/502/this-call-may-be-recorded-to-save-your-life (ultimo accesso 10 luglio 2023).
6. Declan Walsh e Suliman Ali Zway, *A Facebook War. Libyans Battle on the Streets and on Screens*, «New York Times», 4 settembre 2018, cfr. https://www.nytimes.com/2018/09/04/world/middleeast/libya-facebook-html (ultimo accesso 12 agosto 2021).
7. Dichiarazione pubblicata su Facebook e inviata via email all'autrice, 21 gennaio 2019; per approfondire, si veda Sally Hayden, *The Families of Migrants Held Hostage Are Using Facebook to Raise Money for Smugglers' Ransoms*, «TIME Magazine», 5 febbraio 2019, cfr. https://time.com/5510517/facebook-smuggling-libya-ransoms/ (ultimo accesso 12 agosto 2021).
8. Medici Senza Frontiere, *«Abducted, locked up, sometimes even murdered»: An MSF head of mission on the abuses faced by migrant detainees in Libya*, cfr. https://www.doctorswithoutborders.ca/article/abducted-locked-sometimes-even-murdered-msf-head-mission-abuses-faced-migrant-detainees (ultima modifica 23 luglio 2021).
9. *Truck smuggling migrants crashes leaving 19 dead in Libya*, The Migrant Project, cfr. https://www.themigrantproject.org/truck-smuggling (ultima modifica 27 febbraio 2018).

4. *Ain Zara e Abū Salīm: nuova vita e nuova morte*

1. Per approfondire, si veda Lindsey Hilsum, *Sandstorm. Libya in the Time of Revolution*, Penguin Press, New York 2012.
2. Hisham Matar, *Il ritorno. Padri, figli e la terra fra di loro*, trad. it. di Anna Nadotti, Einaudi, Torino 2017, p. 11.
3. Aidan Lewis e Ahmed Elumami, *Clashes shatter illusion of security in Libyan capital*, Reuters, 29 agosto 2018, cfr. https://www.reuters.com/article/us-libya-security-idUSKCN1LE1JU (ultimo accesso 12 agosto 2021).
4. UNHCR, *UNHCR moves detained refugees out of harm's way in volatile Libyan capital*, cfr. https://www.unhcr.org/news/press/2018/8/5b8815fa4/unhcr-moves-detained-refugees-harms-way-volatile-libyan-capital.html (ultima modifica 30 agosto 2018).
5. Medici Senza Frontiere, *Evacuation of refugees and migrants out of Libya is urgently needed*, cfr. https://www.msf.org/evacuation-refugees-and-migrants-out-libya-urgently-needed (ultima modifica 7 settembre 2018).

6. Sudarsan Raghavan, *Thousands of African migrants trapped in the crossfire of clashes between Libyan militias*, «Washington Post», 31 agosto 2018, cfr. https://www.washingtonpost.com/world/thousands-of-african-migrants-trapped-in-the-crossfire-of-clashes-between-libyan-militias/2018/08/31/defc77ea-ad1b-11e8-9a7d-cd30504ff902_story.html; Rami Musa, *Aid group warns of militia fighting in Libya's Tripoli*, Associated Press News, 31 agosto 2018, cfr. https://apnews.com/article/7c048c9b690347239e14c3011445c8d8; *UNHCR Says Tripoli Facility Ready to Help Refugees, Voice of America (VOA) News*, 8 settembre 2018, cfr. https://www.voanews.com/a/unhcr-says-tripoli-facility-ready-to-help-refugees/4563602.html (ultimo accesso 12 agosto 2021).
7. Sally Hayden, post di Twitter, 3 settembre 2018, 18:27, https://twitter.com/sallyhayd/status/1036651869542789120?s=20
8. Sally Hayden, post di Twitter, 16 settembre 2018, 12:55, https://twitter.com/sallyhayd/status/1041294408405184512; Sally Hayden, post di Twitter, 18 settembre 2018, 8:23, https://twitter.com/sallyhayd/status/1041950816251330560
9. Sally Hayden, post di Twitter, 16 settembre 2018, 11:05, https://twitter.com/sallyhayd/status/1043078877369786368
10. Sally Hayden, post di Twitter, 1 settembre 2018, 9:14, https://twitter.com/sallyhayd/status/1035803092497915904
11. Sally Hayden, *«Live free or die trying on the sea»: Limbo in Libya for unregistered refugees*, «Irish Times», 12 settembre 2018, cfr. https://www.irishtimes.com/news/world/africa-live-free-or-die-trying-on-the-sea-limbo-in-libya-for-unregistered-refugees-1.3626006 (ultimo accesso 12 agosto 2021).
12. Filippo Grandi, post di Twitter, 2 settembre 2018, 16:28, https://twitter.com/FilippoGrandi/status/1036274136555970560
13. Sally Hayden, post di Twitter, 16 settembre 2018, 6:51, https://twitter.com/sallyhayd/status/1041202854537637888
14. Sally Hayden, post di Twitter, 6 ottobre 2018, 17:48, https://twitter.com/sallyhayd/status/1048615985069133825
15. Sally Hayden, post di Twitter, 6 settembre 2018, 18:29, https://twitter.com/sallyhayd/status/1037754734801809408
16. Sally Hayden, post di Twitter, 6 settembre 2018, 12:30, https://twitter.com/sallyhayd/status/1037664425250041858
17. Ahmed Elumami, *Tripoli clashes leave 115 dead, 383 injured – health ministry*, Reuters, 23 settembre 2018, cfr. https://www.reuters.com/article/us-libya-security-idUSKCN1M30PO; Rami Musa, *Libyan police say 400 prisoners escape amid Tripoli clashes*, Associated Press News, 3 settembre 2018, cfr. https://apnews.com/article/7304196eaf584840b187108d0ed3a492 (ultimo accesso 12 agosto 2021).
18. Sally Hayden, *Migrants deaths in Mediterranean reach record percentage*, «Irish Times», 4 ottobre 2018, 2021, cfr. https://www.irishtimes.com/news/world/migrants-deaths-in-mediterranean-reach-record-percentage-1.3652139 (ultimo accesso 1 settembre 2021).

5. Libia: fuga nell'inferno

1. Eric Davin e Justine Rubira, *Learning Lessons from the* EUTF *– Phase 2 – Paving the way for future programming on migration, mobility and forced displacement*, Altai Consulting, rapporto di consulenza per l'Unione europea, 2021, n. 22, cfr. https://ec.europa.er/trustfundforafrica/sites/default/files/learning__lessons__from__the__eutf__final__0.pdf (ultimo accesso 10 agosto 2021).
2. UNHCR, *UN human rights chief: Suffering of migrants in Libya outrage to conscience of humanity*, cfr. https://www.ohchr.org/en/NewsEvents/Pages/DisplayNews.aspx?NewsID=22393 (ultimo accesso 10 agosto 2021).
3. Come racconta in grande dettaglio Alex Crawford, *Colonel Gaddafi's Hat*, HarperCollins, London 2012.
4. Ian Black, *Gaddafi's Libyan rule exposed in lost picture archive*, «Guardian», 18 luglio 2011, cfr. https://www.theguardian.com/world/2011/jul/18/gaddafi-brutal-regime-exposed-lost-archive (ultimo accesso 10 agosto 2021).
5. Informazioni tratte dal libro di Lindsey Hilsum e dalle interviste dell'autrice ad alcuni libici a proposito dei loro ricordi dei tempi di scuola; si veda Lindsey Hilsum, *Sandstorm. Libya in the Time of Revolution*, Penguin, New York 2012.
6. *Living under Gaddafi*, BBC, ultima modifica 2018, cfr. https://www.bbc.co.uk/programmes/w3cswqlz; *Burn Western Musical Instruments That Distort Culture*, Associated Press, 3 giugno 1985, cfr. https://apnews.com/article/81d834722e5c10f0e62eea52929b4b4e; Mohammed Abbas, *Books Gaddafi banned sell well in rebel-held Libya*, Reuters, 11 maggio 2011, cfr. https://www.reuters.com/article/us-libya-books/books-gaddafi-banned-sell-well-in-rebel-held-libya-idUSTRE74A29Y20110511 (ultimo accesso 10 agosto 2021).
7. Si veda Annick Cojean, *Le prede. Nell'harem di Gheddafi*, trad. it. di S. Baratto, Edizioni Piemme, Milano 2013.
8. SLOBoe. *Muammar Gaddafi speech* TRANSLATED *(2011 Feb 2022)*, video di YouTube, 3:56. 24 febbraio 2011, cfr. http://www.youtube.com/watch?v=69wBG6ULNzQ&feature=related (ultimo accesso 10 luglio 2023).
9. Ayman al-Kekly e Alice Fordham, *Gaddafi's son Saif al-Islam faces uncertain future*, «Washington Post», 19 novembre 2011, cfr. https://www.washingtonpost.com/world/middle__east/saif-al-islam-gaddafis-son-arrested-libyan-commander-says/2011/11/19/gIQA7fs6aN__story.html (ultimo accesso 10 agosto 2021).
10. Kyle Kim, *Gaddafi's body «packed in shopping center freezer»*, «Global Post», 12 ottobre 2011, cfr. https://www.pri.org/stories/2011-10-21/gaddafis-body-packed-shopping-center-freezer-video-graphic (ultimo accesso 1 settembre 2021).
11. CBS, *Clinton on Qaddafi: We came, we saw, he died*, video di YouTube, 0:11, 20 ottobre 2011, cfr. https://www.youtube.com/watch?v=6DXDU48RHLU (ultimo accesso 1 settembre 2021).

12. Jeffrey Goldberg, *The Obama doctrine*, «The Atlantic», aprile 2016, cfr. https://www.theatlantic.com/magazine/archive/2016/04/the-obama-doctrine/471525/ (ultimo accesso 10 agosto 2021).
13. Cfr. Frederic Wehrey, *The Burning Shores. Inside the Battle for the New Libya*, Farrar, Straus, Giroux, New York 2018.
14. *Ibid.*, p. 100.
15. *Ibid.*, p. 86.
16. Ulf Laessing, *Understanding Libya Since Gaddafi*, Hurst Publishers, London 2020, loc. 224.
17. Wehrey, *The Burning Shores* cit., p. 69.
18. Hilsum, *Sandstorm* cit., p. 63.
19. Mark Hokham, *MI6 warns Libyan arm dumps are «Tesco for world terrorists»*, «The Times», 16 giugno 2013, cfr. https://www.thetimes.co.uk/article/mi6-warns-libyan-arms-dumps-are-tesco-for-world-terrorists-ndtnqcczc05 (ultimo accesso 10 agosto 2021).
20. Si veda Heba Shibani, *Fight or Flight*, in Zahara Hankir (a cura di), *Our Women on the Ground. Essays by Arab Women Reporting from the Arab World*, Penguin Books, New York 2019, pp. 184-95.
21. Mu'ammar Gheddafi, *Fuga all'inferno e altre storie*, trad. it. di A. Fallerini, Manifestolibri, Roma 2006.
22. *Libya PM Zeidan's brief kidnap was «attempted coup»*, BBC News, 11 ottobre 2013, cfr. https://www.bbc.com/news/world-africa-24496357 (ultimo accesso 10 agosto 2021).
23. Christiane Amanpour, *Libya's power struggle*, video di CNN International, 05:47, 25 marzo 2014, cfr. https://edition.cnn.com/videos/world/2014/03/25/libya-ali-zeidan-amanpour.cnn (ultimo accesso 11 luglio 2023).
24. Reuters Staff, *Former Libyan prime minister freed after abduction in Tripoli*, Reuters News Agency, 23 agosto 2017, cfr. https://www.reuters.com/article/us-libya-security-abduction-idUSKCN1B325F (ultimo accesso 11 luglio 2023).
25. Richard Hall, *Libya now has three governments, none of which can actually govern*, The World, 31 marzo 2016, cfr. https://www.pri.org/stories/2016-03-31/libya-now-has-three-governments-none-which-can-actually-govern (ultimo accesso 10 agosto 2021).
26. Servizio europeo per l'azione esterna, *High Representative/Vice-President Federica Mogherini's remarks at the UN Security Council, New York*, cfr. https://reliefweb.int/report/world/remarks-high-representativevice-president-federica-mogherinis-remarks-un-security (ultima modifica 11 maggio 2015).
27. *Libya's UN-backed government sails into Tripoli*, Al Jazeera, 31 marzo 2016, cfr. https://www.aljazeera.com/news/2016/3/31/libyas-un-backed-government-sails-into-tripoli (ultimo accesso 10 agosto 2021).

28. *Gaddafi wants EU cash to stop African migrants*, BBC News, 31 agosto 2010, cfr. https://www.bbc.com/news/world-europe-11139345 (ultimo accesso 10 luglio 2023).
29. Ian Traynor, *EU keen to strike deal with Muammar Gaddafi on immigration*, «Guardian», 1 settembre 2010, cfr. https://www.theguardian.com/world/2010/sep/01/eu-muammar-gaddafi-immigration (ultimo accesso 10 agosto 2021).
30. Nick Squires, *Italians attack Muammar Gaddafi over Islam comments*, «Telegraph», 30 agosto 2010, cfr. https://www.telegraph.co.uk/news/worldnews/europe/italy/7971883/Italians-attack-Muammar-Gaddafi-over-Islam-comments.html (ultimo accesso 20 agosto 2021).
31. Hassan Boubakri, *Migration in North Africa. An Uncomfortable Position Between Sub-Saharan Africa and Europe*, pp. 54-55, cfr. https://www.kas.de/documents/282499/282548/Migration+in+North+Africa+-+KAS+PolDiMed+Study.pdf/a6f89474-078a-80f6-0230-75fcadddf341?t=1623168963317 (ultimo accesso 10 agosto 2021).
32. Si veda per esempio il resoconto del 25 agosto 2011 in Crawford, *Colonel Gaddafi's Hat* cit., p. 267.
33. Nicholas Watt, *Libya «point of decision» nears as Cameron aims to secure UN resolution*, «Guardian», 14 marzo 2011, cfr. https://www.theguardian.com/politics/2011/mar/14/cameron-gaddafi-france-lebanon-libya (ultimo accesso 10 agosto 2021).
34. Laessing, *Understanding Libya since Gaddafi* cit., pp. 159-67.
35. Leila Fadel, *Tripoli Zoo Sees Different Kind Of Cage – One With Migrants*, NPR, 12 novembre 2013, cfr. https://www.npr.org/sections/parallels/2013/11/12/244550320/tripoli-zoo-sees-different-kind-of-cage-one-with-migrants?t=1623066624222 (ultimo accesso 10 agosto 2021).
36. Somini Sengupta, *E.U. Is Prepared to Combat Smugglers, Official Says*, «New York Times», 11 maggio 2015, cfr. https://www.nytimes.com/2015/05/12/world/europe/eu-prepared-to-combat-migrant-smugglers-diplomat-says.html (ultimo accesso 10 agosto 2021).
37. Servizio europeo per l'azione esterna, *High Representative / VicePresident Federica Mogherini's remarks at the EU Security Council, New York* cit.
38. *Ibid.*
39. Corte dei conti europea, *Special Report: European Union Emergency Trust Fund for Africa: Flexible but lacking focus*, a cura di Bettina Jakobsen *et al.*, ai sensi dell'Articolo 287(4), secondo sottoparagrafo, *Trattato sul Funzionamento dell'Unione europea*, Lussemburgo, 2018, pp. 4, 9, 20, doi: 10.2865/426644
40. *Ibid.*, pp. 24-28.
41. Davin e Rubira, *Learning Lessons from the EUTF* cit., p. 5.
42. Altri fondi riguardavano il Programma europeo di vicinato (European Neighbourhood Instrument, ENI), la Direzione generale europea per la protezione civile

e le operazioni di aiuto umanitario (European Civil Protection and Humanitarian Aid Operations, ECHO) e lo Strumento per la stabilità e la pace (Instrument contributing to Stability and Peace, ICSP): Unione europea, *EU Support on Migration in Libya: EU Emergency Trust Fund for Africa*, 2018, cfr. https://ec.europa.eu/trustfundforafrica/sites/default/files/eutf_libya_en.pdf (ultimo accesso 10 agosto 2021).

43. Maite Vermeulen, Giacomo Zandonini e Ajibola Amzat, *How the EU created a crisis in Africa – and started a migration cartel*, «Correspondent», 11 dicembre 2019, cfr. https://thecorrespondent.com/166/how-the-eu-created-a-crisis-in-africa-and-started-a-migration-cartel/21953207342-46c48098 (ultimo accesso 10 agosto 2021).

44. Matina Stevis-Gridneff, *How Forced Labor in Eritrea Is Linked to E.U.-Funded Projects*, «New York Times», cfr. https://www.nytimes.com/2020/01/08/world/europe/conscription-eritrea-eu.html (ultimo accesso 8 gennaio 2020).

45. Cfr. *The EU Trust Fund for Africa. Trapped between aid policy and migration politics*, Oxfam International, cfr. https://reliefweb.int/report/world/eu-trust-fund-africa-trapped-between-aid-policy-and-migration-politics (ultimo accesso 11 luglio 2023).

46. *Ibid.*

47. Jennifer Rankin, *$2bn EU-Africa «anti-migration» fund too opaque, say critics*, «Guardian», 31 ottobre 2017, cfr. https://www.theguardian.com/global-development/2017/oct/31/2bn-eu-africa-anti-migration-fund-too-opaque-say-critics (ultimo accesso 10 agosto 2021).

48. Missing Migrants Project, «Migrations Route: Central Mediterranean», cfr. https://missingmigrants.iom.int/region/mediterranean?migrant_route%5B%5D=1376 (ultimo accesso 10 agosto 2021).

49. ECtHR – *Hirsi Jamaa and Others v Italy [GC], Application No. 27765/09*, 23 febbraio 2012, cfr. https://www.asylumlawdatabase.eu/en/content/ecthr-hirsi-jamaa-and-others-v-italy-gc-application-no-2776509; Sara Creta *et al.*, *How Frontex Helps Haul Migrants Back to Libyan Torture Camps*, «Spiegel International», 29 aprile 2021, cfr. https://www.spiegel.de/international/europe/libya-how-frontex-helps-haul.migrants-back-to-libyan-torture-camps-a-d62c3960-ece2-499b-8a3f-1ede2eaefb83 (ultimo accesso 10 agosto 2021).

50. Manuel Bewarder e Lisa Walter, *Rettungseinsätze vor Libyen müssen auf den Prüfenstand*, «Die Welt», 27 febbraio 2017, cfr. https://www.welt.de/politik/deutschland/article162394787/Rettungseinsaetze-vor-libyen-muessen-auf-den-Pruefstand.html (ultimo accesso 10 agosto 2021).

51. UE, *Remarks by President Donald Tusk After His Meeting with Prime Minister of Libya Fayez al-Sarraj*, cfr. https://europea.eu/newsroom/node/26915_en (ultima modifica 2 febbraio 2017).

52. Cfr. Lorne Cook, *Migrant shooting highlights concern about Libyan coast guard*, Associated Press News, 20 settembre 2019, cfr. https://apnews.com/article/

europe-shootings-ap-top-news-international-news-libya-deofc5fod27f4559bf36f3cbd8e29c7b (ultimo accesso 10 agosto 2021)

53. Arturo Varvelli e Matteo Villa, *Italy's Libyan conundrum. The risks of short-term thinking*, European Council on Foreign Relations, 26 novembre 2019, cfr. https://ecfr.eu/article/commentary_italys_libyan_conundrum_the_risks_of_short_term_thinking/; Arezo Malakooti, *The Political Economy of Migrant Detention in Libya. Understanding the players and the business models*, Global Initiative Against Transnational Organised Crime, rapporto finanziato dall'Unione europea, 2019, p. 5, cfr. https://globalinitiative.net/wp-content/uploads/2019/11/Final-Report-Detention-Libya.pdf (ultimo accesso 10 agosto 2021).

54. Jason Horowitz, *Italy's «Lord of the Spies» Takes on a Migration Crisis*, «New York Times», 4 agosto 2017, cfr. https://www.nytimes.com/2017/08/04/world/europe/italy-marco-minniti-migration.html (ultimo accesso 10 agosto 2021). I versi di Catullo sono tratti dal Carme 115. [*N.d.T.*]

55. Patrick Wintour, *Italian minister defends methods that led to 87% drop in migrants from Libya*, «Guardian», 7 settembre 2017, cfr. https://www.theguardian.com/world/2017/sep/07/italian-minister-migrants-libya-marco-minniti (ultimo accesso 10 agosto 2021).

56. *Mediterranean: As the fiction of a Libyan search and rescue zone begins to crumble, EU states use the coronavirus pandemic to declare themselves unsafe*, Statewatch, cfr. https://www.statewatch.org/analyses/2020/mediterranean-as-the-fiction-of-a-libyan-search-and-rescue-zone-begins-to-crumble-eu-states-use-the-coronavirus-pandemic-to-declare-themselves-unsafe/ (ultima modifica 4 maggio 2020); Alice Cuddy, *Prompted by EU, Libya quietly claims right to order rescuers to return fleeing migrants*, Euronews, 7 agosto 2018, cfr. https://www.euronews.com/2018/07/06/prompted-by-eu-libya-quietly-claims-right-to-order-rescuers-to-return-fleeing-migrants (ultima modifica 10 agosto 2021); Davin e Rubira, *Learning Lessons from the EUTF* cit., p. 39.

57. UE, *Action fiche of the EU Trust Fund to be used for the decisions of the Operational Committee*, Annex IV to the Agreement establishing the European Union Emergency Trust Fund for stability and addressing the root causes of irregular migration and displaced persons in Africa and its internal rules, p. 1. cfr. https://ec.europa.eu/trustfundforafrica/sites/default/files/t05-eutf-noa-ly-04_fin_5.pdf (ultimo accesso 10 agosto 2021).
In un'email inviata all'autrice il 6 agosto 2021, un portavoce UE scriveva: «L'attuale programma di Gestione dei confini è stato rivisto nel 2020, in modo da adattare gli aiuti destinati allo sviluppo delle capacità della Guardia costiera libica alle mutevoli condizioni di sicurezza del paese. Come parte di questa revisione, e alla luce delle nuove esigenze emerse di recente, sono stati riallocati 30 milioni di euro al finanziamento della risposta libica al Covid-19 e alla creazione di condizioni stabili nel Sud del paese. Sono anche stati adottati nuovi programmi per potenziare la resilienza di libici e migranti di fronte alle nuove difficoltà sanitarie, con altri 45,2 milioni di euro destinati al Fondo fiduciario

nell'ambito del Libyan Africa Investment Portfolio. I nuovi programmi coprono attività relative alla protezione e alla stabilizzazione della comunità, comprese azioni specifiche in risposta all'emergenza da coronavirus». Per approfondire, si veda: UE, *EU Emergency Trust Fund for Africa: New assistance package to support vulnerable groups and address COVID-19 in North Africa*, cfr. https://ec.europa.eu/commission/presscorner/detail/en/IP_20_1244 (ultima modifica 2 luglio 2020); UE, *Action Document: The European Union Emergency Trust Fund for Stability and Addressing the Root Causes of Irregular Migration and Displaced Persons in Africa*, p. 16, cfr. https://ec.europa.eu/trustfundforafrica/sites/default/files/t05-eutf-noa-ly-07.pdf (ultimo accesso 10 agosto 2021).

58. Jasper Jolly, *Airbus to operate drones searching for migrants crossing the Mediterranean*, «Guardian», 20 ottobre 2020, cfr. https://www.theguardian.com/business/2020/oct/20/airbus-to-operate-drones-searching-for-migrants-crossing-the-mediterranean (ultimo accesso 10 agosto 2021).

59. Si vedano Sara Creta *et al.*, *Frontex in the Central Mediterranean*, Lighthouse Reports, cfr. https://www.lighthousereports.nl/investigation/frontex-in-the-central-mediterranean/ (ultimo accesso 10 agosto 2021); Creta *et al.*, *How Frontex Helps Haul Migrants Back to Libyan Torture Camps* cit.

60. Ufficio dell'Alto Commissario delle Nazioni Unite per i diritti umani, *«Lethal Disregard» Search and rescue and the protections of migrants in the central Mediterranean Sea*, 2021, p. 14, cfr. https://www.ohchr-org/Documents/Issues/Migration/OHCHR-thematic-report-SAR-protection-at-sea.pdf (ultimo accesso 10 agosto 2021).

61. Lorenzo Tondo, *Separated at sea: a Sierra Leonean father's desperate fear for his boy*, «Guardian», 4 dicembre 2018, cfr. https://www.theguardian.com/world/2018/dec/04/separated-at-sea-fathers-desperate-fear-for-boy-held-in-libyan-camp (ultimo accesso 13 novembre 2021).

62. UNHCR, *The Central Mediterranean Route. Working on the Alternatives to Dangerous Journeys*, Ginevra, 2017, p. 62, cfr. https://www.unhcr.org/596f4c4a7.pdf; UNHCR, *Expanded Response in Libya*, 2017, p. 19, cfr. https://www.unhcr.org/593e9ed47.pdf (ultimo accesso 10 agosto 2021).

63. Patrick Wintour, *German report details Libya abuses amid pressure to stem migration flows*, «Guardian», 30 gennaio 2017, cfr. https://www.theguardian.com/world/2017/jan/30/german-report-libya-abuses-pressure-migrant-flows (ultimo accesso 10 agosto 2021).

64. UNHCR, *UNHCR Flash Update Libya (16 November - 1 December 2017)*, 1 dicembre 2017, cfr. https://reliefweb.int/report/libya/unhcr-flash-update-libya-16-november-1-december-2017 (ultimo accesso 1 settembre 2021).

65. *Committee on Civil Liberties, Justice and Home Affairs Ordinary meeting*, Parlamento europeo, dal minuto 12.29, cfr. https://multimedia.europarl.europa.eu/en/committee-on-civil-liberties-justice-and-home-affairs-ordinary-meeting_20181127-0900-COMMITTEE-LIBE_vd (ultima modifica 27 novembre 2018).

66. Malakooti, *The Political Economy of Migrant Detention in Libya* cit., p. 6.

67. Sarah Carabott, *How Libya's human smuggling industry evolved to cash in on captivity*, «Times of Malta», 23 maggio 2021, cfr. https://timesofmalta.com/articles/view/how-libyas-human-smuggling-industry-evolved-to-cash-in-on-captivity.873859 (ultimo accesso 10 agosto 2021).

68. Davin e Rubira, *Learning Lessons from the* EUTF cit., p. 19.

69. ONU, *«World's deadliest sea crossing» claimed six lives a day in 2018:* UN *refugee agency*, cfr. https://news.un.org/en/story/2019/01/1031582 (ultimo accesso 30 gennaio 2019).

70. Mauro Seminara, *Guardacoste libico fugge dopo addestramento in base italiana, ricercato*, Mediterraneo Cronaca, 31 dicembre 2020, cfr. https://www.mediterraneocronaca.it/2020/12/31/guardacoste-libico-fugge-dopo-addestramento-in-base-italiana-ricercato/ (ultimo accesso 10 agosto 2021).

71. Renata Brito, Frank Jordans e Lorne Cook, *Migrant abuses continue in Libya. So does* EU *border training*, Associated Press, 25 gennaio 2022, cfr. https://apnews.com/article/coronavirus-pandemic-business-health-libya-migration-a30dd342513aeeede5a7558de4c3089d (ultimo accesso 29 gennaio 2022).

72. Tom Miles e Stephanie Nebehay, *Migrant deaths in the Sahara likely twice Mediterranean toll:* U.N., Reuters, 12 ottobre 2017, cfr. https://www.reuters.com/article/us-europe-migrants-sahara-idUSKBN1CH21Y (ultimo accesso 10 agosto 2021).

73. *Libya conflict: «Stressed» Ghassan Salamé resigns as* UN *envoy*, BBC News, 2 marzo 2020, cfr. https://www.bbc.com/news/world-africa-51713683 (ultimo accesso 10 agosto 2021).

74. International Crisi Group, *Session* III*: Can the* EU *do more to help end the Libyan conflict?*, video di YouTube, 1:05:30, 26 novembre 2020, dal minuto 31:00 in avanti, cfr. https://www.youtube.com/watch?v=eCSWpejMolE&feature=youtu.be (ultimo accesso 10 luglio 2023).

6. *Triq al-Sikka: bruciato vivo*

1. Arezo Malakooti, *The Political Economy of Migrant Detention in Libya. Understanding the players and the business models*, Global Initiative Against Transnational Organised Crime, rapporto finanziato dall'Unione europea, 2019, fig. 9: *Detention centres to which migrants were transferred, 2017 - marzo 2019*, p. 34, cfr. https://globalinitiative.net/wp-content/uploads/2019/11/Final-Report-Detention-Libya.pdf (ultimo accesso 10 agosto 2021).

2. IOM Libya, post di Facebook, 25 gennaio 2017, https://www.facebook.com/IOMLibya/posts/yesterday-together-with-the-german-ambassador-christian-buck-iom-visited-triq-al/701068440054116/; *Italy stresses strengthening action to combat illegal migration*, 21 marzo 2018, Arraed LG+, cfr. https://www.arraedlg.com/italy-stresses-strengthening-action-to-combat-illegal-migration/ (ultimo accesso 10 agosto 2021).

3. UNHCR, *As Libya crisis deepens, UNHCR chief steps up assistance*, cfr. https://www.unhcr.org/news/latest/2017/5/5922a4df4/libya-crisis-deepens-unhcr-chief-steps-up-assistance.html (ultima modifica 22 maggio 2017).
4. UNHCR, *Vulnerable refugees evacuated from Libya during visit of UNHCR head*, cfr. https://www.unhcr.org/news/latest/2018/6/5b294cb64/vulnerable-refugees-evacuated-libya-during-visit-unhcr-head (ultima modifica 19 giugno 2019).
5. International Rescue Committee, *Albert Einstein and the birth of the International Rescue Committee*, cfr. https://www.rescue.org/article/albert-einstein-and-birth-international-rescue-committee (ultima modifica 20 giugno 2017).
6. Ali Mitib, *David Miliband charity offers unpaid internships*, «The Times», 15 maggio 2021, cfr. https://www.thetimes.co-uk/article/david-miliband-charity-offers-unpaid-internships-hwbpvzl6b (ultimo accesso 12 agosto 2021).
7. Centers for Disease Control and Prevention, *Global Epidemiology of Tuberculosis and Progress Towards Meeting Global Targets – Worldwide, 2018*, cfr. https://www.cdc.gov/mmwr/volumes/69/wr/mm6911a2.htm (ultima modifica 20 marzo 2020).
8. «Tuberculosis (TB)», WebMD, https://www.webmd.com/lung/understanding-tuberculosis-basics (ultima modifica 27 giugno 2020).
9. Sally Hayden, *The migrants plucked from the sea, only to face TB in Libyan detention centres*, «Telegraph», 25 marzo 2019, cfr. https://www.telegraph.co.uk/global-health/climate-and-people/migrants-plucked-sea-face-tb-libyan-detention-centres/; *UK maritime personnel train the Libyan Coastguard*, Relief Web, 27 ottobre 2016, cfr. https://reliefweb.int/report/libya/uk-maritime-personnel-train-libyan-coastguard (ultimo accesso 29 novembre 2021).
10. Claire Felter, Jonathan Masters e Mohammed Aly Sergie, *Backgrounder: Al-Shabab*, Council on Foreign Relations, 19 maggio 2021, cfr. https://www.cfr.org/backgrounder/al-shabab (ultimo accesso 12 agosto 2021).
11. Sally Hayden, *Somali returned to Libya under Italian policy sets himself on fire*, «Irish Times», 25 ottobre 2018, cfr. https://www.irishtimes.com/news/world/africa/somali-returned-to-libya-under-italian-policy-sets-himself-on-fire-1.3675942; un anno dopo, la BBC intervistò la moglie di Abdulaziz: BBC News, *«Tortured and abused». One Somali woman's ordeal in Libya*, video di YouTube, 13:52, 11 novembre 2019. https://www.youtube.com/watch?v=CB8Cyt-KodY (ultimo accesso 12 agosto 2021).
12. Dai messaggi di Twitter inviati all'autrice dal portavoce dell'UNHCR Charlie Yaxley, 26 ottobre 2018.
13. Tarik Argaz, email inviata all'autrice, 9 novembre 2018.
14. Joel Millman, email inviata all'autrice, 25 ottobre 2018.
15. *UNHCR In Libya Part 2: Migrants in detention centres: «Why does UNHCR want to keep us in prison?»*, Euronews, 7 ottobre 2019, cfr. https://www.euronews.com/2019/10/02/unhcr-in-libya-part-2-migrants-in-detention-centres-why-does-unhcr-want-to-keep-us-in-pris (ultimo accesso 28 agosto 2021).

16. BBC News, *«Tortured and abused». One Somali woman's ordeal in Libya*, video di YouTube, cfr. https://www.youtube.com/watch?v=CB8Cyt-KodY (ultimo accesso 12 luglio 2023).
17. UNHCR, *«75 years working for peace»*, cfr. https://www.un.org/en/observances/un-day (ultimo accesso 12 agosto 2021).
18. *Celebrating UN Day on 24 October! UN#70*, United Nations: Academic Impact, cfr. https://www.un.org/en/academic-impact/celebrating-un-day-24-october-un70 (ultimo accesso 13 novembre 2021).

7. *Nazioni Disunite*

1. *Fridtjof Nansen Nobel Lecture: The Suffering People of Europe*, The Nobel Prize, cfr. https://www.nobelprize.org/prizes/peace/1922/nansen/lecture/ (ultimo accesso 8 agosto 2021).
2. Sally Hayden, *«It's a Form of Torture»: UNHCR Launches Campaign to Eradicate Statelessness*, VICE News, 4 novembre 2014, cfr. https://www.vice.com/en/article/zm55d4/its-a-form-of-torture-unhcr-launches-campaign-to-eradicate-statelessness (ultimo accesso 12 agosto 2021).
3. «Uganda GP Per Capita 1960-2021», MacroTrends, cfr. https://www.macrotrends.net/countries/UGA/uganda/gdp-per-capita (ultimo accesso 6 agosto 2021).
4. UNHCR, *Global Trends: Forced Displacement in 2017*, cfr. https://www.unhcr.org/statistics/unhcrstats/5b27be547/unhcr-global-trends-2017.html; UNHCR, *Resettlement Fact Sheet 2017*, cfr. https://www.unhcr.org/en-ie/protection/resettlement/5a9d507f7/resettlement-fact-sheet-2017.html (ultimo accesso 18 novembre 2021).
5. IOM, *The UN Migration Agency. «Migration Crisis Operational Framework (MCOF) Sudan 2017-2019»*, Khartum, 2017, p. 9, cfr. https://www.iom.int/sites/default/files/our__work/DOE/MCOF/MCOF-SUDAN-2017-2019__5.5mb.pdf (ultimo accesso 8 agosto 2021).
6. Sally Hayden, *For refugees in Sudan, fears surround probe into UN resettlement fraud*, New Humanitarian, 23 luglio 2018, cfr. https://www.thenewhumanitarian.org/news/2018/07/23/refugees-sudan-fears-surround-probe-un-resettlement-fraud (ultimo accesso 8 agosto 2021).
7. Ben Parker, *Emergency aid funding fell in 2017, even as Syria/Yemen wars drove needs higher*, New Humanitarian, 15 maggio 2018, cfr. https://www.thenewhumanitarian.org/analysis/2018/05/15/emergency-aid-funding-fell-2017-even-syriayemen-wars-drove-needs-higher (ultimo accesso 8 agosto 2021).
8. UNHCR, «Figures at a Glance», cfr. https://www.unhcr.org/en-ie/figures-at-a-glance.html (ultimo accesso 8 agosto 2021).
9. *Ibid.*; UNHCR, «Financials», cfr. https://reporting.unhcr.org/financial (ultimo accesso 8 agosto 2021).

10. Jeff Crisp, *UNHCR at 70: An Uncertain Future for the International Refugee Regime*, «Global Governance. A Review of Multilateralism and International Organizations», XXVI (3), 2020, pp. 359-68, cfr. https://doi.org/10.1163/19426720-02603004 (ultimo accesso 8 agosto 2021).
11. Human Rights Watch, *UN Shared Rohingya Data Without Informed Consent*, 15 giugno 2021, cfr. https://www.hrw.org/news/2021/06/15/un-shared-rohingya-data-without-informed-consent (ultimo accesso 8 agosto 2021).
12. Poppy Mcpherson e Ruma Paul, *U.N. deal offers no guarantees of free movement for Rohingya on island – leaked agreement*, Reuters, 15 ottobre 2021 (ultimo accesso 13 novembre 2021).
13. *Der Deal, die Hölle und der Tod. Internierungslager in Libyen*, Seebrücke, post di Facebook, 16 gennaio 2020, dal minuto 2.20, cfr. https://www.facebook.com/watch/live/?ref=watch__permalink&v=2148616925241972 (ultimo accesso 10 luglio 2023).
14. ONU, *UN Internal Oversight Opens New Investigations Office in Vienna*, cfr. https://www.un.org/press/en/2003/org1395.doc.htm (ultima modifica 15 settembre 2003).
15. Assemblea generale delle Nazioni Unite, A/56/733, *Investigation into allegations of refugee smuggling at the Nairobi Branch Office of the Office of the United Nations High Commissioner for Refugees*, 56th session agenda item 130 (ultimo accesso 21 dicembre 2001).
16. Sally Hayden, *EXCLUSIVE: Refugees in Sudan allege chronic corruption in UN resettlement process*, New Humanitarian, 15 maggio 2018, cfr. https://www.thenewhumanitarian.org/investigations/2018/05/15/exclusive-refugees-sudan-allege-chronic-corruption-un-resettlement-process (ultimo accesso 8 agosto 2021).
17. UNHCR, *UNHCR suspends resettlement programme from Sudan as fraud probes gathers steam*, cfr. https://www.unhcr.org/news/press/2018/5/5afdb0064/unhcr-suspends-resettlement-programme-sudan-fraud-probe-gathers-steam.htm (ultimo accesso 8 agosto 2021).
18. Hayden, *EXCLUSIVE: Refugees in Sudan allege chronic corruption in UN resettlement process* cit.; licenziamento confermato via email dalla portavoce dell'UNHCR Cécile Pouilly nell'agosto 2021; mi disse anche che il caso di quel dipendente era in attesa di processo presso la Corte d'Appello delle Nazioni Unite.
19. UNHCR, *UNHCR Brand Book. This brand book provides guidelines for correctly communicating the brand identity of the UNHCR*, the *UN* Refugee Agency, 2016, pp. 4, 9, 41, cfr. https://docplayer.net/62483307-Unhcr-brand-book-this-brand-book-provides-guidelines-for-correctly-communicating-the-brand-identity-of-unhcr-the-un-refugee-agency.html (ultimo accesso 18 agosto 2021).
20. UNHCR, «Goodwill Ambassadors», cfr. https://www.unhcr.org/goodwill-ambassadors.html (ultimo accesso 8 agosto 2021).
21. «Global Social Media Manager, UNOPS IICA-2, London», cfr. https://www.linkedin.com/jos/view/2654380101/ (ultimo accesso 8 agosto 2021).

22. Cfr. account di Twitter dell'UNHCR, The UN Refugee Agency, cfr. https://twitter.com/Refugees (ultimo accesso 8 agosto 2021).

23. Alessandra Morelli, account di Twitter, https://twitter.com/UNHCR_Morelli (ultimo accesso 8 agosto 2021). Account attualmente inesistente. [*N.d.T.*]

24. UNHCR, *Cate Blanchett récompensée pour son action humanitaire auprès du UNHCR*, cfr. https://www.unhcr.org/fr/news/stories/2020/6/5ef6f943a/cate-lanchett-recompensee-action-humanitaire-apres-hcr.html (ultima modifica 25 giugno 2020).

25. Alessandra Morelli, colloquio con Sally Hayden, 6 agosto 2020.

8. *Tunisi: gli ultimi giorni dell'impero romano*

1. Si vedano per esempio le due fasi del Fondo fiduciario della UE destinato alla Guardia costiera libica: «La complementarità sarà garantita innanzitutto dalle organizzazioni attive sotto la tutela di questo programma, e nello specifico l'Organizzazione Internazionale per le Migrazioni (IOM) e l'Agenzia delle Nazioni Unite per i rifugiati (UNHCR), il cui obiettivo è quello di estendere lo spazio di protezione per migranti e rifugiati in Libia e di migliorare le capacità delle autorità libiche competenti nella gestione dei flussi migratori misti», p. 6, e «Il Ministero dell'Interno italiano, la DG NEAR, la Delegazione dell'Unione europea in Libia e l'ambasciata italiana a Tripoli saranno i principali responsabili della consultazione e del coordinamento con questi finanziatori. Verranno instaurati legami operativi permanenti e una stretta cooperazione con i principali finanziatori internazionali ed europei in Libia, in particolare EUBAM Libia, EUNAVFORMED – Sophia, il progetto SEAHORSE MED, l'UNHCR, l'IOM e qualsiasi stato membro della UE coinvolto», p. 15. T05-EUTF-NOA-LY-04 in EU, *Action fiche of the EU Trust Fund to be used for the decisions of the Operational Committee*, Annex IV to the Agreement establishing the European Union Emergency Trust Fund for Stability and Addressing the Root Causes of Irregular Migration and Displaced Persons in Africa and Its Internal Rules, pp. 6, 15, cfr. https://ec.europa.eu/trustfundforafrica/sites/default/files/t05-eutf-noa-ly-04_fin_5.pdf; «La continua implementazione della prima fase del progetto ha mostrato che è importante condividere informazioni e collaborare insieme ai principali finanziatori europei e internazionali in Libia, quali EUBAM Libia, EUNAVFORMED – Op. Irini, Frontex, l'UNHCR e l'IOM», in UE, *Action Document: The European Union Emergency Trust Fund for Stability and Addressing the Root Causes of Irregular Migration and Displaced Persons in Africa*, p. 16, cfr. https://ec.europa.eu/trustfundforafrica/sites/default/files/t05-eutf-noa-ly-07.pdf (ultimo accesso 11 agosto 2021).

2. Patrick Wintour, *Italian minister defends methods that led to 87% drop in migrants from Libya*, «Guardian», 7 settembre 2017, cfr. https://www.theguardian.com/world/2017/sep/07/italian-minister-migrants-libya-marco-minniti (ultimo accesso 10 agosto 2021).

3. James Reynolds, *Marco Minniti: The man who cut the migrant flow to Italy*, BBC News, 20 settembre 2018, cfr. https://www.bbc.com/news/world-europe-45575763 (ultimo accesso 11 agosto 2021).

4. IOM *Joins the United Nations*, 19 settembre 2016, cfr. https://www.iom.int/video/iom-joins-united-nations (ultimo accesso 24 agosto 2021).
5. «Una valutazione "insoddisfacente" significa che esistono una o più importanti lacune critiche o pervasive a livello di governance, gestione del rischio o procedure di controllo, tali per cui non è possibile garantire in maniera ragionevole il raggiungimento degli obiettivi di controllo e/o dell'attività oggetto di valutazione», in United Nations Office of Internal Oversight Services, *Internal Audit Division. AR2015/131/02. Audit of the Operations in Libya for the Office of the United Nations High Commissioner for Refugees. Report 2016/031*, 14 aprile 2016.
6. Budget e spese annuali si possono consultare alla voce «Libia» del sito dell'UNHCR, cfr. https://reporting.unhcr.org/node/12003 (ultimo accesso 20 agosto 2021).
7. Parlamento europeo, *Committee on Civil Liberties, Justice and Home Affairs Ordinary meeting*, dal minuto 13:02, cfr. https://multimedia.europarl.europa.eu/en/committee-on-civil-liberties-justice-and-home-affairs-ordinary-meeting_20181127-0900-COMMITTEE-LIBE_vd (ultima modifica 27 novembre 2018).
8. Oxfam, *The EU Trust Fund for Africa. Trapped between aid policy and migration politics*, EUTF for Africa project NOA-LY-06, Oxford 2020, p. 24, cfr. https://www.oxfam.org/en/research/eu-trust-fund-africa-trapped-between-aid-policy-and-migration-politics (ultimo accesso 11 agosto 2021).
9. UNHCR Libya, post di Twitter, 30 luglio 2019, 15:46, https://twitter.com/UNHCRLibya/status/1156214363948277761
10. Per esempio, UNHCR Libya, post di Twitter, 26 ottobre 2018, 22:13, https://twitter.com/UNHCRLibya/status/1055930455898374145?s=20
11. UNHCR Libya, *Overview 2018*, versione in arabo: https://reliefweb.int/sites/reliefweb.int/files/resources/67473.pdf e versione in inglese: https://reliefweb.int/sites/reliefweb.int/files/resources/67474.pdf (ultimo accesso 1 settembre 2021).
12. Commissione europea, *Press point by Ylva Johansson, European Comissioner, and Filippo Grandi, United Nations High Commissioner for Refugees*, cfr. https://audiovisual.ec.europa.eu/en/video/I-205316 (ultimo accesso 1 settembre 2021).
13. UNHCR, *Libya: «Registration is a right for asylum seekers and refugees wherever they are»*, cfr. https://www.unhcr.org/blogs/registration-is-a-right-for-refugees/ (ultima modifica 9 novembre 2018).
14. UNHCR, *Less than 5 per cent of global refugee resettlement needs met last year*, cfr. https://www.unhcr.org/news/briefing/2019/2/5c6bc9704/5-cent-globa-refugee-resettleent-needs-met-year.html (ultima modifica 19 febbraio 2019).
15. Sally Hayden, *Libya: coronavirus has deadly impact on life-saving evacuations*, «The Irish Times», 1 gennaio 2021, cfr. https://www.irishtimes.com/news/world/africa/libya/coronavirus-has-deadly-impact-on-life-saving-evacuations-1.4448263 (ultimo accesso 13 novembre 2021).
16. «L'imprecisione dei dati sui risultati ottenuti costituiva una debolezza ricorrente ed è stata classificata come segnalazione critica da parte dell'OIOS nel suo precedente rapporto di valutazione sulle operazioni dell'UNHCR in Libia (Rapporto

2016/031) pubblicato nell'aprile 2016», in United Nations Office of Internal Oversight Services, Internal Audit Division, *AR2018/131/04, Audit of the Operations in Libya for the Office of the United Nations High Commissioner for Refugees*, Report 2019/007, 1 marzo 2019, p. 3.

17. Le operazioni venivano «gestite a distanza, con spostamenti limitati del personale nazionale presente a Tripoli e a Bengasi, coadiuvato da occasionali missioni degli operatori internazionali di stanza a Tunisi» tra luglio 2014 e febbraio 2018. Al 31 maggio 2018, la missione, con a capo un responsabile di livello D-1, prevedeva 40 posti per il personale internazionale e 99 posti per il personale nazionale. Due operatori internazionali e 84 operatori internazionali risiedevano a Tripoli, il resto era stanziato a Tunisi. La missione contava inoltre 22 operatori affiliati con base a Tunisi: United Nations Office of Internal Oversight Services, Internal Audit Division, *AR2018/131/04, Audit of the Operations in Libya for the Office of the United Nations High Commissioner for Refugees*, Report 2019/007, 1 marzo 2019, p. 1. Il personale internazionale venne poi evacuato di nuovo tra agosto e settembre 2018, quando scoppiò il conflitto.

18. Parlamento europeo, *Committee on Civil Liberties, Justice and Home Affairs Ordinary meeting*, dal minuto 12:26, cfr. https://multimedia.europarl.europa.eu/en/committee-on-civil-liberties-justice-and-home-affairs-ordinary-meeting_20181127-0900-COMMITTEE-LIBE_vd (ultima modifica 27 novembre 2018).

19. United Nations Careers, «Pay and benefits», cfr. https://careers.un.org/lbw/home.aspx?viewtype=sal (ultimo accesso 11 agosto 2021).

20. Cifre calcolate sulla base di un contratto P-4 al sito https://icsc.un.org/# e https://www.unjobnet.org/jobs/detail/24452354; https://commonsystem.org/cp/calc.asp (ultimo accesso 11 agosto 2021).

21. *Tunisia: Monthly minimum wage raised by 6.5 per cent*, «The North Africa Post», 31 dicembre 2020, cfr. https://northafricapost.com/46508-tunisia-monthly-minimum-wage-raised-by-6-5-per-cent.html (ultimo accesso 11 agosto 2021).

22. *Palm City Residences*, Palm City Residences, cfr. https://www.palmcityresidences.com/# (ultimo accesso 11 agosto 2021).

23. Frederic Wehrey, *A Libyan Revenant*, «Newlines Magazine», 14 luglio 2021, cfr. https://newlinesmag.com/first-person/a-libyan-revenant/ (ultimo accesso 11 agosto 2021).

24. Azione esterna dell'Unione europea, *Common Security and Defence Policy: EUBAM Libia (EU Integrated Border Assistance Mission in Libya)*, 2015, cfr. https://eeas.europa.eu/archives/docs/csdp/missions-and-operations/eubam-libya/pdf/factsheet_eubam_libya_en.pdf. È possibile leggere una sintesi in italiano al sito https://eur-lex.europa.eu/IT/legal-content/summary/eu-integrated-border-management-assistance-mission-in-libya-eubam-libya.html (ultimo accesso 11 agosto 2021). [*N.d.T.*]

25. Documenti fatti trapelare all'autrice di cui non è possibile indicare le fonti per motivi di sicurezza.

26. Eric Davin e Justine Rubira, *Learning Lessons from the EUTF – Phase 2 – Paving the way for future programming on migration, mobility and forced displacement*, Altai Consulting, rapporto di consulenza per l'Unione europea, 2021, p. 22, cfr. https://ec.europa.er/trustfundforafrica/sites/default/files/learning_lessons_from_the_eutf_final_0.pdf (ultimo accesso 11 agosto 2021).

27. United Nations Office of Internal Oversight Services, Internal Audit Division, *AR2018/131/04, Audit of the Operations in Libya for the Office of the United Nations High Commissioner for Refugees*, Report 2019/007, 1 marzo 2019.

28. Irvin Molotsky, *Red Cross Admits Knowing of the Holocaust During the War*, «New York Times», 19 dicembre 1996, cfr. https://www.nytimes.com/1996/12/19/us/red-cross-admits-knowing-of-the-holocaust-during-the-war.html (ultimo accesso 11 agosto 2021).

29. *Red Cross Inspected One Concentration Camp*, Commento, «New York Times», 29 maggio 1987, cfr. https://nytimes.com/1987/05/29/opinion/l-red-cross-inspected-one-concentration-camp-824887.html (ultimo accesso 11 agosto 2021).

30. *Theresienstadt: Red Cross Visit*, Holocaust Encyclopedia, cfr. https://encyclopedia.ushmm.org/content/en/article/theresienstadt-red-cross-visit (ultimo accesso 11 agosto 2021).

31. *Five years on, EU and Turkey griping over refugee deal*, France 24 News, 17 marzo 2021, cfr. https://www.france24.com/en/live-news/20210317-five-years-on-eu-and-turkey-griping-over-refugee-deal (ultimo accesso 11 agosto 2021).

32. Commissione europea, *EU-Turkey Statement: Four Years On*, 2020, cfr. https://home-affairs.ec.europa.eu/system/files/2020-03/20200318_managing-migration-eu-turkey-statement-4-years-on_en.pdf; *Turkey: Nearly 100,000 unregistered Syrians removed from Istanbul*, Deutsche Welle News, 4 gennaio 2020, cfr. https://www.dw.com/en/turkey-nearly-100000-unregistered-syrians-removed-from-istanbul/a-51888092; UNHCR, *UNHCR Turkey Operational Update October 2020*, cfr. https://data2.unhcr.org/en/documents/details/82980 (ultima modifica ottobre 2020); Kemal Kirişci, *As EU-Turkey migration agreement reaches the five-year mark, add a job creation element*, Brookings, 17 marzo 2021, cfr. https://www.brookings.edu/blog/order-from-chaos/2021/03/17/as-eu-turkey-migration-agreement-reaches-the-five-year-mark-add-a-job-creation-element/ (ultimo accesso 11 agosto 2021).

33. *MSF Rejects EU funding over «shameful» migrant pact with Turkey*, Deutsche Welle News, 17 giugno 2016, cfr. https://www.dw.com/en/msf-rejects-eu-funding-over-shameful-migrant-pact-with-turkey/a-19338001 (ultimo accesso 11 agosto 2021).

34. Medici Senza Frontiere, *Medical care resumes in Tripoli detention centres*, cfr. https://www.msf.org/medical-care-resumes-libya-detention-centres (ultimo accesso 5 ottobre 2021).

9. *Abū Salīm: l'amore resiste*

1. *African migrants seek work in Tripoli – in pictures*, The National News, 23 maggio 2021, cfr. https://www.thenationalnews.com/mena/african-migrants-seek-work-in-tripoli-in-pictures-1.1228028#5 (ultimo accesso 16 agosto 2021).
2. UNHCR, *Libya. Mixed Migration Routes and Dynamics in Libya in 2018*, 2019, p. 3, cfr. https://reliefweb.int/sites/reliefweb.int/files/resources/impact__lby__report__mixed__migration__routes__and__dynamics__in__2018__june__2019.pdf (ultimo accesso 16 agosto 2021).
3. Cifre comunicate all'autrice da rifugiati intervistati che erano andati a lavorare in quel periodo.
4. Si veda il post di Twitter di Sara Creta per un video che raffigura il cancello di ingresso di Abū Salīm, 22 giugno 2021, 18:19, cfr. https://twitter.com/saracreta/status/1407387690912321549 (ultimo accesso 11 luglio 2023).
5. Sally Hayden, post di Twitter, 22 ottobre 2018, 15:37, https://twitter.com/sallyhayd/status/1054381295986458624
6. In un'intervista del novembre 2018, Vincent Cochetel, inviato speciale dell'UNHCR per il Mediterraneo centrale, dichiarò: «A causa delle preoccupazioni per la sicurezza del personale, abbiamo temporaneamente sospeso le pratiche di registrazione al di fuori dei centri di detenzione», UNHCR, *Libya: «Registration is a right for asylum seekers and refugees wherever they are»*, cfr. https://www.unhcr.org/blogs/registration-is-a-right-for-refugees (ultima modifica 9 novembre 2018).
7. Sally Hayden, posto di Twitter, 31 dicembre 2018, 12:13, https://twitter.com/sallyhayd/status/1079712194214924288
8. Missione di sostegno delle Nazioni Unite in Libia/Ufficio dell'Alto commissariato delle Nazioni Unite per i diritti umani, *Desperate and Dangerous: Report on the human rights situation of migrants and refugees in Libya*, p. 32, cfr. https://unsmil.unsmissions.org/sites/default/files/libya-migration-report-18dec2018.pdf (ultimo accesso 30 agosto 2021).
9. Sally Hayden, post di Twitter, 28 dicembre 2018, 21:13, https://twitter.com/sallyhayd/status/1078760883420053504
10. Sara Creta, *Driven to suicide in Tunisia's UNHCR refugee shelter*, Al Jazeera, 20 marzo 2019, cfr. https://www.aljazeera.com/features/2019/3/20/driven-to-suicide-in-tunisias-unhcr-refugee-shelter (ultimo accesso 16 agosto 2021).
11. All'autrice è stato inviato un video di questo discorso.
12. Jessica Wapner, *Do Walls Change How We Think?*, «New Yorker», 28 maggio 2019, cfr. https://www.newyorker.com/culture/annals-of-inquiry/do-walls-change-how-we-think (ultimo accesso 16 agosto 2021).

10. *Khoms Souq al-Khamis: un mercato di esseri umani*

1. Sally Hayden, post di Twitter, 22 agosto 2019, 16:08, https://twitter.com/sallyhayd/status/1164554961943957505

2. Foto inviate all'autrice; si veda anche: Sally Hayden, *Libya migrants scribble on prison wall: «People were sold here»*, Al Jazeera, 22 dicembre 2018, cfr. https://www.aljazeera.com/features/2018/12/22/libya-migrants-scribble-on-prison-wall-people-were-sold-here (ultimo accesso 15 agosto 2021).
3. Sally Hayden, *Bodies wash up on Libyan shore a month after shipwreck*, «Irish Times», 22 agosto 2019, cfr. https://www.irishtimes.com/news/world/africa/bodies-wash-up-on-libyan-shore-a-month-after-shipwreck-1.3994462 (ultimo accesso 15 agosto 2021).
4. Sally Hayden, post di Twitter, 7 dicembre 2018, 22:43, https://twitter.com/sallyhayd/status/1071173258622451714
5. Sally Hayden, *Protests at Khoms Souq al Khamis detention centre*, video YouTube, 1:08, 10 dicembre 2018, cfr. https://www.youtube.com/watch?v=EFossuH-9DvU (ultimo accesso 11 luglio 2023).
6. Sally Hayden, post di Twitter, 11 gennaio 2019, 12:07, https://twitter.com/sallyhayd/status/1083696953278513152
7. Sally Hayden, post di Twitter, 7 gennaio 2019, 11:59, https://twitter.com/sallyhayd/status/1082245430598082565
8. Sally Hayden, post di Twitter, 7 gennaio 2019, 12:25, https://twitter.com/sallyhayd/status/1082251998349668353
9. Dichiarazione completa dell'UNHCR, inviata da Charlie Yaxley via email all'autrice il 14 gennaio 2019: «In seguito alla visita al centro di detenzione di Khoms Souq al-Khamis (KSK), siamo consapevoli che al momento manca un gruppo di persone precedentemente soccorse dalla Guardia costiera libica e di cui erano stati registrati sbarco e trasporto (KSK). L'UNHCR sta continuando a indagare sulla situazione, e rimaniamo preoccupati per la loro sicurezza e il loro benessere.
L'UNHCR non ha accesso ai luoghi in cui i trafficanti tengono prigionieri i rifugiati. I trafficanti, approfittando della disperazione dei più vulnerabili, stanno perpetrando gravi abusi contro rifugiati e migranti. Non possiamo ignorare questo fatto. È imperativo compiere maggiori sforzi per smantellare le reti del traffico e dello sfruttamento umano, e costringere i responsabili a rispondere delle loro azioni mediante il congelamento dei beni, i divieti di spostamento, l'interruzione delle catene di rifornimento e il blocco delle entrate, nonché attraverso rigorose azioni penali.
L'UNHCR ribadisce che nessun individuo salvato nel Mediterraneo centrale dovrebbe essere riportato in Libia, anche a causa della precaria situazione di sicurezza, del ricorso abituale ai centri di detenzione e delle violazioni dei diritti umani già ampiamente riportate. L'UNHCR ribadisce inoltre con urgenza l'invito già rivolto ai paesi di reinsediamento ad accelerare l'offerta di ulteriori sedi al fine di evacuare i rifugiati rinchiusi nei centri di detenzione libici.
Per risolvere la situazione interna alla Libia e la questione delle morti nel Mar Mediterraneo è necessario un approccio ad ampio respiro che coinvolga i paesi di origine, di transito e di arrivo. Il sostegno alle autorità libiche incaricate della gestione dei confini non può risolvere da solo il problema, ma necessita di una

serie completa di investimenti che tengano conto dell'intero spettro delle esigenze relative alla politica, alla sicurezza, ai diritti umani e allo sviluppo. L'UNHCR si adopera per fare in modo che tutte le persone interessate rinchiuse nei centri di detenzione vengano registrate nel corso di visite regolari. Queste visite talvolta dipendono dalle circostanze, e in particolare dalle condizioni di sicurezza».

10. UNHCR Libia, post di Twitter, 27 ottobre 2020, 16:11, https://twitter.com/Libya/status/1321122347005452294

1. Ben Whitelaw, *Saved for history, the British island fort that sent 50,000 slaves to a life of misery*, «The Times», 14 novembre 2020, cfr. https://www.thetimes.co.uk/article/saved-for-history-the-british-island-fort-that-sent-50-000-slaves-to-a-life-of-misery-wrf9tgxot?=ie (ultimo accesso 12 agosto 2021).

11. *Sierra Leone: la corsa al tempio e le donne rimaste indietro*

2. Cifre tratte dai dati della Banca Mondiale per il 2013, cfr. https://data.worldbank.org/indicator/SE.ADT.LITR.ZS?end=2018&locations=SL&start=2008 (ultimo accesso 13 novembre 2021).
3. *Sierra Leone: Nonformal Education*, State University, cfr. https://education.stateuniversity.com/pages/1339/Sierra-Leone-NONFORMAL-EDUCATION.html (ultimo accesso 12 agosto 2021).
4. Farouk Chothia, *Ebola drains already weak West African health systems*, BBC News, 24 settembre 2014, cfr. https://www.bbc.com/news/world-africa-29324595 (ultimo accesso 12 agosto 2021).
5. Silas Gbandia, *Sierra Leone Ebola Burial Teams Struggle as Bodies Decompose*, Bloomberg News, 18 settembre 2014, cfr. https://www.bloomberg.com/news/articles/2014-09-17/sierra-leone-s-ebola-burial-teams-struggle-as-bodies-decompose#xj4y7vzkg (ultimo accesso 11 luglio 2023).
6. OMS, *Statement on the end of the Ebola outbreak in Sierra Leone*, cfr. https://www.afro.who.int/news/statement-end-ebola-outbreak-sierra-leone (ultima modifica 7 novembre 2015). Center for Disease Control and Prevention, *2014-2016 Ebola Outbreak in West Africa*, cfr. https://www.cdc.gov/vhf/ebola/history/2014-2016-outbreak/index.html (ultimo accesso 12 agosto 2021).
7. Tommy Trenchard, *Life Doesn't Go On After The Mudslides In Sierra Leone*, National Public Radio (NPR), 8 aprile 2018, cfr. https://www.npr.org/sections/goatsandsoda/2018/04/08/599526907/life-doesnt-go-on-after-the-mudslides-in-sierra-leone (ultimo accesso 11 agosto 2021).
8. Banca Mondiale, «GNI per capita, Atlas method – Sierra Leone», cfr. https://data.worldbank.org/indicator/NY.GNP.PCAP.CD?locations=SL (ultimo accesso 23 novembre 2021).
9. Alex Duval Smith, *Inside Mali's human-trafficking underworld in Gao*, BBC News, 21 aprile 2015, cfr. https://www.bbc.com/news/world-africa-32359142 (ultimo accesso 11 agosto 2021).

10. *Spaghetti smugglers of the Sahara*, «The Economist», 17 marzo 2018, cfr. https://www.economist.com/middle-east-and-africa/2018/03/17/spaghetti-smugglers-of-the-sahara (ultimo accesso 12 agosto 2021).

11. iom, *6,000 Migrant Deaths Recorded in 2017, «Only a fraction of the Real Number» Worldwide:* GMDAC, cfr. https://www.iom.int/news/6000-migrant-deaths-recorded-2017-only-fraction-real-number-worldwide-gmdac (ultima modifica 23 febbraio 2018).

12. Si vedano per esempio Ottavia Spaggiari, *When a migrant drowns, a whole community feels the loss*, New Humanitarian, 23 marzo 2021, cfr. https://www.thenewhumanitarian.org/news-feature/2021/3/23/When-a-migrant-drowns-a-whole-community-feels-the-loss; Naira Davlashyan e Makembe Bamba, *From hero to outcast: The grim fate of migrants returning to Guinea empty-handed*, Euronews, 15 aprile 2021, cfr. https://www.euronews.com/2021/04/15/from-hero-to-outcast-the-grim-fate-of-migrants-returning-to-guinea-empty-handed (ultimo accesso 12 agosto 2021).

13. Commissione europea, *More than 50,000 Migrants Benefited from Voluntary Humanitarian Return Assistance from Libya since 2015*, cfr. https://ec.europa.eu/trustfundforafrica/all-news-and-stories/more-50000-migrants-benefited-voluntary-humanitarian-return-assistance-libya_en (ultima modifica 29 febbraio 2020).

14. Arezo Malakooti, *The Political Economy of Migrant Detention in Libya. Understanding the players and the business models*, Global Initiative Against Transnational Organised Crime, rapporto finanziato dall'Unione europea, 2019, p. 35, cfr. https://globalinitiative.net/wp-content/uploads/2019/11/Final-Report-Detention-Libya.pdf (ultimo accesso 12 agosto 2021).

15. Yemane G. Meskel, post di Twitter, 30 aprile 2019, 10:00, https://twitter.com/hawelti/status/1123150115114557440

16. IOM – UN Migration, *Assisted Voluntary Return and Reintegration (AVRR)*, playlist di Youtube, cfr. https://www.youtube.come/playlist?list=PLE0C69EF-8DB3A2891 (ultima modifica 20 maggio 2021).

17. IOM – UN Migration, *Nigerians stuck in Libya return home with a song*, video di Youtube, 28 marzo 2017, 0:31. https://www.youtube.com/watch?v=JY-VpEwow9Xv (ultimo accesso 8 agosto 2021).

18. Tenley Garrett, *What I learned from working for the UN*, Medium, 5 gennaio 2018, cfr. https://medium.com/@atenleymae/what-i-learned-from-working-for-the-un-38fc1644a600 (ultimo accesso 12 agosto 2021).

19. Maite Vermuelen, *War of the words: how Europe is exporting its migration philosophy*, «Correspondent», 22 gennaio 2020, cfr. https://thecorrespondent.com/240/war-of-the-words-how-europe-is-exporting-its-migration-philosophy/31739576880-b506ad0d (ultimo accesso 12 agosto 2021).

20. Lillo Montalto Monella e Sara Creta, *Paying for migrants to go back home: how the EU's Voluntary Return scheme is failing the desperate*, Euronews, 22 giugno

2020, cfr. https://www.euronews.com/2020/06/19/paying-for-migrants-to-go-back-home-how-the-eu-s-voluntary-return-scheme-is-failing-the-de (ultimo accesso 12 agosto 2021).

21. Dichiarazione dell'Unione europea, 110° sessione del Consiglio IOM, 26-29 novembre 2019, cfr. https://governingbodies.iom.int/system/files/en/council/110/Statements/EU%20coordinated%20statement%20-%20Point%2013%20-%20final%20IOM%20Council%202019%20-.pdf (ultimo accesso 25 agosto 2021).

22. Montalto Monella e Creta, *Paying for migrants to go back home* cit.

23. Vasileia Digidiki e Jacqueline Bhabha, *Returning Home? The Reintegration Challenges Facing Child and Youth Returnees from Libya to Nigeria*, Harvard Center for Health and Human Rights, Boston 2019, p. 31, cfr. https://cdn1.sph.harvard.edu/wp-content/uploads/sites/2464/2019/11/Harvard-FXB-Center-Returning-Home-FINAL.pdf (ultimo accesso 10 luglio 2023).

24. International Civil Service Commission, «Sierra Leone: Daily Subsistance Allowance», cfr. https://icsc.un.org/# (ultimo accesso 12 agosto 2021).

25. Jennifer Rankin, *$2bn EU-Africa «anti-migration» fund too opaque, say critics*, «Guardian», 31 ottobre 2017, cfr. https://www.theguardian.com/global-development/2017/oct/31/2bn-eu-africa-anti-migration-fund-too-opaque-say-critics (ultimo accesso 12 agosto 2021).

26. Nel 2020 è stato accettato soltanto il 38,4% delle domande di asilo in Germania: World Data, «Asylum applications and refugees from Sierra Leone», cfr. https://www.worlddata.info/africa/sierra-leone/asylum.php (ultimo accesso 12 agosto 2021).

27. Oxfam International, *Billionaires fortunes grew by $2.5 billion a day last year as poorest saw their wealth fall*, cfr. https://www.oxfam.org/en/press-releases/billionaire-fortunes-grew-25-billion-day-last-year-poorest-saw-their-wealth-fall (ultima modifica 21 gennaio 2019).

28. Larry Elliott, *World's 26 richest people own as much as poorest 50%, says Oxfam*, «Guardian», 21 gennaio 2019, cfr. https://www.theguardian-com/business/2019/jan/21/world-26-richest-people-own-as-much-as-poorest-50-per-cent-oxfam-report (ultimo accesso 12 agosto 2021).

29. Whitelaw, *Saved for history* cit.

30. Jonathan Aitken, *John Newton: From Disgrace to Amazing Grace*, Continuum Publishing, London 2008.

31. *Sierra Leone country profile*, BBC News, 5 aprile 2018, cfr. https://www.bbc.com/news/world-africa-14094194 (ultimo accesso 12 agosto 2021).

32. Whitelaw, *Saved for history* cit.; Andrew Glass, *Freed slaves depart for Africa, Feb. 6, 1820*, «Politico», 2 maggio 2017, cfr. https://www.politico.com/story/2017/02/freed-slaves-depart-for-africa-feb-6-1820-234555 (ultimo accesso 12 agosto 2021).

33. Alys Beverton, *Recaptives*, BlackPast, 23 maggio 2009, cfr. https://www.blackpast.org/global-african-history/recaptives/ (ultimo accesso 12 agosto 2021).

34. Whitelaw, *Saved for history* cit.
35. Marcus Liddell, *Christian Cole: Oxford University's first black student*, BBC News, 18 ottobre 2017, cfr. https://www.bbc.com/news/uk-england-oxfordshire-40429917 (ultimo accesso 12 agosto 2021).
36. Abraham Farfán e Maria del Pilar Lopez-Uribe, *The British founding of Sierra Leone was never a «Province of Freedom»*, LSE, 27 giugno 2020, cfr. https://blog.lse.ac.uk/africaatlse/2020/06/27/british-founding-sierra-leone-slave-trade/ (ultimo accesso 12 agosto 2021).
37. Programma delle Nazioni Unite per lo sviluppo, «Human Development Report 2020: Sierra Leone», http://hdr.undp.org/sites/default/files/Country-Profiles/SLE.pdf (ultimo accesso 12 agosto 2021).
38. Greg Campbell, *Diamanti di sangue. Lo sporco affare delle pietre più preziose del mondo*, Carocci Editore, Roma 2005, p. 20.
39. *Ibid.*, p. 74.
40. Nina DeVries, *Sierra Leoneans Share Memories of Civil War on Anniversary*, VOA News, 6 gennaio 2018, cfr. https://www.voanews.com/a/sierra-leone-civil-war-anniversary/4194996.html (ultimo accesso 12 agosto 2021).
41. Edward Barnes, *The Heart of Darkness*, «TIME Magazine», 25 gennaio 1999, cfr. http://content.time.com/time/magazine/article/0,9171,18721-2,00.html (ultimo accesso 12 agosto 2021).
42. Campbell, *Diamanti di sangue* cit., p. 22.
43. Kat de Jong, Maureen Mulhern e Saskia van der Kam, *Assessing Trauma in Sierra Leone: Psycho-Social Questionnaire Freetown Survey Outcomes*, Medici Senza Frontiere, Amsterdam 2003, pp. 3, 10, cfr. https://www.msf.org/sites/msf.org/files/2018-08/assessing-trauma-in-sierra-leone.pdf (ultimo accesso 12 agosto 2021).
44. Achiume E. Tendayi, *Migration as Decolonization*, «Stanford Law Review», LXXI, 2019, pp. 1510, 1537, 1552, cfr. https://ssrn.com/abstract=3330353 (ultimo accesso 12 agosto 2021).
45. Banca Mondiale, «Life expectancy at birth, total (years) – Sierra Leone», cfr. https://data.worldbank.org/indicator/SP.DYN.LE00.IN?locations=SL (ultimo accesso 12 agosto 2021).
46. *Sierra Leone country profile*, BBC News, 5 aprile 2018, cfr. https://www.bbc.com/news/world-africa-14094194 (ultimo accesso 12 agosto 2021).
47. Harriet Mason, *Making strides to improve maternal health in Sierra Leone*, UNICEF, 26 maggio 2016 (ultimo accesso 12 agosto 2021).
48. OMS, *Sierra Leone Annual Report: A Year in Focus 2017*, Freetown 2017, p. 13, cfr. https://www.afro.who.int/sites/default/files/2018-03/World%20Health%20Organization%20Sierra%20Leone%20Annual%20Report%202017.pdf (ultimo accesso 12 agosto 2021).
49. Sally Hayden, *People dying for lack of oxygen during Sierra Leone's third Covid wave*, «Irish Times», 31 luglio 2020, cfr. https://www.irishtimes.com/news/

world/africa/people-dying-for-lack-of-oxygen-during-sierra-leone-s-third-covid-wave-1.4634918 (ultimo accesso 8 ottobre 2021).

50. United Nations Africa Renewal, *IOM hails historic first human trafficking convictions in Sierra Leone*, cfr. https://www.un.org/africarenewal/news/iom-hails-historic-first-human-trafficking-convictions-sierra-leone (ultima modifica 5 marzo 2020).

12. *Buxelles: «fine» della crisi dei migranti*

1. John Plunkett, *Katie Hopkins:* Sun *migrants article petition passes 200,000 mark*, «Guardian», 20 aprile 2015, cfr. https://www.theguardian.com/media/2015/apr/20/katie-hopkins-sun-migrants-article-petition-nears-180000-mark (ultimo accesso 6 agosto 2021).
2. Cfr. «Caltanisetta live», 4 giugno 2018, cfr. https://www.caltanissettalive.it/salvini-stop-sicilia-campo-profughi-ue-non-assistero-senza-far-nulla-agli-sbarchi/ (ultimo accesso 10 luglio 2023).
3. Marcus Engert, *The European Union Is Worried That 300,000 People Could Flee Libya If Things Get Any Worse*, Buzzfeed News, 21 agosto 2019, cfr. https://buzzfeednews.com/article/marcusengert/operation-sophia-report-migrants-libya-warning (ultimo accesso 5 agosto 2021).
4. Zed Nelson, *Lampedusa boat tragedy: a survivor's story*, «Guardian», 22 marzo 2014, cfr. https://www.theguardian.com/world/2014/mar/22/lampedusa-boat-tragedy-migrants-africa (ultimo accesso 5 agosto 2021).
5. Lizzy Davies, *Lampedusa victims include mother and baby attached by umbilical cord*, «Guardian», 10 ottobre 2013, cfr. https://www.theguardian.com/world/2013/oct/10/lampedusa-victims-mother-baby-umbilical-cord; Nelson, *Lampedusa boat tragedy* cit.; *Survivors of capsized migrant boat brought ashore*, «Irish Examiner», 12 ottobre 2013, cfr. https://www.irishexaminer.com/world/arid-30609936.html (ultimo accesso 5 agosto 2021).
6. Lizzy Davies, *Lampedusa boat tragedy is "slaughter of innocents" says Italian president*, «Guardian», 3 ottobre 2012, cfr. https://www.theguardian.com/world/2013/oct/03/lampedusa-boat-tragedy-italy-migrants (ultimo accesso 5 agosto 2021); Davies, *Lampedusa victims* cit.; Nelson, *Lampedusa boat tragedy* cit.
7. Steve Scherer e Ilaria Polleschi, *Italy in talks with EU to share responsibility for boat migrants*, Reuters (Milano), 8 luglio 2014, https://www.reuters.com/article/us-eu-italy-migrants/italy-in-talks-with-eu-to-share-responsibility-for-boat-migrants-idUSKBN0FD1YL20140708 (ultimo accesso 5 agosto 2021); UNHCR, *UNHCR concerned over ending of rescue operation in the Mediterranean*, cfr. https://www.unhcr.org/en-ie/news/briefing/2014/10/5440ffa16/unhcr-concerned-ending-rescue-operation-mediterranean.html (ultima modifica 17 ottobre 2014).
8. Amnesty International, *Amnesty International protests against abuses at Europe's borders in surprise Sofia action*, cfr. https://www.amnesty.eu/news/amnesty-inter-

national-protests-against-abuses-at-europe-s-borders-in-surprise-sofia-action-0773/ (ultima modifica 17 luglio 2014).

9. Alto Commissariato delle Nazioni Unite per i rifugiati, *Convention and Protocol Relating to the Status of Refugees*, Ginevra, cfr. https://www.unhcr.org/en-ie/3b-66c2aa10; Consiglio europeo per i rifugiati e gli esiliati (ECRE): *MareNostrum to end – New Frontex operation will not ensure rescue of migrants in international waters*, cfr. https://ecre.org/operation-mare-nostrum-to-end-frontex-triton-operation-will-not-ensure-rescue-at-sea-of-migrants-in-international-waters/ (ultima modifica 17 ottobre 2014); *The worst yet?* «The Economist», 19 aprile 2015, cfr. https://www.economist.com/europe/2015/04/19/the-worst-yet (ultimo accesso 5 agosto 2021).

10. *Migration policies in the Mediterranean and Libya: Roundtables on Crimes, Victims and the rule of International Law*, Sciences Po, 12 febbraio 2020 (il programma «Horizon 2020 EU Funding for Research and Innovation» della Commissione Europea compare nell'elenco dei partner), cfr. https://www.sciencespo.fr/agenda/ceri/fr/event/Migration+policies+in+the+Mediterranea+and+Libya?event=1916 (ultima modifica 12 febbraio 2020).

11. *The Mediterranean's Deadliest Shipwreck Just Got Deadlier*, Voice of America, 20 dicembre 2018, cfr. https://www.voanews.com/a/mediterranean-africa-italy-deadliest-shipwreck-just-got-deadlier/4709033.html (ultimo accesso 5 agosto 2021).

12. Sally Hayden, *More Migrant Deaths Reported a Day After 700 Are Feared Drowned in Mediterranean «Mass Cemetery»*, VICE News, 20 aprile 2015, cfr. https://www.vice.com/en/article/3kexvw/more-migrant-deaths-reported-a-day-after-700-are-feared-drowned-in-mediterranea-mass-cemetery; Sally Hayden, *A Teenage Survivor of the Mediterranean's Worst Migrant Disaster Speaks of His Traumatic Ordeal*, VICE News, 22 aprile 2015, cfr. https://www.vice.com/en/article/kz9env/a-teenage-survivor-of-the-mediterraneans-worst-migrant-disaster-speaks-of-his-traumatic-ordeal (ultimo accesso 5 agosto 2021).

13. Operation Sophia, «About Us», cfr. https://www.operationsophia.eu/about-us/ (ultimo accesso 5 agosto 2021).

14. Servizio europeo per l'azione esterna, *European Union Naval Force – Mediterranean Operation Sophia*, Roma 2016, cfr. https://eeas.europa.eu/archives/docs/csdp/missions-and-operations/eunavfor__med__en-pdf (ultimo accesso 5 agosto 2021).

15. Radosveta Vassileva, *Bulgaria's dangerous flirtation with the far-right*, «New Eastern Europe», 21 maggio 2019, cfr. https://neweasterneurope.eu/2019/05/21/bulgarias-dangerous-flirtation-with-the-far-right/; Vivienne Walt, *Why Italy's Matteo Salvini Is the Most Feared Man in Europe*, «TIME Magazine», 13 settembre 2018, cfr. https://time.com/5394448/matteo-salvini/; Gregor Aisch, Adam Pierce e Bryant Rousseau, *How Far is Europe Swinging to the Right?*, «New York Times», 23 ottobre 2017, cfr. https://www.nytimes.com/interactive/2016/05/22/world/europe/europe-right-wing-austria-hungary.html (ultimo accesso 5 agosto 2021).

16. *France: Marine Le Pen goes on trial over Muslim remarks*, BBC News, 20 ottobre 2015, cfr. https://www.bbc.co.uk/news/world-europe-34580169; Angelique Chrisafis, *Marine le Pen emerges from father's shadow*, «Guardian», 21 marzo 2011, cfr. https://www.theguardian.com/world/2011/mar/21/marine-lepen-defends-republic; Résultats de l'élection présidentielle 2017, Ministère de l'Intérieur, cfr. Https://www.interieur.gouv.fr/Elections/Les-resultats/Presidentielles/elecresult___presidentielle-2017/(path)/presidentielle-2017/FE.html (ultima modifica 7 maggio 2017); Norimitsu Onishu, *On the Scrappy fringes of French Politics, Marine Le Pen tries to Rebrand*, «New York Times», 16 maggio 2021, cfr. https://www.nytimes.com/2021/05/16/world/europe/france-le-pen-election.html (ultimo accesso 5 agosto 2021).
17. Ian Bremmer, *These 5 Countries Show How the European Far-Right Is Growing in Power*, «TIME Magazine», 13 settembre 2018, cfr. https://time.com/5395444/europe-far-right-italy-salvini-sweden-france-germany/ (ultimo accesso 5 agosto 2021).
18. Philippe Dam, *Hungary's Authoritarian Takeover Puts European Union at Risk: COVID-19 Is Not an Opportunity to Shelve Democracy*, Human Rights Watch, 1 aprile 2020, cfr. https://www.hrw.org/news/2020/04/01/hungarys-authoritarian-takeover-puts-european-union-risk; Marton Dunai, *Hungarian PM vows to resist EU's «misguided» migrants policy*, Reuters, 28 febbraio 2016, cfr. https://www.reuters.com/article/us-europe-migrants-hungary-orban-idUSKCN0W10UV; *Hungary's Orban proposes to ban migrants for two years*, InfoMigrants, 11 giugno 2021, cfr. https://www.infomigrants.net/en/post/32900/hungary-s-orban-proposes-to-ban-migrants-for-two-yeas (ultimo accesso 5 agosto 2021).
19. Jean-Claude Juncker, *State of the Union 2018: The Hour of European Sovereignty*, Commissione europea. Versione autorizzata del discorso sullo stato dell'Unione, 2018, cfr. https://ec.europa.eu/info/sites/default/files/soteu2018-speech_en_0.pdf (ultimo accesso 5 agosto 2021).
20. Walt, *Matteo Salvini*, «TIME Magazine» cit.
21. Angela Giuffrida, *«Merde alors!» Salvini draws fury with reference to African «slaves»*, «Guardian», 14 settembre 2018, cfr. https://www.theguardian.com/world/2018/sep/14/merde-alors-matteo-salvini-african-slaves-remarks-draw-angry-outburst (ultimo accesso 5 agosto 2021).
22. Tobias Jones e Ayo Awokoya, *Are your tinned tomatoes picked by slave labour?*, «Guardian», 20 giugno 2019, cfr. https://www.theguardian.com/world/2019/jun/20/tomatoes-italy-mafia-migrant-labour-modern-slavery (ultimo accesso 5 agosto 2021).
23. Sara Creta *et al.*, *How Frontex Helps Haul Migrants Back to Libyan Torture Camps*, «Spiegel International», 29 aprile 2021, cfr. https://www.spiegel.de/international/europe/libya-how-frontex-helps-haul-migrants-back-to-libyan-torture-camps-a-d62c3960-ece2-499b-8a3f-1ede2eaefb83; Jennifer Rankin, *EU to stop Mediterranean migrant rescue boat patrols*, «Guardian», 27 marzo 2019, cfr. https://www.

theguardian.com/2019/mar/27/eu-to-stop-mediterranean-migrant-rescue-boat. patrols (ultimo accesso 5 agosto 2021).

24. Engert, *European Union* cit.

25. Jennifer Rankin, *EU declares migrations crisis over as it hits out at «fake news»*, «Guardian», 6 marzo 2019, cfr. https://www.theguardian.com/world/2019/mar/06/eu-declares-migration-crisis-over-hits-out-fake-news-european-commission; Shaun Walker, *European elections: far-right «surge» ends in a ripple*, «Guardian», 27 maggio 2019, cfr. https://www.theguardian.com/world/2019/may/27/european-elections-far-right-surge-ends-in-a-ripple (ultimo accesso 5 agosto 2021).

26. Elizabeth Schumacher, *EU post to «protect European way of life» called «disgusting», «reprehensible»*, «Deutsche Welle News», 11 settembre 2019, https://www.dw.com/en/eu/post-to-protect-european-way-of-life-called-disgusting-reprehensible/a-50378215; Matina Stevis-Gridneff, *«Protecting Our European Way of Life»? Outrage Follows New E.U. Role*, «New York Times», 12 settembre 2019, https://www.nytimes.com/2019/09/12/world/europe/eu-ursula-von-der-leyen-migration.html; Daniel Trilling, *How rescuing drowning migrants became a crime*, «Guardian», 22 settembre 2020, cfr. https://www.theguardian.com/news/2020/sep/22/how-rescuing-drowning-migrants-became-a-crime-iuventa-salvini-italy (ultimo accesso 5 agosto 2021).

27. IOM, *Shipwreck Off Coast of Libya Pushes Migrant Deaths on the Mediterranean Past 20,000 Mark*, cfr. https://www.iom.int/news/shipwreck-coast-libya-pushes-migrant-deaths-mediterranea.past-20000-mark (ultima modifca 3 maggio 2020).

28. «La maggior parte di questi casi [...] si è verificata in soli sette paesi: Italia, Grecia, Francia, Regno Unito, Germania, Danimarca e Spagna», Nandini Archer *et al.*, *Hundreds of Europeans «criminalised» for helping migrants – as far right aims to win big in European elections*, Open Democracy, 18 maggio 2019, cfr. https://www.opendemocracy.net/en/5050/hundreds-of-europeans-criminalised-for-helping-migrants-new-data-shows-as-far-right-aims-to-win-big-in-european-elections (ultimo accesso 5 agosto 2021).

29. Marion McGregor, *Frontex hiring 700 border guards*, Open Democracy, 5 novembre 2019, cfr. https://www.infomigrants.net/en/post/20590/frontex-hiring-700-border-guards; UE, *Living in the EU*, cfr. https://europa.eu/european-union/about-eu/figures/living_en (ultimo accesso 5 agosto 2021).

30. Mosaiikki – Information Campaign of the European Parliament, «Values», cfr. https://europarlamentti.info/en/values-and-objectives/values/ (ultimo accesso 5 agosto 2021).

31. Per ulteriori informazioni si veda The Transnational Institute (TNI), *Building walls: Fear and securitization in the European Union*, cfr. https://www.tni.org/en/publication/building-walls; Judy Dempsey, *Judy Asks: Is Post-1989 Europe Building Walls?*, Carnegie Europe, 7 novembre 2019, cfr. https://carnegieeurope.eu/strategiceurope/80292 (ultima modifica 9 novembre 2018); Xavier Ferrer-Gallardo e Abel Albet-Mas, *EU-Limboscapes: Ceuta and the proliferation of migrant*

detention spaces across the European Union, «European Urban and Regional Studies», XXIII (3), 2016, pp. 257-530.

32. Giorgos Christides *et al.*, *Missteps and Mismanagement at Frontex: Scandals Plunge Europe's Border Agency into Turmoil*, «Spiegel International», 5 febbraio 2021, cfr. https://www.spiegel.de/international/europe/missteps-and-mismanagement-at-frontex-scandals-plunge-europe-s-border-agency-into-turmoil-a-d11ae404-5fd4-41a7-b127-eca47a00753f; Frontex, «FAQ: Key Facts», cfr. https://frontex.europa.eu/assets/About_Frontex/Grants/2022/FAQ_2022_CFP_POST_01.pdf (ultima modifica 9 novembre 2018); Xavier Ferrer-Gallardo e Abel Albet-Mas, *Frontex Is Recruiting Border Guards*, Commissione europea, cfr. https://ec.europa.eu/home-affairs/news/20191029_frontex-recruiting-border-guards_en (ultimo accesso 5 agosto 2021).
33. Natalie Allison *et al.*, *Frontex Chapter II: Complicit in Pushbacks*, Lighthouse Reports, cfr. https://www.lighthousereports.com/investigation/frontex-chapter-ii-complicit-in-pushbacks/ (ultimo accesso 5 agosto 2021).
34. José Bautista e Ana Rojas, *Frontex turning «blind eye» to human rights violations, says former deputy*, «Guardian», 11 giugno 2021, cfr. https://amp.guardian.com/global-development/2021/jun/11/frontex-turning-blind-eye-to-human-rights-violations-says-former-deputy (ultimo accesso 5 agosto 2021).
35. *Update: Top 10 Most Influential UK's MEPs (September 2017)*, VoteWatch Europe, cfr. https://www.votewatch.eu/blog/update-top-10-most-influential-uks-meps-september-2017 (ultima modifica 11 settembre 2017).
36. Sally Hayden, *Somali returned to Libya under Italian policy sets himself on fire*, «Irish Times», 25 ottobre 2018, cfr. https://www.irishtimes.com/news/world/africa/somali-returned-to-libya-under-italian-policy-sets-himself-on-fire-1.3675942; Sally Hayden, *Inside Libyan detentions «hell» where refugee burned himself alive*, Al Jazeera, 12 novembre 2018, cfr. https://www.aljazeera.com/news/2018/11/libyan-detention-hell-refugee-burned-alive-181110102329706.html (ultimo accesso 5 agosto 2021).
37. Parlamento europeo, *Libya: situation of migrants and rescue operations up for discussion*, cfr. https://www.europarl.europa.eu/news/en/press-room/20181126IPR20127/libya-situation-of-migrants-and-rescue-operations-up-for-discussion (ultima modifica 27 novembre 2018).
38. Parlamento europeo, *Ceremony in memory of Jozsef Antall*, cfr. https://www.europarl.europa.eu/former_ep_presidents/president-buzek/en/press/speeches/sp-2011/sp-2011-February/speeches-2011-February-1.html (ultima modifica 1 febbraio 2011).
39. Parlamento europeo, *Committee on Civil Liberties, Justice and Home Affairs Ordinary meeting*, ore 11:47, cfr. https://multimedia.europarl.europa.eu/en/committee-on-civil-liberties-justice-and-home-affairs-ordinary-meeting_20181127-0900-COMMITTEE_LIBE_vd (ultima modifica 27 novembre 2018).

40. Parlamento europeo, *Committee on Civil Liberties, Justice and Home Affairs Ordinary meeting*, ore 12:03.
41. Parlamento europeo, *Committee on Civil Liberties, Justice and Home Affairs Ordinary meeting*, ore 11:46. Sally Hayden, post di Twitter, 28 novembre 2018, 11:24, https://twitter.com/sallyhayd/status/1067378702969987072
42. Parlamento europeo, *Committee on Civil Liberties, Justice and Home Affairs Ordinary meeting*, ore 12:11.
43. Parlamento europeo, *Committee on Civil Liberties, Justice and Home Affairs Ordinary meeting*, ore 12:22.
44. Parlamento europeo, *Committee on Civil Liberties, Justice and Home Affairs Ordinary meeting*, ore 13:11.
45. Parlamento europeo, *Committee on Civil Liberties, Justice and Home Affairs Ordinary meeting*, ore 12:48.
46. OPEN Media Hub, *Bettina Muscheidt, Head of EU Delegation to Libya*, video di YouTube, 4:20, 29 novembre 2016; *Libya: European Union Ambassador Bugeja presents his credentials to PC President Serraj*, EU Neighbours, cfr. https://www.euneighbours.eu/en/south/stay-informed/news/libya-european-union-ambassador-bugeja-presents-his-credentials-pc (ultima modifica 5 novembre 2018).
47. Channel 4 News, *Revealed: human rights abuses in Libyan migrant camps*, video di YouTube, 10:36, 10 maggio 2019. https://www.youtube.com/watch?v=MebcasTOohQ (ultimo accesso 15 luglio 2023).
48. *Oral update of the United Nations High Commissioner for Human Rights on Libya pursuant to Human Rights Council resolutions 37/41; 40th session of the Human Rights Council; Address by Andrew Gilmour; Assistant Secretary General for Human Rights; Geneva, 21 March 2019; Salle XX, Palais des Nations*, European Country of Origin Information Network (ECOI), cfr. https://www.ohchr.org/en/statements-and-speeches/2019/03/oral-update-united-nations-high-commissioner-human-rights-libya (ultima modifica 21 marzo 2019).
49. Parlamento europeo, *Motion for a Resolution further to Questions for Oral Answer B9-0053/2019 pursuant to Rule 136(5) of the Rules of Procedure on search and rescue in the Mediterranean*, cfr. https://www.europarl.europa.eu/doceo/document/B-9-2019-0130_EN.html (ultima modifica 22 ottobre 2019); Jon Stone, *EU parliament votes against improving search and rescue for refugees in Mediterranean*, «Independent», 25 ottobre 2019, cfr. https://www.independent.co.uk/news/world/europe/eu-parliament-refugees-migrants-deaths-search-rescue-vote-mediterranean-a9171401.html (ultimo accesso 5 agosto 2021).
50. *Immigrations and rights of nationals of non-EU countries*, EUR-Lex: EU Law, cfr. https://eur-lex.europa.eu/content/summaries/summary-23-expanded-content.html (ultimo accesso 5 agosto 2021).
51. Andrea Pitzer, *«Sone Suburb of Hell»: America's New Concentration Camp System*, «New York Review of Books», 21 giugno 2019, cfr. https://www.nybooks.com/daily/2019/06/21/some-suburb-of-hell-americas-new-concentration-camp-system/ (ultimo accesso 5 agosto 2021).

13. *Triq al-Sikka: sottoterra*

1. Intervista a «Libération», 17-23 marzo 1965, Casablanca.
2. Isaak Thomas, *I am a refugee in a Libyan camp, Conditions are so bad, people are dying*, «Guardian», 8 novembre 2018, cfr. https://www.theguardian.com/commentisfree/2018/nov/08/refugee-libyan-camp-people-dying; Ali Ibrahim, *As an* LGBT *refugee, Europe's deal with Libya has left me fearing for my life*, «New Statesman», 5 dicembre 2018, cfr. https://www.newstatesman.com/world/middle-east/2018/12/lgbt-refugee-europe-s-deal-libya-has-left-me-fearing-my-life; Mario Malie, *As a refugee in one of Libya's dangerous detention centres, I know what it feels like when the world leaves you behind*, «Independent», 15 luglio 2019, cfr. https://www.independent.co.uk/voices/libya-strike-refugee-unhcr-tripoli-Triq al-Sikka-italy-a9004961.html (ultimo accesso 13 agosto 2021).
3. *Torture and shocking conditions: the human cost of keeping migrants out of Europe*, Channel 4 News, cfr. https://www.channel4.com/news/torture-and-shocking-conditions-the-human-cost-of-keeping-migrants-out-of-europe (ultimo accesso 13 agosto 2021).
4. Channel 4 News, post di Twitter, 25 febbraio 2019, 19:06, https://twitter.com/Channel4News/status/1100109682444783618
5. Philip Willan, *Migrants returned by* EU *tortured in Libya*, «The Times», 1 marzo 2019, cfr. https://www.thetimes.co.uk/article/migrants-returned-by-eu-tortured-in-libya-obdotoffz (ultimo accesso 13 agosto 2019).
6. Si veda per esempio l'interrogazione del parlamentare laburista Lloyd Russell-Moyle, presentata il 6 marzo 2019: «Richiesta al Segretario di Stato per gli Affari Esteri e del Commonwealth, in seguito alla Risposta del 5 marzo 2019 alla Domanda 227143 sull'Africa e gli aiuti dell'Unione europea e in riferimento a un servizio di Channel 4 News del 25 febbraio 2019 sulle morti dei migranti: quali informazioni detiene il suo Dipartimento in merito al numero di migranti morti nelle strutture gestite da (a) il Consiglio direttivo incaricato di contrastare la migrazione clandestina e (b) altre strutture finanziate dal Fondo fiduciario di emergenza della UE per l'Africa», in *Africa: Undocumented Migrants Question for Foreign and Commonwealth Office*, UK Parliament, cfr. https://questions-statements.parliament.uk/written-questions/detail/2019-03-06/229232 (ultima modifica 6 marzo 2019); *Africa:* EU *Aid Question for Department for International Development*, UK Parliament, cfr. https://questions-statements.parliament.uk/written-questions/detail/2019-02-28/227143 (ultima modifica 28 febbraio 2019).
7. Sally Hayden, post di Twitter, 26 febbraio 2019, 12:53, https://twitter.com/sallyhayd/status/1100378319055540096; Migrant Rescue Watch, post di Twitter, 27 febbraio 2019, 22:53. Questo post contiene fotografie della delegazione olandese in visita a Triq al-Sikka, ma è datato al giorno successivo, cfr. https://twitter.com/rgowans/status/1100891819271954435

8. Sally Hayden, *Refugees in Libya «tortured» for breaking out of detention centre*, Al Jazeera, 2 marzo 2019, cfr. https://www.aljazeera.com/news/2019/3/2/refugees-in-libya-tortured-for-breaking-out-of-detention-centre (ultimo accesso 13 agosto 2021).

9. UNHCR, *Refugees protest conditions in Libyan detention as resettlement solutions falter*, cfr. https://www.unhcr.org/news/briefing/2019/3/5c7e72c14/refugees-protest-conditions-libyan-detention-resettlement-solutions-falter.html (ultima modifica 5 marzo 2019).

10. IOM, *IOM Condemns Recent Violence in Libyan Detention Centre*, 5 marzo 2019, cfr. https://www.iom.int/news/iom-condemns-recent-violence-libyan-detention-centre (ultimo accesso 5 luglio 2023).

11. «La comunità internazionale ha il permesso di accedere parzialmente a Triq al-Sikka, ma è un processo complicato, perché il centro è controllato dalla milizia al-Khoja, sotto il comando di Naser Hazam». Arezo Malakooti, *The Political Economy of Migrant Detention in Libya. Understanding the players and the business models*, Global Initiative Against Transnational Organised Crime, rapporto finanziato dall'Unione europea, 2019, p. 87, cfr. https://globalinitiative.net/wp-content/uploads/2019/11/Final-Report-Detention-Libya.pdf (ultimo accesso 10 agosto 2021).

12. Sally Hayden, *The UN Is Leaving Migrants to Die in Libya*, «Foreign Policy», 10 ottobre 2019, cfr. https://foreignpolicy.com/2019/10/10/libya-migrants-un-iom-refugees-die-detention-center-civil-war/(ultimo accesso 13 agosto 2021).

13. UNSMIL, *Statement By the Special Representative of the Secretary General in Libya, Ghassan Salamé, on the National Conference*, cfr. https://unsmil.unmissions.org/statement-special-representative-secretary-general-libya-ghassan-salam%C3%A9-national-conference (ultima modifica 9 aprile 2019); Consiglio di sicurezza ONU, *All Parties in Libya Must Seize Critical Chance to Forge Inclusive, Stable Future ahead of National Conference, Special Representative Tells Security Council*, 20 marzo 2019, cfr. https://reliefweb.int/report/libya/all-parties-libya-must-seize-critical-chance-forge-inclusive-stable-future-ahead (ultimo accesso 20 agosto 2021).

14. *Tripoli: scoppia di nuovo la guerra*

1. Patrick Wintour, *UN postpones Libya national conference amid fighting in Tripoli*, «Guardian», 9 aprile 2019, cfr. https://www.theguardian.com/world/2019/apr/09/un-postpones-libya-national-conference-amid-fighting-tripoli (ultimo accesso 16 agosto 2021).

2. ONU, *Transcript of the Secretary-General's remarks at Press Conference in Tripoli, Libya*, cfr. https://www.un.org/sg/en/content/sg/press-encounter/2019-04-04/transcript-of-the-secretary-general%E2%80%99s-remarks-press-conference-tripoli-libya (ultima modifica 4 aprile 2019).

3. Anas El Gomati, *Haftar's Rebranded Coups*, Carnegie Endowment for International Peace, 30 luglio 2019, cfr. https://carnegieendowment.org/sada/79579 (ultimo accesso 30 luglio 2021).
4. Jon Lee Anderson, *The Unravelling*, «New Yorker», 16 febbraio 2015, cfr. https://www.newyorker.com/magazine/2015/02/23/unravelling (ultimo accesso 16 agosto 2021).
5. Julian E. Barnes, *CIA Ex- Asset, Now a Libyan Strongman, Faces Torture Accusations*, «The New York Times», 18 febbraio 2020, cfr. https://www.nytimes.com/2020/02/18/us/politics/hifter-torture-lawsuit-libya.html (ultimo accesso 14 novembre 2021).
6. Ayman al-Warfalli, *Libya's eastern commander declares victory in battle for Benghazi*, Reuters, 5 luglio 2017, cfr. https://www.reuters.com/article/us-libya-security-benghazi-idUSKBN19Q2SK (ultimo accesso 14 luglio 2023).
7. Office of the Director of National Intelligence United States of America, *Duty to Warn*, 2015, p. 1, cfr. https://www.justsecurity.org/wp-content/uploads/2018/10/Intelligence-Community-Directive-ICD-191-duty-to-Warn.pdf (ultimo accesso 16 agosto 2021).
8. *Tripoli Rapid Situation Overview – Libya, 17 April 2019*, ReliefWeb, cfr. https://reliefweb.int/report/libya/tripoli-rapid-situation-overview-libya-17-april-2019 (ultima modifica 18 aprile 2019).
9. Sally Hayden, post di Twitter, 11 aprile 2019, 21:25, https://twitter.com/sallyhayd/status/1116437086276661251
10. Sally Hayden, post di Twitter, 12 aprile 2019, 11:36, https://twitter.com/sallyhayd/status/1116651279160418304
11. Sky News, *Alex Crawford reports live with rebels as they enter Tripoli*, video di YouTube, 4:53, 22 agosto 2011, https://www.youtube.com/watch?v=kwT-40TE-pHY (ultimo accesso 13 luglio 2023). Consiglio anche di leggere il suo libro: Alex Crawford, *Colonel Gaddafi's Hat*, HarperCollins, London 2012.
12. Alex Crawford, *Following the ragtag fighters defending Tripoli*, video di Sky News, 03:44, 15 aprile 2019, cfr. https://news.sky.com/video/skys-alex-crawford-joins-revolution-fighters-on-libyas-frontline-11694364 (ultimo accesso 13 luglio 2023).
13. UNHCR, *Fact Sheet: Libya*, 2020, p. 1, cfr. https://reporting.unhcr.org/sites/default/files/UNHCR%20Libya%20Fact%20Sheet%20-%20September%202020.pdf (ultimo accesso 16 agosto 2021).
14. Alex Crawford, *Sky News speaks exclusively to Libyan PM*, video di Sky News, 03:26, 15 aprile 2019, cfr. https://news.sky.com/video/sky-news-speaks-exclusively-to-libyan-pm-11694970 (ultimo accesso 13 luglio 2023).
15. Per un approfondimento sulle guerre di propaganda, si veda Abdulkader Assad, *Libya's UAE-funded AL Marsad newspaper twists Alex Crawford's report on Tripoli war*, «Libya Observer», 16 aprile 2019, cfr. https://www.libyaobserver.ly/news/libyas-uae-funded-al-marsad-newspaper-twists-alex-crawfords-report-tripoli-war (ultimo accesso 16 agosto 2021).

16. Toby Denselow, email inviata all'autrice, 30 aprile 2019.
17. Si veda per esempio Jack Detsch, *Libya signs $2 million lobbying deal as Trump warms to rival strongman*, Al-Monitor, 1 maggio 2019, cfr. https://www.al-monitor.com/pulse/originals/2019/05/libya-signs-lobbying-deal-trump-warms-rival-hifter.html (ultimo accesso 16 agosto 2021).
18. Steve Holland, *White House says Trump spoke to Libyan commander Haftar on Monday*, Reuters, 19 aprile 2019, cfr. https://www.reuters.com/article/us-libya-security-trump-idUSKCN1RV0WW (ultimo accesso 16 agosto 2021).
19. Kali Robinson, *Who's Who in Libya's War?*, Council on Foreign Relations, 18 giugno 2020, cfr. https://www.cfr.org/in-brief/whos-who-libyas-war (ultimo accesso 16 agosto 2021).
20. Emadeddin Badi, *Russia Isn't the Only One Getting Its Hands Dirty in Libya*, «Foreign Policy», 21 aprile 2020, cfr. https://foreignpolicy.com/2020/04/21/libyan-civil-war-france-uae-khalifa-haftar/ (ultimo accesso 16 agosto 2021).
21. Richard Lardner, *Libyan National Army hires firm to forge closer ties with US*, Associated Press News, 21 maggio 2019, cfr. https://apnews.com/article/eb99fba13d35436f9244cd7ee7e9d698 (ultimo accesso 16 agosto 2021).
22. *Guidance: Secret Recording*, BBC, cfr. https://www.bbc.com/editorialguidelines/guidance/secret-recording (ultimo accesso 9 ottobre 2021).
23. Mercury, «About», cfr. https://www.mercuryllc.com/about/ (ultimo accesso 16 agosto 2021).
24. Mercury, «International Affairs», cfr. https://www.mercuryllc.com/capabilities/#27-international-affairs (ultimo accesso 16 agosto 2021).
25. Jacqueline Charles, *Cash-strapped Haiti has an image problem. The government is spending thousands to fix it*, «Miami Herald», 20 aprile 2021, cfr. https://www.miamiherald.com/news/nation-world/world/americas/haiti/article250769074.html; Franco Ordóñez, *Haiti hires Clinton-linked PR firm to soften image in Washington*, McClatchy Bureau, 11 marzo 2018, cfr. https://www.mcclatchydc.com/news/nation-world/world/article204613419.html (ultimo accesso 16 agosto 2021).
26. Drew Harwell, *How Washington power brokers gained from NSO's spyware ambitions*, «Washington Post», 19 luglio 2019, cfr. https://www.washingtonpost.com/technology/2021/07/19/nso-business-us/; *Pegasus: Who are the alleged victims of spyware targeting?*, BBC News, 22 luglio 2021, cfr. https://www.bbc.com/news/world-57891506 (ultimo accesso 16 agosto 2021).
27. Anushka Asthana, Sally Hayden e Jonathan Watts, *Fortress Europe: what happens to the refugees sent back to Libya?*, «Guardian», 8 maggio 2019, cfr. https://www.theguardian.com/news/audio/2019/may/08/fortress-europe-what-happens-to-the-refugees-sent-back-to-libya (ultimo accesso 16 agosto 2021).
28. Sinead Barry e Anelise Borges, *Libya managing migrants is «like a sick doctor treating patients»*, Euronews, 21 maggio 2019, cfr. https://www.euronews.com/2019/05/21/libya-is-a-sick-doctor-being-asked-to-treat-patients-says-interior-minister (ultimo accesso 16 agosto 2021).

15. *Qasr bin Ghashir e Zawiya: partono colpi*

1. Sallyhayden, *08.04.19 Qasr bin Ghashir*, audio di Soundcloud, 0:56, 8 aprile 2019, cfr. https://soundcloud.com/user-60656923/080419-qasr-bin-ghashir (ultimo accesso 16 luglio 2023).
2. Sally Hayden, post di Twitter, 8 aprile 2019, 21:16, https://twitter.com/sallyhayd/status/1115347777993826311
3. Sally Hayden, post di Twitter, 9 aprile 2019, 15:53, https://twitter.com/sallyhayd/status/1115628805975048192
4. Sallyhayden, *Message from another refugee woman in Qasr bin Ghashir detention centre*, audio di Soundcloud, 0:59, 10 aprile 2019, cfr. https://soundcloud.com/user-60656923/message-from-another-refugee-woman-in-qasr-bin-ghashir-detention-centre (ultimo accesso 16 luglio 2023).
5. Sally Hayden, post di Twitter, 11 aprile 2019, 16:27, https://twitter.com/sallyhayd/status/1116362209003823105
6. UNHCR, *UNHCR issues urgent appeal for release and evacuation of detained refugees caught in Libya crossfire*, cfr. https://www.unhcr.org/news/press/2019/4/5cb0b5954/unhcr-issues-urgent-appeal-release-evacuation-detained-refugees-caught.html?fbclid=IwAR3133ZQMaXmgMcToRoQx378cXZtQMulkomENxAYf-mFmX9Fza17kkttnI4 (ultima modifica 12 aprile 2019).
7. Sally Hayden, *«We are in a fire»: Libya's detained refugees trapped by conflict*, Al Jazeera, 14 aprile 2019, cfr. https://www.aljazeera.com/news/2019/4/14/we-are-in-a-fire-libyas-detained-refugees-trapped-by-conflict (ultimo accesso 16 agosto 2021).
8. Migrace.Org, post di Twitter, 15 aprile 2019, 17:29, https://twitter.com/Migrace_Organiz/status/1117827288303845376
9. Sally Hayden, post di Twitter, 14 aprile 2019, 15:15, https://twitter.com/sallyhayd/status/1117431172001300483
10. Sally Hayden, post di Twitter, 24 aprile 2019, 9:37, https://twitter.com/sallyhayd/status/1120970128760422400
11. Sally Hayden, post di Twitter, 23 aprile 2019, 20:52, https://twitter.com/sallyhayd/status/1120777478874779654; e 23 aprile 2019, 15:05, https://twitter.com/sallyhayd/status/1120689805912879104
12. Sally Hayden, *Libya: Detained refugees shot as clashes near Tripoli continue*, Al Jazeera, 23 aprile 2019, cfr. https://www.aljazeera.com/news/2019/4/23/libya-detained-refugees-shot-as-clashes-near-tripoli-continue (ultimo accesso 16 agosto 2021).
13. UNHCR, *UNHCR evacuates hundreds of detained refugees in Libya to safety*, cfr. https://www.unhcr.org/news/press/2019/4/5cc09a824/unhcr-evaccuates-hundreds-detained-refugees-libya-safety.html (ultima modifica 24 aprile 2019).
14. Email all'autrice, 24 aprile 2019.

15. Amnesty International, *Libya: Horrific attack targeting refugees and migrants at detention centre must be investigated as a war crime*, cfr. https://www.amnesty.org/en/latest/news/2019/04/libya-horrific-attack-targeting-refugees-and-migrants-at-detention-centre-must-be-investigated-as-a-war-crime/ (ultima modifica 24 aprile 2019).
16. Sally Hayden, *Calls for Libyan shooting to be investigated as «war crime»*, «Irish Times», 26 aprile 2019, cfr. https://www.irishtimes.com/news/world/africa/calls-for-libyan-shooting-to-be-investigated-as-war-crime-1.3872945 (ultimo accesso 16 agosto 2021).
17. Sally Hayden, post di Twitter, 24 aprile 2019, 17:51, https://twitter.com/sallyhayd/status/1121094261368340481
18. Sally Hayden, *Refugees detained in Libya are drinking toilet water to survive*, «National News», 27 settembre 2018, cfr. https://www.thenationalnews.com/world/mena/refugees-detained-in-libya-are-drinking-toilet-water-to-survive-1.774714; Sally Hayden, *«He died two times»: African migrants face death in Libyan detention centre*, «National News», 25 ottobre 2018, cfr. https://www.thenationalnews.com/world/mena/he-died-two-times-african-migrants-face-death-in-libyan-detention-centres-1.783850 (ultimo accesso 16 agosto 2021).
19. Ruth Michaelson, *Turkey and UAE openly flouting UN arms embargo to fuel war in Libya*, «Guardian», 7 ottobre 2020, cfr. https://www.theguardian.com/global-development/2020/oct/07/turkey-and-uae-openly-flouting-un-arms-embargo-to-fuel-war-in-libya (ultimo accesso 16 agosto 2021).
20. UNHCR, *UNHCR evacuates hundreds of detained refugees in Libya to safety*, cfr. https://www.unhcr.org/news/press/2019/4/5cc09a824/unhcr-evaccuates-hundreds-detained-refugees-libya-safety.html (ultima modifica 24 aprile 2019).
21. *Italy accepts migrant families rescued by Sea-Watch ship*, Deutsche Welle News, 18 maggio 2019, cfr. https://www.dw.com/en/italy-accepts-migrant-families-rescued-by-sea-watch-ship/a-48782847; *Italy's Salvini orders ports to block ship carrying 65 migrants*, Deutsche Welle News, 15 maggio 2019, cfr. https://www.dw.com/en/italys-salvini-orders-ports-to-block-ship-carrying-65-migrants/a-4875 4158 (ultimo accesso 16 agosto 2021).
22. Zach Campbell e Lorenzo D'Agostino, *Friends of the Traffickers: Italy's Anti-Mafia Directorate and the «Dirty Campaign» to Criminalize Migration*, «The Intercept», 30 aprile 2021, cfr. https://theintercept.com/2021/04/30/italy-anti-mafia-migrant-rescue-smuggling/; Lorenzo Tondo, *Arrests made after migrants identify «torturers» in camp in Sicily*, «Guardian», 16 settembre 2019, cfr. https://www.theguardian.com/world/2019/sep/16/italy-police-arrest-three-over-and-torture-of-migrants-in-libya (ultimo accesso 16 agosto 2021).
23. Venne nominato sessantotto volte come «Ossama» e due come «Osama». Rapporto del pubblico ministero fornito direttamente all'autrice: N. 12809/2019R.G. notizie di reato-DDA, Procura della Repubblica di Palermo, Direzione Distrettuale Antimafia.

24. UNHCR, *UNHCR Update: Libya 31 May 2019*, cfr. https://data.unhcr.org/en/documents/details/69781 (ultimo accesso 14 luglio 2023).

25. Sally Hayden, post di Twitter, 4 giugno 2019, 10:17, https://twitter.com/sallyhayd/status/1135837908412313600

26. Panel of Experts on Libya, *Final report of the Panel of Experts on Libya established pursuant to Security Council resolution 1973 (2011)*, 2019, Annex 21, p. 169, cfr. https://www.securitycouncilreport.org/atf/cf/%7B65BFCF9B-6D27-4E9C-8CD3-CF6E4FF96FF9%7D/S_2019_914.pdf (ultimo accesso 17 agosto 2021).

27. Panel of Experts on Libya, *Final report of the Panel of Experts on Libya established pursuant to Security Council resolution 1973 (2011)*, 2021, pp. 12-13, cfr. https://www.ecoi.net/en/file/local/2047327/S_2021_229_E.pdf (ultimo accesso 17 agosto 2021).

28. Samy Magdy, *UN, US sanction Libyan official over human trafficking*, Associated Press, 27 ottobre 2021, cfr. https://apnews.com/article/middle-east-africa-libya-migration-united-nations-5b5b97d3374dc29a4582a09b26cd4299; US Department of the Treasury, *Treasury Sanctions Libyan Individual for Serious Human Rights Abuse of African Migrants*, 26 ottobre 2021, cfr. https://home.treasury.gov/news/press-releases/jy0437 (ultimo accesso 14 novembre 2021).

29. Sudarsan Raghavan, *They are not treated like humans*, «Washington Post», 2 luglio 2017, cfr. https://www.washingtonpost.com/sf/world/2017/07/02/they-are-not-treated-like-humans-inside-libyas-thriving-migrant-trade/?utm_term=.907978b0ac37 (ultimo accesso 16 agosto 2021).

30. «Mohammed Kachlaf è il capo della brigata Shuhada al-Nasr di Zawiya, Libia occidentale. La sua milizia controlla la raffineria di Zawiya, uno snodo fondamentale dei traffici di esseri umani. Kachlaf controlla anche i centri di detenzione, compreso quello di al-Nasr, teoricamente sotto il controllo del Dipartimento per il contrasto alla migrazione clandestina (DCIM). Come documentato da diverse fonti, la rete di Kachlaf è una delle più potenti nell'ambito del traffico e dello sfruttamento dei migranti in Libia. Kachlaf ha estesi contatti con il capo dell'unità locale della Guardia costiera a Zawiya, al-Rahman al-Milad, le cui unità intercettano le imbarcazioni che trasportano i migranti, spesso mandati in mare da altre reti rivali. I migranti poi vengono trasportati nelle strutture di detenzione sotto il controllo della milizia di al-Nasr, e rinchiusi lì in condizioni critiche. Le prove raccolte dal Panel of Experts for Libya dimostrano che alcuni migranti vengono spesso picchiati, mentre altri, soprattutto le donne provenienti dai paesi subsahariani e dal Marocco, vengono venduti al mercato locale come "schiavi sessuali". È anche stato scoperto che Kachlaf collabora con altri gruppi armati e che è stato coinvolto in numerosi scontri violenti nel 2016 e nel 2017», Consiglio di Sicurezza delle Nazioni Unite, «Mohammed Kachlaf», cfr. https://www.un.org/securitycouncil/sanctions/1970/materials/summaries/individual/mohammed-kachlaf (ultima modifica 7 giugno 2018).

31. Lorenzo Tondo, *Human trafficker was at a meeting in Italy to discuss Libya migration*, «Guardian», 4 ottobre 2019, cfr. https://www.theguardian.com/

world/2019/oct/04/human-trafficker-at-meeting-italy-libya-migration-abd-al-rahman-milad (ultimo accesso 16 agosto 2021).

32. Consiglio di Sicurezza delle Nazioni Unite, «Abd Al Rahman Al-Milad», cfr. https://www.un.org/securitycouncil/sanctions/1970/materials/summaries/individual/abd-al-rahman-al-milad (ultima modifica 7 giugno 2018).

33. Lorenzo Tondo, *Senior Libyan coastguard commander arrested for alleged human trafficking*, «Guardian», 16 ottobre 2020, cfr. https://www.theguardian.com/global-development/2020/oct/16/senior-libyan-coastguard-commander-arrested-for-alleged-human-trafficking; Samy Magdy, *Libyan officials say UN-sanctioned human trafficker freed*, Associated Press News, 12 aprile 2021, cfr. https://apnews.com/article/libya-middle-east-tripoli-united-nations-83ad345278cc4d6add49ad01f420c3f5 (ultimo accesso 16 agosto 2021).

34. «La UE ha sempre preso molto sul serio qualunque accusa di attività criminali. Il nostro coinvolgimento in Libia ha precisamente l'obiettivo di limitare i rischi di attività illegali. La nostra posizione sul sistema di detenzione arbitraria è sempre stata e rimane molto chiara: dovrebbe essere interrotto e sostituito con soluzioni alternative che rispettino gli standard internazionali. Per quanto riguarda la tratta e il traffico di esseri umani, nel 2018 la UE ha collaborato da vicino con gli stati membri per estendere le sanzioni ai trafficanti secondo le disposizioni dell'ONU. Con uno sforzo coordinato, diversi stati membri hanno contribuito e sostenuto l'adozione di nuove sanzioni, da parte del Consiglio di Sicurezza ONU, per combattere la tratta e il traffico di esseri umani. In seguito a tale adozione, l'Unione europea ha poi recepito le sanzioni adottate dalle Nazioni Unite nella propria legislazione, vietando gli spostamenti e congelando i beni di sei trafficanti operativi in Libia. Per quanto concerne la Guardia costiera libica, aiutare la Libia a sviluppare le proprie capacità di ricerca e soccorso è fondamentale per salvare vite in mare e combattere la tratta e il traffico di esseri umani, dal momento che la Guardia costiera libica è responsabile delle proprie acque territoriali, alle quali noi, in quanto Unione europea, non abbiamo accesso. La Guardia costiera libica è inoltre pienamente responsabile delle attività di ricerca e soccorso nelle zone SAR libiche». Email inviata all'autrice il 19 dicembre 2019.

16. *Zintan: la «Guantanamo» libica*

1. Una versione di questo canto è stata caricata su YouTube: Rediat Tesfagi, *RT New Eritrean music 2019 Rediat tesfagi* (ኤጋ ፊ) *from Libya zinta*, video di YouTube, 05:09, 25 agosto 2019, cfr. https://www.youtube.com/watch?v=0584FW-dGQvc (ultimo accesso 13 luglio 2023).

2. L'anno seguente alla destituzione di Jammeh, l'autrice ha lavorato a un reportage sul Gambia viaggiando in tutto il paese per incontrare le vittime degli abusi dei diritti umani perpetrati dal dittatore: Sally Hayden, *Gambia's dictator ordered a witch hunt. This village is still haunted by it*, «Washington Post», 28 maggio 2021, cfr. https://www.washingtonpost.com/world/africa/gambias-dictator-ordered-a-witch-hunt-this-village-is-still-haunted-by-it/2018/05/27/bb8a4fc2-32a9-11e8-

b6bd-0084a1666987_story.html; Sally Hayden, *After long dictatorship, Gambia's victims step forward*, «Irish Times», 22 giugno 2018, cfr. https://www.irishtimes.com/news/world/africa/after-long-dictatorship-gambia-s-victims-step-forward-1.3539289 (ultimo accesso 16 agosto 2021).

3. «Per comprendere perché a Zintan sia stato istituito un centro di detenzione poi ufficializzato dal Ministero dell'Interno è necessario comprendere l'importanza di Zintan per l'attuale struttura di potere in Libia. Zintan è una delle principali città delle montagne occidentali e ospita una popolazione di 40 000 persone. Ha ricoperto un ruolo piuttosto significativo durante la rivoluzione e può contare su un'importante forza militare, oltre a esercitare una certa influenza sul governo di Tripoli. Per esempio, il capo del Dipartimento per il contrasto alla migrazione clandestina per l'area delle montagne occidentali viene da Zintan, come anche Mohammed Shibani, il viceministro per la Migrazione clandestina presso il Ministero dell'Interno del Governo di accordo nazionale, e il direttore del centro di detenzione. Questo assicura a Zintan una notevole influenza. La compagnia che rifornisce i centri di detenzione nelle montagne occidentali è di proprietà di un uomo d'affari di Zintan che ha contatti al Ministero dell'Interno e al Ministero della Difesa, altro motivo per cui la città ha voluto un centro di detenzione. Le autorità di zona intendono trasformare l'aeroporto locale in un aeroporto internazionale, e la presenza di un centro cittadino permette loro di giustificare questa iniziativa, perché sarà necessario rimpatriare i migranti. Poco dopo la nomina di Shibani, infatti, è stato organizzato un volo di rimpatrio da Zintan». Arezo Malakooti, *The Political Economy of Migrant Detention in Libya. Understanding the players and the business models*, Global Initiative Against Transnational Organized Crime, rapporto finanziato dall'Unione europea, 2019, da p. 84, cfr. https://globalinitiative.net/wp-content/uploads/2019/11/Final-Report-Detention-Libya.pdf (ultimo accesso 10 agosto 2021); per alcune immagini del centro, si veda *Dhar al-Jebel detention centre in the town of Zintan, Libya*, New Humanitarian, video di YouTube, 01:26, 24 giugno 2021, cfr. https://www.youtube.com/watch?v=n85rQYpAoSc&t=3s (ultimo accesso 13 luglio 2023).

4. Missione di sostegno delle Nazioni Unite in Libia/Ufficio dell'Alto Commissariato delle Nazioni Unite per i diritti umani, *Desperate and Dangerous: Report on the human rights situation of migrants and refugees in Libya*, 18 dicembre 2018, p. 41, cfr. https://unsmil.unmissionsorg/sites/default/files/libya-migration-report-18dec2018.pdf (ultimo accesso 1 settembre 2021).

5. *800 migrants moved to safe center in Libya, UNHCR*, ANSAmed, 5 settembre 2018, cfr. http://www.ansamed.info/ansamed/en/news/sections/generalnews/2018/09/05/800-migrants-moved-to-safe-center-in-libya-unhcr_efce4166-7d1a-475a-bfef-3877f968c2e8.html (ultimo accesso 18 agosto 2021).

6. Frederic Wehrey, *The Burning Shores. Inside the Battle for the New Libya*, Farrar, Straus and Giroux, New York 2018, p. 92.

7. Jérôme Tubiana, *The EU's Shame is Locked Away in Libya*, «The Nation», 13 novembre 2019, cfr. https://www.thenation.com/article/archive/libya-refugees-detention/ (ultimo accesso 18 agosto 2021).

8. Rapporto sulla missione interagenzie al centro di detenzione di Zintan, 3 giugno 2019 (documento in possesso dell'autrice). Disponibile online al sito: https://www.humanitarianresponse.info/sites/www.humanitarianresponse.info/files/documents/files/mission_report_-_zintan_dc_3_june_2019.pdf (ultimo accesso 13 luglio 2023).
9. Paraic O'Brien, *Starvation, disease and death at Libya migrant detention centre*, Channel 4 News, 7 giugno 2019, cfr. https://www.channel4.com/news/starvation-disease-and-death-at-libya-migrant-detention-centre (ultimo accesso 18 agosto 2021).
10. Sally Hayden, post di Twitter, 17 maggio 2019, 9:25, https://twitter.com/sallyhayd/status/1129301809783349249; un'altra giornalista che ha firmato un reportage sul centro di Zintan è Tamara Baraaz, *Lying on the Floor, Dying of Tuberculosis: Inside the Horrors of Libya's Brutal Migrant Prisons*, «Haaretz», 9 giugno 2019, cfr. https://www.haaretz.com/middle-east-news/.premium-on-the-lying-floor-dying-of-tuberculosis-inside-libya-s-brutal-migrant-prisons-1.7341017 (ultimo accesso 18 agosto 2021).
11. Sally Hayden, *«We need urgent help»: Refugees perish in Libyan detention centre*, Al Jazeera, 7 giugno 2019, cfr. https://www.aljazeera.com/features/2019/6/7/we-need-urgent-help-refugees-perish-in-libyan-detention-centre (ultimo accesso 18 agosto 2021).
12. Sally Hayden, *The EU's deal with Libya is sentencing refugees to death*, «Guardian», 5 febbraio 2019, cfr. https://www.theguardian.com/commentisfree/2019/feb/05/eu-deal-libya-refugees-libyan-detention-centres (ultimo accesso 18 agosto 2021).
13. Sally Hayden, post di Twitter, 17 marzo 2019, 15:41, https://twitter.com/sallyhayd/status/1107305859967868929
14. «"Dal punto di vista sanitario la situazione era catastrofica" nei centri di detenzione libici di Zintan e Gharyan». Medici Senza Frontiere (MSF), 21 giugno 2019, cfr. https://www.msf.org/catastrophic-medical-situation-libyan-detention-centres (ultimo accesso 18 agosto 2021).
15. Jérôme Tubiana, *The EU's Shame is Locked Away in Libya* cit.
16. *Ibid.*
17. *Ibid.*
18. «Con l'istituzione di International Medical Corps nel 1984 è stato introdotto un nuovo e diverso tipo di agenzia di soccorso. Fornendo assistenza medica mediante corsi di formazione, International Medical Corps ha messo in discussione – anzi, ridefinito – il significato delle operazioni di soccorso». International Medical Corps, «Our History», cfr. https://internationalmedicalcorps.org/who-we-are/our-history/ (ultimo accesso 18 agosto 2021).
19. «In maggio, l'IMC ha dovuto sospendere i rinvii alle cliniche private a causa della spesa eccessiva delle risorse disponibili in seguito a diversi interventi di emergenza. In particolare, la crisi di Sabratha ha avuto un impatto significativo

sull'aumento dei rinvii, in quanto centinaia di persone a rischio, fuggite dalle aree del conflitto e dai campi gestiti dai trafficanti, hanno raggiunto i nostri centri diurni di accoglienza per richiedere assistenza medica avanzata. Tuttavia, l'IMC ha continuato a prescrivere ai pazienti ricoveri e visite nelle strutture pubbliche. Dal momento però che il settore pubblico dispone di risorse e capacità limitate, in termini di attrezzature e personale, nella maggior parte dei casi le strutture rifiutano di accogliere i migranti. La mancanza di documentazione rappresenta uno dei problemi principali, e senza almeno una certificazione dell'UNHCR, le persone a rischio che si recano negli ospedali pubblici possono essere denunciate alle autorità del Dipartimento per il contrasto alla migrazione clandestina e inviate nei centri di detenzione. La mancanza di opzioni di rinvio ha limitato la generale capacità dell'IMC di fornire assistenza medica avanzata a molte persone a rischio che ne avrebbero avuto bisogno». Rapporto sui risultati di progetto consegnato dall'IMC all'UNHCR, 1 gennaio 2018-31 dicembre 2018 (documento in possesso dell'autrice).

20. «Al termine della giornata del 2 dicembre 2018, il responsabile del centro di detenzione di Zintan si è rifiutato di lasciar partire l'équipe medica dell'IMC a meno che non avessimo rinviato 5 casi di persone malate a cliniche private. Per tutelare la salute del personale, dopo numerose negoziazioni, abbiamo deciso di occuparci di quei pazienti e ne abbiamo trasferiti 2 in un altro centro di detenzione (Gharyan) e altri 3, in condizioni più critiche, in una clinica privata di Tripoli». Rapporto sui risultati di progetto consegnato dall'IMC all'UNHCR, 1 gennaio 2018-31 dicembre 2018 (documento in possesso dell'autrice).
21. Cifre rese pubbliche dalla direttrice del programma dell'IMC Anil Kangal, che ha lavorato per l'organizzazione tra settembre 2017 e settembre 2019: «Anil Kangal», LinkedIn, https://lb.linkedin.com/in/anil-kangal-8985b641 (ultimo accesso 18 agosto 2021).
22. Il budget complessivo previsto per il progetto «Fornitura di assistenza salvavita a rifugiati e richiedenti asilo in Libia» per l'anno 2018 era di 5 685 052 dollari. Rapporto sui risultati di progetto consegnato dall'IMC all'UNHCR, 1 gennaio 2018-31 dicembre 2018. Il budget previsto per il progetto «Fornitura di assistenza salvavita a rifugiati e richiedenti asilo in Libia» era di 4 551 432 dollari. Rapporto sui risultati di progetto consegnato dall'IMC all'UNHCR, 1 gennaio 2019-29 febbraio 2020 (documenti in possesso dell'autrice).
23. International Medical Corps, «Libia», cfr. https://internationalmedicalcorps.org/country/libya/ (ultimo accesso 18 agosto 2021).
24. Rebecca Gustafson, email all'autrice, 15 novembre 2018.
25. Todd Bernhardt, email all'autrice, 19 febbraio 2019.
26. Todd Bernhardt, email all'autrice, 22 febbraio 2019.
27. Anil Kangal, email in possesso dell'autrice.
28. *Traveller and Humanitarian Anil Kangal talks about how Travelling Changed Her*, GoWonder, cfr. https://letsgowonder.com/stories-of-wonderers/travellerandhu-

manitariananil/; «Anil Kangal», LinkedIn, cfr. https://lb.linkedin.com/in/anil-kangal-8985b641 (ultimo accesso 18 agosto 2021).

29. Dichiarazione inviata via email all'autrice, 28 settembre 2019.
30. Sally Hayden, post di Twitter, 15 maggio 2019, 8:45, https://twitter.com/sallyhayd/status/1128569206641954816
31. Email inviata il 24 maggio 2019 e passata di nascosto all'autrice.
32. Email inviata il 24 maggio 2019 e passata di nascosto all'autrice.
33. Rapporto di missione, Missione interagenzie al centro di detenzione di Zintan, 3 giugno 2019 (documento in possesso dell'autrice).
34. Rapporto di missione, Missione interagenzie al centro di detenzione di Zintan, 3 giugno 2019 (documento in possesso dell'autrice); Sally Hayden, *Deaths pile up in Libyan detention centre, leaked UN report shows*, «Irish Times», 25 giugno 2019, cfr. https://www.irishtimes.com/news/world/africa/deaths-pile-up-in-libyan-detention-centre-leaked-un-report-shows-1.3937256 (ultimo accesso 18 agosto 2021).
35. UNHCR, *UNHCR secures release of 96 detainees from Libya's Zintan detention centre*, cfr. https://www.unhcr.org/news/briefing/2019/6/5cf61e4e4/unhcr-secures-release-96-detainees-libyas-zintan-detention-centre.html (ultima modifica 4 giugno 2019).
36. Sally Hayden, *Man (24) dies in fire in migrant detention centre in Libya*, «Irish Times», 2 marzo 2020, cfr. https://www.irishtimes.com/news/world/africa/man-24-dies-in-fire-in-migrant-detention-centre-in-libya-1.4190721; Sally Hayden, *Migrant (39) who failed to reach Europe dies in Libyan detention centre*, «Irish Times», 25 maggio 2020, cfr. https://www.irishtimes.com/news/world/africa/migrant-39-who-failed-to-reach-europe-dies-in-libyan-detention-centre-1.4262356?fbclid=IwAR1FQg3__owrSnpq3yatPkP__GqgIvoNKIjLzf8vzoA96Zo-7v-zzlMLHQ3dA (ultimo accesso 18 agosto 2021).

17. *La Struttura di raccolta e partenza dell'UNHCR: l'Hotel*

1. UNHCR, *First group of refugees evacuated from new departure facility in Libya*, cfr. https://www.unhcr.org/news/press/2018/12/5c09033a4/first-group-refugees-evacuated-new-departure-facility-libya.html (ultima modifica 6 dicembre 2018).
2. United Nation – Refugees and Migrants, *Libya's planned transit centre would keep migrants from risky Mediterranean crossing – UN agency*, cfr. https://refugeesmigrants.un.org/libya%E2%80%99s-planned-transit-centre-would-keep-migrants-risky-mediterranean-crossing-%E2%80%93-un-agency (ultima modifica 29 novembre 2017).
3. Sara Creta, *Anxiety and uncertainty as UN refugee agency halts work at Libya facility*, New Humanitarian, 31 gennaio 2020, cfr. https://www.thenewhumanitarian.org/news/2020/01/31/Libya-refugees-UNHCR-Tripoli (ultimo accesso 11 luglio 2023).

4. Cifre fornite all'autrice da portavoce della Commissione europea.
5. *Libya's planned transit centre would keep migrants from risky Mediterranean crossing – UN agency*, Refworld, cfr. https://www.refworld.org/docid/5a1ffbe74.html (ultima modifica 29 novembre 2017).
6. UNHCR, *First group of refugees evacuated from new departure facility in Libya*, cfr. https://www.unhcr.org/news/press/2018/12/5c09033a4/first-group-refugees-evacuated-new-departure-facility-libya.html (ultimo accesso 13 luglio 2023).
7. UNHCR, *Detained refugees in Libya moved to safety in second UNHCR relocation*, cfr. https://www.unhcr.org/news/press/2019/4/5cb60a984/detained-refugees-libya-moved-safety-second-unhcr-relocation.html (ultima modifica 16 aprile 2019).
8. Amnesty International, *Libya: Evidence of possible war crimes underscores need for international investigation*, cfr. https://www.amnesty.org/en/latest/news/2019/05/libya-evidence-of-possible-war-crimes-underscores-need-for-international-investigation/ (ultima modifica 16 maggio 2019).
9. Maggie Michael, Lori Hinnant e Renata Brito, *Making misery pay: Libya militias take EU funds for migrants*, Associated Press News, 31 dicembre 2019, cfr. https://apnews.com/article/united-nations-tripoli-ap-top-news-international-news-immigration-9d9e8d668ae4b73a336a636a86bdf27f#:~:text=TRIPOLI%2C%20Libya%20(AP)%20%E2%80%94,abuse%20and%20fight%20human%20trafficking (ultimo accesso 11 luglio 2023).
10. Prima lettera di Giovanni 4, 8-21, *La Bibbia*, Unione editori e librai cattolici italiani, Bologna 2008.
11. Tobias Jones e Ayo Awokoya, *Are your tinned tomatoes picked by slave labour?*, «Guardian», 20 giugno 2019, cfr. https://www.theguardian.com/world/2019/jun/20/tomatoes-italy-mafia-migrant-labour-modern-slavery (ultimo accesso 11 agosto 2021).

18. *Tajoura: crimini di guerra e schiavi di guerra*

1. Mark Micallef, Rupert Horsley e Alexandre Bish, *The Human Conveyor Belt Broken – assessing the collapse of the human-smuggling industry in Libya and the central Sahel*, The Global Initiative Against Transnational Crime, 2019, p. 27, cfr. https://globalinitiative.net/wp-content/uploads/2019/04/Global-Initiative-Human-Conveyor-Belt-Broken_March-2019.pdf; Amnesty International, *«No One Will Look For You»: Forcibly Returned from Sea to Abusive Detention in Libya*, London 2021, p. 20, cfr. https://www.amnesty.org/download/Documents/MDE1944392021ENGLISH.pdf (ultimo accesso 17 agosto 2021).
2. Sally Hayden, post di Twitter, 18 dicembre 2018, 22:42, https://twitter.com/sallyhayd/status/1075159275301937152; rappresentazione del naufragio a partire dal minuto 01:28 in Migrant Rescue Watch, post di Twitter, 19 dicembre 2018, 7:11, https://twitter.com/rgowans/status/1075287463780855808; elenco dei partecipanti: Sally Hayden, post di Twitter, 18 dicembre 2018, 23:02, https://twitter.com/sallyhayd/status/1075164315936849920

3. Sally Hayden, post di Twitter, 18 dicembre 2018, 23:26, https://twitter.com/sallyhayd/status/1075170538753024001
4. Sally Hayden, post di Twitter, 18 dicembre 2018, 23:15, https://twitter.com/sallyhayd/status/1074986404558573568
5. Stando a un'altra fonte: «Siamo stati informati della sparizione di 100-150 uomini dal centro di Tajoura tra i mesi di agosto e ottobre [2018]. Nel centro di Tajoura erano già emersi problemi in precedenza. All'inizio del 2018, alcuni operatori che l'avevano visitato hanno scoperto un deposito sotterraneo in cui era rinchiuso un gruppo di eritrei in condizioni terribili. Quando i responsabili del centro sono stati interrogati in proposito, hanno detto che i migranti erano in punizione per aver tentato di scappare». Micallef, Horsley e Bish, *The Human Conveyor Belt Broken* cit., pp. 26-27.
6. Sally Hayden, *Desperate migrants in Libya detention centres forced to fight on front lines of new civil war*, «Telegraph», 28 aprile 2019, cfr. https://www.telegraph.co.uk/news/2019/04/28/desperate-migrants-libya-detention-centres-forced-fight-front/ (ultimo accesso 17 agosto 2021).
7. Channel 4 News, *Revealed: human rights abuses in Libyan migrant camps*, video di YouTube, 10:36, 10 maggio 2019, cfr. https://www.youtube.com/watch?v=-MebcasTOohQ (ultimo accesso 14 luglio 2023).
8. *Ibid.*
9. Ayman al-Warfalli e Ulf Laessing, *Libya's Haftar orders troops to fight harder during Ramadan*, Reuters, 5 maggio 2019, cfr. https://www.reuters.com/article/us-libya-security-haftar-idUSKCN1SB0R4 (ultimo accesso 17 agosto 2021).
10. Discorso di Amru Salahuddien al Frontline Club di Londra, luglio 2021. Frontline Online Events, «Libya», video di YouTube, 1:05:11, 31 luglio 2021. https://www.youtube.com/watch?v=Tt1-pYGuRQg (ultimo accesso 14 luglio 2023).
11. Sally Hayden, *Migrants in line of fire as battle to take Tripoli rages on*, «Irish Times», 8 maggio 2019, cfr. https://www.irishtimes.com/news/world/africa/migrants-in-line-of.fire-as-battle-to-take-tripoli-rages-on-1.3885438 (ultimo accesso 28 agosto 2021).
12. «L'Articolo 28 della Convenzione di Ginevra IV del 1949 stabilisce: "Nessuna persona protetta potrà essere utilizzata per mettere, con la sua presenza, determinati punti o determinate regioni al sicuro dalle operazioni militari"», *Practice Relating to Rule 97. Human Shields*, International Humanitarian Law Database, https://ihl-databases.icrc.org/customary-ihl/eng/docs/v2_rul_rule97 (ultimo accesso 17 agosto 2021). Per la versione italiana cfr. https://www.difesa.it/Il_Ministro/ONORCADUTI/Accordi_intergovernativi/Documents/Convenzione_di_Ginevra.pdf (ultimo accesso 14 luglio 2023). [*N.d.T.*]
13. Parte di questa telefonata è stata trasmessa dalla CNN: CNN Connect the World, *Sally Hayden talks about attack on Libyan migrant center*, Facebook, 3 luglio 2019, 10:48, https://www.facebook.com/watch/?v=349313772404683; per altri iniziali resoconti dell'attacco aereo da parte dell'autrice, si veda: Sally Hayden,

They Hoped to Reach Europe Before They Were Massacred, «New York Times», 3 luglio 2019, cfr. https://www.nytimes.com/2019/07/03/opinion/libya-air-strike.html (ultimo accesso 7 agosto 2019).

14. Sally Hayden, *«I saw hell»: under fire inside Libya's refugee detention centres*, «Guardian», 10 luglio 2019, cfr. https://www.theguardian.com/global-development/2019/jul/10/under-fire-libya-refugee-detention-centres (ultimo accesso 17 agosto 2021).
15. ONU, *Secretary-General Condemns Killing of Migrants, Refugees in Libya Air Strikes, Noting United Nations Gave Warring Parties Detention Centre's coordinates*, cfr. https://www.un.org/press/en/2019/sgsm19652.doc.htm (ultima modifica 3 luglio 2019).
16. UNHCR, *UNHCR, IOM condemn attack on Tajoura, call for an immediate investigation of those responsible*, cfr. https://www.unhcr.org/uk/news/press/2019/7/5d1c836c4/unhcr-iom-condemns.attack-tajoura-call-immediate-investigation-responsaible.html (ultima modifica 3 luglio 2019).
17. ONU, *Libya detention centre airstrike could amount to a war crime says UN, as Guterres calls for independent investigation*, cfr. https://news.un.org/en/story/2019/07/1041792 (ultima modifica 3 luglio 2019).
18. Sally Hayden, *Refugee victims of Tajoura bombing still lie in unmarked graves one year on*, «Guardian», 3 luglio 2020, cfr. https://www.theguardian.com/global-development/2020/jul/03/refugee-victims-of-tajoura-bombing-still-lie-in-unmarked-graves-one-year-on (ultimo accesso 17 novembre 2021).
19. ONU, *Six children among 53 confirmed fatalities after Libya detention centre airstrikes: Security Council condemns attack*, cfr. https://newsn.un.org/en/story/2019/2019/07/1041911 (ultima modifica 5 luglio 2019).
20. *Libyan guards shot at fleeing migrants, UN says, as Security Council fails to condemn attack*, France 24 News, 4 luglio 2019, cfr. https://www.france24.com/en/20190704-libya-un-security-council-attack-tajoura-libya-migrant-centre (ultimo accesso 17 agosto 2021).
21. *Migrants still detained at site of deadly Libyan airstrike*, France 24 News, 4 luglio 2019, cfr. https://www.france24.com/en/20190704-migrants-still-detained-site-deadly-libyan-air-strike (ultimo accesso 17 agosto 2021).
22. *Migrants still detained at site of deadly Libyan air strike*, Agence France-Presse, 5 luglio 2019, cfr. https://www.hurriyetdailynews.com/migrants-still-detained-at-site-of-deadly-libyan-air-strike-144715 (ultimo accesso 17 agosto 2021).
23. Documenti in possesso dell'autrice: DSRSDG/RC/HC Ribeiro do Vale Meeting with Mr. Shibani, Deputy Minister and head of the Department for combating illegal migration (DCIM), 4 luglio 2019, Tripoli.
24. UNHCR, the UN Refugee Agency, post di Twitter, 3 luglio 2019, 19:55, https://twitter.com/Refugees/status/1146492553920942081; Charlie Yaxley, post di Twitter, 4 luglio 2019, 19:20, https://twitter.com/yaxle/status/1146848178559492098

25. Manisha Ganguly, *Libya migrants attack: UN investigators suspect foreign jet bombed centre*, BBC News, 6 novembre 2019, cfr. https://www.bbc.co.uk/news/world-africa-50302602 (ultimo accesso 17 agosto 2021).
26. Evan Hill *et al.*, *Europe Shut These Migrants Out, Libyan Rebels Bombed Them*, «New York Times», 11 luglio 2019, cfr. https://www.nytimes.com/2019/07/11/world/middleeast/libya-investigation-migrants-bombed.html (ultimo accesso 13 luglio 2023).
27. Manisha Ganguly, *Libya migrants attack: UN investigators suspect foreign jet bombed centre*, BBC News, 6 novembre 2019, cfr. https://www.bbc.co.uk/news/world-africa-50302602 (ultimo accesso 13 luglio 2023).
28. Sally Hayden, *Survivors of deadly air attack in Libya demand evacuation*, Al Jazeera, 7 luglio 2019, cfr. https://www.aljazeera.com/news/2019/7/7/survivors-of-deadly-air-attack-in-libya-demand-evacuation (ultimo accesso 17 agosto 2021).
29. Sally Hayden, post di Twitter, 9 luglio 2019, 18:04, https://twitter.com/sallyhayd/status/1148639066063343623
30. UNHCR Libya, post di Twitter, 9 luglio 2019, 16:01, https://www.twitter.com/UNHCRLibya/status/1148608182396305408
31. UNHCR Libya, post di Twitter, 9 luglio 2019, 23:13, https://twitter.com/UNHCRLibya/status/1148716806821089281
32. Charlie Yaxley, post di Twitter, 15 luglio 2019, 10:05, https://twitter.com/yaxle/status/1150692752562302976
33. Vincent Cochetel, post di Twitter, 11 luglio 2019, 10:18, https://twitter.com/cochetel/status/1149246642887036928
34. Vincent Cochetel, post di Twitter, 18 agosto 2019, 23:10, https://twitter.com/cochetel/status/1163211553396707329
35. Alessandro Siclari, post di Twitter, 19 agosto 2019, 14:29, cfr. https://twitter.com/alesiclari/status/1163442921951105024 (ultimo accesso 17 agosto 2021).
36. Vincent Cochetel, post di Twitter, 22 agosto 2019, 10:29, https://twitter.com/cochetel/status/1164469699578671104
37. Maciaj Popowski, stato della richiesta di accesso ai documenti inviato all'autrice, 4 dicembre 2020.

19. *Ruanda: una nuova rotta verso la salvezza*

1. Nicola Bellomo, post di Twitter, 27 aprile 2021, 7:36, https://twitter.com/nicolabellomo/status/1386932311208480768
2. UNHCR, *Niger: Emergency Transit Mechanism (ETM)*, 2019, cfr. https://reliefweb.int/report/niger/unhcr-niger-factsheet-emergency-transit-mechanism-may-2021 (ultimo accesso 18 agosto 2021).
3. Leonie Jegen, *The Political Economy of Migration Governance in Niger*, Arnold Bergstraesser Institute (ABI), progetto finanziato dalla Stiftung Mercator, Frei-

burg 2019, p. 35, cfr. https://www.medam-migration.eu/fileadmin/Dateiverwaltung/MEDAM-Webseite/Publications/Research_Papers/WAMiG_country_reports/WAMiG_Niger_country_report/WAMiG_Niger_country_report.pdf; Delphine Rodrick, *Evacuated from Libya, «indefinite transit» is keeping refugees stuck in limbo*, «New Arab», 30 aprile 2021, cfr. https://english.alaraby.co.uk/english/comment/2021/4/29/how-indefinite-transit-is-keeping-refugees-stuck-in-limbo (ultimo accesso 18 agosto 2021).

4. Per ulteriori informazioni sul genocidio del Ruanda si vedano: Roméo Dellaire, *Shake Hands With The Devil: The Failure of Humanity in Rwanda*, Arrow, London 2005; Mahmood Mamdani, *When Victims Become Killers: Colonialism, Nativism, and the Genocide in Rwanda*, Princeton University Press, New Jersey 2001; Philip Gourevitch, *Desideriamo informarla che domani verremo uccisi con le nostre famiglie*, Einaudi, Torino 2000 (ed. or. 1998); Jean Hatzfeld, *Une saison de machettes*, Le Seuil, Paris 2003.

5. *Rwanda agrees to take in hundreds of refugees stuck in Libya*, Al Jazeera, 10 settembre 2019, cfr. https://www.aljazeera.com/news/2019/9/10/rwanda-agrees-to-take-in-hundreds-of-refugees-stuck-in-libya (ultimo accesso 18 agosto 2021).

6. *Rwanda Offers to Host African Migrants Stranded in Libya*, «New York Times», 23 novembre 2017, cfr. https://www.nytimes.com/2017/11/23/world/africa/rwanda-libya-migrants.html (ultimo accesso 18 agosto 2021).

7. Ivan G. Mugisha e Allan Olingo, *Rwanda offers migrants stuck in Libya, Niger a safe haven*, «East African News», 10 agosto 2019, cfr. https://www.theeastafrican.co.ke/news/ea/Rwanda-offers-migrants-stuck-in-libya-niger-a-safe-haven/4552908-5230986-dyvo6vz/index.html (ultimo accesso 18 agosto 2021).

8. UNHCR, *Joint Statement: Government of Rwanda, UNHCR and African Union agree to evacuate refugees out of Libya*, cfr. https://www.unhcr.org/uk/news/press/2019/9/5d5d1c9a4/joints-statement-government-rwanda-unhcr-african-union-agree-evacuate-refugees.html (ultima modifica 10 settembre 2019).

9. Commissione europea, *Rwanda: the EU provides € 10.3 million for life-saving refugee support measures*, cfr. https://ec.europa.eu/commission/presscorner/detail/en/ip_19_6301 (ultima modifica 19 novembre 2019).

10. Andrew Green, *Inside Israel's Secret Program to Get Rid of African Refugees*, «Foreign Policy», 27 giugno 2017, cfr. https://foreignpolicy.com/2017/06/27/inside-israels-secret-program-to-get-rid-of-african_refugees_uganda_rwanda/ (ultimo accesso 18 agosto 2021).

11. Cifre della Banca Mondiale, cfr. https://data.worldbank.org/indicator/NY.GDP.PCAP.CD?locations=KM (ultimo accesso 14 luglio 2023).

12. Atossa Araxia Abrahamian, *The Cosmopolites: The Coming of the Global Citizen*, Columbia Global Reports, 2015.

13. Yaara Bou Melhem e Helen Davidson, *From Nauru to limbo: the anguish of Australia's last asylum seeker in Cambodia*, «Guardian», 28 dicembre 2019, cfr. https://www.theguardian.com/australia-news/2019/dec/29/from-nauru-to-limbo-the-anguish-of-australias-last-asylum-seeker-in-cambodia (ultimo accesso 14 luglio 2023).
14. UNHCR, *First group of vulnerable refugees evacuated from Libya to Rwanda*, cfr. https://www.unhcr.org/uk/news/briefing/2019/9/5d8dc6e64/first-griup-vulnerable-refugees-evacuated-libya-rwanda.html (ultima modifica 27 settembre 2019).
15. UNHCR, «Rwanda», https://reporting.unhcr.org/node/12530?y=2019 year (ultimo accesso 18 agosto 2021).
16. Paul Kagame, *President Kagame addresses 74th UN General Assembly – General Debate – New York, 24 September 2019*, cfr. https://www.paulkagame.com/president-kagame-addresses-74th-un-general-assembly-general-debate-new-york-24-september-2019/ (ultima modifica 24 settembre 2019).
17. UNHCR, *First group of vulnerable refugees evacuated from Libya to Rwanda*, cfr. https://www.unhcr.org/uk/news/briefing/2019/9/5d8dc6e64/first-griup-vulnerable-refugees-evacuated-libya-rwanda.html (ultimo accesso 14 luglio 2023).
18. UNHCR, *UNHCR Update: Libya 11 October 2019*, 2019, cfr. https://reliefweb.int/sites/reliefweb.int/files/resources/UNHCR%20Libya%20Update&2011%20=October__2019.pdf (ultimo accesso 18 agosto 2021).
19. Richard Morgan, *Rwanda is bringing tech buzz to Africa*, «Fortune», 30 dicembre 2019, cfr. https://fortune.com/2019/12/30/rwanda-kigali-tech-africa/ (ultimo accesso 18 agosto 2021).
20. Sally Hayden, *Rwanda remembers: «It simply should never have happened»*, «Irish Times», 8 aprile 2014, cfr. https://www.irishtimes.com/news/world/africa/rwanda-remembers-it-simply-should-never-had-happened-1.1753505 (ultimo accesso 18 agosto 2021).
21. Reporter Senza Frontiere, *World press freedom index 2014*, cfr. https://rsf/org/en/world-press-freedom-index-2014 (ultimo accesso 1 settembre 2021).
22. Reporter Senza Frontiere, *Radio station manager missing since genocide anniversary event*, 9 aprile 2014, cfr. https://rsf.org/en/news/radio-station-manager-missing-genocide-anniversary-event (ultimo accesso 18 agosto 2021).
23. *Kizito Mihigo: The Rwandan gospel singer who died in a police cell*, BBC News, 29 febbraio 2020, cfr. https://www.bbc.com/news/world-africa-51667168; *Rwanda's Kizito Mihigo and Cassien Ntamuhanga arrested*, BBC News, cfr. 14 aprile 2014, cfr. https://www.bbc.com/news/world-africa-27028206 (ultimo accesso 18 agosto 2021).
24. Si veda Michela Wrong, *Do Not Disturb: The Story of a Political Murder and an African Regime Gone Bad*, Public Affairs, New York 2021.
25. Robert Booth, *Does this picture make you think of Rwanda?*, «Guardian», 3 agosto 2010, cfr. https://www.theguardian.com/media/2010/aug/03/london-pr-rwanda-saudi-arabia (ultimo accesso 18 agosto 2021).

26. Si veda Andrea Purdeková, «*Even if I am not here, there are so many eyes*»: *surveillance and state reach in Rwanda*, «The Journal of Modern African Studies», XLIX (3), 2011, pp. 475-97, cfr. https://www.jstor.org/stable/23018902 (ultimo accesso 18 agosto 2021).
27. Si veda Medici Senza Frontiere (MSF), *Libya: Alarming rates of malnutrition and inhumane conditions in Tripoli detention centre*, cfr. https://www.msf.org/alarming-rates-malnutrition-and-inhumane-conditions-tripoli-detention-centre-libya (ultima modifica 20 marzo 2019); Mario Malie, *As a refugee in one of Libya's dangerous detention centres, I know what it feels like when the world leaves you behind*, «Independent», 15 luglio 2019, cfr. https://www.independent.co.uk/voices/libya-strike-refugee.unhcr-tripoli-Triq al-Sikka-italy-a9004961.html (ultimo accesso 18 agosto 2021).
28. Vincent Cochetel, post di Twitter, 27 novembre 2019, 11:20, https://twitter.com/cochetel/status/1199649233726558208
29. Rwandan National Police, post di Twitter, 18 aprile 2020, 12:13, cfr. https://twitter.com/Rwandapolice/status/1251287660070666246?s=20 (ultimo accesso 1 settembre 2021); *Refugees Protest Under Coronavirus Lockdown in Rwanda*, Associated Press via Voice of America, 17 aprile 2020, cfr. https://www.voanews.com/covid-19-pandemic/refugees-protest-under-coronavirus-lockdown-rwanda (ultimo accesso 30 agosto 2021).
30. Sally Hayden, *Rwandan police chief accused of sexual assault of child refugee at UN centre*, «Guardian», 27 aprile 2020, cfr. https://www.theguardian.com/global-development/2020/apr/27/rwandan-police-chief-accused-of-sexual-assault-of-child-refugee-at-un-centre; Albert Rudatsimburwa, *The «Guardian» feeds its readers with refugee porn*, «New Times», 1 maggio 2020, cfr. https://www.newtimes.co.rw/news/guardian-feeds-its-readers-refugee-porn (ultimo accesso 18 agosto 2021).

20. *Tripoli: viene chiusa la Struttura di raccolta e partenza*

1. Amnesty International, *Libya's Relentless Militia War: Civilians Harmed in the Battle for Tripoli, April-August 2019*, cfr. https://www.amnesty.org/en/documents/mde19/1201/2019/en/ (ultima modifica 22 ottobre 2019).
2. Sally Hayden, post di Twitter, 1 settembre 2019, 13:17, https://twitter.com/sallyhayd/status/1168135681564119045
3. Sally Hayden, post di Twitter, 1 settembre 2019, 13:58, https://twitter.com/sallyhayd/status/1168146012382347264
4. Sally Hayden, post di Twitter, 1 settembre 2019, 17:56, https://twitter.com/sallyhayd/status/1168206095166386177
5. *Germany provides 2.24 mln USD to support refugees in Libya*, Xinhua, 22 luglio 2019, cfr. https://www.xinhuanet.com/english/2019-07/22/c_138245934.htm (ultimo accesso 11 agosto 2021).
6. ONU, *Venezuela, Poland and Sudan amongst 14 new Human Rights Council Mem-*

bers, cfr. https://news.un.org/en/story/2019/10/1049461 (ultima modifica 17 ottobre 2019).

7. Sally Hayden, *Vulnerable child and women refugees refused evacuation from Libya*, Al Jazeera, 21 ottobre 2019, cfr. https://www.aljazeera.com/news/2019/10/21/vulnerable-child-and-women-refugees-refused-evacuation-from-libya (ultimo accesso 11 agosto 2021).
8. Charlie Yaxley, email all'autrice, 17 ottobre 2019.
9. Sally Hayden, *«They don't help»: refugees condemn UN over failures that drove them to sea*, «Guardian», 9 gennaio 2020. https://www.theguardian.com/global-development/2020/jan/09/they-dont-help-refugees-condemn-un-over-failures-that-drove-them-to-sea (ultimo accesso 14 luglio 2023).
10. *Dollar drops to 3.93 against Libyan dinar in black market: media*, Xinhua, 20 novembre 2019, cfr. https://www.xinhuanet.com/english/2019-11/20/c_138570387.htm (ultimo accesso 11 agosto 2021).
11. Maggie Michael, Lori Hinnant e Renata Brito, *Making misery pay: Libya militias take EU funds fro migrants*, Associated Press News, 31 dicembre 2019, cfr. https://apnews.com/article/united-nations-tripoli-ap-top-news-international-news-immigration-9d9e8d668ae4b73a336a636a86bdf27f:~:text=TRIPOLI%2C%20Libya%20(AP)%20%E2%80%94,abuse%20and%20fight%20human%20trafficking (ultimo accesso 11 agosto 2021).
12. *Ibid.*
13. *Ibid.*; un documento pubblicato dall'UNHCR e intitolato *Plan for new modalities of engagements by UNHCR/UN in the GDF*, redatto il 19 novembre 2019 e passato di nascosto all'autrice, parlava anche di «gravi questioni relative alle procedure di contrattazione di LibAid».
14. Mohammed al-Khoja, pagina Facebook, https://www.facebook.com/mohammed.alkhoja.94 (ultimo accesso 11 agosto 2021).
15. Sally Hayden, post di Twitter, 1 luglio 2019, 20:19, https://twitter.com/sallyhayd/status/1145774022547922946
16. Sally Hayden, post di Twitter, 14 maggio 2019, 21:51, https://twitter.com/sallyhayd/status/1128402386135994374
17. Sally Hayden, post di Twitter, 11 giugno 2019, 23:19, https://twitter.com/sallyhayd/status/1138571526238822400
18. Sally Hayden, post di Twitter, 13 giugno 2019, 23:05, https://twitter.com/sallyhayd/status/1139292726921502720
19. Sally Hayden, post di Twitter, 10 ottobre 2019, 16:59, https://twitter.com/sallyhayd/status/1182324758978924546
20. Sally Hayden, post di Twitter, 29 ottobre 2019, 13:04, https://twitter.com/sallyhayd/status/1189166117413097472
21. «Oltre 200 persone hanno raggiunto la Struttura di raccolta e partenza di Tripoli dal centro di detenzione di Abū Salīm e dalle aree urbane, chiedendo di essere ospitate.

La situazione è tesa, perché la Struttura è già sovraffollata. L'UNHCR è in piena mobilitazione per valutare la situazione e cercare soluzioni, anche mediante il suo programma per la città», UNHCR Libya, post di Twitter, 29 ottobre 2019, 17:18, https://twitter.com/UNHCRLibya/status/1189230043333120000?s=20

22. Sally Hayden, post di Twitter, 1 novembre 2019, 19:14, https://twitter.com/sallyhayd/status/1190346404218253315

23. Sally Hayden, email a Charlie Yaxley e a Tarik Argaz, 4 novembre 2019.

24. UNHCR Libia, *Plan for new modalities of engagement by UNHCR/UN in the GDF*, 19 novembre 2019 (documento fatto trapelare all'autrice). Il 6 gennaio 2020, la portavoce dell'UNHCR Cécile Pouilly avrebbe finalmente commentato la valutazione dell'IOM in un'email inviata all'autrice: «Quello che lei ha condiviso non fa parte di un reportage sulla situazione sanitaria, ma sembra essere la vecchia bozza di una proposta dell'IOM. Non commentiamo i documenti trafugati».

25. Sally Hayden, post di Twitter, 1 dicembre 2019, 11:13, https://twitter.com/sallyhayd/status/1201096998067331075

26. Sally Hayden, *Refugees being «starved out» of UN facility in Tripoli*, «Guardian», 28 novembre 2019, cfr. https://www.theguardian.com/global-development/2019/nov/28/refugees-being-starved-out-of-un-facility-in-tripoli (ultimo accesso 11 agosto 2021).

27. UNHCR, *UNHCR expands help to refugees in urban areas in Libya, reassesses role of Gathering and Departure Facility*, cfr. https://www.unhcr.org/uk/news/press/2019/11/5ddffe994/unhcr-expands-help-refugees-urban-areas-libya-reassesses-role-gathering-html (ultimo accesso 8 ottobre 2021).

28. *UN refugee agency rejects «starving migrants» claim*, Yahoo! News, 28 novembre 2019, cfr. https://ph.news.yahoo.com/un-refugee-agency-rejects-starving-migrants-claim-234040513.html (ultimo accesso 11 agosto 2021).

29. Filippo Grandi, post di Twitter, 29 novembre 2019, 22:07, https://twitter.com/FilippoGrandi/status/1200536909048619009

30. Dimitris Avramopoulos, post di Twitter, 30 novembre 2019, 14:43, https://twitter.com/Avramopoulos/status/1200787439633207299?s=20

31. ONU, *High-Level Panel on Internal Displacement*, cfr. https://www.un.org/sg/en/content/sg/personnel-appointments/2019-12-03/secretary-general-appoints-members-of-the-high-level-panel-internal-displacement (ultima modifica 3 dicembre 2019).

32. Charley Yaxley, post di Twitter, 6 dicembre 2019, 20:39, https://twitter.com/yaxle/status/1203051483727618048

33. Gisella Lomax, post di Twitter, 29 gennaio 2020, 22:37, https://twitter.com/GisellaLomax/status/1222649929396629507; Dante Licona, post di Twitter, 29 gennaio 2020, 16:27, https://twitter.com/Dante_Licona/status/1222556844306128896

34. Charlie Yaxley, post di Twitter, 6 dicembre 2019, 20:39, https://twitter.com/yaxle/status/1203051483727618048
35. Sally Hayden, post di Twitter, 31 dicembre 2019, 15:04, https://twitter.com/sallyhayd/status/1212026795672920069
36. Sally Hayden, post di Twitter, 8 gennaio 2020, 14:43, https://twitter.com/sallyhayd/status/1214920463304077313
37. Sally Hayden, post di Twitter, 7 gennaio 2020, 13:51, https://twitter.com/sallyhayd/status/1214545181518835712
38. Sally Hayden, post di Twitter, 10 gennaio 2020, 19:06, https://twitter.com/sallyhayd/status/1215711535038976000; Samy Magdy, *Refugees shot dead in Libya were pushed out of UN facility*, Associated Press News, 11 gennaio 2020, cfr. https://apnews.com/article/afaed3505300533a5479ff37f254858 (ultimo accesso 11 agosto 2021).
39. Sally Hayden, post di Twitter, 12 gennaio 2020, 11:32, https://twitter.com/sallyhayd/status/1216322012194492417
40. Seebrücke, *Der Deal, die Hölle und der Tod. Internierungslager in Libyen*, Facebook, 16 gennaio 2020, dal minuto 01.49.43, cfr. https://www.facebook.com/watch/live/?ref=watch_permalink&v=2148616925241972 (ultimo accesso 20 agosto 2021).
41. Sally Hayden, post di Twitter, 24 gennaio 2020, 12:06, https://twitter.com/sallyhayd/status/1220679349403295745
42. Sally Hayden, post di Twitter, 12 novembre 2020, 18:36, https://twitter.com/sallyhayd/status/1326957059955372032
43. UNHCR, *UNHCR to suspend operations at GDF in Tripoli amid safety concerns*, cfr. https://www.unhcr.org/news/press/2020/1/5e32c2c04/unhcr-suspend-operations-gdf-tripoli-amid-safety-concerns.html (ultima modifica 30 gennaio 2020).
44. *Ibid.*
45. Sally Hayden, *Reports of physical and sexual violence as Libya arrests 5,000 migrants in a week*, «Guardian», 8 ottobre 2021, cfr. https://www.theguardian.com/global-development/2021/oct/08/reports-of-violence-libya-arrests-5000-migrants (ultimo accesso 8 ottobre 2021).
46. *Libya: Thousands of migrants rounded up and taken to «inhumane» detention centres*, Channel 4 News, 8 ottobre 2021, cfr. https://www.channel4.com/news/libya-thousands-of-migrants-rounded-up-and-taken-to-inhumane-detention-centres (ultimo accesso 10 ottobre 2021).
47. È possibile leggere la dichiarazione dell'UNHCR qui: Sally Hayden, post di Twitter, 8 ottobre 2021, 16:34, https://twitter.com/sallyhayd/status/1446136767313104907
48. UNHCR, *IOM Condemns Killing of Six Migrants at Detention Centre in Tripoli*, 9 ottobre 2021, cfr. https://www.iom.int/news/iom-condemns-killing-six-migrants-detention-centre-tripoli (ultimo accesso 10 ottobre 2021).

21. *Il Mar Mediterraneo: Fortezza Europa*

1. Talmud di Gerusalemme, Mishnah Sanhedrin 4:9, trattato Sanhedrin 37a.
2. Corano, versetto 5:32.
3. Bryan Walsh, *Alan Kurdi's Story: Behind the Most Heartbreaking Photo of 2015*, «TIME Magazine», 29 dicembre 2015, cfr. https://time.com/4162306/alan-kurdi-syria-drowned-boy-refugee-crisis/ (ultimo accesso 13 agosto 2021).
4. Missing Migrants Project, «Migration Route: The Mediterranean», cfr. https://missingmigrants.iom/int/region/mediterranean (ultimo accesso 13 agosto 2021).
5. Annalisa Camilli ed Eleanor Paynter, *Death on the Central Mediterranean: 2013-2020*, New Humanitarian, 12 gennaio 2021, cfr. https://www.thenewhumanitarian.org/news-feature/2021/01/12/migration-central-mediterranean-timeline-rescue (ultimo accesso 30 agosto 2021).
6. Daniel Trilling, *How rescuing drowning migrants became a crime*, «Guardian», 22 settembre 2020, cfr. https://www.theguardian.com/news/2020/sep/22/how-rescuing-drowning-migrants-became-a-crime-iuventa-salvini-italy (ultimo accesso 30 agosto 2021); «Guardian» Staff, *Sicilian prosecutors wiretapped journalist covering refugee crisis*, «Guardian», 2 aprile 2021, cfr. https://www.theguardian.com/world/2021/apr/02/sicilian-prosecutors-wiretapped-journalists-covering-refugee-crisis (ultimo accesso 13 agosto 2021).
7. Lorenzo Tondo, *Refugee rescuers charged in Italy with complicity in people smuggling*, «Guardian», 4 marzo 2021, cfr. https://www.theguardian.com/global-development/2021/mar/04/refugee-rescuers-charged-in-italy-with-complicity-in-people-smuggling (ultimo accesso 13 agosto 2021); Trilling, *How rescuing drowing migrants became a crime* cit.
8. Per leggere il mio primo rapporto dalla nave: Sally Hayden, *Christmas on the Mediterranean – a month on a migrant rescue ship*, «Irish Times», 14 dicembre 2019, cfr. https://www.irishtimes.com/news/world/europe/christmas-on-the-mediterranean-a-month-on-a-migrant-rescue-ship-1.4114485 (ultimo accesso 13 agosto 2021). (Grazie a una Richiesta di Accesso inviata al Servizio europeo per l'azione esterna l'11 maggio 2021, a cui ricevetti risposta l'11 giugno 2021, scoprii che il mio rapporto era stato consegnato a Josep Borrell – Alto rappresentante dell'Unione europea per gli affari esteri e la sicurezza – il 16 dicembre 2019, come parte della rassegna stampa quotidiana).
9. *German rescue ship named after drowned toddler Alan Kurdi*, Deutsche Welle, 10 febbraio 2019, cfr. https://www.dw.com/en/german-rescue-ship-named-after-drowned-toddler-alan-kurdi/a-47451002 (ultimo accesso 25 novembre 2021).
10. *Il Papa: bisogna salvare i migranti. Dio ce ne chiederà conto*, Vatican News, 19 dicembre 2019, cfr. https://www.vaticannews.va/it/papa/news/2019-12/discorso-francesco-migranti-arrivati-da-lesbo-croce-giubbotto.html (ultimo accesso 5 maggio 2023).

11. *Papa Francesco: la Libia è un inferno e i campi di accoglienza sono lager*, Agenzia Italia, 8 luglio 2020, cfr. https://www.agi.it/cronaca/news/2020-07-08/papa-libia-campi-detenzione-9099253/ (ultimo accesso 5 maggio 2023).
12. Per altre informazioni su Leoluca Orlando, si veda Renate van der Zee, *He fought the mafia and won. Now this mayor is taking on Europe over migrants*, «Guardian», 18 aprile 2017, cfr. https://www.theguardian.com/global-development-professionals-network/2017/apr/18/he-fought-the-mafia-and-won-now-this-mayor-is-taking-on-europe-over-migrants (ultimo accesso 13 agosto 2021).
13. *Styx*, IMDb, regia di Wolfgang Fischer, 2018, cfr. https://www.imdb.com/title/tt5942864/ (ultimo accesso 13 agosto 2021).
14. *Two rescue ships impounded by Italy*, Al Jazeera, 7 maggio 2020, cfr. https://www.aljazeera.com/news/2020/5/7/two-rescue-ships-impounded-by-italy; Medici Senza Frontiere, *On 10 October, the NGO ship Alan Kurdi was detained for the second time in six months in Sicily*, 23 ottobre 2020; *Lives on the line as legal appeal lodged to free the Sea-Watch 4*, cfr. https://www.msf.org/lives-line-legal-appeal-lodged-free-sea-watch-4 (ultimo accesso 30 agosto 2021).
15. «In totale, Sea-Eye ha impiegato l'*Alan Kurdi* in dodici missioni di soccorso, salvando così 927 vite. Complessivamente, circa 240 membri dell'equipaggio hanno partecipato alle missioni su questa imbarcazione», Sea-Eye, *Sea-Eye ceases to operate the rescue ship Alan Kurdi*, 19 luglio 2021, cfr. https://sea-eye.org/en/sea-eye-ceases-to-operate-the-rescue-ship-alan-kurdi/ (ultimo accesso 14 luglio 2023).

22. *Addis Abeba: i trafficanti a processo*

1. Ylva Johansson, post di Twitter, 23 aprile 2021, 18:44, https://twitter.com/YlvaJohansson/status/1385650905241071626
2. Traduzione dall'amarico delle accuse rivolte a Kidane, in possesso dell'autrice: Etiopia. Addis Abeba. Tribunale federale di primo grado. Querelante: Procuratore generale federale. Imputati: 1. Kidane Zekarias Habtemariam. 2. Saba Mendir Hayl. Prima accusa contro l'imputato numero 1: violazione dell'articolo 32(1) (a) del Codice penale della Repubblica Federale Democratica d'Etiopia del 2004, e degli articoli 3(1) e 6 del Proclama numero 909/2015, Prevenzione e soppressione della tratta di persone e del traffico di migranti. Seconda accusa contro l'imputato numero 1: violazione dell'articolo 32(1) (a) del Codice penale della Repubblica Federale Democratica d'Etiopia del 2004, e degli articoli3(1) e 6 del Proclama numero 909/2015, Prevenzione e soppressione della tratta di persone e del traffico di migranti. Terza accusa contro l'imputato numero 1: violazione dell'articolo 32(1) (a) del Codice penale della Repubblica Federale Democratica d'Etiopia del 2004, e degli articoli 3(1) e 3(2)(c) del Proclama numero 909/2015, Prevenzione e soppressione della tratta di persone e del traffico di migranti. Quarta accusa contro l'imputato numero 1: violazione dell'articolo 32(1) (a) del Codice penale della Repubblica Federale Democratica d'Etiopia del 2004, e degli articoli 3(1) e 3(2)(c) del Proclama numero 909/2015, Prevenzione

e soppressione della tratta di persone e del traffico di migranti. Quinta accusa contro l'imputato numero 1: violazione dell'articolo 32(1) (a) del Codice penale della Repubblica Federale Democratica d'Etiopia del 2004, e degli articoli 3(1) e 3(2)(c) del Proclama numero 909/2015, Prevenzione e soppressione della tratta di persone e del traffico di migranti. Sesta accusa contro l'imputato numero 1: violazione dell'articolo 32(1) (a) del Codice penale della Repubblica Federale Democratica d'Etiopia del 2004, e degli articoli 3(1) e 3(2)(c) del Proclama numero 909/2015, Prevenzione e soppressione della tratta di persone e del traffico di migranti. Settima accusa contro l'imputato numero 1: violazione dell'articolo 32(1) (a) del Codice penale della Repubblica Federale Democratica d'Etiopia del 2004, e degli articoli 3(1) e 3(2)(c) del Proclama numero 909/2015, Prevenzione e soppressione della tratta di persone e del traffico di migranti. Ottava accusa contro l'imputato numero 1: violazione dell'articolo 32(1) (a) del Codice penale della Repubblica Federale Democratica d'Etiopia del 2004, e degli articoli 3(1) e 3(2)(c) del Proclama numero 909/2015, Prevenzione e soppressione della tratta di persone e del traffico di migranti. Nona accusa contro l'imputato numero 2: violazione dell'articolo 37(1) (a) del Codice penale della Repubblica Federale Democratica d'Etiopia del 2004, e degli articoli 3(1) e 6 del Proclama numero 909/2015, Prevenzione e soppressione della tratta di persone e del traffico di migranti.

3. Traduzione dall'amarico delle accuse rivolte contro Welid e Shishay, in possesso dell'autrice: Etiopia. Addis Abeba. Tribunale federale di primo grado. Querelante: procuratore generale federale. Imputati: 1. Amanuel Yirga Damte (Walid). 2. Shishay (Sisay) Godefay Demoz. Prima accusa contro gli imputati numeri 1 e 2: violazione dell'articolo 32(1(a)) e 32(1(b)) del Codice penale della Repubblica Federale Democratica d'Etiopia del 1996, e degli articoli 3(1) e 392(c) del Proclama numero 909/2015, Prevenzione e soppressione della tratta di persone e del traffico di migranti. Seconda accusa contro gli imputati numeri 1 e 2: violazione dell'articolo 32(1(a)) e 32(1(b)) del Codice penale della Repubblica Federale Democratica d'Etiopia del 1996, e degli articoli 3(1) e 392(c) del Proclama numero 909/2015, Prevenzione e soppressione della tratta di persone e del traffico di migranti. Terza accusa contro l'imputato numero 1: violazione dell'articolo 32(1(a)) e 32(1(b)) del Codice penale della Repubblica Federale Democratica d'Etiopia del 1996, e degli articoli 3(1) e 392(c) del Proclama numero 909/2015, Prevenzione e soppressione della tratta di persone e del traffico di migranti. Quarta accusa contro l'imputato numero 1: violazione dell'articolo 32(1(a)) e 32(1(b)) del Codice penale della Repubblica Federale Democratica d'Etiopia del 1996, e degli articoli 3(1) e 392(c) del Proclama numero 909/2015, Prevenzione e soppressione della tratta di persone e del traffico di migranti. Quinta accusa contro gli imputati numeri 1 e 2: violazione dell'articolo 32(1(a)) e 32(1(b)) del Codice penale della Repubblica Federale Democratica d'Etiopia del 1996, e degli articoli 3(1) e 392(c) del Proclama numero 909/2015, Prevenzione e soppressione della tratta di persone e del traffico di migranti.

4. Lorenzo Tondo, *Long road to freedom for farmworker accused of being notorious trafficker*, «Guardian», 12 luglio 2019, cfr. https://www.theguardian.com/world/2019/jul/12/long-road-to-freedom-for-farmworker-accused-of-being-notorious-trafficker; Sally Hayden, *Eritrean farmer released from Italian prison in mistaken identity case*, «Irish Times», 15 luglio 2019, cfr. https://www.irishtimes.com/news/world/africa/eritrean-farmer-released-from-italian-prison-in-mistaken-identity-case-1.3957471 (ultimo accesso 15 agosto 2021).
5. Ben Taub, *How not to solve the refugee crisis*, «New Yorker», 24 luglio 2017, cfr. https://www.newyorker.com/magazine/2017/07/31/how-not-to-solve-the-refugee-crisis (ultimo accesso 15 agosto 2021).
6. Lorenzo Tondo, *Italy using anti-mafia laws to scapegoat migrant boat drivers, report finds*, «Guardian», 15 ottobre 2021, cfr. https://www.theguardian.com/global-development/2021/oct/15/italy-using-anti-mafia-laws-to-scapegoat-migrant-boat-drivers-report-finds (ultimo accesso 17 novembre 2021).
7. Zach Campbell e Lorenzo D'Agostino, *Friends of the Traffickers: Italy's anti-mafia directorate and the «dirty campaign» to criminalise migration*, «The Intercept», 30 aprile 2021, cfr. https://www.theintercept.com/2021/04/30/italy-anti-mafia-migrant-rescue-smuggling/ (ultimo accesso 15 agosto 2021).
8. Cifra riferita all'autrice da portavoce dell'IOM nel novembre 2020.
9. David D. Kirkpatrick, *ISIS Video Appears to Show Executions of Ethiopian Christians in Libya*, «New York Times», 19 aprile 2015, cfr. https://www.nytimes.com/2015/04/20/world/middleeast/isis-video-purports-to-show-killing-of-ethiopian-christians.html (ultimo accesso 15 agosto 2021).
10. Per ulteriori informazioni su questi casi e sul relativo contesto, si vedano i reportage dell'autrice: Sally Hayden, *Inside the smuggler's warehouse: Africa's 21st-century slave trade*, «Irish Times», 11 aprile 2020, cfr. https://www.irishtimes.com/news/world/africa/inside-the-smuggler-s-warehouse-africa-s-21st-century-slave-trade-1.4224073; Sally Hayden, *How Did One of North Africa's Biggest Human Traffickers Escape Prison?*, VICE News, 23 febbraio 2021, cfr. https://www.vice.com/en/article/m7an4x/how-did-one-of-north-africas-biggest-human-traffickers-escape-prison; Kaleab Girma e Sally Hayden, *«Cruel» trafficker accused of torturing refugees found guilty in Ethiopia*, «Guardian», 30 aprile 2021, cfr. https://www.theguardian.com/global-development/2021/apr/30/cruel-trafficker-accused-of-torturing-refugees-found-guilty-in-ethiopia; Sally Hayden, *People trafficking: «They were killers. They have raped many women»*, «Irish Times», 13 marzo 2021, cfr. https://www.irishtimes.com/news/world/africa/people-trafficking-they-were-killers-they-have-raped-many-women-1.4508833 (ultimo accesso 15 agosto 2021).
11. Pubblico ministero olandese, «Kidane Zekarias Habtemariam», cfr. https://www.politie.nl/en/wanted-and-missing/most-wanted/2021/kidane-zekarias-habtemariam (ultimo accesso 17 novembre 2021) e https://www.prosecutionservice.nl/latest/news/2021/10/19/eritrean-placed-on-the-netherlands-most-wanted-list-for-migration-related-crime (ultimo accesso 15 luglio 2023).

23. *Parigi e Berlino: l'Europa sotto accusa*

1. Corte penale internazionale, *Statement of ICC Prosecutor to the UNSC on the Situation in Libya*, 9 maggio 2017, cfr. https://www.icc-cpi.int/pages/item.aspx?name=170509-otp-stat-lib (ultimo accesso 6 agosto 2021).
2. Omer Shatz e Juan Branco, *EU Migration Policies in the Central Mediterranean and Libya (2014-2019)*, Communication to the Office of the Prosecutor of the International Criminal Court: Pursuant to the Article 15 of the Rome Statute, Paris, 2019, pp. 8, 9, 11, 18, 30, 32.
3. «In generale, tra luglio 2002 e dicembre 2019, l'Ufficio del procuratore ha ricevuto 14 167 comunicazioni, 715 delle quali sono state giudicate meritevoli di ulteriori analisi», *Independent Expert Review of the International Criminal Copurt and the Rome Statute System: Final Report*, 30 settembre 2020, p. 207, cfr. https://asp.icc-cpi.int/iccdocs/asp_docs/ASP19/IER-Final-Report-ENG.pdf (ultimo accesso 13 luglio 2023).
4. Demirkan Coker, *Juan Branco on Julian Assange, the Yellow Jackets and the «Twilight» of Macron*, «The Yale Politic», 1 settembre 2019, cfr. https://thepolitic.org/article/juan-branco-on-julian-assange-the-yellow-jackets-and-the-twilight-of-macron (ultimo accesso 6 agosto 2021).
5. Si veda anche Aaron Ross, *U.N. fires Central Africa legal adviser who accused peacekeepers of massacre*, Reuters, 31 maggio 2018, cfr. https://www.reuters.com/article/us-centralafrica-un/un-fires-central-africa-legal-adviser-who-accused-peacekeepers-of-massacre-idUSKCN1IW265 (ultimo accesso 6 agosto 2021).
6. Forensic Architecture, *Death by Rescue: The Lethal Effects of Non-Assistance at Sea*, 18 aprile 2016, cfr. https://forensic-architecture.org/investigation/death-by-rescue-the-lethal-effects-of-non-assistance-at-sea (ultimo accesso 23 agosto 2021).
7. *File case against Frontex for violating migrants' rights*, «Daily Sabah», 26 maggio 2021, cfr. https://www.dailysabah.com/politics/eu-affairs/ngos-file-case-against-frontex-for-violating-migrants-rights (ultimo accesso 6 agosto 2021).
8. Front-Lex, *Un tribunale della società civile (Bruxelles 2022)*, cfr. https://www.dipfe.org/italiano/tribunale-front-lex/ (ultimo accesso 10 maggio 2023).
9. Monsanto Tribunal, *International Monsanto Tribunal*, cfr. https://www.monsanto-tribunal.org/ (ultimo accesso 6 agosto 2021).
10. *The Pesticide Generation: Children on the Front Line*, France 24, cfr. https://webdoc.france24.com/france-pesticide-generation-children-front-line-glyphosate-monsanto/; Christine Sheppard, *I believe Roundup gave me cancer. The Monsanto settlement is a slap in the face*, «Guardian» 30 giugno 2020, cfr. https://www.theguardian.com/commentisfree/2020/jun/30/monsanto-settlement-roundup-cancer-lawsuits (ultimo accesso 6 agosto 2021).
11. «Dr. Lorenzo Pezzani», Golsdmiths – University of London, cfr. https://www.gold.ac.uk/visual-cultures/staff/pezzani-lorenzo/ (ultimo accesso 6 agosto 2021).

12. Per esempio: *EU parliament declares «Black Lives Matter»*, France 24 (via AFP), 20 giugno 2020, cfr. https://www.france24.com/en/20200619-eu-parliament-declares-black-lives-matter (ultimo accesso 6 agosto 2021).

13. European Centre for Constitutional and Human Rights (ECCHR), «Who We Are: With Justice. Against Injustice. Justified», cfr. https://www.ecchr.eu/en/about-us/ (ultima modifica 28 aprile 2016).

14. «Ai fini del presente Statuto, per crimine contro l'umanità s'intende uno qualsiasi degli atti di seguito elencati, se commesso nell'ambito di un esteso o sistematico attacco contro popolazioni civili, e con la consapevolezza dell'attacco: a. Omicidio; b. Sterminio; c. Riduzione in schiavitù; d. Deportazione o trasferimento forzato della popolazione; e. Imprigionamento o altre gravi forme di privazione della libertà personale in violazione di norme fondamentali di diritto internazionale; f. Tortura; g. Stupro, schiavitù sessuale, prostituzione forzata, gravidanza forzata, sterilizzazione forzata o altre forme di violenza sessuale di analoga gravità; h. Persecuzione contro un gruppo o una collettività dotati di propria identità, ispirata da ragioni di ordine politico, razziale, nazionale, etnico, culturale, religioso o di genere sessuale ai sensi del paragrafo 3, o da altre ragioni universalmente riconosciute come non permissibili ai sensi del diritto internazionale, collegate ad atti previsti dalle disposizioni del presente paragrafo o a crimini di competenza della Corte; i. Sparizione forzata di persone; j. Crimine di apartheid; k. Altri atti inumani di analogo carattere diretti a provocare intenzionalmente grandi sofferenze o gravi danni all'integrità fisica o alla salute fisica o mentale». Statuto di Roma, art. VII, Crimini contro l'umanità, cfr. https://www.fedlex.admin.ch/eli/cc/2002/586/it (ultimo accesso 11 maggio 2023).

15. Global Legal Action Network (GLAN), «About Us», cfr. https://www.glanlaw.org/about-us (ultimo accesso 6 agosto 2021).

16. *ECtHR – Hirsi Jamaa and Others v Italy [GC]*, Application No. 27765/09, cfr. https://asylumlawdatabase.eu/en/content/ecthr-hirsi-jamaa-and-others-v-italy-gc-application-no-2776509 (ultimo accesso 6 agosto 2021).

17. Eric Reidy, *The legal battle to hold the UE to account for Libya migrant abuses*, New Humanitarian, 10 agosto 2020, cfr. https://www.thenewhumanitarian.org/analysis/2020/08/10/Libya-migrant-abuses-EU-legal-battle (ultimo accesso 6 agosto 2021).

18. Global Legal Action Network (GLAN), Associazione per gli Studi Giuridici sull'Immigrazione (ASGI) e Associazione Ricreativa e Culturale Italiana (ARCI), *Complaint to the European Court of Auditors Concerning the Mismanagement of EU Funds by the EU Trust Fund for Africa's «Support to Integrated Border and Migration Management in Libya» (IBM) Programme*, 11 giugno 2020, cfr. https://docs.wixstatic.com/ugd/14ee1a_956dfef570094e7ca67aace2668fc951.pdf (ultimo accesso 6 agosto 2021).

19. Violeta Moreno-Lax, *The Architecture of Functional Jurisdiction: Unpacking Contactless Control – On Public Powers, S.S. and Others v. Italy, and the Operational Model*, «German Law Journal», XXI, 2020, pp. 385-416, cfr. https://doi.

org/10.1017/glj.2020.25 (ultimo accesso 6 agosto 2021); Reidy, *The legal battle*, New Humanitarian cit.

20. GLAN, *Privatised Migrant Abuse by Italy and Libya*, cfr. https://www.glanlaw.org/nivincase; GLAN, Violeta Moreno-Lax, Itamar Mann e Noemi Magugliani, *Communication to the United Nations Human Rights Committee in the case of SDG Against Italy (Anonymized version)*, Submitted for consideration under the Optional Protocol to the International Covenant on Civil and Political Rights to The United Nations Human Rights Committee, cfr. https://c5e65ece-003b-4d73-aa76-854664da4e33.filesusr.com/ugd/14ee1a_e0466b7845f941098730900ede1b51cb.pdf (ultimo accesso 6 agosto 2021).
21. Sally Hayden, *Barricaded refugees «ready to die» than return to Libya detention*, Al Jazeera, 19 novembre 2018, cfr. https://www.aljazeera.com/news/2018/11/19/barricaded-refugees-ready-to-die-than-return-to-libya-detention; Sally Hayden, *Nearly 80 rescued migrants forced off cargo ship in Libya*, CNN, 20 novembre 2018, cfr. https://edition.cnn.com/2018/11/20/africa/libyan-migrants-forced-off-ship-intl/index.html (ultimo accesso 6 agosto 2021).
22. Consiglio per i diritti umani delle Nazioni Unite, *Report of the Independent Fact-Finding Mission on Libya*, edizione anticipata non riveduta, 1 ottobre 2021.
23. Maximilian Ellebrecht, *«This is hypocrisy» – A Q&A with Giulia Tranchina on European migration policy in Libya*, «Routed», 24 ottobre 2020, cfr. https://www.routedmagazine.com/hypocrisy-eu-policy-libya (ultimo accesso 6 agosto 2021).
24. AlarmPhone, «About», cfr. https://alarmphone.org/en/about/ (ultimo accesso 6 agosto 2021).
25. «Dall'1 al 5 maggio, un gruppo di rifugiati eritrei ha pedalato da Francoforte a Bruxelles per 452 km. La cosiddetta "Ride4Justice" è partita da Francoforte per poi toccare Coblenza, Colonia, Aquisgrana, e passando per Maastricht è arrivata a Bruxelles per sensibilizzare il pubblico sulle condizioni disumane in cui sono intrappolati rifugiati e migranti in Libia. Nei depositi dei trafficanti, così come nei centri di detenzione ufficiali, si registrano torture, privazioni di cibo e acqua e altre forme di abuso», in M. Paron Trivellato, *#Ride4Justice – a unique demonstration demands EU action on refugees stuck in Libia*, EPA, 9 maggio 2019, cfr. https://www.eepa.be/?p=2844 (ultimo accesso 6 agosto 2021).
26. Josie Le Blond, *Over €1m raised for migrant rescue ship captain arrested in Italy*, «Irish Times», 2 luglio 2019, cfr. https://www.irishtimes.com/news/world/europe/over-1m-raised-for-migrant-rescue-ship-captain-arrested-in-italy-1.3944578 (ultimo accesso 6 agosto 2021).
27. Frase citata da World Today News: *«Sea-Watch» captain Carola Rackete: As a white person, I don't want to be in the spotlight*, World Today News, 28 giugno 2020, cfr. https://www.world-today-news.com/sea-watch-captain-carola-rackete-as-a-white-person-i-dont-want-to-be-in-the-spotlight/ (ultimo accesso 6 agosto 2021). Frase confermata direttamente da Carola Rackete all'autrice.

24. *Europa: casa dolce casa*

1. Cancelliera Federale, *Speech by Dr. Angela Merkel, Chancellor of the Federal Republic of Germany, on the occasion of the 368th Harvard University Commencement on 30 May 2019, in Cambridge MA*, cfr. https://www.bundeskanzlerin.de/bkin-en/news/speech-by-dr-angela-merkel-chancellor-of-the-federal-republic-of-germany-on-the-occasion-of-the-368th-harvard-university-commencement-on-may-30-2019-in-cambridge-ma-1634366 (ultima modifica 30 maggio 2019).
2. *The Passport Papers*, The Daphne Caruana Galizia Foundation, cfr. https://www.daphne.foundation/passport-papers/ (ultimo accesso 11 ottobre 2021).
3. Staff di Reuters, *Rioting migrants torch cars, injure policeman at Maltese holding center*, Reuters, 21 ottobre 2019, cfr. https://www.reuters.com/article/us-europe-migrants-malta-idUSKBN1X00TM (ultimo accesso 20 agosto 2021).
4. Parlamento europeo, *European Parliament resolution of 11 March 2021 on the declaration of the EU as an LGBTIQ Freedom Zone (2021/2557(RSP))*, 2021, cfr. https://www.europarl.europa.eu/doceo/document/TA-9-2021-0089_EN.html (ultimo accesso 20 agosto 2021); *Parliament declares the European Union an «LGBTIQ Freedom Zone»*, comunicato stampa del Parlamento europeo, cfr. https://www.europarl.europa.eu/news/en/press-room/20210304IPR99219/parliament-declares-the-european-union-an-lgbtiq-freedom-zone (ultima modifica 11 marzo 2021).
5. Jason Beaubien, *Africa Is Running Out Of Oxygen*, NPR, 24 giugno 2021, cfr. https://www.npr.org/sections/goatsandsoda/2021/06/24/1009475339/ (ultimo accesso 17 novembre 2021).
6. European Centre for Disease Prevention and Control, «COVID-19 Vaccine Tracker», cifre relative alla diffusione della vaccinazione nella UE risalenti all'11 ottobre 2021, cfr. https://vaccinetracker.ecdc.europa.eu/public/extensions/COVID-19/vaccine-tracker.html#uptake-tab; Peter Mwai, *Covid-19 vaccinations*, BBC News, 1 ottobre 2021, cfr. https://www.bbc.com/news/56100076 (ultimo accesso 11 ottobre 2021).
7. UNHCR Libya, post di Twitter, 12 giugno 2021, 23:46, https://twitter.com/UNHCRLibya/status/1403846177158742021
8. Sally Hayden, post di Twitter, 12 agosto 2021, 12:59, https://twitter.com/UNHCRLibya/status/1425789124670279684?s=20
9. Migrationsverket, «The Swedish resettlement programme», cfr. https://www.migrationsverket.se/English/About-the-Migration-Agency/Our-mission/The-Swedish-resettlement-programme.html (cfr. 20 agosto 2021).
10. *Sweden's caretaker leader tapped to present new government*, Associated Press News, 5 luglio 2021, cfr. https://apnews.com/article/sweden-europe-government-and-politics-3317b10aac56e1807396c6138beae52e (ultimo accesso 20 agosto 2021).

11. *Danish parliament approves law to deport asylum seekers*, Al Jazeera, 3 giugno 2021, cfr. https://www.aljazeera.com/news/2021/6/3/Danish-parliament-approves-law-to-deport-asylum-seekers (ultimo accesso 20 agosto 2021).
12. African Union, *Press Statement On Denmark's Alien Act provision to Externalize Asylum procedures to third countries*, cfr. https://au.int/en/pressreleases/20210802/press-statement-denmarks-alien-act-provision-externalize-asylum-procedures (ultimo accesso 2 agosto 2021).
13. Megan Specia, *Denmark Would Push Asylum Seekers Outside Europe for Processing*, «New York Times», 3 giugno 2021, cfr. https://www.nytimes.com/2021/06/03/world/europe/denmark-asylum-process.html (ultimo accesso 20 agosto 2021).
14. Kim Willsher, *Macron accused of pandering to far right over Afghan crisis*, «Guardian», 17 agosto 2021, cfr. https://www.theguardian.com/world/2021/aug/17/macron-accused-of-pandering-to-far-right-over-afghan-crisis (ultimo accesso 20 agosto 2021).
15. Commissione europea, *Statement by Commissioner Johansson on the situation in Afghanistan at the extraordinary meeting of Interior Ministers*, cfr. https://ec.europa.eu/commission/presscorner/detail/en/statement_21_4286 (ultima modifica 18 agosto 2021).
16. Halima Athumani, *Uganda to Host 2,000 Afghan Refugees at US Request*, Voice of America News, 17 agosto 2021, cfr. https://www.voanews.com/africa/uganda-host-2000-afghan-refugees-us-request (ultimo accesso 20 agosto 2021).
17. Jemma Crew, *No confirmation on when Afghan resettlement scheme will start*, «Evening Standard», 17 novembre 2021, cfr. https://www.standard.co.uk/news/uk/government-home-office-atkins-taliban-charities-b966786.html (ultimo accesso 26 novembre 2021).
18. Sophie Morris, *MPs back new immigration bill which makes arriving in UK without permission a criminal offence*, Sky News, 21 luglio 2021, cfr. https://news.sky.com/story/mps-back-new-immigration-bill-which-makes-arriving-in-uk-without-permission-a-criminal-offence-12359884 (ultimo accesso 20 agosto 2021).
19. Human Rights Watch, *Australia: 8 Years of Abusive Offshore Asylum Processing*, cfr. https://www.hrw.org/news/2021/07/16/australia-8-years-abusive-offshore-asylum-processing (ultima modifica 15 luglio 2021).
20. Si veda per esempio Bessel van der Kolk, *Il corpo accusa il colpo. Mente, corpo e cervello nell'elaborazione delle memorie traumatiche*, trad. it. di S. Francavilla, Raffaello Cortina Editore, Milano 2015, pp. 60-61.
21. Diane Taylor, *Teenage refugee killed himself in after mental health care failings*, «Guardian», 7 aprile 2021, cfr. https://www.theguardian.com/society/2021/apr/07/teenage-refugee-killed-himself-uk-mental-health-care-failings?CMP=Share_AndroidApp_Other (ultimo accesso 20 agosto 2021).
22. Simon Cox, post di Twitter, 17 agosto 2021, 10:41, https://twitter.com/SimonFRCox/status/1427566157670780930

23. Natalie Flanagan *et al.*, *Crossing borders: a systematic review identifying potential mechanisms of intergenerational trauma transmission in asylum-seeking and refugee families*, «European Journal of Psychotraumatology», XI, 2020, pp. 1-13, cfr. 10.1080/20008198.2020.1790283; Cindy C. Sangalang e Cindy Vang, *Intergenerational Trauma in Refugee Families. A Systematic Review*, «J. Immigrant & Minority Health», XIX (3), 2017, pp. 745-54, cfr. 10.1007/s10903-016-0499-7 (ultimo accesso 20 agosto 2021).

Epilogo. Lussemburgo: Essey

1. Jessica Elgot, *Boris Johnson vows push on immigration points system*, «Guardian», 27 giugno 2019, cfr. https://www.theguardian.com/politics/2019/jun/27/boris-johnson-vows-push-on-immigration-points-system (ultimo accesso 11 ottobre 2021).
2. Jon Henley, *Far-right leaders join Trump in welcoming Boris Johnson to No. 10*, «Guardian», 24 luglio 2019, cfr. https://www.theguardian.com/world/2019/jul/24/far-right-leaders-join-trump-in-welcoming-boris-johnson-to-no-10 (ultimo accesso 11 ottobre 2021).
3. Si veda Human Rights Watch, *Ethiopia: Eritrean Forces Massacre Tigray Civilians*, cfr. https://www.hrw.org/news/2021/03/05/ethiopia-eritrean-forces-massacre-tigray-civilians (ultima modifica 5 marzo 2021); Lucy Kassa, *«A Tigrayan womb should never give birth»: Rape in Tigray*, Al Jazeera, 21 aprile 2021, cfr. https://www.aljazeera.com/news/2021/4/21/a-tigrayan-womb-should-never-give-birth-rape-in-ethiopia-tigray; Rodney Muhumuza, *«Our Season»: Eritrean troops kill, rape, loot in Tigray*, Associated Press News, 28 maggio 2021, cfr. https://apnews.com/article/only-on-ap-eritrea-africa-religion-9fe9140b76da946e4fa65095a1d5b04f (ultimo accesso 16 agosto 2021).
4. Lisa Schlein, *UN Finds Destroyed, Deserted Eritrean Refugee Camps in Northern Tigray*, Voice of America News, 26 marzo 2021, cfr. https://www.voanews.com/africa/un-finds-destroyed-deserted-eritrean-refugee-camps-northern-tigray (ultimo accesso 16 agosto 2021).
5. Rick Gladstone, *Famine Hits 350,000 in Ethiopia, Worst-Hit Country in a Decade*, «New York Times», 10 giugno 2021, cfr. https://www.nytimes.com/2021/06/10/world/africa/ethiopia-famine-tigray.html (ultimo accesso 16 agosto 2021).
6. Sally Hayden, *How Europe deals with the new wave of refugees is a test of our humanity*, «Irish Times», 19 giugno 2021, cfr. https://www.irishtimes.com/opinion/how-europe-deals-with-the-new-wave-of-refugees-is-a-test-of-our-humanity-1.4597092 (ultimo accesso 16 agosto 2021).

Nota dell'autrice

1. Timothy W. Ryback, *Evidence of Evil*, «New Yorker», 7 novembre 1993, cfr. https://www.newyorker.com/magazine/1993/11/15/evidence-of-evil (ultimo accesso 18 agosto 2021).

2. UNHCR, *Over one million sea arrivals reach Europe in 2015*, cfr. https://www.unhcr.org/uk/news/latest/2015/12/5683d0b56/million-sea-arivals-reach-europe-2015.html (ultima modifica 30 dicembre 2015).
3. *David Cameron criticized over migrant «swarm» language*, BBC News, 30 luglio 2015, cfr. https://www.bbc.com/news/uk-politics-33716501 (ultimo accesso 18 agosto 2021).
4. Si veda Greg Marinovich e Joao Silva, *The Bang-Bang Club: Snapshots from a Hidden War*, Basic Books, New York 2001.
5. European Civil Protection and Humanitarian Aid Operations, *Forced displacement: refugees, asylum-seekers and internally displaced people (IDPs)*, cfr. https://ec.europa.eu/echo/what-we-do/humanitarian-aid/refugees-and-internally-displaced-persons_en#:~:text=87%25%20of%20refugees%20are%20hosted%20in%20developing%20countries (ultima modifica 22 luglio 2021).
6. Damien Cave, Emma Bubola e Choe Sang-Hun, *Long Slide Looms for World Population, With Sweeping Ramifications*, «New York Times», 22 maggio 2021, cfr. https://www.nytimes.com/2021/05/22/world/global-population-shrinking.html (ultimo accesso 18 agosto 2021).
7. Chi Xu *et al.*, *Future of the human climate niche*, «CXVII» (21), 2020, pp. 11350-355, cfr. 10.1073/pnas.1910114117 (ultimo accesso 18 agosto 2021).
8. Vincent Cochetel: «Sally, vai in Libia e basta. Vieni con me domani, vai in Libia [...]. Se hai soluzioni, complimenti». Seebrücke, *Der Deal, die Hölle und der Tod. Internierungslager in Libyen*, Facebook, 16 gennaio 2020, dal minuto 02:20, cfr. https://www.facebook.com/watch/live/?ref=watch_permalink&v=2148616925241972 (ultimo accesso 20 agosto 2021).
9. Duncan Stone, *2019 25th April Tripoli, Libya Migrants stuck in detention centre – Orla Guerin*, video di Vimeo, 03:01, 25 aprile 2019, cfr. https://vimeo.com/332546934 (ultimo accesso 20 agosto 2023).

Nota sulla terminologia

1. UNHCR, «What is a refugee?», cfr. https://www.unhcr.org/uk/what-is-a-refugee.html (ultimo accesso 15 agosto 2021).
2. UNHCR, «La definizione di rifugiato è declaratoria, vale a dire che un individuo è un rifugiato nel momento in cui soddisfa i criteri previsti da tale definizione. Questo accadrà necessariamente prima della determinazione formale della sua condizione di rifugiato. Fino a tale determinazione si dovrà presumere che chiunque abbia attraversato un confine internazionale per sfuggire al rischio di subire gravi danni nel proprio paese d'origine è un rifugiato, e andrà trattato di conseguenza», «Refugee Definition» in *Emergency Handbook*, 4ª ed., p. 1, cfr. https://emergency.unhcr.org/protection/legal-framework/refugee-definition (ultimo accesso 15 agosto 2021); «Molti [detenuti] sarebbero classificabili come [rifugiati] a prima vista, dunque non c'è neppure bisogno di determinarne lo status. Inoltre, a meno che sia stata determinata la condizione di richiedenti asilo, bisognerebbe

trattarli come rifugiati fino a prova contraria, invece di trattarli diversamente in attesa che il loro status di rifugiati diventi ufficiale»; così un ex dipendente dell'UNHCR all'autrice nel corso di un'intervista nel 2020.

3. Si veda per esempio UNHCR, «Tunisia – Frequently Asked Questions»: «Un individuo registrato presso l'UNHCR viene considerato richiedente asilo fino al riconoscimento, in seguito a valutazione, del suo status di rifugiato da parte dell'UNHCR», cfr. https://help.unhcr.org/tunisia/faq/ (ultimo accesso 15 agosto 2021).